제2판

시계열 분석과 예측

-이해와 응용-

TIME SERIES ANALYSIS AND FORECASTING

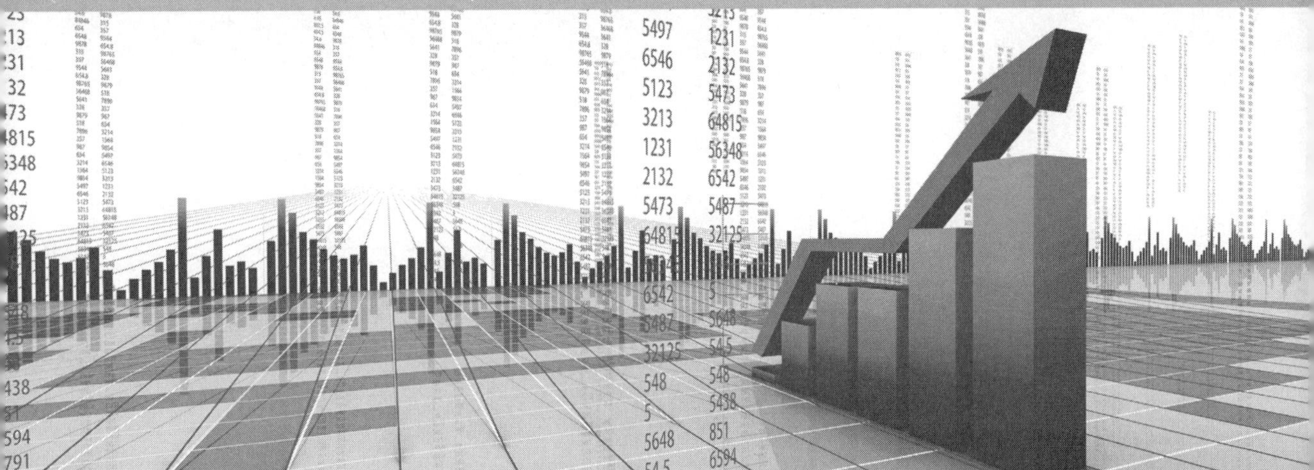

이우리

도서출판 탐진

TIME SERIES ANALYSIS AND FORECASTING

머리말

옛적부터 점장이와 예언가들은 예측을 통하여 미래에 대한 불확실성을 줄이려는 인간의 욕망을 최대한 이용하고 또 충족시켜왔으며, 현재에도 보다 더 합리적이고 과학적으로 예측하기 위해 꾸준히 노력하고 있습니다. 매일 TV 방송이나 신문을 통해서 발표되는 다음날의 일기예보나 주가 변동의 예측에 대한 우리들의 관심을 보면 예측이 우리들의 생활과 얼마나 밀접한 관계를 갖고 있는가를 알 수 있습니다.

예측(forecasting)이란 특정한 미래의 알려있지 않은 사상에 관한 진술(statement)이라고 할 수 있으며, 보다 정확한 예측을 하고자 하는 이유는 미래에 발생할 사상의 결과는 우리들의 현재의 의사결정에 매우 중요한 역할을 하기 때문입니다.

즉, 우리들은 앞으로의 계획을 합리적으로 설계하고 이에 따른 손실을 가능한 축소하기 위해서는 미래에 대한 정확한 예측이 필요하게 됩니다.

만약 다음날의 환율이나 주식가격을 정확히 예측할 수 있다면 우리들은 어떠한 상황에 처하게 될 것인가를 한번 상상해 보시기 바랍니다. 그러면 아마 정확한 예측의 중요성을 실감하게 될 것입니다.

지난 1991년 여러 가지 유형의 예측방법과 활용방안을 소개하기 위하여 "예측방법과 응용"이라는 책을 공동으로 집필한 바 있습니다. 당시에는 이 분야를 다룬 책들이 거의 없었기 때문에 많은 독자들이 관심을 가져주었던 것 같았습니다. 다시 2000년에는 대학 교재용으로 "시계열분석"을 공동 집필했습니다. 이제 두 책의 집필 경험과 그 동안의 연구 및 강의 경험을 기반으로 좀 더 이해하기 쉽고 활용하기 쉬운 책을 마지막으로 출간하고자 했습니다. 특히 독자들의 이해와 활용을 돕기 위해 국내의 최근 자료들을 사용한 많은 분석 사례를 실었습니다. 적절한 사례를 찾아서 분석하기 위하여 많은 시간과 노력을 기울였기 때문에 이 사례들이 독자들에게 큰 도움을 줄 수 있기를 기대합니다.

유난히도 긴 장마와 무더위가 기성을 부렸던 여름방학 동안, 이 책을 마무리하기 위하여 연구실에서 보낸 긴 시간들이 내게는 좋은 추억이 될 것으로 생각됩니다.

이 책은 3개의 편과 16개의 장으로 구성했습니다. 제1편에서는 시계열 및 예측에 관한 기본적인 내용과 전통적인 시계열 예측방법인 평활법과 분해법에 관하여 기술하고 응용예제를 실었습니다. 제2편에서는 이 책의 중추적인 내용이 되는 ARIMA 모형에 의한 시계열 분석, 즉 정상 시계열 모형, 비정상 시계열 모형 및 계절 시계열 모형과 모형의 추정 및 진단 방법을 기술했습니다. 그리고 12장에서는 국내의 경제 관련 자료에 대한 실증적인 분석 사례를 실었습니다. 제3편에서는 다변량 시계열 모형의 한 형태인 전이함수 모형과 개입분석 및 특이값에 관하여 기술했고 또 예측을 위한 다른 방법들인 질적 예측방법 및 결합예측에 관하여 기술했습니다.

독자들이 보다 합리적이고 과학적인 예측을 행하는 데 이 책의 내용이 미력한 도움이라도 될 수 있기를 기원하며, 또 이 책으로 공부하게 될 학생들에게도 만족과 기쁨을 줄 수 있기를 기대합니다. 분석 및 설명을 위해 사용된 자료들은 가능한 모두 출처를 밝혀 독자들이 직접 찾아 볼 수 있게 했고, 또한 자료와 자료분석을 위한 SAS 프로그램은 도서출판 탐진의 홈페이지(www.tamjin.co.kr)를 통해서 다운로드 받을 수 있도록 했습니다. 책의 내용에 잘못을 발견하거나, 이해가 가지 않는 부분이 있거나 혹은 추가적인 조언이 있으시면 이우리(wrlee@kgu.ac.kr) 로 연락해 주시면 대단히 감사하겠습니다. 최선을 다해 응답하고, 수정 · 보완하도록 하겠습니다.

끝으로 이 책이 나오기까지 여러 가지로 도움을 주신 분들께 감사를 드리고, 편집과정에 많은 어려움이 있었음에도 불구하고 책을 잘 만들어 주신 도서출판 탐진 여러분들께도 감사의 말씀을 드립니다. 늘 격려해주고 인내하면서 함께 해준 가족들에게도 고마움을 전합니다.

2013년 8월

광교산 자락의 연구실에서 저자

차 례

제1편 시계열분석과 예측 입문

제1장 시계열분석과 예측 / 3

제2장 시계열분석을 위한 기초 통계학 / 18

제3장 지수 / 35

제4장 평활법에 의한 시계열분석 / 44

제5장 시계열의 분해와 계절조정 / 75

제2편 ARIMA 모형에 의한 시계열분석

제6장 정상 시계열 모형 / 99

제7장 비정상 시계열 / 158

제8장 계절 시계열 모형 / 179

제9장 모형의 식별 / 183

제10장 모형의 모수 추정, 진단 및 확정 / 212

제11장 시계열 예측 / 244

제12장 실증적 분석 사례 / 265

제3편 ARIMA 모형의 확장 및 예측을 위한 다른 방법들

제13장 전이함수 모형 / 301

제14장 개입분석과 특이값 / 327

자료 및 프로그램

〈설명 및 분석에 사용한 자료〉

자료명	기 간	출 처
한국의 연도별 총저축률(save.dat)	1971-2012	한국은행 경제통계시스템 > 국민계정 > 주요지표 > 연간지표 > 총저축률
한국의 연도별 GDP 디플레이터(dp.dat)	1980-2012	한국은행 경제통계시스템 > 국민계정 >주요지표>연간지표 > GDP 디플레이터
한국의 분기별 전산업생산지수(aip.dat)	2001.1/4-2013.2/4	통계청 국가통계포털 > 경기 · 기업경영 (사업체) > 경기 > 전산업생산지수
한국의 월별 대미 환율 (exm.dat)	1990.03-2013.07	한국은행 경제통계시스템 > 국제수지 · 외채 · 환율 > 환율 > 월별 환율
한국의 월별 건축허가면적 (bcp.dat)	1999.01-2013.4	통계청 국가통계포털 > 건설 · 주택 · 토지 > 건설 > 건설허가 및 착공통계 > 건축허가현황
한국의 월별 경기종합지수 (ci.dat)	2001.01-2013.05	통계청 국가통계포털 > 경기 · 기업경영 (사업체) > 경기 > 경기종합지수
한국의 월별 내국인 출국자수(out.dat)	1995.01-2013.06	통계청 국가통계포털 > 교육 · 문화 · 과학 > 문화 > 관광 > 한국관관통계 > 내국인 출국
한국의 월별 화재발생건수 (fire.dat)	2001.01-2011.12	통계청 국가통계포털 > 보건 · 사회 · 문화 > 사회 > 재해 > 화재발생총괄표
한국의 수입물가지수 (im.dat)	2001.01-2013.06	한국은행 경제통계시스템 > 물가 > 수입물가지수
한국의 생산자물가지수 (ppi.dat)	1995.01-2013.05	한국은행 경제통계시스템 > 물가 > 생산자물가지수
한국의 일별 주식거래량 (stockq.dat)	2013.01.31-07.31	한국거래소 > 주식 > 주식통계
한국의 일별 대미환율 (EX.dat)	2012.01.02. -2013.06.26	한국은행 경제통계시스템 > 국제수지 · 외채 · 환율 > 환율 > 일일 환율
리디아 핀햄의 야채복합물 광고비 및 판매액(lydia.dat)	1907-1960	W.W.S. WEI(2000) “Time series analysis”, p.453
홍콩의 일별 주가지수 (hongkong.dat)	1981.07.16. -1983.09.30	W.W.S. WEI(2000) “Time series analysis”, p.451-2

〈컴퓨터로 생성된 자료〉

자료명	갯 수	내 용
WN.DAT	N = 200	백색잡음과정을 따른 시계열
WR1.DAT	N = 200	AR(1) 과정을 따르는 시계열
WR2.DAT	N = 200	AR(2) 과정을 따르는 시계열
WR3.DAT	N = 200	MA(1) 과정을 따르는 시계열
WR4.DAT	N = 200	MA(2) 과정을 따르는 시계열
WR5.DAT	N = 200	ARMA(1,1) 과정을 따르는 시계열
WR6.DAT	N = 200	ARIMA(1,1,1) 과정을 따르는 시계열
WR7.DAT	N = 200	SARMA(1,0)(0,1)$_4$ 과정을 따르는 시계열
WR8.DAT	N = 200	SARIMA(0,1,0)(0,1,1)$_4$ 과정을 따르는 시계열
WR9.DAT	N = 200	ARI(1,1) 과정을 따르는 시계열
WR10.DAT	N = 200	ARI(2,1) 과정을 따르는 시계열

〈분석에 사용한 SAS 프로그램〉

장	프로그램 명	내 용
4장	<프로그램 4.1> CSIR.SAS	단순지수평활법에 의한 분석
	<프로그램 4.2> CILES.SAS	선형지수평활법에 의한 분석
	<프로그램 4.3> BCPSES.SAS	계절지수평활법에 의한 분석
5장	<프로그램 5.1> X12BCP.SAS	센서스 국법(X-12-ARIMA)의한 분석
6장	<프로그램 6.1> WN.SAS	백색잡음과정의 난수 생성 및 분석
	<프로그램 6.2> AR1.SAS	AR(1) 과정을 따르는 난수 생성 및 분석
	<프로그램 6.3> AR2.SAS	AR(2) 과정을 따르는 난수 생성 및 분석
	<프로그램 6.4> MA1.SAS	MA(1) 과정을 따르는 난수 생성 및 분석
	<프로그램 6.5> MA2.SAS	MA(2) 과정을 따르는 난수 생성 및 분석
	<프로그램 6.6> ARMA11.SAS	ARMA(1,1) 과정을 따르는 난수 생성 및 분석

장	프로그램 명	내 용
7장	<프로그램 7.1> TREND.SAS	결정적 추세와 확률적 추세가 존재하는 계열의 생성 및 분석
	<프로그램 7.2> RW.SAS	확률보행과정을 따르는 계열의 생성 및 분석
	<프로그램 7.3> ARIMA111.SAS	ARIMA(1,1,1) 과정을 따르는 계열의 생성 및 분석
8장	<프로그램 8.1> SMA1.SAS	계절 MA(1) 과정을 따르는 계열의 생성 및 분석
	<프로그램 8.2> SAR1.SAS	계절 AR(1) 과정을 따르는 계열의 생성 및 분석
	<프로그램 8.3> SARMA11.SAS	계절 ARMA(1,1) 과정을 따르는 계열의 생성 및 분석
	<프로그램 8.4> SARMA111.SAS	계절 ARIMA(1,1,1) 과정을 따르는 계열의 생성 및 분석
11장	<프로그램 11.1> ARF.SAS	AR(1) 모형의 추정을 통한 예측
	<프로그램 11.2> ARIMAF.SAS	ARIMA(1,1,1) 모형의 추정을 통한 예측
12장	<프로그램 12.1> SAVE.SAS	ARIMA 모형을 이용한 한국의 저축률 자료의 분석
	<프로그램 12.2> STOCKQ.SAS	ARIMA 모형을 이용한 한국의 일별 주식거래량 계열의 분석
	<프로그램 12.3> EXM.SAS	ARIMA 모형을 이용한 월별 대미환율 계열의 분석
	<프로그램 12.4> BCPSARIMA.SAS	계절 ARIMA 모형을 이용한 한국의 월별 건축허가면적 계열의 분석
	<프로그램 12.5> AIPSARIMA.SAS	계절 ARIMA 모형을 이용한 한국의 분기별 전산업생산지수 계열의 분석
	<프로그램 12.6> OUTSARIMA.SAS	계절 ARIMA 모형을 이용한 한국의 월별 내국인 출국자수 계열의 분석
13장	<프로그램 13.1> TRANS.SAS	전이함수 모형에 의한 판매액의 예측
14장	<프로그램 14.1> INTER.SAS	홍콩주가지수에 대한 개입분석

▸ 이 책에서 사용된 자료 및 프로그램은 도서출판 탐진의 홈페이지(www.tamjin.co.kr)에서 다운로드 받을 수 있습니다.

제 1 편

시계열분석과 예측 입문

학 · 습 · 목 · 표

제1편에서는 시간의 흐름에 따라 관측된 계열인 시계열의 특성과 이러한 자료의 분석 및 예측방법에 관하여 기술한다. 시계열분석의 과제는 시계열이 갖고 있는 법칙성을 발견하여 이를 모형화하고, 또 추정된 모형을 통하여 미래의 값을 예측하는 데 있다. 그런데 관측된 과거의 자료들을 분석하여 미래를 예측하고자 할 때는 자료의 과거의 특성은 미래에도 변하지 않고 지속될 것이라는 가정하에 이루어지므로 시계열분석을 통한 예측은 주로 단기예측에 많이 사용된다. 제1장에서는 시계열의 정의와 특성 그리고 예측의 의의와 예측방법 등 시계열분석과 예측에 관한 기본적인 내용을 기술한다. 제2장에서는 시계열분석을 위해 필요한 통계학의 기초적인 내용을, 제3장에서는 시계열자료의 대다수를 차지하는 지수에 관하여, 그리고 제4장과 5장에서는 전통적인 시계열분석 방법인 평활법 및 분해법에 관하여 기술한다.

제 1 장 시계열분석과 예측

1.1 시계열의 이해

1) 시계열이란

시계열(time series)이란 한 사상 또는 여러 사상에 대하여 시간의 흐름에 따라 일정한 간격으로 이들을 관찰하여 기록한 자료를 말한다. 예를 들면 매일 변동하는 종합주가지수, 특정 소비재의 월별 판매량 혹은 연도별 농작물의 생산량 등을 일정한 간격으로 측정한 값들이 시계열에 속한다.

이러한 시계열은 어떠한 경제현상이나 자연현상에 관한 시간적 변화를 나타내는 역사적 계열(historical series)이므로 어느 한 시점에서 관측된 시계열자료는 그 이전까지의 자료들에 주로 의존하게 된다. 따라서 시계열분석을 통한 예측에서는 관측된 과거의 자료들을 분석하여 법칙성을 발견하여 이를 모형화하여 추정하고, 이 추정된 모형을 사용하여 미래에 관측될 값들을 예측하게 된다. 물론 시계열자료들이 경과된 시간들에만 전적으로 의존하는 것은 아니다. 즉, 어느 시점에서 관측된 값은 그 이전까지의 경제, 사회, 정치적인 요인들의 변화에도 영향을 받게 되는 것이다. 이러한 요인들은 시계열의 법칙성을 발견하여 미래를 예측하는 것을 더욱 복잡하고 어렵게 만든다.

많은 경제현상들은 기술진보에 의해서 시간이 경과함에 따라 대개 지속적으로 성장하게 되고, 농수산부문과 연관된 경제현상은 자연의 영향 특히 계절적 변동으로부터 많은 영향을 받게 된다. 예를 들어 맥주의 소비량을 생각해 보자. 맥주는 일반적으로 소득이 상승함에 따라서 소비량이 증가하게 되며, 주로 더운 여름에 상대적으로 더 많이 소비된다. 과일의 가격도 마찬가지다. 해마다 차이는 있으나 일반적으로 다른 물가와 마찬가지로 과일의 가격도 상승한다. 또 과일의 공급량이 계절의 영향을 받게 되므로 과일의 가격도 계절에 따라 상대적으로 변화한다. 이와 같이 많은 경제현상은 시간이 경과함에 따라 거의 규칙적으로 변동하게 되는 데 이러한 사실을 바탕으로 한 분석 및 예측방법이 시계열 예측방법이다.

시간의 흐름에 따라 관측된 시계열의 다양한 형태를 알아보기 위하여 년도별 GDP 디플레이터 시계열, 분기별 전산업생산지수 시계열, 월별 건축허가면적 시계열 그리고 일별 대미환율 시계열들을 예시하면 다음과 같다.

첫째, 연도별 GDP 디플레이터(DP.dat) 시계열

1980년부터 2012년까지의 연도별 GDP 디플레이터 시계열을 그림으로 나타내면 [그림 1.1]과 같다.

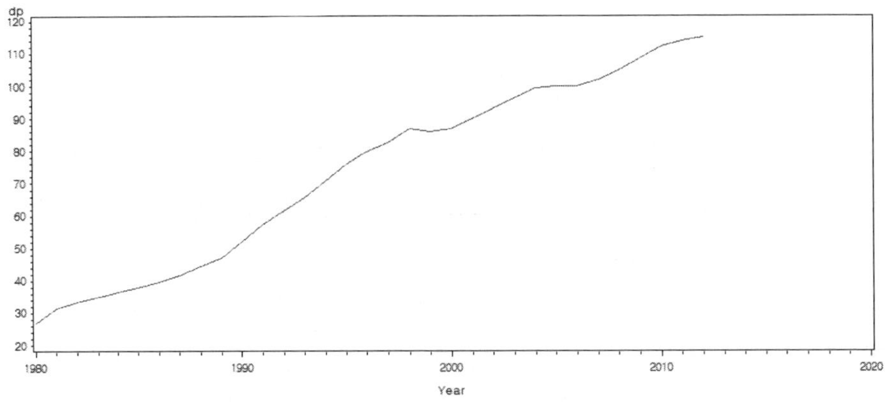

[그림 1.1] 연도별 GDP 디플레이터 시계열(1980 –2012)

둘째, 분기별 전산업생산지수(AIP.dat) 시계열

2000년 1/4분기에서 2013년 1/4분기까지의 농림어업을 제외한 전산업생산지수 시계열을 그림으로 나타내면 [그림 1.2]와 같다.

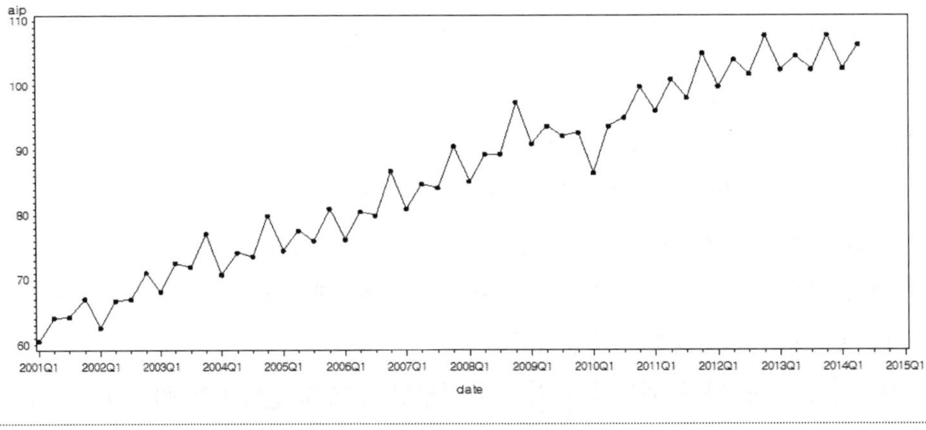

[그림 1.2] 분기별 전산업생산지수 시계열(2000.1/4 – 2013.1/4)

셋째, 월별 건축허가면적(BCP.dat) 시계열

1980년 1월부터 2013년 5월까지의 월별 건축허가면적 시계열을 나타내면 [그림 1.3]과 같다.

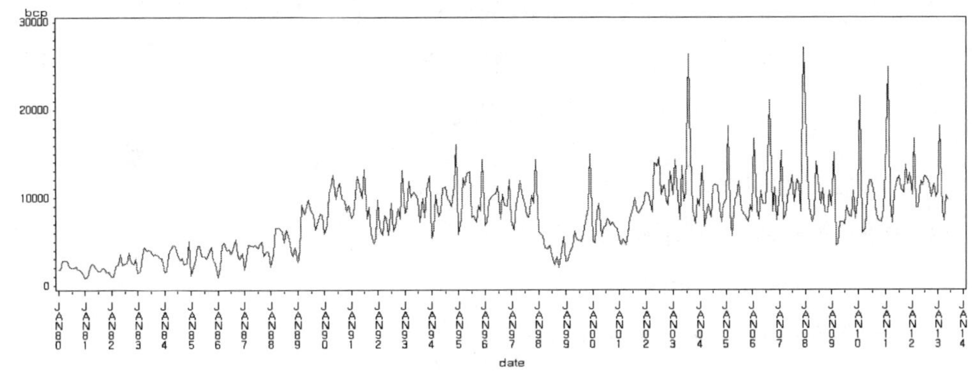

[그림 1.3] 월별 건축허가면적 시계열(1980.1 – 2013.5)

넷째, 일별 대미환율(EX.dat) 시계열

우리나라 원(₩)화와 미국의 달러($)화의 교환비율인 일별 대미환율(종가) 시계열의 2012년 1월 2일부터 2013년 6월 26일까지의 자료를 그림으로 나타내면 [그림 1.4]와 같다.

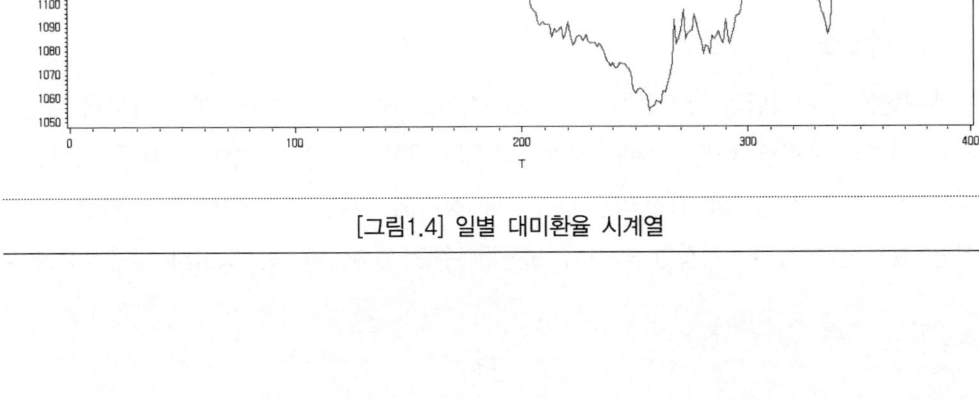

[그림1.4] 일별 대미환율 시계열

2) 시계열의 변동요인과 모형

시계열의 「그래프」를 보면 우리들은 가끔 어린아이들에 의해서 낙서를 해 놓은 듯한 인상을 받게 된다. 그것은 시간의 흐름에 따라 불규칙적으로 변동되는 자료들을 분석한다는 것이 거의 불가능할지도 모른다는 것을 의미한다. 그럼에도 불구하고 우리들은 자료들의 특성을 단순화시킬 수 있는 몇 가지 가정을 함으로써 시계열에서 나타나는 변동을 정의, 설명하고 또 측정하게 된다. 일반적으로 이와 같은 **시계열의 변동요인**은 다음과 같은 네 가지가 있는 것으로 가정한다.

(1) 추세변동(trend variation: T)
(2) 계절변동(seasonal variation: S)
(3) 순환변동(cyclical variation: C)
(4) 불규칙변동(irregular variation: I)

이 때 시점 t에서 관측된 시계열을 Z_t라고 하면, Z_t는 일반적으로 이들 네 가지 성분들의 곱이나 합의 관계가 성립하는 것으로 가정하여 나타낸다. 곱의 관계를 가정하는 모형을 **승법모형**(multiplicative model), 합의 관계를 가정하는 모형을 **가법모형**(additive model)이라 하며, 시점 t에서 네 가지 변동요인들을 T_t, S_t, C_t, I_t라 하면 Z_t는 다음과 같이 나타낼 수 있다.

$$\text{승법모형:}\ Z_t = T_t \cdot S_t \cdot C_t \cdot I_t$$
$$\text{가법모형:}\ Z_t = T_t + S_t + C_t + I_t$$

이들은 시계열 분석에 있어서 고전적인 접근방법이지만, 시계열을 연구하는 데 사용될 수 있는 여러 가지 가능한 모형들 중의 하나로써 널리 이용되고 있다. 이제 이와 같은 변동들에 관하여 간략하게 설명하기로 한다.

(1) 추세변동

추세변동은 시계열의 장기간에 걸친 점진적이고 지속적인 변화상태를 나타내는 변동으로, 시간의 흐름에 따른 시계열 자료들의 상승경향이나 하강경향의 상태를 의미한다. 대부분의 경우 시계열의 점진적인 상승이나 하강의 「패턴」은 직선으로 나타낼 수 있지만, 때로는 더욱 더 복잡한 곡선이 요구될 수도 있다. 즉, 한 도시의 인구성장을 나타내는 곡선은 대체로 S자를 길게 늘어놓은 형태가 되고, 또 한국인의 일인당 쌀 소비량에 관한 계열들은 2차 곡선의 형태로 나타나곤 한다. 예를 들면 [그림 1.5]에서 가)는 직선추세를, 나)는 곡선추세의 경향을 나타내는 시계열들이다.

또한 [그림 1.1] 연도별 GDP 디플레이터 시계열(1980-2012)은 직선추세를 갖는 계열임을 알 수 있다.

이러한 추세변동에 영향을 미치는 요인으로는 인구의 증가, 소득의 증가, 또는 기술혁신 등이 될 수 있다. 이들 추세선은 최소제곱법에 의하여 추정할 수 있다.

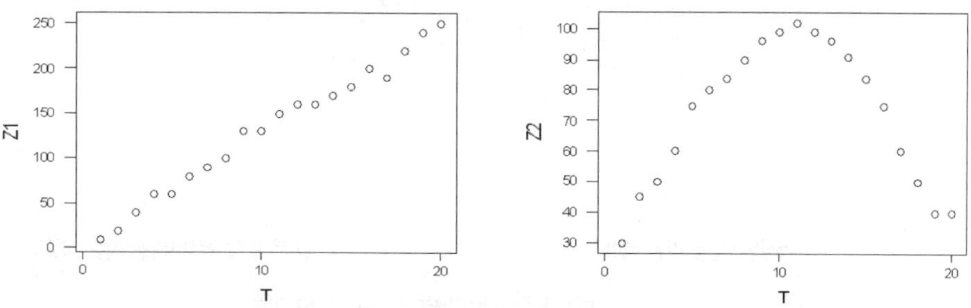

가) 직선추세　　나) 곡선추세

[그림 1.5] 추세변동을 갖는 시계열

(2) 계절변동

관측된 시계열자료들을 일 년 단위 혹은 더 짧은 기간의 주기로 기록했을 때 기후 등과 같은 자연조건, 사회적 관습, 혹은 제도 등의 영향을 받아서 이 자료들에는 계절적인 차이를 나타낼 수 있다. 이와 같은 계절적인 차이를 계절변동이라고 한다.

즉, **계절변동**이란 시계열 자료에서 주기적인 패턴을 갖고 반복적으로 나타나는 주기변동으로써 분기별 혹은 월별 자료에서 주로 나타나는 변동이다. 매년 여름에는 다른 계절에서 보다 청량음료수나 선풍기 등은 더 잘 팔리고, 겨울에는 연료비가 많이 들고 또 추석이나 연말이면 각종 선물용 물품들이 많이 팔리고 가격도 상승하는 경향이 있고 이것이 매년 반복되어 계절변동으로 나타나게 된다. 이와 같은 계절변동은 일반적으로 추세변동과 함께 나타나는 경우가 많다. 예를 들면 [그림 1.6]의 가)는 계절변동만을 갖는 시계열의 형태이고, 나)는 계절변동과 추세변동을 동시에 갖는 시계열의 형태가 된다.

월별 건축허가면적 시계열을 나타낸 [그림 1.3]은 거의 매년 4, 5월과 9월은 상대적으로 높게 나타나고 1, 2월은 낮게 나타나고 있음을 볼 수 있다. 이것은 일 년을 주기로 각 월간의 변동이 존재하고 있음을 보여 주는 예가 된다. 이와 같은 계절변동은 가끔 시계열자료들을 왜곡할 수 있기 때문에 시계열 자료를 분석할 때 계절변동을 제거한 자료 즉, 계절 조정된 자료를 이용하게 된다.

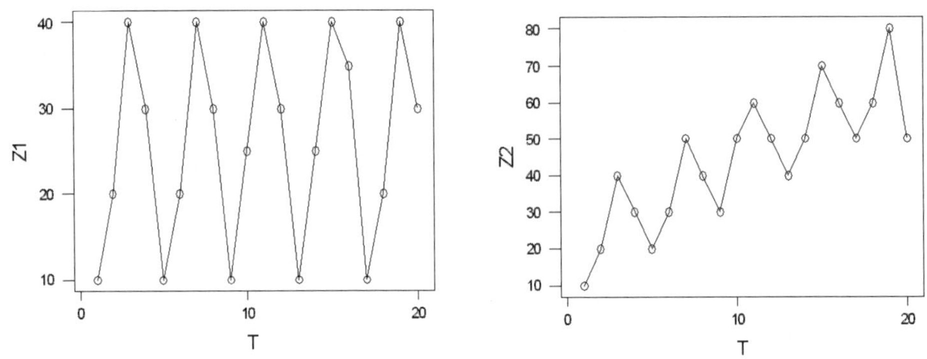

가) 계절변동만을 갖는 계열　　　나) 추세 및 계절변동을 갖는 계열

[그림 1.6] 계절변동을 갖는 시계열

(3) 순환변동과 불규칙변동

시계열에서 추세변동과 계절변동이 제거된다면 모형 속에는 순환변동과 불규칙변동이 남게 된다. 시계열에서 **불규칙변동**은 다음과 같은 두 가지 형태가 있다.

첫째, 지진, 전쟁, 홍수, 파업 등과 같은 사전적으로 예상할 수 없는 특수한 사건에 의하여 야기되는 변동과 둘째, 명확히 설명될 수 없는 요인에 의하여 발생되는 우연변동이다.

대부분의 시계열에서는 특수한 사건들에서부터 초래되는 불규칙변동은 그들의 변동을 야기 시키는 원인을 쉽게 인지할 수 있고 또 규명할 수 있다. 이 때는 다른 시계열의 성분들을 측정하기 전에 그들의 충격이 반영된 자료에서부터 이들을 쉽게 제거할 수 있다. 그러나 우연성에 의한 변동은 장기간에서 평균적으로 변동이 없어지는 경향이 있는 것만 가정할 수 있다.

분석하고자 하는 시계열에서 아무런 주기적 「패턴」이 없는 경우, 즉 관측된 자료의 모든 변동이 불규칙변동 뿐인 경우도 생각할 수 있다. 이러한 자료에 대해서는 이들의 움직임이 랜덤한 것인지를 유의성 검정을 통하여 판단할 수 있다. 순환변동은 경기변동(business cycle)이라고도 하며, 수년간의 간격을 두고 상승과 하락이 주기적으로 나타나는 변동을 의미한다.

순환변동은 기후조건, 사회적 관습 등과 같은 계절변동으로 설명되지 않는 장기적인 주기변동으로 회복기, 번영기, 후퇴기, 침체기의 네 단계로 구성된다. 한 국가에서 경제적, 사회적인 생활에서 경기의 변동은 매우 중요하기 때문에 이에 대한 많은 연구가 이루어지고 있다.

1.2 예측의 의의와 필요성

시계열분석의 가장 큰 목적은 미래에 대한 예측에 있다. 이와 같은 예측은 항상 인간의 중요한 과제가 되어 왔다. 옛적부터 점쟁이와 예언가들은 예측을 통하여 미래에 대한 불확실성을 줄이려는 인간의 욕망을 최대한 이용하고 또 충족시켜왔으며, 현재에도 보다 더 합리적이고 과학적으로 예측하기 위해 꾸준히 노력하고 있다. 매일 TV 방송이나 신문을 통해서 발표되는 다음날의 일기예보나 주가 변동의 예측에 대한 우리들의 관심을 보면 예측이 우리들의 생활과 얼마나 밀접한 관계를 갖고 있는가를 알 수 있다.

예측(forecasting)이란 특정한 미래의 알려있지 않은 사상에 관한 주장이라고 할 수 있으며, 보다 정확한 예측을 하고자 하는 이유는 미래에 발생할 사상의 결과는 우리들의 현재의 의사결정에 매우 중요한 역할을 하기 때문이다. 즉, 우리들은 앞으로의 계획을 합리적으로 설계하고 이에 따른 손실을 가능한 축소하기 위해서는 미래에 대한 정확한 예측이 필요하다. 기업의 특정 제품에 대한 수요예측은 생산, 판매 등의 계획을 수립하고 여러 대안들을 평가하는 가장 기본적인 요건이 되며, 또한 한 국가에서 국가경제의 정확한 예측은 경제정책을 성공적으로 이끄는 첩경이라고 할 수 있다.

예측은 미래의 상황에 대한 주장이므로 대부분의 경우 주장된 사실이 실제로 발생할 것인가는 확실치 않다. 일반적으로 미래에 대한 주장은 일정한 확률을 바탕으로 이루어진다. 따라서 내년의 GDP 성장률이 4%가 될 것이라는 예측은 반드시 그렇게 될 것이라는 주장이 아니고 일정한 확률을 바탕으로 하는 주장이다. 그런데, 특정 사상이 미래에 일어날 확률을 계산한다는 것은 간단한 일이 아니며 확률의 해석에 따라서 다르게 될 수도 있다. 즉, 과거의 경험을 바탕으로 확률이 계산될 수도 있지만 개인이 갖고 있는 신념에 따라서 확률이 계산될 수도 있다.

예를 들어서 내일 비가 올 확률이 70%라는 주장과 내일 비가 올 확률이 30%~90%

라는 주장을 비교하면, 30%~90%라는 주장은 실현될 가능성은 매우 높지만 이러한 예측은 전혀 쓸모가 없을 것이다.

예측은 계획의 가장 중요한 부분으로써 계획에 필요한 정보를 제공한다. 그 이유는 어떠한 계획이던 계획은 항상 미래에 대한 것이고 예측은 미래에 대한 정보를 제공하기 때문이다. 일반적으로 예측은 계획에 필요한 대략 다음과 같은 정보를 제공한다.

첫째, 계획된 대책이 가져오는 결과에 대한 정보

둘째, 자원의 수요 및 공급에 대한 정보

셋째, 계획의 시간적인 실천 가능성에 대한 정보

넷째, 주위 환경의 변화에 대한 정보

1.3 예측의 종류

1) 과학적 예측과 비과학적 예측

예측이 무엇을 바탕으로 주장되고 있는가에 따라서 과학적 예측과 비과학적 예측으로 구분할 수 있다. **과학적 예측**이란 이미 알려진 경험적 법칙이나 이론을 바탕으로 예측을 하는 것을 말한다. 예를 들어 일기예보는 기상에 관한 여러 법칙과 당시의 기상조건을 바탕으로 하는 예측이며, 의사가 환자에게 아스피린을 먹었으니 곧 두통이 없어질 것이라고 말하는 것은 의학지식을 토대로 하는 예측이다. 또한, 환율과 수출액 간의 경험적 법칙을 토대로 하는 예측도 이에 속한다. 물론 환율과 수출액 간의 관계는 아스피린과 두통이 없어지는 현상 간의 관계보다는 훨씬 복잡하다.

'온도가 영하로 내려가면 물이 언다'는 법칙을 우리들은 알고 있다. 따라서 우리들은 오늘 저녁에 기온이 영하로 떨어지면 밤에 물이 얼 것이라는 예측을 할 수 있다. 이때 기온이 영하로 떨어지는 것을 선행조건이라고 한다. 이들 관계를 그림으로 나타내면 다음과 같다.

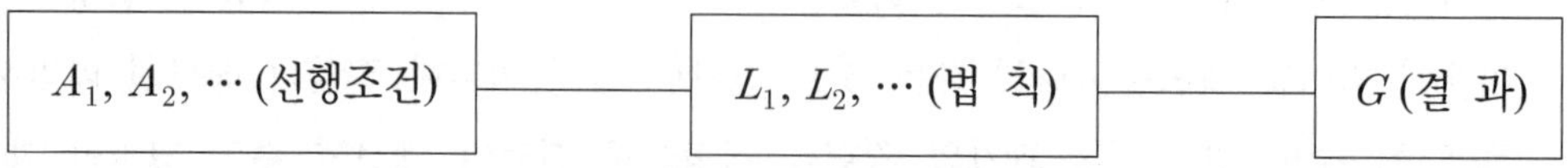

이 때 G는 과학적 예측이라고 할 수 있다. 과학적 예측을 다른 각도에서도 규정할 수 있는데 타일(Theil, 1966)은 예측의 결과가 증명 또는 반증될 수 있고, 또 예측오차

의 크기가 발표되며 예측방법의 절차가 객관적인 경우에 과학적 예측이라고 정의했다. 여기서 예측의 결과가 증명 또는 반증될 수 있어야 한다는 것은 예측결과가 사실과 일치하는가 하지 않는가(반증) 검토될 수 있어야 한다는 것이다. 예를 들어서, 내일 비가 오거나 비가 오지 않을 것이라 예측하였다고 하자. 이러한 예측은 항상 옳으며 전혀 반증될 수 없다. 또 대한민국의 일인당 국민소득이 3만 불이 될 것이라고 예측하였다고 하자. 이 예측은 옳은지 그른지를 확인될 수가 없다. 왜냐하면 어느 시점에서 일인당 국민소득이 3만 불이 된다는 정보를 제공하고 있지 않기 때문이다. 언젠가는 일인당 국민소득이 3만 불이 될 것이므로 이 예측 역시 반드시 옳다. 그러나 반증의 가능성을 제공하고 있지 않다. 이러한 형태의 반증이 불가능한 예측은 전혀 쓸모가 없다.

2) 통계적 예측과 결정적 예측

예측의 바탕이 되는 법칙이 통계적 법칙인가 결정적 법칙인가에 따라서 통계적 예측과 결정적 예측으로 구분된다. **결정적 법칙**이란 A라는 원인이 발생하면 항상 B라는 결과가 발생하는 것을 말하며, **통계적 법칙**이란 A라는 원인이 발생하면 B라는 결과가 발생할 수도 있으나 다른 결과도 발생할 수 있는 법칙을 말한다. 이를 그림으로 나타내면 다음과 같다.

결정적 법칙	통계적 법칙
(A) → (B)	(A) → (B), (C), (D), ⋯

예를 들며, 온도가 0도 이하로 내려가면 물은 반드시 얼지만 통화량이 증가한다고 하여 반드시 경제성장율이 증가하지는 않는다. 대부분의 경제 및 사회현상은 통계적 법칙을 따른다. 따라서 이러한 현상들은 통계적 예측만을 허용한다. 물론 통계적 예측은 경제현상에만 국한되어 있는 것은 아니다. 일기예보도 통계적 예측이다. 그렇기 때문에 비가 올 확률이 얼마라던가 또는 날이 맑을 확률이 얼마라고 확률이 동시에 발표되는 것이다.

3) 점 예측과 구간 예측

미래의 예측값을 점 추정하는 경우에 우리들은 점 예측이라고 칭하고, 구간추정을 하는 경우에는 구간 예측이라고 한다. 물론 구간 예측에서는 항상 확률이 전제된다.

예를 들면, 2015년의 대한민국의 일인당 국민소득을 3만 불로 예측한다면 점 예측이 되고, 95% 신뢰수준에서 2.9만 불에서 3.1만 불이 될 것으로 예측한다면 구간 예측이 된다. 그런데, 미래의 값을 정확히 예측한다는 것은 거의 불가능하다. 특히 예측되는 현상이 국민소득, 수출량, 매상액과 같이 통계적 법칙을 따를 때는 정확한 예측은 거의 불가능하다. 이때 우리들이 할 수 있는 과학적 예측은 구간예측이다. 예측되는 현상의 실제값이 예측구간 안에 놓일 때 우리들의 예측은 옳은 예측이 된다.

1.4 시계열의 예측방법

예측방법은 다음과 같은 [그림 1.7]의 과정으로 설명할 수 있다. 일정한 양과 종류의 정보를 일정한 '휠터'를 통과시키게 되면 '휠터'의 종류에 따라 우리들은 일정한 정보를 얻게 된다. 이 때 같은 '휠터'라 하더라도 상이한 양과 질의 정보를 통과시키면 다른 양과 질의 정보를 얻게 되며, 같은 정보를 통과시킨다 해도 다른 '휠터'를 사용하게 되면 다른 정보를 얻게 된다. 여기서 '휠터'는 **예측방법**이라 하고 '휠터'에 통과시키게 될 정보를 과거의 관찰값이라 하면 '휠터'를 통과한 결과는 예측이 된다.

[그림 1.7] 예측의 과정

이러한 예측방법은 일반적으로 질적 예측방법과 양적 예측방법으로 나뉘어진다.

1) 양적 예측방법

양적 예측방법(quantitative methods)은 관측된 과거자료에 포함된 정보를 이용하여 예측에 필요한 경험적 법칙을 추정하여 예측하는 방법으로 다음과 같은 조건들이 만족될 때 적용된다(Makridakis & Wheelwrite, 1978).

i) 과거에 대한 정보가 존재한다.

ii) 이 자료는 양적인 자료로 나타낼 수 있다.

iii) 과거의 패턴은 미래에서도 지속될 것이라 가정이 성립된다.

양적예측을 위해 설정되는 모형에는 예측될 변수가 하나 또는 그 이상의 변수들과 인과관계(cause and effect relationship)를 갖는다고 가정하는 **설명모형**(explanatory model) 혹은 인과모형(causal model)과 예측값은 예측의 대상이 되고 있는 과거의 자료나 오차에 의해서만 의존된다고 가정하는 **시계열모형**(time series model)이 있다. 즉 설명 모형은 [그림 1.8(a)]에서 보는 것처럼 산출변수는 투입변수와의 인과관계를 통해서 나타나게 되는 반면에, 시계열 모형은 [그림 1.8(b)]에서처럼 산출변수는 투입 변수의 자체생성과정을 통하여 나타나게 되는 것을 가정한다.

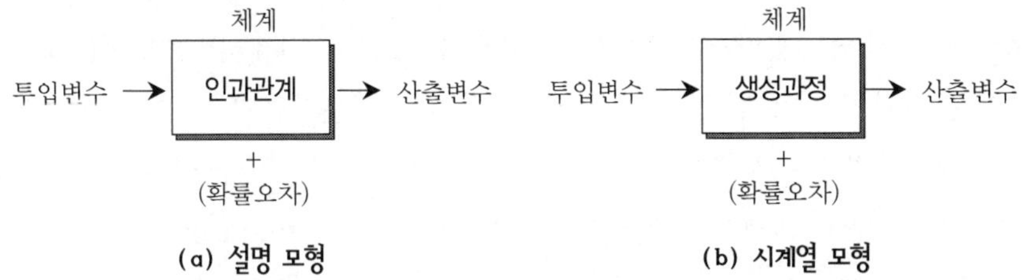

[그림 1.8] 설명 모형과 시계열 모형

시계열 모형에 의한 예측은 예측될 변수 자체의 과거의 자료에서 어떠한 패턴을 발견하여 미래에도 그러한 패턴이 특성을 잃지 않고 반복될 것이라는 가정하에서 모형을 확립하여 예측하는 방법이다. 그러므로 확립된 시계열 모형은 특정한 자료의 집합에 모형이 얼마나 적합한가에 전적으로 평가되어 진다(Newbold & Reed, 1979).

이러한 시계열모형에 의한 예측방법에는 평활법(smoothing methods), 분해법(decomposition methods) 등과 같은 전통적 시계열분석 방법과 확률적 시계열분석 방법이 있다. 또한 확률적 시계열분석은 ARIMA(autoregressive integrated moving average) 모형으로 대변되는 시간영역 분석(time domain analysis) 방법과 퓨리어 분석(Fourier analysis) 개념에 기초를 둔 주파수영역 분석방법이 있다. 이 책에서는 전통적 시계열분석과 확률적 시계열분석 중에서 시간영역 분석방법에 관하여 주로 기술하고자 한다.

설명모형에 의한 예측방법은 예측되어야 할 변수를 하나 이상의 설명변수들과 인과관계가 존재한다고 가정하고, 과거의 자료에서부터 이들 간의 인과적 연관성을 추정하여 미래에도 그러한 관련성이 지속될 것이라는 가정하에 미래의 값을 예측하는 방법이다. 이러한 인과 모형에는 회귀모형, 계량경제 모형, 투입－산출 모형 등이 있다.

2) 질적 예측방법

한 사상의 미래의 결과를 예측하기 위하여 전문가들의 주관적 견해를 사용하는 방법을 **질적 예측방법**(qualitative and judgemental methods)이라고 한다. 이러한 방법들은 예측하고자 하는 사상에 관한 과거의 정보가 없거나 불충분한 경우에 주로 사용한다. 예를 들어 한 회사에서 새로운 상품이 개발되었다고 하자. 이 회사에서는 신상품이 얼마나 판매될 것인가를 예측해야 할 것이다. 이 경우에 이 상품에 대한 과거의 판매 자료가 없기 때문에 경영자는 판매량을 예측하기 위하여 판매부나 시장 조사팀에 참가하고 있는 전문가들의 견해에 의존할 수밖에 없을 것이다. 마찬가지로 한국에서 남북통일은 언제 될 것인가? 새로운 에너지의 개발은 언제 이루어 질 것인가? 등의 예측에서는 과거의 자료가 없기 때문에 각 방면의 전문가들의 주관적 견해에 의존하게 된다. 이러한 방법에는 새로운 상품이 개발되었을 때 시장조사 및 판매 분야의 전문가들의 주관적 견해에 의해서 추정되는 "상품수명 사이클"(product life cycle)을 이용하여 예측하는 주관적 곡선적합(subjective curve fitting) 방법, 예측하고자 하는 사상에 대한 전문가들의 주관적 견해를 결합하여 예측하는 델파이(Delphi) 방법, 미래에 일어날 수 있는 여러 상황의 순서를 가설적으로 전개시켜서 여기에 주관적 확률을 도입하여 예측하는 방법인 시나리오(scenario) 방법 등이 있다.

1.5 예측의 평가

우리들은 여러 각도에서 예측을 평가 할 수 있다. 우선 중요한 것은 예측을 통하여 전달되는 정보의 내용이 얼마나 풍부한가 하는 점이다. 구체적인 예로 내년에 소비자물가가 5%로 상승할 것이라는 예측과 다만 상승할 것이라는 예측이 있다고 하자. 두 예측을 비교하면 첫 번째의 예측이 갖고 있는 내용이 두 번째의 경우보다 훨씬 많다. 왜냐하면, 후자의 예측은 막연히 내년에는 소비자물가가 상승하리라는 정보를 전달하지만 전자는 소비자물가가 어느 정도 상승할 것이라는 것까지 말해 준다. 물론 보다 많은 내용을 전달하는 예측일수록 예측이 틀릴 가능성은 높아진다. 가령 소비자물가지수가 실제로 7%로 상승하였다고 하자. 이 경우 전자의 예측, 즉 물가는 5%로 상승할 것이라는 예측은 틀린 것으로 밝혀진다. 다음과 같은 극단적인 경우를 고려해보자. '소비자물가지수는 내년에 상승하거나 하지 않을 것이다'라고 예측하는 경우이다. 이러한 예측은 틀릴 수가 없다. 왜냐하면, 발생 가능한 모든 경우가 예측에 포함되어 있기 때문이다. 그러나 이 예측이 전달하는 내용은 전혀 없으며 누구도 미래에 대한 이러한 정보를 얻으려고 하지 않을 것이다. 즉, 예측에 포함되어 있는 정보가 아무리 풍부하다고 하더라도 정보자체가 정확하지 않으면 예측이 쓸모가 없게 된다, 환언하면 예측은 정확해야 한다. 그러므로 얼마나 정확한가에 따라서 예측이 평가되어야 하며 이러한 평가는 **사전평가**와 **사후평가**로 구분된다.

사전적으로 예측결과가 얼마나 정확한가를 판단한다는 것은 사실상 불가능하다. 가능한 간접적인 검토방법으로는 다음과 같은 방법들이 있다.

첫째, 예측을 위하여 사용된 자료들이 얼마나 정확하게 관측되었으며, 또한 얼마나 많은 양이 사용되었는가? 그리고 가능한 한 최신의 자료를 사용하였는가를 검토한다.

둘째, 예측방법의 선택과 예측과정이 합리적으로 이루어 졌는가를 검토한다.

즉, 우리들은 사용된 자료와 예측방법 및 과정을 검토함으로써 어느 정도 예측의 정확성에 관한 사전평가를 내릴 수 있다. 예측의 사후평가는 예측값과 실제값과의 차이인 예측오차($E_i = F_i - Z_i$)를 사용하는 다음과 같은 평가기준들이 많이 사용된다.

◦ 평균제곱오차(Mean squared error: MSE): $MSE = \frac{1}{n}\sum(F_i - Z_i)^2$

◦ 평균절대편차(Mean absolute deviation: MMAD): $MAD = \frac{1}{n}\sum|F_i - Z_i|$

◦ 평균절대백분비오차(Mean absolute percentage error: $MAPE$):

$$MAPE = \frac{1}{n}\sum\left|\frac{F_i - Z_i}{Z_i}\right| \times 100$$

◦ 타일의 불일치계수(Theil's U-statistic: U): $U = \sqrt{\frac{\sum(P_i - A_i)^2}{\sum A_i^2}}$

여기서 $P_i = \frac{F_i - F_{i-1}}{F_{i-1}}$는 예측값의 변화율을, $A_i = \frac{Z_i - Z_{i-1}}{Z_{i-1}}$는 실제값의 변화율을 나타내며 예측값과 실제값의 변화율이 일치하는 경우에는 $U = 0$가 되고, 또 $U =$ 1이 되는 경우에는 $P_i = 0$, 즉 예측값들이 시점에 관계없이 항상 일정한 경우를 나타낸다. 일반적으로 U값이 0.3 ~ 0.4인 경우에 만족스러운 예측결과로 판단하게 된다.

일반적으로 예측의 사후평가는 주로 MSE, $MAPE$ 등이 사용된다. 그런데 이러한 측도들이 관측기간 내에서 계산되는 경우에는 사전평가 방법으로도 사용할 수 있게 된다. 실제로 여러 가지 예측방법들을 비교하여 한 가지 방법을 선택할 때는 관측기간 내에서의 이와 같은 측도들의 값을 비교하거나([그림 1.9]의 (1)의 경우), 관측 가능한 기간을 모형의 추정기간과 사전평가 기간으로 나누어 예측력을 비교, 평가([그림 1.9]의 (2)의 경우) 할 수 있다. 이들 관계를 그림으로 나타내면 [그림 1.9]와 같다.

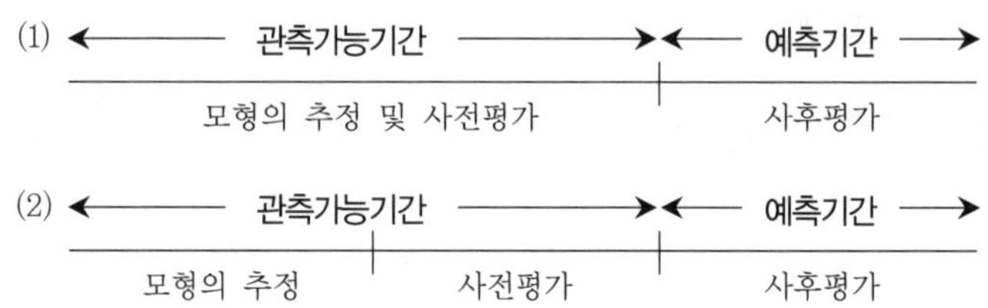

[그림 1.9] 예측의 평가방법

예제 1.1

다음은 어느 회사의 최근 10일 간의 판매액에 대한 실제값과 예측값에 관한 자료이다. 예측력의 사후평가를 하기 위하여 MSE, MAE, MAPE, 그리고 타일의 U 통계량을 계산해 보자.

[표 1.1] 판매액에 관한 자료와 예측력의 사후평가

시 점	실제값	예측값	오 차	절대오차	오차제곱	A_i	P_i
1	90	100	10	10	100	−	−
2	110	120	10	10	100	0.22	0.20
3	150	140	−10	10	100	0.36	0.17
4	160	160	0	0	0	0.07	0.14
5	190	180	−10	10	100	0.19	0.13
6	200	200	0	0	0	0.05	0.11
7	240	220	−20	20	400	0.20	0.10
8	250	240	−10	10	100	0.04	0.09
9	270	260	−10	10	100	0.08	0.08
10	300	280	−20	20	400	0.11	0.08
합계				100	1400		

[표 1.1]의 결과를 사용하면 각각 다음과 같이 계산된다.

$$MSE = \frac{1}{n}\sum(F_i - Z_i)^2 = 1400/10 = 140$$

$$MAD = \frac{1}{n}\sum|F_i - Z_i| = 100/10 = 10$$

$$MAPE = \frac{1}{n}\sum|\frac{F_i - Z_i}{Z_i}| \times 100 = \frac{1}{10}[\frac{10}{90} + \frac{10}{110} + \cdots + \frac{20}{300}] = 0.55$$

그리고 타일의 불일치계수 U는

$$U = \sqrt{\frac{\sum(P_i - A_i)^2}{\sum A_i^2}} = \sqrt{\frac{(0.20 - 0.22)^2 + (0.17 - 0.36)^2 + \cdots + (0.08 - 0.11)^2}{0.22^2 + 0.36^2 + \cdots + 0.11^2}}$$
$$= 0.47$$

와 같이 된다.

제2장 시계열분석을 위한 기초 통계학

이 장에서는 시계열분석을 공부하기 위하여 필요한 기초적인 통계이론에 대하여 기술한다. 통계학에 대한 기본적인 개념이 정립되지 않은 독자들을 위하여 기초적이고 개념적인 내용들을 다룬다. 따라서 기초 통계학의 내용들을 어느 정도 이해를 하고 있는 독자들은 생략할 수 있다.

2.1 기초개념

통계학(statistics)이란 관심의 대상이 되는 집단에 대하여 자료를 효율적으로 수집, 정리, 요약하거나 이들의 제한된 자료 혹은 정보를 이용하여 불확실한 사실에 대하여 과학적이고 합리적인 의사결정을 내릴 수 있는 방법들을 대상영역으로 하는 학문분야를 말한다. 즉, 제한된 정보 혹은 불확실한 상황 하에서 최적 의사결정을 내릴 수 있는 방법들을 대상영역으로 하는 학문분야다. 통계학에서 가장 기본적인 용어는 **모집단**(population)과 **표본**(sample)이다. 모집단이란 연구 혹은 관심의 대상이 되는 개체들의 전체 집합을 말하며, 표본이란 모집단에서 조사대상으로 추출된 개체들의 집합, 즉 모집단의 부분집합을 말한다. 이 때 모집단의 평균, 분산, 회귀계수 등(μ, σ^2, β_0, β_1, $\cdots$)과 같이 모집단의 특성을 나타내는 값을 **모수**(parameter)라고 하고, 표본의 평균, 분산, 회귀계수 등과 같이 표본의 특성을 나타내는 양($\overline{X}$, S^2, b_0, b_1, $\cdots$)을 **표본통계량**(sample statistic) 혹은 통계량이라고 부른다. 따라서 통계적 분석방법이란 모집단에서 추출된 표본의 분석을 통하여 모집단의 특성을 나타내는 모수에 대한 의사결정(통계적 추정 및 가설검정)을 내리는 것이다. 이와 같은 통계적 분석과정을 그림으로 나타내면 다음과 같다.

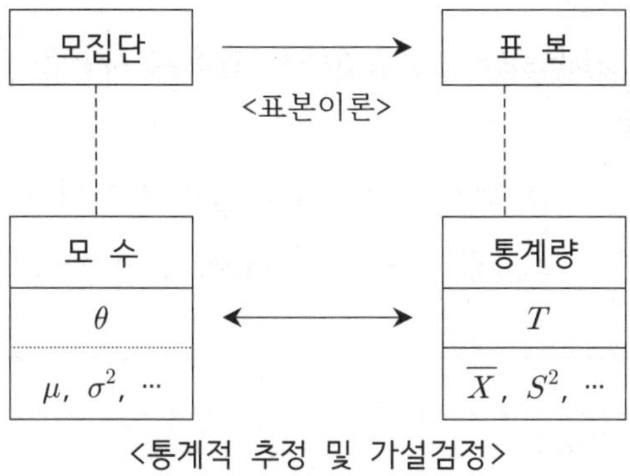

[그림 2.1] 통계적 분석방법의 이해

즉, 일반적으로 통계적 분석을 하기 위해서는 다음과 같은 과정을 거친다.

첫째, 적절한 표본추출방법(표본이론)에 따라서 연구대상 집단인 모집단에서 표본을 추출한다.

둘째, 표본으로 관측된 자료의 분석을 통하여 표본 자료의 특성을 분석, 즉 표본 통계량의 값들을 계산한다.

셋째, 표본 통계량이 이루는 확률분포인 표집분포(sampling distribution)를 이용하여 모집단의 모수에 대한 의사결정(추정 및 가설검정)을 내린다.

따라서 통계적 추정 및 가설검정을 하기 위해서는 통계량의 확률분포인 표집분포가 전재되어야 하며, 표집분포를 이해하기 위해서는 먼저 확률변수의 개념, 확률분포 등에 대한 이해가 선행되어야 한다.

2.2 확률변수와 확률분포

2.2.1 확률변수

확률변수에 대한 이해를 위해서는 먼저 사건과 확률에 대한 이해가 필요하다. 확률적 실험에서 나타날 수 있는 가장 기본적인 결과를 **기본사건**(elementary event)이라고 하고, 또 가능한 모든 결과들의 집합을 **표본공간**(sample space)이라고 한다. 이 때 **사건**(event)은 표본공간의 부분집합 혹은 기본사건의 집합으로 정의되고, 어떤 사건 E가 일어날 수 있는 확실성을 계량적으로 나타내는 척도를 사건 E의 **확률**(probability)이라고 하며 $P(E)$로 나타낸다.

확률변수(random variable)란 표본공간에서 관측된 사건을 실수로 대응시켜 주는 법칙 혹은 함수를 말한다.

예를 들면, 동전을 두 개 던지는 실험에서 앞면이 나타나는 횟수를 확률변수 X로 나타내면 확률변수 X가 갖는 값과 확률은 다음과 같이 된다.

사 건	X	$P(X=x)$
(HH)	2	1/4
(HT 혹은 TH)	1	1/2
(TT)	0	1/4

이 때, 확률변수가 가지는 값들이 이산적 자료인 경우에는 이산확률변수(discrete random variable), 연속적 자료인 경우에는 연속확률변수(continuous random variable)라고 한다.

2.2.2 확률변수의 기대값과 분산

- **확률변수 X 의 기대값:** $E(X)$

확률변수 X가 가지는 값들을 x_i $(i=1,\ 2,\ \cdots,\ N)$라고 하고 $X=x_i$가 될 확률을 $P(x_i)$라고 하면 X의 기대값 $E(X)$는 다음과 같이 정의된다.

$$E(X)=x_1P(x_1)+x_2P(x_2)+\ \cdots\ +x_NP(x_N)=\sum_{i=1}^{N}x_i\ P(x_i)$$

그런데 이 식에서 $P(x_i)=1/N$인 경우에는 다음과 같이 된다.

$$E(X)=\sum_{i=1}^{N}x_i\ /N=\mu_x$$

즉, 기대값은 평균이 된다.

기대값을 구하는 연산인 $E(\ \ )$는 다음과 같은 특성을 갖는다.

<u>$E(\ )$의 특성</u>

$E(c)=c$, 단 c는 상수.
$E(cX)=cE(X)$
$E(X\pm Y)=E(X)\pm E(Y)$
$E(XY)=E(X)E(Y)$, 단 $X\perp Y$ (X, Y는 서로 독립)

단, 확률변수 X가 연속확률변수인 경우에는 $E(X)$는 다음과 같이 정의된다.

$$E(X)=\int_{-\infty}^{\infty} xf(x)dx$$

• **확률변수 X의 분산:** $V(X)$

확률변수 X의 분산 $V(X)$는 다음과 같이 정의된다.

$V(X)=E[X-E(X)]^2$ 혹은,
$V(X)=E(X^2)-2E^2(X)+E^2(X)=E(X^2)-E^2(X)$, 여기서 $E^2(X)=[E(X)]^2$

분산을 구하는 연산 $V(\ )$는 다음과 같은 특성을 갖는다.

<u>$V(\ )$의 특성</u>

$V(c)=0$, 단 c는 상수
$V(cX)=c^2V(X)$
$V(X\pm Y)=V(X)+V(Y)\pm 2COV(X,Y)$
$\quad =V(X)+V(Y)$ (단, $X\perp Y$)

여기서 $COV(X,Y)$는 확률변수 X, Y의 **공분산**(covariance)으로 두 확률변수의 관련성의 크기를 나타내며 다음과 같이 정의된다.

$$COV(X,Y)=E(X-\mu_X)(Y-\mu_Y)=E(XY)-\mu_X\mu_Y$$

그런데 X, Y가 서로 독립이면 $E(XY)=E(X)E(Y)$가 되므로 $COV(X,Y)=0$이 된다.

공분산을 구하는 연산 $COV(\ )$는 다음과 같은 특성을 갖는다.

<u>$COV(\ )$의 특성</u>

$COV(c_1X,\ c_2Y) = c_1c_2COV(X,\ Y)$, 단 c_1, c_2는 상수.

$COV(a_1 + X,\ a_2 + Y) = COV(X,\ Y)$, 단 a_1, a_2는 상수.

$COV(X,\ X) = V(X)$

2.2.3 확률분포

확률분포는 확률변수가 이산확률변수이냐, 연속확률변수이냐에 따라서 이산확률분포와 연속확률분포로 나누어진다.

이산확률분포에는 이항분포, 프와슨분포 등이 있으며 이산확률분포의 확률질량함수(probability mass function: pmf) $p(x)$는 다음과 같은 특성을 갖는다.

$$1)\ p(x) \geq 0\ , \qquad 2)\ \sum p(x) = 1$$

연속확률분포에는 정규분포, 지수분포 등이 있으며 연속확률분포의 확률밀도함수(probability density function: pdf) $f(x)$는 다음과 같은 특성을 갖는다.

$$1)\ f(x) \geq 0\ , \qquad 2)\ \int f(x)dx = 1$$

2.3 상관계수와 편상관계수

변수들 간에 존재하는 선형관련성의 정도를 측정하여 분석하는 방법이 상관분석이며, 이 때 선형관련성의 정도를 측정하는 척도로는 **상관계수**(correlation coefficient)를 사용한다.

이러한 상관계수에는 양적 변수들의 선형관련성을 측정하는 피어슨(K. Pearson)의 **적률상관계수**(product moment correlation coefficient), 질적변수들에 주로 적용되는 스피아맨(C. Spearman)의 **순위상관계수**(rank correlation coefficient), 그리고 세 변수 이상을 고려하는 **편상관계수**(partial correlation coefficient) 등이 있다. 특히, 상관계수와 편상관계수는 시계열 자료의 특성을 분석하거나 모형을 식별하는 과정에서 중요한 역할을 한다.

2.3.1 상관계수

우리들은 앞에서 두 변수들 간의 관련성의 정도를 나타내는 척도인 공분산에 관하여 설명한 바 있다. 즉, 공분산이 0이면 두 변수들 간에 선형관련성이 없고 공분산의 절대 값이 클수록 관련성이 높다. 그런데 이와 같은 척도는 두 변수의 측정단위에 따라서 이 값이 달라지게 되고, 또 표본공분산의 경우에는 표본의 크기에 따라서 값이 달라지므로 상대적인 비교는 의미가 없게 된다.

따라서 공분산 $COV(X, Y)$를 각 변수의 표준편차 σ_X와 σ_Y로 표준화시킨 다음과 같이 정의되는 **상관계수**(혹은 적률상관계수)를 두 변수들 간의 상대적인 선형관련성의 크기를 나타내는 척도로 사용할 수 있다.

<u>모집단 상관계수</u>

$$\rho_{XY} = \frac{COV(X, Y)}{\sqrt{V(X)\,V(Y)}} = \frac{\sigma_{XY}}{\sigma_X \sigma_Y}$$

만약 X와 Y가 독립이면 $COV(X, Y) = 0$가 되므로 $\rho_{XY} = 0$이 되고, 또 항상 $-1 \le \rho_{XY} \le 1$가 된다. 그러나 $\rho_{XY} = 0$ 일 경우에 항상 X, Y가 독립이 되는 것은 아니다.

그런데 현실적으로 우리들이 상관분석을 하는 경우에는 표본으로 관측된 자료를 사용하게 되며, 이 경우에는 다음과 같이 정의되는 표본상관계수(sample correlation coefficient)를 사용할 수 있다.

<u>표본상관계수</u>

$$r_{XY} = \frac{S_{XY}}{S_X S_Y} = \frac{\Sigma(X_j - \overline{X})(Y_j - \overline{Y})}{\sqrt{\Sigma(X_j - \overline{X})^2 \Sigma(Y_j - \overline{Y})^2}}$$

이 때 표본상관계수는 다음과 같은 성질을 갖는다.

표본상관계수의 성질

1. 표본상관계수 r_{XY}는 두 변수들 간의 선형관련성의 정도를 나타내는 척도가 된다.
2. 표본상관계수의 범위는 $-1 \leq r_{XY} \leq 1$이다.
3. 두 변수가 독립이면 $r_{XY}=0$가 된다.
4. 표본상관계수의 값이 $r_{XY}=\pm 1$일 때 완전상관이라고 하고, 0보다 큰 경우에는 양의 상관, 0보다 작은 경우에는 음의상관이라고 한다.
5. 높은 상관관계를 갖는다고 해서 필수적으로 두 변수들 간에 인과관계를 가지는 것은 아니다.

즉, 상관계수는 두 변수들 간의 상대적인 선형관련성의 척도가 된다. 그러나 상관관계가 높다고 해서 항상 두 변수들 간에 인과관계가 존재하는 것은 아니다. 예를 들면 특정 지역의 연간 교통사고의 발생건수와 비스켓의 판매량에 대한 상관계수는 높은 값을 가질 수 있다. 그러나 이들 간에 인과관계가 있는 것은 아니다.

예제 2.1

[표 2.1]의 소득(X)과 소비지출(Y)에 관한 표본자료를 이용하여 표본상관계수를 구해보자.

먼저 $\Sigma(X_j-\overline{X})^2$, $\Sigma(Y_j-\overline{Y})^2$ 그리고 $\Sigma(X_j-\overline{X})(Y_j-\overline{Y})$를 다음과 같이 구한다.

[표 2.1] 소득(X)과 소비지출(Y)에 관한 표본자료

가 구	소 득(X)	지 출(Y)	$(X_j-\overline{X})^2$	$(Y_j-\overline{Y})^2$	$(X_j-\overline{X})(Y_j-\overline{Y})$
1	30	30	400	100	200
2	50	40	0	0	0
3	40	30	100	100	100
4	60	40	100	0	0
5	70	60	400	400	400
합계	250	200	1000	600	700

따라서 표본상관계수는

$$r_{XY} = \frac{\Sigma(X_j - \overline{X})(Y_j - \overline{Y})}{\sqrt{\Sigma(X_j - \overline{X})^2 \Sigma(Y_j - \overline{Y})^2}} = \frac{700}{\sqrt{1000 * 600}} \doteq 0.904$$

가 된다.

2.3.2 편상관계수

두 변수 X, Y 간에 상관분석을 할 때 만약 이 두 변수가 제 3의 변수인 Z와 높은 상관이 있는 경우에는 앞에서 기술된 상관계수는 적절한 척도가 되지 못할 수도 있다. 예를 들면 어느 도시에서의 비스켓의 판매량과 범죄 발생건수 간에 높은 상관이 있는 것으로 나타났다고 하자.

그러면 과연 비스켓의 판매량과 범죄 발생건수는 높은 상관이 있는가? 물론 그렇지 않을 것이다. 이 결과는 이 두 변수와 밀접한 관련성이 있는 도시 인구의 증가에 기인된 것일 것이다. 이 경우에 만약 인구라는 제3의 변수의 영향을 배제시킨다면, 즉 인구를 고정시키고 비스켓의 판매량과 범죄건수 간의 상관계수를 구한다면 거의 0에 가깝게 나타날 것이다. 이와 같이 다른 변수들의 영향을 배제시킨 두 변수들 간의 상관계수를 편상관계수라고 한다. 즉, 변수 Z의 영향을 배제시킨 X와 Y의 편상관계수 $r_{XY/Z}$는 다음과 같이 정의 된다.

<u>편상관계수</u>

$$r_{XY/Z} = \frac{r_{XY} - r_{XZ} r_{YZ}}{\sqrt{(1 - r_{XZ}^2)(1 - r_{YZ}^2)}}$$

여기서 r_{XY}는 X와 Y간의 상관계수, r_{XZ}는 X와 Z간의 상관계수, 그리고 r_{YZ}는 Y와 Z간의 상관계수를 나타낸다.

예제 2.2

어느 해수욕장에서 하루 동안 팔린 따뜻한 커피의 양을 X, 방문객수를 Y라고 하자. 한달 간의 관측결과를 가지고 이들 간의 표본상관계수를 구하니 $r_{XY} = -0.30$로

나타났다. 그런데 '커피의 판매량과 방문객의 수는 양의 상관관계가 나타나야 할텐데 이상하다'라는 생각을 할 수 있다.

이러한 결과는 따뜻한 커피의 판매량과 방문객의 수는 둘 다 해수욕장의 기온과 밀접한 관련이 있다는 것을 고려하지 않았기 때문이다.

따라서 우리들은 기온을 고정시킨 후의 이들 간의 편상관계수를 구해야 한다. 이 때 기온을 Z로 나타내면 X와 Z, 그리고 Y와 Z의 상관계수가 각각 $r_{XZ}=-0.7$, $r_{YZ}=0.8$로 구해졌다면 편상관계수는 다음과 같이 구해진다.

$$r_{XY/Z}=\frac{r_{XY}-r_{XZ}r_{YZ}}{\sqrt{(1-r_{XZ}^2)(1-r_{YZ}^2)}}$$

$$=\frac{-0.30-(-0.7)\times 0.8}{\sqrt{(1-(-0.7)^2)(1-0.8^2)}}=0.61$$

이 결과는 우리가 예상한 바와 같이 커피의 판매량은 방문객의 수와 양의 상관이 있음을 보여 준다.

2.4 정규분포 및 관련분포

2.4.1 정규분포

정규분포(normal distribution)는 좌우대칭인 종 모양의 분포로 밀도함수는 다음과 같다.

$$f(x)=\frac{1}{\sqrt{2\pi}\,\sigma}\exp[-\frac{1}{2}(\frac{x-\mu}{\sigma})^2]\ ,\ -\infty<x<\infty$$

여기서 μ와 σ^2은 정규분포의 두 모수로서 정규확률변수 X의 평균과 분산을 나타낸다. 즉, $E(X)=\mu$, $V(X)=\sigma^2$이 된다.

또, 확률변수 X가 평균이 μ이고 분산이 σ^2인 정규분포를 따를 때 간단히 다음과 같이 나타낸다.

$$X\sim N(\mu,\sigma^2)$$

이를 그림으로 나타내면, 다음과 같다.

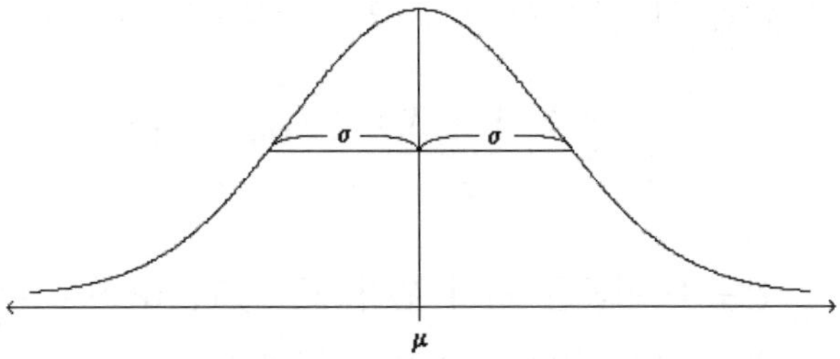

〈정규분포: $X \sim N(\mu, \sigma^2)$〉

• **표준정규확률변수**: Z

확률변수 X가 평균 μ, 분산 σ^2인 정규분포를 따를 때 X를 다음과 같이 표준화시킨 표준정규확률변수 Z는 평균 0, 분산 1인 표준정규분포를 따르게 된다.

$$Z = \frac{X - \mu}{\sigma} \sim N(0,1)$$

<부록: 표 1>에는 이와 같은 표준정규분포의 확률이 수표로 주어져 있다. 정규확률변수들의 함수에 대해서 다음이 성립된다.

첫째, 정규확률변수 X를 선형변환시킨 확률변수 $Y = a + cX$(a와 c는 상수)는 평균 $a + cE(X)$, 분산 $c^2 V(X)$인 정규분포를 따른다.

둘째, $X_1, X_2, \cdots, X_n$이 서로 독립인 정규확률변수들 일 때에 이들의 선형결합 $a_1X_1 + a_2X_2 + \cdots + a_nX_n$은 평균 $\Sigma a_i E(X_i)$, 분산 $\Sigma a_i^2 V(X_i)$인 정규분포를 따른다.

2.4.2 정규분포와 관련된 분포

1) χ^2-분포

$Z_1, Z_2, \ldots, Z_m$이 서로 독립인 m개의 표준정규 확률변수들일 때 다음과 같은 χ^2은 자유도 m인 χ^2-분포를 따른다.

$$\chi^2 = Z_1^2 + Z_2^2 + \cdots + Z_m^2 = \sum_{i=1}^{m} Z_i^2 = \frac{\Sigma(X_i - \mu)^2}{\sigma^2}$$

또, 다음과 같은 χ^2은 자유도(df) $m-1$인 χ^2-분포를 따르게 된다.

$$\chi^2 = \frac{\Sigma(X_i - \overline{X})^2}{\sigma^2} = \frac{(m-1)S^2}{\sigma^2}$$

자유도 m인 χ^2-분포의 평균은 m이 된다. 즉, $E(\chi^2(m)) = m$이다. χ^2-분포의 확률은 <부록: 표 3>에 주어져 있다. 자유도의 변화에 따른 χ^2-분포의 형태는 다음과 같이 된다.

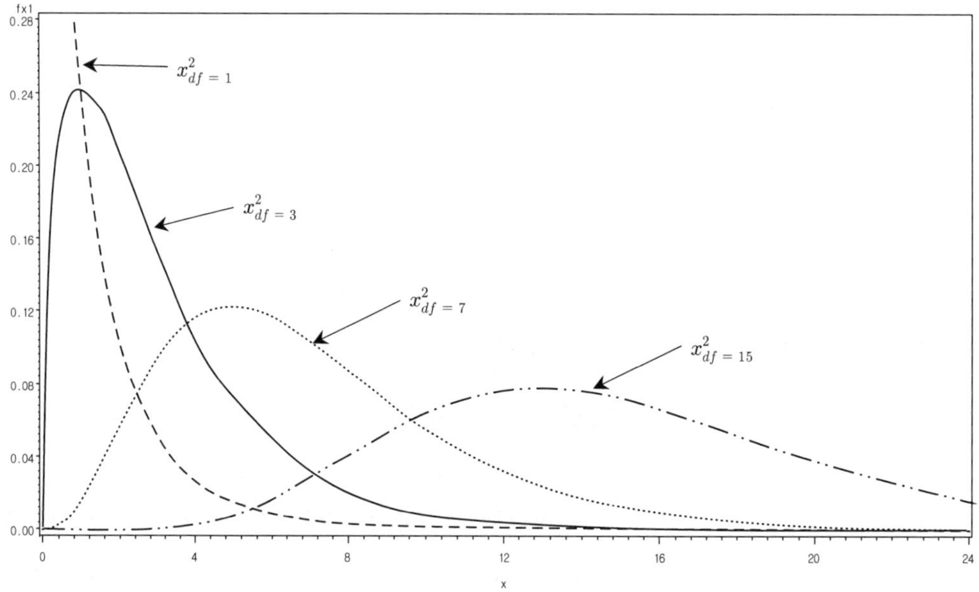

〈자유도 변화에 따른 χ^2-분포 형태〉

2) t-분포

Z는 표준정규확률변수, $\chi^2(m)$은 자유도가 m인 χ^2-분포를 따르는 확률변수이고, 두 변수는 서로 독립일 때 다음과 같이 정의되는 T-통계량은 자유도 m인 t-분포를 따르게 된다.

$$T = \frac{Z}{\sqrt{\chi^2_{(m)}/m}} \sim t-\text{분포}(df = m)$$

이 때 자유도 m인 t-분포의 평균은 $E(T)=0$이 되며, t-분포의 확률은 <부록: 표 2>에 나타나 있다. 자유도의 변화에 따른 t-분포의 형태는 다음과 같이 된다.

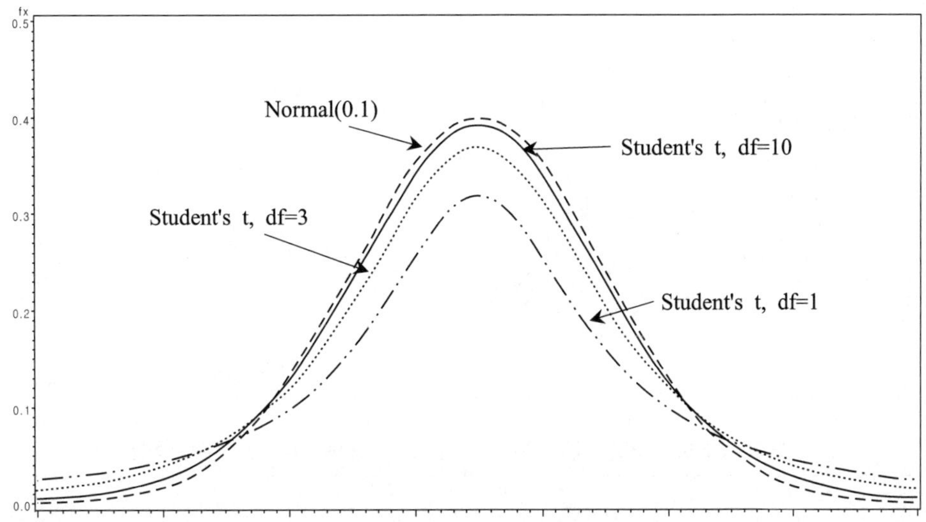

〈자유도 변화에 따른 t-분포 형태〉

3) F-분포

$\chi^2_{(m_1)}$과 $\chi^2_{(m_2)}$는 각각 자유도가 m_1, m_2인 χ^2-분포를 서로 독립적으로 따르는 확률변수들인 경우에 다음과 같이 정의되는 통계량 F는 자유도가 m_1, m_2인 F-분포를 따르게 된다.

$$F_{(m_1,\, m_2)} = \frac{\chi^2_{(m_1)}/m_1}{\chi^2_{(m_2)}/m_2}$$

F-분포의 확률은 <부록: 표 4>에 주어져 있다. 자유도의 변화에 따른 F-분포의 형태는 다음과 같이 된다.

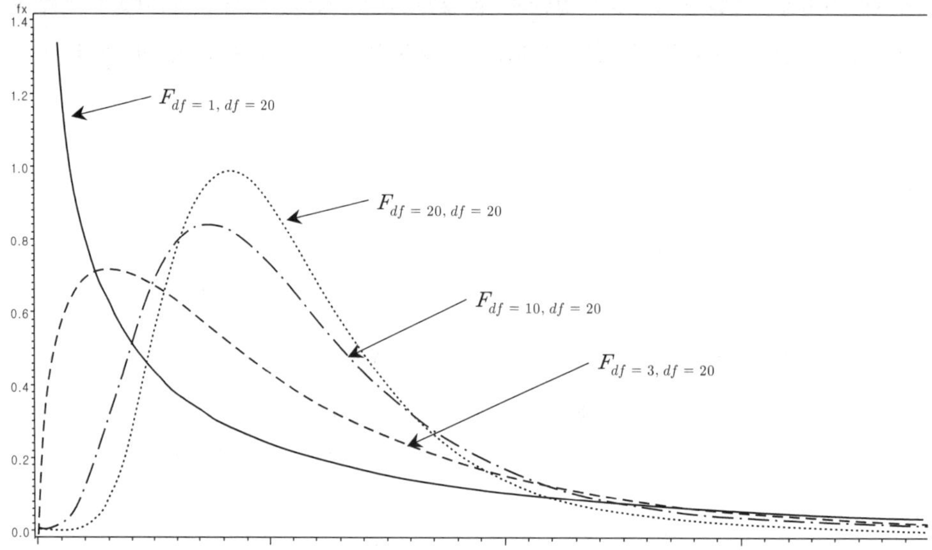

〈분모의 자유도가 20인 경우 분자의 자유도 변화에 따른 F-분포 형태〉

또 F-통계량은 다음과 같은 특성을 갖는다.

$$F_{(\alpha;\, m_1,\ m_2)} = 1/F_{(1-\alpha;\, m_2,\ m_1)}$$

여기서 $F_{(\alpha; m_1,\ m_2)}$는 $\Pr[F \le F_{(\alpha; m_1,\ m_2)}] = \alpha$를 나타낸다.

2.5 통계적 추정 및 가설검정

2.5.1 표집분포

표본통계량이 이루는 확률분포를 **표집분포**라고 하며, 이 때 표본 통계량은 표본의 특성을 나타내는 양으로 모수를 포함하지 않는 관측 가능한 확률변수의 함수이다.

모평균의 추론을 위한 표본평균의 표집분포는 다음과 같이 된다.

모집단이 정규분포를 따르는 경우, 표본평균도 역시 정규분포를 따른다. 즉, 다음과 같이 된다.

$$X \sim N(\mu,\ \sigma^2) \rightarrow \overline{X} \sim N(\mu,\ \sigma^2/n)$$

또한, 만약 모집단이 정규분포를 따르지 않는 경우에는 표본의 크기가 어느 정도 이상($n \geq 30$) 크면 중심극한정리에 의해서 표본평균은 정규분포에 근사하게 된다. 따라서 표본의 크기가 어느 정도 크면 다음과 같이 나타낼 수 있다.

$$X \sim (\mu,\ \sigma^2) \rightarrow \overline{X} \sim N(\mu,\ \sigma^2/n)$$

여기서, **중심극한정리**란 평균이 μ이고 분산이 σ^2인 임의의 모집단에서 크기 n인 표본을 추출했을 때, 표본의 평균 $\overline{X}$가 이루는 분포는 n이 어느 정도 이상 크면 평균이 μ이고 분산이 σ^2/n인 정규분포를 따른다는 것이다.

따라서 모집단이 정규분포를 따르지 않는 경우에도 표본평균은 정규분포를 따르므로 표본평균을 사용하여 모평균에 대한 추론을 하고자 할 때는 정규분포를 사용할 수 있다.

2.5.2 추정량의 특성

바람직한 추정량은 다음과 같은 특성을 가져야 한다.

- 불편추정량(unbiased estimator)

모수 θ의 추정량을 T라고 하면 다음이 성립할 때 T는 θ의 **불편추정량**이라고 한다.

$$E(T) = \theta$$

- **유효추정량**(efficient estimator)

모수 θ의 불편추정량을 T_1, T_2라고 할 때 다음과 같은 경우에 T_1은 T_2에 비하여 **유효추정량**이 된다고 말한다.

$$V(T_1) < V(T_2)$$

- **일치추정량**(consistent estimator)

모수 θ의 추정량을 T라고 하면, 다음이 성립할 때 T는 θ의 **일치추정량**이라고 한다.

$$\lim_{n \to \infty} P[\,|\,T - \theta\,|\, \geq \epsilon] = 0,\ \epsilon\text{는 0보다 큰 임의의 값}$$

- **평균제곱오차**(mean squared error: MSE)

불편성과 유효성을 동시에 나타낼 수 있는 척도인 **평균제곱오차**는 다음과 같이 정의된다.

$$MSE(T) = E(T-\theta)^2 = E[T-E(T)+E(T)-\theta]^2$$
$$= E[T-E(T)]^2 + [E(T)-\theta]^2$$
$$= V(T) + (bias)^2$$

즉, 모수 θ의 추정량 T의 MSE는 T의 분산과 편의의 제곱의 합이 된다. 따라서 T가 θ의 불편추정량인 경우에는 $MSE(T) = V(T)$가 된다.

2.5.3 신뢰구간 추정 및 가설검정

평균 μ, 분산 σ^2인 정규모집단에서 크기 n인 표본 $X_1, X_2, \cdots, X_n$을 랜덤하게 추출하면 표본의 평균과 표준편차는 다음과 같이 된다.

$$\overline{X} = \frac{1}{n}\Sigma X_i\,,\ S = \sqrt{\frac{1}{n-1}\Sigma(X_i-\overline{X})^2}$$

이 때 표본평균의 표준편차는 다음과 같다.

$$\sigma_{\overline{X}} = \frac{\sigma}{\sqrt{n}}$$

또한 추정된 표본평균의 표준편차 $S_{\overline{X}}$는 다음과 같다.

$$S_{\overline{X}} = \frac{S}{\sqrt{n}}$$

또한 $X \sim N(\mu, \sigma^2)$이므로 $\overline{X} \sim N(\mu, \frac{\sigma^2}{n})$이 되고 $(\overline{X}-\mu)/S_{\overline{X}}$는 자유도 $n-1$인 t-분포를 따르게 된다.

$$T = \frac{\overline{X}-\mu}{S_{\overline{X}}} = \frac{\overline{X}-\mu}{S/\sqrt{n}} \sim t\text{-분포}(df = n-1)$$

따라서 모평균 μ에 대한 신뢰구간추정 및 가설검정은 t-분포를 이용할 수 있다.

- 신뢰구간추정

모평균 μ에 대한 $100(1-\alpha)\%$의 신뢰구간은 다음과 같이 추정된다.

$$\overline{X} \pm t_{\alpha/2, n-1} S_{\overline{X}}\,,\quad S_{\overline{X}} = S/\sqrt{n}$$

• 가설검정

모평균 μ에 대한 가설검정은 다음과 같이 행할 수 있다.

가설(hypotheses)

$$H_0 : \mu = \mu_0$$

$$H_1 : \mu > \mu_0 \text{ (혹은 } \mu < \mu_0\text{, 혹은 } \mu \neq \mu_0\text{)}$$

임계값(critical value: CV)

$$CV : t_c = t_{\alpha,n-1} \text{ (혹은 } -t_{\alpha,\, n-1}\text{, 혹은 } \pm t_{\alpha/2,\, n-1}\text{)}$$

결정: $t_0 = (\overline{X} - \mu)/S_{\overline{X}}$일 때,

만약 $t_0 \geq t_{\alpha,n-1}$이면, H_0를 기각한다.

(혹은 만약 $t_0 \leq -t_{\alpha,n-1}$이면, H_0를 기각한다)

(혹은 만약 $|t_0| \geq t_{\alpha/2,n-1}$이면, H_0를 기각한다)

이와 같은 검정방법은 전통적인 방법이고, 최근에는 유의확률($P-$value)을 사용하는 검정방법을 주로 사용한다.

대립가설이 $\mu > \mu_0$인 경우에 유의확률은 다음과 같다.

$$P-\text{값} = \Pr[T \geq t_0]$$

이 때 $P-$값이 1에 가까우면 H_0를 지지하게 되고 0에 가까우면 H_1을 지지하게 된다. 따라서 $P-$값이 유의수준 α보다 작은 경우에 유의수준 α로 귀무가설을 기각시킬 수 있게 된다.

예제 2.3

모집단에서 n=16개의 표본을 추출하여 분석한 결과 다음과 같았다. 단, 모집단은 정규분포를 따르는 것으로 가정한다.

$$\overline{X} = 55,\ S = 8$$

첫째, 모평균 μ에 대한 95% 신뢰구간을 추정하면 다음과 같이 된다.

$$\overline{X} \pm t_{0.025,15}\, S_{\overline{X}} = 55 \pm 2.13 \times \frac{8}{\sqrt{16}} = (50.74,\ 59.26)$$

둘째, 다음과 같은 가설들을 유의수준 5%로 검정해 보자.

$$H_0 \;:\; \mu = 50$$

$$H_1 \;:\; \mu > 50$$

임계값은 $t_c = t_{0.05,15} = 1.75$가 되고, 또 t_0는 다음과 같이 되므로 $t_0 > t_c$이다.

$$t_0 = \frac{\overline{X} - \mu}{S/\sqrt{n}} = \frac{55-50}{8/\sqrt{16}} = 2.5$$

따라서 유의수준 5%로 귀무가설 $\mu = 50$을 기각한다. 이 때 $P-$값은 다음과 같이 구할 수 있다.

$$P\text{-값} = [T \geq 2.5] = 0.013$$

즉, 유의수준 5%로 H_0를 기각시킬 수 있다. 물론 유의수준을 2%로 해도 H_0를 기각시킬 수 있다.

제3장 지수

지수(index number)는 시계열 자료들의 변화 동향을 비교하기 위하여 특정한 시점을 기준으로 하여 백분비를 나타낸 값, 혹은 동일시점에서 횡단자료(cross section data)들 간의 비교를 위하여 특정값을 기준으로 나타낸 백분비를 말한다.

지수는 주로 경제, 경영분야에서 많이 사용되어 왔지만 최근에는 다른 많은 분야에서도 이용되고 있다. 예를 들면, 개인의 지능을 그 나이의 평균지능과 비교한 지능지수, 인체에 미치는 온도와 습도의 영향을 비교하는 불쾌지수, 사회발전의 간접적인 척도가 되는 사회지표 등이 있다.

지수의 종류에는 하나의 계열을 비교하는 **개별지수**(individual index)와 여러 계열의 변화를 종합적으로 관찰하는 **종합지수**(composite index)가 있다. 서울지역의 쌀의 도매가격지수는 개별지수가 되고, 전체 상품의 가격변화 상태를 나타내는 물가지수는 종합지수가 된다. 또한 종합지수에서 각 품목에 대한 상대적 중요도인 가중값(weight)의 사용여부에 따라 **단순지수**(simple index)와 **가중지수**(weighted index)로 구분된다.

3.1 개별지수

개별지수는 단일 품목의 기준년도(base year)에 대한 비교년도(given year)의 백분비를 말한다. 2010년 서울 지역의 쌀(10Kg)의 도매가격이 가마당 48,000원이고 2012년은 72,000원 일 때 2010년을 기준으로 2012년의 지수는 $100 \times \frac{72,000}{48,000} = 150$이 된다.

3.2 종합지수

3.2.1 단순지수

단순지수는 개별품목들에 가중값을 주지 않고 계산하는 종합지수로써 단순총합지수(simple aggregative index)와 단순평균지수(arithmetic mean of price relative)로 나눌 수 있다. **단순총합지수**는 기준시점에서의 각 품목들의 가격합에 대한 비교시점에서의 각 품목들의 가격합의 백분비를 의미하고, **단순평균지수**는 각 품목들의 개별지수들의 산술평균을 의미한다. P_{0i}를 기준연도의 가격, P_{ti}를 비교연도의 가격, 그리고 품목들의 개수를 k라 하면 단순지수는 다음과 같다.

단순지수의 계산식

· 단순총합지수: $I = \dfrac{\sum_{i=1}^{k} P_{ti}}{\sum_{i=1}^{k} P_{0i}} \cdot 100$

· 단순평균지수: $I = \dfrac{1}{k}\sum_{i=1}^{k} \dfrac{P_{ti}}{P_{0i}} \cdot 100$

예제 3.1

다음은 어느 도시의 주요 식료품의 소매가격에 대한 가상적 자료이다. 2010년을 기준으로 한 2011년과 2012년의 단순총합지수와 2012년의 단순평균지수를 구하라.

[표 3.1] 식료품의 연도별 가격

식료품	단 위	2010	2011	2012
쌀	가마(80kg)	48,000	63,360	72,000
쇠고기	근(600kg)	3,000	3,630	4,800
설 탕	포(15kg)	12,000	14,000	18,000
라 면	상자(50개)	4,000	5,000	5,600
합 계		67,000	85,990	100,400

단순총합지수는 비교연도의 가격합을 기준연도의 가격 합으로 나눈 백분비이므로 2011년과 2012년의 단순총합지수는 다음과 같이 구할 수 있다.

$$I_{2011} = \frac{85,990}{67,000} \times 100 = 128.3$$

$$I_{2012} = \frac{100,400}{67,000} \times 100 = 149.9$$

또, 단순평균지수는 개별지수들의 평균이므로 2012년의 단순평균지수는 다음과 같이 구할 수 있다.

$$I_{2012} = \frac{1}{4}\left[\frac{72,000}{48,000} + \frac{4,800}{3,000} + \frac{18,000}{12,000} + \frac{5,600}{4,000}\right] \times 100 = 146.3$$

3.2.2 가중지수

소비자물가지수를 예를 들어 설명하면, 우리들은 먼저 소비자물가를 계산하기 휘한 품목들을 선정하게 된다. 이때 선정된 품목들이 소비자물가에 미치는 영향의 상대적인 중요성은 각각 다를 것이다. 즉, 쌀값이 30% 상승한 영향과 과일값이 30% 상승한 영향이 동일한 것으로 취급될 수는 없을 것이다. 따라서 각 품목의 상대적인 중요성인 가중값을 고려하는 것이 현실적으로 타당할 것이다. 이와 같이 적절한 기준에 의하여 각 품목의 중요성을 고려한 가중값을 사용하여 계산된 지수를 **가중지수**(weighted index)라 한다. 이러한 가중지수에는 **가중총합지수**(weighted aggregative index)와 **가중평균지수**(weighted arithmetic mean of price relatives)로 구분된다.

가중총합지수는 가중값을 기준연도의 거래량(q_0)으로 사용하면 「라스페이레스」(Laspeyres) 지수가 되고, 비교연도의 거래량(q_t)으로 사용하면 「파아세」(Paasche) 지수가 된다.

가중총합지수의 계산식

· 가중총합지수: $I_W = \dfrac{\sum p_t W}{\sum p_0 W} \cdot 100$

· 「라스페이레스」 지수: $I_L = \dfrac{\sum p_t q_0}{\sum p_0 q_0} \cdot 100$

· 「파아세」 지수: $I_P = \dfrac{\sum p_t q_t}{\sum p_0 q_t} \cdot 100$

· 「에지워드」 지수: $I_E = \dfrac{\sum p_t (q_0 + q_t)}{\sum p_0 (q_0 + q_t)} \cdot 100$

· 「피셔」 지수: $I_F = \sqrt{\dfrac{\sum p_t q_0}{\sum p_0 q_0} \cdot \dfrac{\sum p_t q_t}{\sum p_0 q_t}} \cdot 100$

또 기준연도와 비교연도의 합 혹은 평균으로 가중값을 사용하면 「에지워드」(Edgeworth) 지수가 되고 「라스페이레스」 지수와 「파아세」 지수의 기하평균은 「피셔」(Fisher) 지수가 된다.

가중평균지수는 각 개별지수들의 가중평균인데, 이 때 가중값을 연간 대표거래금액(대표가격 × 대표수량 $= p_r q_r$)으로 잡으면 다음과 같이 된다. 또 가중값을 기준시 거래금액 $p_0 q_0$으로 잡으면 결국 「라스페이레스」 지수가 된다.

<u>가중평균지수의 계산식</u>

· 가중평균지수: $I = \dfrac{\sum \left\{ \left(\dfrac{p_t}{p_0} \right) \cdot (p_r q_r) \right\}}{\sum p_r q_r} \cdot 100$

예제 3.2

다음과 같은 가상적 자료를 이용하여 2010년을 기준으로 한 2012년의 가중총합지수들을 구하라.

[표 3.2] 식료품의 가격 및 거래량

식 료 품	단 위	2000년		2012년	
		가 격	거래량	가 격	거래량
쌀	가마(80kg)	48,000	500	72,000	400
쇠고기	근(600kg)	3,000	100	4,800	150
설 탕	포(15kg)	12,000	50	18,000	100
라 면	상자(50개)	4,000	150	5,600	250

가중총합지수는 가중값의 선택방법에 따라서 분류되므로, 「라스페이레스」 총합지수(I_L)는 기준연도(2010년)의 거래량이 가중값이 되므로 다음과 같이 계산되고,

$$I_L = \frac{72{,}000 \times 500 + \cdots + 5{,}600 \times 150}{48{,}000 \times 500 + \cdots + 4{,}000 \times 150} \times 100$$

$$= 149.88$$

「파아세」 총합지수(I_p)는 비교연도(2012년)의 거래량이 가중값이 되므로

$$I_P = \frac{72{,}000 \times 400 + \cdots + 5{,}600 \times 250}{48{,}000 \times 400 + \cdots + 4{,}000 \times 250} \times 100$$

$$= 149.75$$

와 같이 되고, 「에지워드」 총합지수(I_E)는 기준연도와 비교연도의 거래량의 합이 가중값이 되므로 다음과 같이 된다.

$$I_E = \frac{72{,}000 \times (500+400) + \cdots + 5{,}600 \times (150+250)}{48{,}000 \times (500+400) + \cdots + 4{,}000 \times (150+250)} \times 100$$

$$= 149.82$$

또,「피셔」총합지수(I_F)는「라스페이레스」지수와「파아세」지수의 기하평균이므로,

$$I_F = \sqrt{149.88 \times 149.75} = 149.81$$

이 된다.

3.2.3 연쇄지수

앞에서 설명된 가중지수는 특정시점의 가중치 구조를 전체 시계열에 동일하게 적용하는 고정지수에 대해서만 언급하였는데 이와는 달리 매 시점마다 가중치를 다르게 적용하는 것이 연쇄지수다.

연쇄지수도 고정지수와 같이 연쇄 라스페이레스지수, 연쇄 파쉐지수 및 연쇄 피셔지수의 세 가지 형태로 구할 수 있는데, 우선 매기마다 다른 가중치를 적용한 지수(연환지수)를 구한 후 기준시점부터 해당시점까지의 연환지수를 연결(연쇄)하여 산출한다.

연쇄 물가지수를 라스페이레스 산식을 사용하여 구하여 보면 다음과 같다.

먼저 t기의 연환 라스페이레스지수를 다음과 같이 산출하고,

$$t\text{기의 연환 라스페이레스지수: } I^L_{(t-1,t)} = \frac{\sum p_t q_{t-1}}{\sum p_{t-1} q_{t-1}} \cdot 100 = \sum W_{t-1} \frac{p_t}{p_{t-1}}$$

$$\text{단, } W_{t-1} = \frac{p_{t-1} q_{t-1}}{\sum p_{t-1} q_{t-1}}$$

다음으로 기준시점을 100으로 설정한 후, t시점까지 매기의 연환지수를 다음과 같이 누적으로 곱하여 t기의 연쇄 라스페이레스지수를 산출한다.

$$t\text{기의 연쇄 라스페이레스지수: } I^{LC}_{(0,t)} = I^L_{(0,1)} \times I^L_{(1,2)} \times \cdots \times I^L_{(t-1,t)}$$

만약, 연쇄 물량지수를 구할 때 라스페이레스 산식을 사용하면 다음과 같다.

먼저 t기의 연환 라스페이레스지수를 다음과 같이 산출하고,

$$t\text{기의 연환 라스페이레스지수: } I^L_{(t-1,t)} = \frac{\sum p_{t-1}q_t}{\sum p_{t-1}q_{t-1}} \cdot 100 = \sum W_{t-1}\frac{q_t}{q_{t-1}}$$

$$\text{단, } W_{t-1} = \frac{p_{t-1}q_{t-1}}{\sum p_{t-1}q_{t-1}}$$

다음으로 기준시점을 100으로 설정한 후, t시점까지 매기의 연환지수를 다음과 같이 누적으로 곱하여 t기의 연쇄 라스페이레스지수를 산출한다.

$$t\text{기의 연쇄 라스페이레스지수: } I^{LC}_{(0,t)} = I^L_{(0,1)} \times I^L_{(1,2)} \times \cdots \times I^L_{(t-1,t)}$$

한편 연쇄지수를 작성하는 과정을 살펴보면 가중치가 서로 다른 연환지수를 누적하는 과정에서 매년 가중치가 변경되기 때문에 고정가중법과는 달리 연쇄가중법은 총량과 구성항목간의 가법성이 성립하지 않는다는 점에 유의할 필요가 있다.

예제 3.3

상품 A와 B의 2010년부터 2012년까지 3년간 가격과 수량이 다음과 같이 주어졌을 때 고정가중법과 연쇄가중법에 의한 라스페이레스 물가지수와 물량지수를 작성해 보자.

	2010년			2011년			2012년		
	p_0	q_0	p_0q_0	p_1	q_1	p_1q_1	p_2	q_2	p_2q_2
상품 A	30	5	150	20	9	180	10	9	90
상품 B	40	7	280	50	7	350	60	11	660
합 계			430			530			750

첫째, 연쇄 물가지수의 산정

고정 물가지수를 라스페이레스산식으로 구하면 다음과 같이 계산된다.

$$2011\text{년: } \frac{20\times5+50\times7}{30\times5+40\times7}\times100 = 104.7$$

$$2012\text{년: } \frac{10\times5+60\times7}{30\times5+40\times7}\times100 = 120.9$$

또, 연쇄 물가지수를 라스페이레스산식으로 구하면 다음과 같이 계산된다.

먼저 연도별 연환지수를 구하면,

$$2011년: \frac{20 \times 5 + 50 \times 7}{30 \times 5 + 40 \times 7} \times 100 = 104.7$$

$$2012년: \frac{10 \times 9 + 60 \times 7}{20 \times 9 + 50 \times 7} \times 100 = 96.2$$

따라서, 2010년 기준 2012년의 연쇄 물가지수는 100 × 1.047 × 0.962 = 100.7이 된다.

둘째, 연쇄 물가지수의 산정

고정 라스페이레스 물량지수는 상품 A와 B의 기준년 가격(A: 30원, B: 40원)을 이용하여 비교년 가액(2010년: 430원, 2011년: 550원, 2012년: 750원)을 계산한 후 기준년도 (2010 = 100) 대비 비교년의 물량지수를 구하면 다음과 같다.

2011년: 530 / 430 × 100 = 127.9

2012년: 710 / 430 × 100 = 165.1

또, 연쇄 라스페이레스 물량지수를 구하기 위해서는 먼저 전년도 가격으로 평가한 비교년도 연환지수(2011년: 127.9 = 55 / 43 × 100, 2012년: 137.7 = 73 / 53 × 100)를 계산하고 동 연환지수를 누적하여 2010년 기준 2012년의 연쇄지수를 구하면 100 × 1.279 × 1.377 = 176.1가 된다.

3.3 주요경제지수

우리나라의 경제변화를 나타내는 몇 가지 주요경제지표를 살펴보기 위해서 여기서는 생산자물가지수, 소비자물가지수, 임금지수, GDP「디플레이터」, 그리고 경기종합지수 등에 관하여 간략하게 살펴보기로 한다.

(1) 생산자물가지수

생산자물가지수(producer price index: PPI)는 한국은행에 의해 작성되고 있으며 모든 상품의 가격변동을 종합적으로 파악하기 위하여 국내시장의 제1차 상거래단계에서 형성되는 모든 상품가격의 변화상황을 반영하는 지수이다. 여기서 제1차 상거래 가격이란 국내생산품인 경우는 생산자 판매가격을, 수입품인 경우는 수입업자 판매가격을 의미한다. 다만 이러한 가격 자료를 이용할 수 없을 때는 제2차 상거래 단계인 도매상의 판매가격 자료로 보완한다. 가격자료는 서울을 포함한 전국 16개 주요 도시에서 수집함을 원칙으로 하며, 지수의 계산은 「라스페이레스」 방식을 사용하고 있다. 조사대상은 국내거래액이 일정수준 이상의 거래비중(상품의 경우 모집단거래액의 1/10,000

이상, 서비스의 경우 1/2,000 이상)을 갖는 개별품목(2010년을 기준)에 대해 동품목의 국내출하 비중이 큰 업체를 조사대상처로 선정하고 가격대표성이 높은 규격을 표본선정하여 가격을 조사하고 있다. 표본규모는 868개 품목(상품: 766개 품목, 서비스: 102개 품목)이며, 1990년 이전까지는 도매물가지수로 사용되었다.

(2) 소비자물가지수

소비자물가지수(consumer price index: CPI)는 일반 소비자가 그 소비생활을 영위하기 위해 구입하는 상품의 가격과 서비스 요금의 변화를 지수로 측정한 것으로 현재 통계청에서 산출해 내고 있다. 그런데, 실제 지수의 산정은 농어촌을 제외한 37개 전 도시의 가구를 대상으로 하되 표준 구입품목의 선정은 품목별 지출이 전 도시가계의 총소비지출액의 1/10,000 이상인 것 중에서 품질의 동질성이 지속적인 것으로 한정하고 있다. 2010년도 기준지수의 경우 조사대상 품목은 481개(상품 327개 품목, 서비스 15개 품목)이었으며, 지수산정 방법은 「라스페이레스」 방법을 이용한다. 또 소비패턴의 변화를 반영하기 위하여 매 5년마다 기준시점을 개편하고 있다.

(3) 임금지수

임금지수(wage index)는 기준연도의 임금을 기준으로 하여 각 비교연도의 임금을 지수화 한 것으로 **명목임금지수**(nominal wage index)라고 볼 수도 있다. 그러나 임금 가치의 실제적인 변화를 고찰하려면 소비자물가지수의 변화와 상대적으로 보는 것이 합리적이다.

따라서 명목임금지수를 소비자물가지수로 나누어 다시 지수화한 **실질임금지수**(real wage index)를 사용하는 것이 더 바람직하다고 볼 수 있다. 기준연도와 비교연도의 총 임금지불액을 각각 W_0, W_t, 노동자 수를 n_0, n_t라 하면 평균임금은 각각 $\overline{W_0}= W_0/n_0$, $\overline{W_t}= W_t/n_t$와 같이 되므로 임금지수는 다음과 같이 된다.

<u>임금지수의 계산식</u>

· 명목임금지수(NI): $NI=\dfrac{W_t/n_t}{W_0/n_0}\times 100=\dfrac{\overline{W_t}}{\overline{W_0}}\times 100$

· 실질임금지수(RI): $RI=\dfrac{NI}{CPI}\times 100$

여기서 CPI는 소비자물가지수를 나타낸다.

(4) GDP「디플레이터」

GDP「디플레이터」는 일반적인 지수에서처럼 특정기준에 따라 조사대상품목을 선정하거나 선정된 품목의 가격을 조사하여 작성되는 것이 아니고, 경상가격으로 집계된 GNP를 불변가격으로 표시된 GDP로 나눔으로써 사후적으로 산출되는 일종의 종합적인 물가지수이다.

(5) 경기종합지수

경기종합지수(Composite indexes of business indicators: CI)는 생산, 투자, 고용, 소비, 금융 등 경제 각 부문에서 경기에 민감한 지표를 선정, 이들의 움직임을 통계적 기법으로 종합하여 산출한 지수로서 경기의 진행방향과 속도를 동시에 측정하는 종합경기지표이며 통계청에서 1970년부터 매월 작성하여 발표하고 있다. 경기종합지수(CI)는 앞으로의 경기를 단기적으로 예측할 수 있는 **선행종합지수**(Leading CI), 현재의 경기상태를 측정할 수 있는 **동행종합지수**(Coincident CI), 현재의 경기를 사후적으로 확인해 주는 **후행종합지수**(Logging CI)로 구분된다. 동행종합지수의 구성지표는 광공업생산지수, 서비스업생산지수, 건설기성액, 소매판매액지수, 내수출하지수, 수입액, 비농림어업취업자수 등 7개이며, 선행종합지수의 구성지표는 재고순환지표, 소비자기대지수, 건설수주액, 기계류내수출하지수(선박 제외), 수출입물가비율, 국제원자재가격지수(역계열), 구인구직비율, 코스피지수, 장단기금리차 등 9개이고, 후행종합지수의 구성지표는 생산자제품재고지수, 가계소비지출, 소비재수입액, 상용근로자수, 회사채유통수익률 등 5개이다.

(6) 전산업생산지수

전산업생산지수(Index of All Industry Production: AIP)는 한국표준산업분류에서 정의된 산업들의 생산활동을 총합하여 지수로 작성한 것으로, 전체 산업생산활동의 단기동향을 파악하고, 주요 정책 수립에 활용되도록 하기위해 작성된다. 지수는 5개 산업군(계열), 즉 광공업, 서비스업, 건설업, 공공행정, 농림어업(연간) 등으로 구성되어 있다.

우리나라 경제전체의 모든 산업을 대상으로 재화와 용역에 대한 생산활동의 흐름과 변화를 월별로 집계하여 지수로 나타낸 경제지표로 통계청에서 작성 발표하고 있다.

제4장 평활법에 의한 시계열분석

평활법은 시계열의 분석을 위하여 가장 오랫동안 그리고 널리 사용되어 온 방법이다. 평활법에 의한 시계열의 분석방법은 관측된 과거 및 현재의 시계열 자료에 대해서 이동평균(Moving Average), 가중이동평균(Weighted Moving Average) 등의 방법을 사용하여 불규칙변동을 평활시켜서 시계열의 미래의 값을 예측하는 방법이다. 이러한 평활법에는 이동평균 평활법과 가중평균 평활법인 지수평활법 등이 있으며, 시계열의 유형에 따라서 다른 평활방법이 적용된다.

즉, 관측된 시계열들의 평균수준이 시간대에 관계없이 거의 변하지 않는, 즉 불규칙변동만을 포함하는 시계열인 수평적 계열(horizontal series)에 대해서는 단순이동평균법과 단순지수평활법이, 추세성을 갖는 시계열에 대해서는 선형이동평균법과 선형 및 이차지수평활법이, 그리고 추세 및 계절성을 갖는 시계열에 대해서는 계절지수평활법이 적용된다.

4.1 수평적 시계열의 분석을 위한 평활법

4.1.1 수평적 시계열

관측된 시계열들의 평균수준이 시간대에 관계없이 거의 변하지 않는, 즉 불규칙변동만을 포함하는 시계열인 **수평적 계열**(horizontal series)은 다음과 같이 나타낼 수 있다.

$$Z_t = \beta + \epsilon_t \tag{4.1.1}$$

여기서 β는 상수항이고 ϵ_t는 분산이 일정한 **독립 오차항**이다. 즉, 이 모형을 따르는 계열은 고정된 상수인 평균을 중심으로 변동을 하게 된다. 그래서 모형 (4.1.1)을 고정된 **평균모형**(constant mean model)이라고 한다. (4.1.1)에서 β는 미지의 모수이므로 우리들은 관측된 자료에서 추정해야 한다. 이 때 β의 최소제곱추정량은 (4.1.2)와 같은 단순평균이 될 수 있고, 현재 시점을 n이라고 하면 l시점 후의 예측값은 $F_{n+l} = \hat{Z}_{n+l} = \hat{\beta}$와 같이 된다.

$$\hat{\beta} = \frac{1}{n}\sum_{t=1}^{n} Z_t \qquad \textbf{(4.1.2)}$$

그런데 관측된 모든 자료를 사용해야하는 단순평균법에서는 최근의 새로운 자료들이 첨가 되어도 단순평균값에 거의 영향을 주지 못할 뿐만 아니라 많은 양의 자료들이 계산속에 포함되어야 한다는 단점이 있다. 이와 같은 문제들을 보완해 주는 방법이 단순이동평균법과 단순지수평황법이다.

4.1.2 단순이동평균법

단순이동평균(simple moving average)**에 의한 시계열 평활방법**은 수평적 계열(horizontal series), 즉 시간의 경과에 따라 평균수준이 변하지 않는 계열에 적용되며, 가장 최근의 m-기간 동안의 자료들의 단순평균을 다음 기간의 예측값으로 추정하는 방법이다. 이 때 m은 분석자에 의하여 사전적으로 결정되어야 하고, 또 시계열의 새로운 관측값이 추가되면 단순이동평균은 달라지게 된다.

Z_t를 시점 t에서의 실제값이라고 하고 F_{n+1}을 시점 n에서 추정한 시점 $n+1$의 예측값이라고 하면 단순이동평균법으로 F_{n+1}을 구하는 계산식은 다음과 같이 나타난다.

단순이동평균법에 의한 예측

$$\begin{aligned} F_{n+1} &= \frac{1}{m}(Z_n + Z_{n-1} + \cdots + Z_{n-m+1}) \\ &= \frac{1}{m}\sum_{t=n-m+1}^{n} Z_t \,(= MA_n) \end{aligned} \qquad \textbf{(4.1.3)}$$

혹은, $F_{n+1} = F_n + \frac{1}{m}(Z_n - Z_{n-m})$

즉, 현재 시점이 n인 경우에 다음 시점의 예측값은 최근의 m-기간 동안의 이동평균(MA_n)으로 예측하는 방법이 된다. 여기서 만약 $m=n$이면 F_{n+1}은 n-기간 전체의 평균이 되고, $m=1$이면 $F_{n+1}=Z_n$이 된다. 예를 들어서 아래와 같은 자료에 대해서 이동평균 기간을 3으로 했을 때의 단순이동평균 예측값은 다음과 같이 구할 수 있다.

[표 4.1] 가상자료에 대한 단순이동평균 예측

t	관측값(Z_t)	단순평균이동 예측 (m=3)
1	35	
2	25	
3	30	
4	35	$F_{3+1} = (25+30+35)/3 = 30$
5	32	$F_{4+1} = (35+25+30)/3 = 30$

이때, 이동평균 기간 m은 관측기간 내에서 한 기간 후의 예측오차(one-step ahead forecast errors)의 평균제곱합, 즉 다음과 같은 평균제곱예측오차(MSE)를 최소로 하는 m값으로 결정할 수 있다.

예측오차의 평균제곱합

$$MSE(m) = \frac{1}{n}\sum_{1}^{n}(Z_t - F_t)^2 \qquad \textbf{(4.1.4)}$$

예제 4.1

다음은 어느 회사의 지난 24년간의 판매액을 나타낸 자료이다. 단순이동평균을 사용하여 1994년부터의 값들을 예측하라($m=5$). 또 최적 이동평균 기간을 구하여 2013년의 예측값을 구하시오.

[표 4-2] 판매액에 대한 단순이동평균 예측

연 도	t	판매액(Z_t)	예측값(F_t)	예측오차(e_t)
1989	1	312	*	*
1990	2	381	*	*
1991	3	317	*	*
1992	4	337	*	*
1993	5	399	*	*
1994	6	387	349.2	37.8
1995	7	375	364.2	10.8
1996	8	349	363.0	−14.0
1997	9	386	369.4	16.6

1998	10	358	379.2	−21.2
1999	11	389	371.0	18.0
2000	12	343	371.4	−28.4
2001	13	328	365.0	−37.0
2002	14	388	360.8	27.2
2003	15	412	361.2	50.8
2004	16	334	372.0	−38.0
2005	17	422	361.0	61.0
2006	18	348	376.8	−28.8
2007	19	399	380.8	18.2
2008	20	398	383.0	15.0
2009	21	434	380.2	53.8
2010	22	362	400.2	−38.2
2011	23	454	388.2	65.8
2012	24	365	409.4	−44.4

단순이동평균 예측의 공식에 따라서 2005년부터의 예측값은 다음과 같이 계산된다.

$$F_{5+1}=\frac{1}{5}(Z_5+Z_4+Z_3+Z_2+Z_1)=\frac{399+337+317+381+312}{5}=349.2$$

$$F_{6+1}=\frac{1}{5}(Z_6+Z_5+Z_4+Z_3+Z_2)=\frac{387+399+337+317+381}{5}=364.2$$

$$\vdots$$

$$F_{23+1}=\frac{1}{5}(Z_{23}+Z_{22}+Z_{21}+Z_{20}+Z_{19})=\frac{454+362+434+398+399}{5}=409.4$$

이와 같은 방법으로 순차적으로 F_t를 구할 수 있다. 또 예측오차는 실제값(Z_t)에서 예측값(F_t)을 뺀 값이며 이 때 평균제곱예측오차는 다음과 같이 계산된다.

$$\begin{aligned} MSE(m) &= \frac{1}{n}\sum_{1}^{n}(Z_t-F_t)^2 \\ &= \frac{37.8^2+10.8^2+(-14.0)^2+\cdots+65.8^2+(-44.4)^2}{19} \\ &= 1341.68 \end{aligned}$$

그런데 최적 이동평균기간을 구하기 위하여 다른 m값에 대하여 평균제곱예측오차(MSE)를 구하면 다음과 같이 된다.

[표 4.3] 이동평균기간에 따른 MSE의 비교

이동평균기간	MSE
$m = 4$	1376.22
$m = 5$	1341.68
$m = 6$	1164.65
$m = 7$	1368.22

따라서 이동평균기간은 $m = 6$일 때가 최적이 되며, 2013년의 판매액의 예측값은 다음과 같이 된다.

$$F_{24+1} = \frac{1}{6}(Z_{24} + Z_{23} + Z_{22} + Z_{21} + Z_{20} + Z_{19}) = \frac{365+454+362+434+398+399}{6} = 402.0$$

또, 표본기간내의 예측값과 표본기간 후의 예측값을 그래프로 나타내면 [그림 4.1]과 같이 된다.

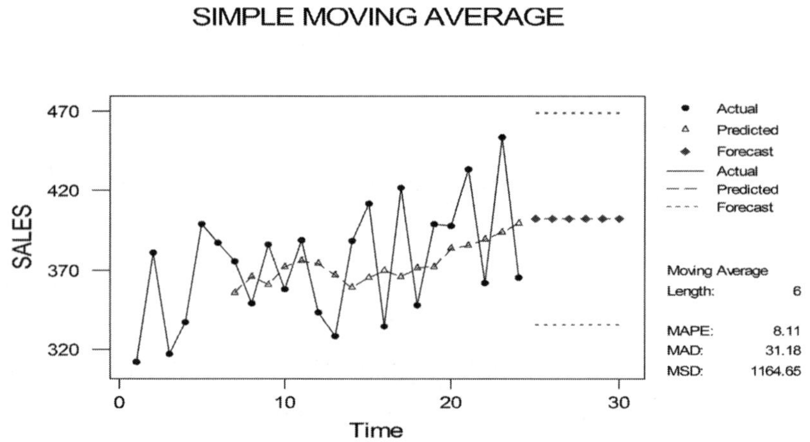

[그림 4.1] 단순이동평균법에 의한 예측

4.1.3 단순지수평활법

단순이동평균법과 마찬가지로 **단순지수평활법**(simple exponential smoothing method)도 수평적 시계열 자료에 적용되는 방법이지만 단순이동평균법과는 달리 최근의 자료들에 대해 더 많은 가중치를 부여하는 방법이다. 단순이동평균법에서는 이동평균을 계산하기 위해 최근의 m 기간의 관측값만 사용하였으며 또한 이들에 대하여 동일한 가중치를 부여하였다. 단순지수평활법은 단순이동평균법의 이러한 단점을 보완한 방법으로 예측식은 다음과 같이 된다.

> <u>단순지수평활법에 의한 예측</u>
>
> $$F_{n+1} = \alpha Z_n + \alpha(1-\alpha)Z_{n-1} + \alpha(1-\alpha)^2 Z_{n-2} + \cdots \quad \textbf{(4.1.5)}$$
> $$= SM_n$$

여기서 α는 평활상수(smoothing constant)라고 하고 0과 1 사이의 값을 갖으며, SM_n은 시점 n에서의 평활값(smoothed value)이라고 한다. 그러므로 단순지수평활법이란 시계열 관측값들에 대한 가중평균인 평활값으로 미래의 관측값을 예측하는 방법이다. 그런데, 식 (4.1.5)는 다음과 같이 간략히 나타낼 수 있다.

$$F_{n+1} = \alpha \mathrm{Z_n} + (1-\alpha)\mathrm{F}_{(\mathrm{n}-1)+1} \quad \textbf{(4.1.6)}$$

혹은, $SM_n = \alpha Z_n + (1-\alpha)SM_{n-1}$

여기서 $F_{(n-1)+1}$는 시점 $n-1$에서 예측한 시점 n의 예측값을 의미하고, 시점 n에서의 예측오차는 $E_n = Z_n - F_n$이 된다. 따라서 α, Z_n, 그리고 F_n이 주어지면 F_{n+1}이 계산될 수 있다.

단순이동평균법의 예제에서 사용한 자료를 사용하여 단순지수평활법으로 예측을 하면 다음과 같이 된다. 그런데 식 (4.1.6)을 이용하여 단순지수평활 예측을 하기 위해서는 초기값 F_1이 주어져야 한다. 일반적으로 F_1은 최초의 6개의 관측값의 평균을 사용하거나, 첫 관측값 Z_1, 혹은 전체자료의 평균 $\overline{Z}$를 주로 사용한다. 여기서는 $F_1 = Z_1$을 사용한다.

[표 4.5] [표 4.1]의 자료에 대한 단순지수평활 예측

t	관측값	단순지수평활 예측(α = 0.2)
1	35	$F_1 = 35$
2	25	$F_{1+1} = 0.2 \times 35 + 0.8 \times 35 = 35$
3	30	$F_{2+1} = 0.2 \times 25 + 0.8 \times 35 = 33$
4	35	$F_{3+1} = 0.2 \times 30 + 0.8 \times 33 = 32.4$
5	32	$F_{4+1} = 0.2 \times 35 + 0.8 \times 32.4 = 32.92$

지수평활법에 의한 예측에서는 관측값들에 대한 가중치의 역할을 하는 평활상수 α의 결정이 매우 중요한 문제가 된다. 일반적으로 시계열자료가 안정적이고 변동이 완만한 자료에서는 작은 값의 α가, 그리고 변동이 심한 자료에서는 큰 값의 α가 적절하게 된다. 실제 문제에서 α는 0.01과 0.30 사이의 값을 주로 사용하고 있다. 적절한 α의 결정은 단순이동평균법에서의 m의 결정방법과 마찬가지로 다음과 같은 예측오차의 평균제곱합, 즉 평균제곱예측오차(MSE)를 최소로 하는 α로 결정하면 된다.

예측오차의 평균제곱합

$$MSE(\alpha) = \frac{1}{n}\sum_{1}^{n}(Z_t - F_t)^2 \tag{4.1.7}$$

예제 4.2

예제 4.1의 연도별 판매액 자료에서 단순지수평활법을 사용하여 표본기간내의 예측값을 평활상수 $\alpha = 0.2$를 사용하여 구하시오. 또, 최적 평활상수를 구하여 2013년의 예측값을 구하시오.

단순지수평활법의 예측식을 적용하기 위해서는 먼저 F_1값을 구해야 한다. 여기서는 F_1을 최초의 6개의 관측값의 평균으로 다음과 같이 구한다.

$$F_1 = \frac{1}{6}(Z_6 + Z_5 + Z_4 + Z_3 + Z_2 + Z_1)$$

$$= \frac{312 + 381 + 317 + 337 + 399 + 387}{6} = 355.5$$

따라서 $\alpha = 0.2$, $F_1 = 355.5$를 사용하면 평활된 값들은 다음과 같이 계산된다.

$$F_2 = 0.2 \times 312 + 0.8 \times 355.5 = 346.8$$
$$F_3 = 0.2 \times 381 + 0.8 \times 346.8 = 353.64$$
$$\vdots$$
$$F_{22+1} = 0.2 \times 362 + 0.8 \times 391.405 = 385.524$$
$$F_{23+1} = 0.2 \times 454 + 0.8 \times 385.524 = 399.219$$

이와 같이 계산된 단순지수평활예측값과 예측오차는 [표 4.6]과 같이 나타난다.

[표 4.6] 판매액 자료에 대한 단순지수평활 예측

연 도	t	판매액(Z_t)	예측값(F_t)	예측오차(e_t)
1989	1	312	355.500	−43.500
1990	2	381	346.800	34.200
1991	3	317	353.640	−36.640
1992	4	337	346.312	−9.312
1993	5	399	344.450	54.550
1994	6	387	355.360	31.640
1995	7	375	361.688	13.312
1996	8	349	364.350	−15.350
1997	9	386	361.280	24.719
1998	10	358	366.224	-8.224
1999	11	389	364.579	24.420
2000	12	343	369.464	−26.463
2001	13	328	364.171	−36.170
2002	14	388	356.937	31.063
2003	15	412	363.149	48.850
2004	16	334	372.919	−38.919
2005	17	422	365.136	56.864
2006	18	348	376.508	−28.508
2007	19	399	370.807	28.193
2008	20	398	376.445	21.554
2009	21	434	380.756	53.243
2010	22	362	391.405	−29.405
2011	23	454	385.524	68.475
2012	24	365	399.219	−34.219

이 때의 평균제곱예측오차는 다음과 같이 계산된다.

$$
\begin{aligned}
MSE &= \frac{1}{n}\sum_{1}^{n}(Z_t - F_t)^2 \\
&= \frac{(-43.5)^2 + 34.2^2 + (-36.64)^2 + \cdots + 68.475^2 + (-34.219)^2}{24} \\
&= 1387.87
\end{aligned}
$$

그런데 최적의 평활상수를 구하기 위하여 다른 α값에 대하여 평균제곱예측오차(MSE)와 평균절대백분비오차($MAPE$)를 구하면 다음과 같이 된다.

[표 4.7] 평활상수에 따른 MSE의 비교

α	0.2	0.15	0.10	0.16	0.14
MSE	1387.87	1371.67	1387.89	1372.92	1371.68
MAPE	8.8203	8.6589	8.493	8.6915	8.6261

따라서 평활상수는 $\alpha = 0.15$일 때가 최적이 되며, 판매액의 2013년도의 예측값은 다음과 같이 계산된다.

$$F_{24+1} = 0.15 \times 365 + 0.85 \times 399.219 = 389.30$$

또, 표본기간내의 예측값과 표본기간 후의 예측값을 그래프로 나타내면 [그림 4.2]와 같이 된다.

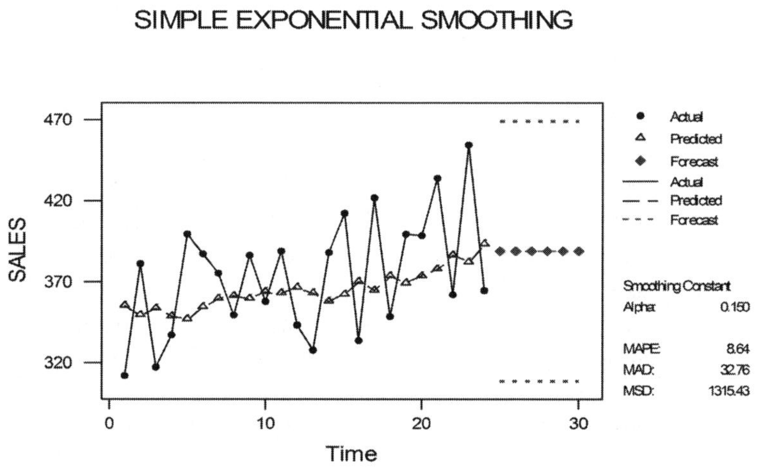

[그림 4.2] 단순지수평활법에 의한 예측

4.1.4 사례분석: 한국의 월별 소비자물가지수 증감율의 예측

1980년 1월부터 2013년 5월까지의 소비자물가지수(csi.dat) 증감율 시계열([그림 4.3])에 대하여 지수평활법을 사용하여 2013년 6월의 소비자물가지수 증감율을 예측해보자.

먼저, 적절한 평활상수 α를 결정하기 위하여 α의 여러 값에 대하여 예측값에 대한 평균제곱오차(MSE)와 평균절대백분비오차($MAPE$)를 구하면 다음과 같이 된다.

[표 4.8] 평활상수의 변화에 따른 MSE 및 $MAPE$의 비교

α	0.2	0.10	0.14	0.15	0.16
MSE	0.3042	0.3073	0.3025	0.3023	0.3024
$MAPE$	119.52	120.43	118.94	118.89	118.93

$\alpha = 0.15$일 때 MSE와 $MAPE$가 최소가 되므로 α는 0.15로 결정하여 2013년 6월의 소비자물가지수 증감율을 예측하면 0.084가 되고 95% 신뢰구간은 $(-1.072,\ -1.239)$가 된다. 이와 같은 분석을 위한 SAS 프로그램(CSIR.SAS)을 실행하면 다음과 같은 결과를 얻을 수 있다.

〈수행결과 4.1〉 CSIR.SAS 실행결과 요약

```
OBS    date     _TYPE_      _LEAD_      csir

1204   MAY13    FORECAST      1       0.08385
1205   MAY13    L95           1      -1.07176
1206   MAY13    U95           1       1.23946

     OBS   _TYPE_      date         csir

       1   N           MAY13          400
       2   NRESID      MAY13          400
       3   DF          MAY13          399
       4   WEIGHT      MAY13         0.15
       5   S1          MAY13      0.08385
       6   SIGMA       MAY13    0.5498112
       7   CONSTANT    MAY13      0.08385
       8   SST         MAY13    153.10279
       9   SSE         MAY13    120.61465
      10   MSE         MAY13    0.3022924
      11   RMSE        MAY13    0.5498112
      12   MAPE        MAY13    118.89406
      13   MPE         MAY13    55.276165
      14   MAE         MAY13    0.4135193
      15   ME          MAY13    -0.034035
      16   RSQUARE     MAY13    0.2121982
```

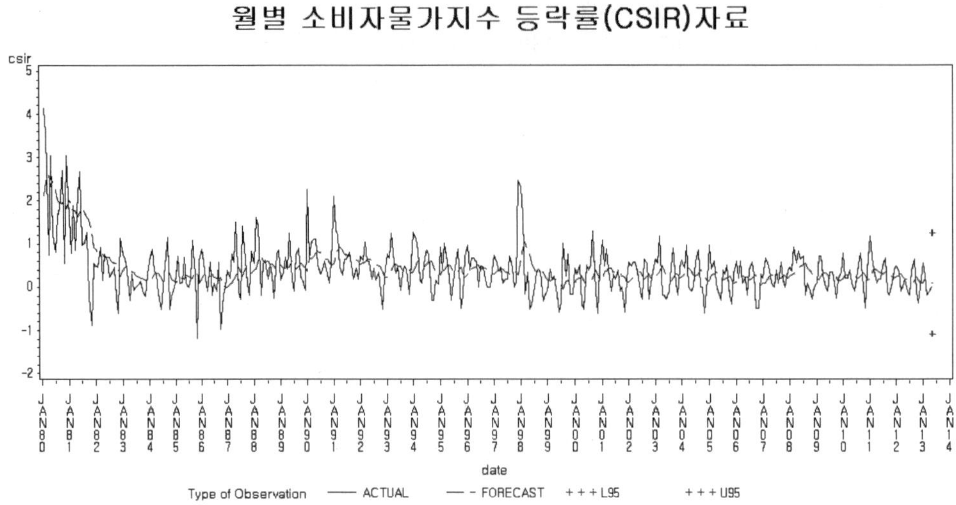

[그림 4.3] 월별 소비자물가지수 등락율의 실제값과 예측값

〈프로그램 4.1〉 CSIR.SAS

```
TITLE ' 월별 소비자물가지수 등락률(CSIR)자료'

DATA CSI;
    INFILE'e:csi.dat';
    INPUT t csi;
       csil=LAG(csi);
       csir=(csi-csil)/csi;
    date = INTNX( 'MONTH', '01JAN80'D, _N_-1 );
    FORMAT date MONYY.;
 RUN;

 SYMBOL I=JOIN V=NONE L=1 c=black;

PROC FORECAST DATA=csi  METHOD=EXPO TREND=1
              WEIGHT=0.17 OUT=out1 OUTEST=out2 OUTFULL OUTRESID LEAD=12
          VAR csir;
          ID date;
RUN;
PROC PRINT DATA=out1; RUN;
PROC PRINT DATA=out2; RUN;

DATA out;
    SET out1;
    If _type_='RESIDUAL' THEN DELETE; RUN;
PROC GPLOT DATA=out;
    PLOT csir*date=_type_ / FRAME HMINOR=1 HAXIS='01JAN80'D TO '01JAN14'D BY YEAR;
RUN;
```

4.2 추세성을 갖는 시계열의 분석을 위한 평활법

4.2.1 추세성을 갖는 시계열

추세성을 갖는 시계열은 다음과 같은 모형으로 나타낼 수 있다.

$$Z_t = T_t + \epsilon_t$$

여기서 T_t는 추세성을 나타내며, 선형추세 $T_t = b_0 + b_1 t$ 혹은 이차곡선추세 $T_t = b_0 + b_1 t + b_2 t^2$ 등으로 나타낼 수 있다.

이 때 선형추세를 갖는 경우에는 선형이동평균법(linear moving average method), 선형지수평활법(linear exponential smoothing method) 등의 방법으로 분석할 수 있고, 이차곡선 추세를 갖는 경우에는 이차지수평활법(quardratic exponential smoothing method)을 사용할 수 있다.

4.2.2 선형이동평균법

관측된 시계열이 선형 추세성을 갖는 경우에 적합시킬 수 있는 평활법인 **선형이동평균**(linear moving average) 방법은 이중이동평균(double moving average: MA')을 이용하여 현재 시점이 n인 경우에 $n+l$ 시점의 값을 다음과 같이 예측하는 방법이다. 이 식의 유도과정은 이우리와 오광우(1995)를 참조할 수 있다.

선형이동평균법에 의한 예측

$$\begin{aligned} F_{n+l} &= a_n + b_n \cdot l \\ &= (2MA_n - MA_n{}') + \frac{2}{m-1}(MA_n - MA_n{}') \cdot l \end{aligned} \quad \textbf{(4.2.1)}$$

여기서 MA_n는 이동평균을, $MA_n^{'}$은 이중이동평균을 나타낸다. 이중이동평균이란 원계열의 이동평균을 다시 이동평균한 것으로 다음과 같이 정의된다.

이중이동평균

$$MA_n^{'} = \frac{1}{m}(MA_n + MA_{n-1} + \cdots + MA_{n-m+1}) \quad \textbf{(4.2.2)}$$

예를 들어서 [표 4.9]의 자료를 이용하여 선형이동평균 예측방법을 사용하여 예측값을 구해보자.

[표 4.9] 가상자료에 대한 선형이동평균 예측

t	원계열(Z_t)	이동평균(MA_t)	이중이동평균(MA_t')	예측값(F_t)	예측오차(E_t)
1	10	-	-	-	-
2	18	-	-	-	-
3	20	16	-	-	-
4	28	22	-	-	-
5	30	26	21.33	-	-
6	38	32	26.67	35.34	2.66
7	37	35	31.00	42.66	-5.66

먼저 이동평균기간을 3으로 하는 이동평균을 구하면 다음과 같이 된다.

$$MA_3 = (10+18+20)/3 = 16$$

$$MA_4 = (18+20+28)/3 = 22$$

$$MA_5 = (20+28+30)/3 = 26$$

$$MA_6 = (28+30+38)/3 = 32$$

$$MA_7 = (30+38+37)/3 = 35$$

그리고 이중이동평균을 다음과 같이 계산한다.

$$MA_5' = (16+22+26)/3 = 21.33$$

$$MA_6' = (22+26+32)/3 = 26.67$$

$$MA_7' = (26+32+35)/3 = 31.00$$

따라서 시점 6과 7의 예측값은 다음과 같이 구할 수 있다.

$$F_{5+1} = 2 \cdot MA_5 - MA_5' + \frac{2}{3-1}(MA_5 - MA_5')$$

$$= 2 \times 26 - 21.33 + \frac{2}{3-1} \times (26 - 21.33) = 35.34$$

$$F_{6+1} = 2 \cdot MA_6 - MA_6' + \frac{2}{3-1}(MA_6 - MA_6')$$

$$= 2 \times 32 - 26.67 + \frac{2}{3-1} \times (32 - 26.67) = 42.66$$

4.2.3 선형지수평활법

선형지수평활법(Linear Exponential Smoothing Method)은 추세성을 갖는 시계열의 예측을 위한 지수평활법이다. 앞 절에서 설명된 것처럼 선형이동평균법은 단순이동평균법이 갖고 있는 단점들을 거의 그대로 갖고 있다. 즉, 선형이동평균법에서는 한 시점 이후의 미래의 값을 예측하기 위하여 최근의 $2m-1$개의 관측값만을 사용하고 또 $2m-1$개의 각 관측값들은 미래의 값에 대하여 동일한 크기의 영향을 미친다는 전제를 하게 된다. 선형지수평활법은 이와 같은 선형이동평균법의 문제점들을 개선시킨 방법으로 브라운(Brown, 1963)과 홀트(Hollt, 1957)의 방법이 있다.

(1) 브라운의 선형지수평활법

브라운의 **선형지수평활법**은 지수평활값과 이중지수평활값(double exponential smoothed value)을 이용하여 미래의 값을 예측하는 방법으로 식 (4.2.3)과 같다. 이 식의 유도과정은 이우리와 오광우(1995)를 참고할 수 있다.

브라운의 선형지수평활법

$$F_{n+l} = a_n + b_n \cdot l = 2SM_n - SM_n' + \frac{\alpha}{1-\alpha}(SM_n - SM_n') \cdot l \qquad \textbf{(4.2.3)}$$

여기서 F_{n+l}은 현재시점 n에서 시점 $n+1$에 대한 예측값을 나타내고, α는 평활상수이고 SM_n과 SM_n'는 각각 다음과 같이 정의되는 지수평활값과 이중지수평활값이다.

지수평활값과 이중지수평활값

$$SM_n = \alpha Z_n + (1-\alpha) SM_{n-1} \qquad \textbf{(4.2.4)}$$

$$SM_n' = \alpha SM_n + (1-\alpha) SM_{n-1}'$$

[표 4.9]의 자료에 대하여 브라운의 선형지수평활법에 의한 예측은 다음과 같이 할 수 있다. 먼저 지수평활값을 다음과 같이 구한다. 이 때 평활상수는 0.2로 하고 $t=0$일 때의 지수평활값은 $SM_0 = Z_1 = 10$로 사용한다.

$$SM_1 = 0.2 \times Z_1 + 0.8 \times SM_0 = 0.2 \times 10 + 0.8 \times 10 = 10$$

$$SM_2 = 0.2 \times Z_2 + 0.8 \times SM_1 = 0.2 \times 18 + 0.8 \times 10 = 11.6$$

$$\vdots$$

$$SM_6 = 0.2 \times Z_6 + 0.8 \times SM_5 = 0.2 \times 38 + 0.8 \times 18.379 = 22.303$$

$$SM_7 = 0.2 \times Z_7 + 0.8 \times SM_6 = 0.2 \times 37 + 0.8 \times 22.303 = 25.242$$

그리고 이중지수평활값은 다음과 같이 계산된다.

$$SM'_1 = 0.2 \times SM_1 + 0.8 \times SM'_0 = 0.2 \times 10 + 0.8 \times 10 = 10$$

$$SM'_2 = 0.2 \times SM_2 + 0.8 \times SM'_1 = 0.2 \times 11.6 + 0.8 \times 10 = 10.32$$

$$\vdots$$

$$SM'_6 = 0.2 \times SM_6 + 0.8 \times SM'_5 = 0.2 \times 22.303 + 0.8 \times 13.255 = 15.065$$

$$SM'_7 = 0.2 \times SM_7 + 0.8 \times SM'_6 = 0.2 \times 25.243 + 0.8 \times 15.065 = 17.101$$

따라서 브라운의 선형지수평활예측값은 다음과 같이 구할 수 있다.

[표 4.10] 가상자료에 대한 브라운의 선형지수평활예측값

t	원계열 (Z_t)	지수평활값 (SM_t)	이중지수평활값 (SM'_t)	예측값(F_t)
1	10	10.000	10.000	
2	18	11.600	10.320	$F_{1+1} = 2 \times 10 - 10 + \frac{0.2}{0.8} \times (10 - 10) = 10$
3	20	13.280	10.912	$F_{2+1} = 2 \times 11.60 - 10.32 + \frac{0.2}{0.8} \times (11.60 - 10.32) = 13.2$
4	28	16.224	11.974	$F_{3+1} = 2 \times 13.28 - 10.912 + \frac{0.2}{0.8} \times (13.28 - 10.912) = 16.24$
5	30	18.379	13.255	$F_{4+1} = 2 \times 16.224 - 11.794 + \frac{0.2}{0.8} \times (16.224 - 11.794) = 21.536$
6	38	22.303	15.065	$F_{5+1} = 2 \times 18.379 - 13.255 + \frac{0.2}{0.8} \times (18.379 - 13.255) = 24.784$
7	37	25.242	17.101	$F_{6+1} = 2 \times 22.303 - 15.065 + \frac{0.2}{0.8} \times (22.303 - 15.065) = 31.351$

(2) 홀트의 선형지수평활법

홀트의 두 모수 선형지수평활법(Holt's two parameter linear exponential smoothing)은 이중지수평활값을 사용하지 않는다는 것을 제외하고는 브라운의 방법과 유사하다. 홀트의 모형에서는 추세를 먼저 추정 하여 그것을 이용하여 예측하는 방법으로 다음과 같이 3개의 방정식과 2개의 평활상수($0 < \alpha,\ \beta < 1$)가 포함된다.

> 홀트의 선형지수평활법
>
> $$F_{n+l} = SM_n + T_n \cdot l \qquad (4.2.5)$$
> $$SM_n = \alpha Z_n + (1-\alpha)(SM_{n-1} + T_{n-1})$$
> $$T_n = \beta(SM_n - SM_{n-1}) + (1-\beta)T_{n-1}$$

여기서 SM_n은 자료의 평활(smoothing of data), T_n은 추세의 평활(smoothing of trend)을 나타낸다. 그런데 홀트의 방법에서는 2개의 상수를 사전에 결정해야 하므로 다소 복잡한 계산과정을 거쳐야 한다. 물론 이 경우에도 상수 α, β는 평균제곱예측오차를 최소로 하는 값으로 결정할 수 있다.

실제 계산에서의 초기값 SM_1, T_1은 다음과 같은 값으로 사용할 수 있다.

$$SM_1 = Z_1,\ \ T_1 = [(Z_2 - Z_1) + (Z_4 - Z_3)]/2$$

[표 4.10] 자료에 대하여 홀트의 선형지수평활법에 의하여 한 기간 후의 예측을 하면 다음과 같다. 이 때 평활상수는 $\alpha = 0.2$, $\beta = 0.1$로 하고 $SM_1 = 10$, $T_1 = [(Z_2 - Z_1) + (Z_4 - Z_3)]/2 = 8$로 한다.

[표 4.11] 가상자료에 대한 홀트의 선형지수평활예측값

t	원계열 (Z_t)	자료의 평활(SM_t)	추세평활 (T_t)
1	10	10	8
2	18	$SM_2 = 0.2\times18+0.8(10+8) = 18.0$	$T_2 = 0.1(18-10)+0.9\times8 = 8$
3	20	$SM_3 = 0.2\times20+0.8(18+8) = 24.8$	$T_3 = 0.1(24.8-18)+0.9\times8 = 7.88$
4	28	$SM_4 = 0.2\times28+0.8(24.8+7.88) = 31.74$	$T_4 = 0.1(31.74-24.8)+0.9\times7.88 = 7.79$
5	30	$SM_5 = 0.2\times30+0.8(31.74+7.79) = 37.62$	$T_5 = 0.1(37.62-31.74)+0.9\times7.79 = 7.60$
6	38	$SM_6 = 0.2\times38+0.8(37.62+7.60) = 43.78$	$T_6 = 0.1(43.78-37.62)+0.9\times7.60 = 7.46$
7	37	$SM_7 = 0.2\times37+0.8(43.78+7.46) = 48.41$	$T_7 = 0.1(48.41-43.78)+0.9\times7.46 = 7.18$

따라서 한 기간 후의 예측값(F_t)은 다음과 같이 계산된다.

$F_{1+1} = 10 + 8 = 18$ $\quad$ $F_{2+1} = 18.0 + 8.0 = 24.0$

$F_{3+1} = 24.8 + 7.88 = 32.68$ $\quad$ $F_{4+1} = 31.74 + 7.79 = 39.53$

$F_{5+1} = 37.62 + 7.60 = 45.22$ $\quad$ $F_{6+1} = 43.78 + 7.46 = 51.24$

4.2.4 이차지수평활법

브라운(Brown, 1963)에 의하여 제안된 **이차지수평활**(quardratic exponential smoothing)법은 시계열이 이차곡선 형태의 추세를 갖는 경우에 적용하는 예측방법이다. 이 경우에 이차추세는 삼중지수평활값(triple exponential smoothed value: SM_n'')을 사용하여 평활시킨다. 브라운의 이차지수평활 예측식은 다음과 같이 한 개의 평활상수 α와 4개의 방정식으로 구성된다.

<u>이차지수평활 예측</u>

$$F_{n+l} = a_n + b_n \cdot l + \frac{1}{2} c_n \cdot l^2 \tag{4.2.6}$$

$$a_n = 3SM_n - 3SM_n' + SM_{n-1}''$$

$$b_n = \frac{\alpha}{2(1-\alpha)^2}[(6-5\alpha)SM_n - (10-8\alpha)SM_n' + (4-3\alpha)SM_n'']$$

$$c_n = \frac{\alpha^2}{(1-\alpha)^2}(SM_n - 2SM_n' + SM_n'')$$

여기서, $SM_n' = \alpha Z_n + (1-\alpha)SM_{n-1}'$, $SM_n'' = \alpha Z_n + (1-\alpha)SM_{n-1}''$ 이다. 이차평활을 위한 방정식들은 단순평활이나 선형평활 보다 훨씬 더 복잡하지만 그 원리는 모두 동일하다. 이들 식에 대한 자세한 유도과정은 브라운(1963, pp. 140-142)을 참고할 수 있다.

4.2.5 사례분석: 경기종합지수 시계열의 예측

2001년 1월부터 2013년 5월까지 동행경기종합지수(ci.dat) 시계열에 대하여 평활법을 사용하여 2013년 6월부터 11월까지의 동행경기종합지수를 예측해보자. 동행경기종합지수 시계열을 실선으로 나타낸 [그림 4.4]에서 우리들은 지속적으로 증가하는 추세성을 갖는 자료임을 알 수 있다. 따라서, 브라운 및 홀트의 선형지수평활법을 사용하여 분석하기로 한다.

첫째, 브라운의 선형지수평활법

먼저, 적절한 평활상수 α를 결정하기 위하여 α의 여러 값에 대하여 예측값에 대한 평균제곱오차(MSE)와 평균절대백분비오차($MAPE$)를 구하면 다음과 같이 된다.

[표 4.12] 평활상수의 변화에 따른 MSE 및 $MAPE$의 비교

α	0.8	0.9	0.83	0.84	0.85
MSE	0.13242	0.13347	0.13179	0.13175	0.13181
$MAPE$	0.3104	0.3156	0.3119	0.3124	0.3128

$\alpha = 0.84$일 때 MSE가 최소가 되므로 α는 0.84로 결정하여 경기종합지수를 예측한다. 이와 같은 분석을 위한 SAS 프로그램(CILES.SAS)을 실행하면 다음과 같은 결과를 얻을 수 있다. 즉, 2013년 6월 113.514, 7월 113.821 등과 같이 예측된다.

〈수행결과 4.2〉 CILES.SAS 실행결과 요약

LINEAR EXPONENTIAL SMOOTHING(BROWN)

OBS	_TYPE_	date	ci
1	N	MAY13	149
2	NRESID	MAY13	149
3	DF	MAY13	147
4	WEIGHT	MAY13	0.84
5	S1	MAY13	113.14969
6	S2	MAY13	113.09132
7	SIGMA	MAY13	0.3629856
8	CONSTANT	MAY13	113.20806
9	LINEAR	MAY13	0.3064349
10	SST	MAY13	39064.97
11	SSE	MAY13	19.368511
12	MSE	MAY13	0.1317586
13	RMSE	MAY13	0.3629856
14	MAPE	MAY13	0.3124349
15	MPE	MAY13	0.0015209
16	MAE	MAY13	0.2695294
17	ME	MAY13	-0.00012
18	RSQUARE	MAY13	0.9995042

OBS	date	_TYPE_	_LEAD_	ci
448	JUN13	FORECAST	1	113.514
449	JUN13	L95	1	111.620
450	JUN13	U95	1	115.409
451	JUL13	FORECAST	2	113.821
452	JUL13	L95	2	110.670
453	JUL13	U95	2	116.972
454	AUG13	FORECAST	3	114.127
455	AUG13	L95	3	109.653
456	AUG13	U95	3	118.601
457	SEP13	FORECAST	4	114.434
458	SEP13	L95	4	108.615
459	SEP13	U95	4	120.252
460	OCT13	FORECAST	5	114.740
461	OCT13	L95	5	107.568
462	OCT13	U95	5	121.913
463	NOV13	FORECAST	6	115.047
464	NOV13	L95	6	106.515
465	NOV13	U95	6	123.578

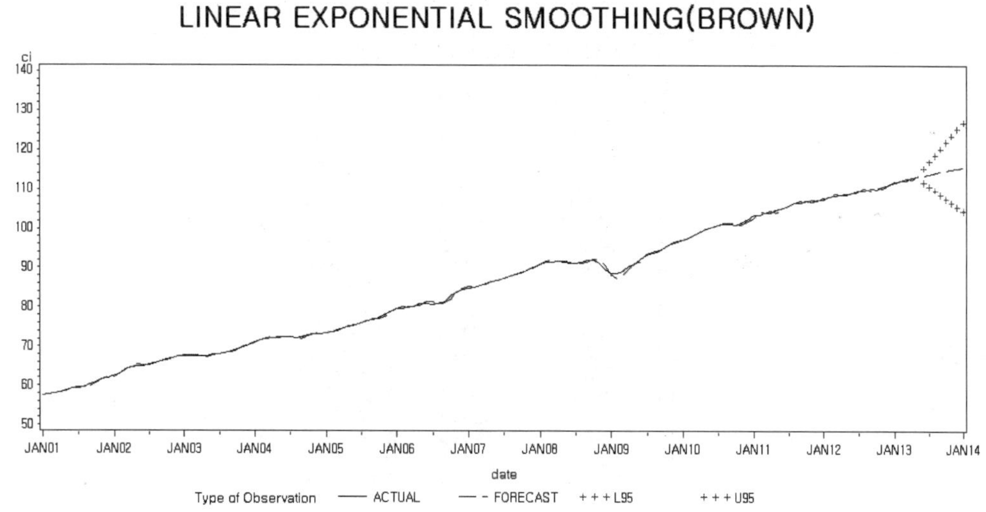

[그림 4.4] 월별 경기종합지수의 실제값과 예측값

둘째, 홀트의 선형지수평활법

홀트의 선형지수평활법을 적용하기 위해서 MSE를 최소로 하는 두 개의 평활상수 α, β를 구해야 한다. 적절한 계수값을 구하기 위하여 반복 시물레이션을 통하여 평활상수의 변화에 따른 MSE 및 $MAPE$를 비교한 결과를 요약하면 [표 4.13]과 같이 나타난다.

[표 4.13] 평활상수의 변화에 따른 MSE 및 MAPE의 비교

α, β	0.99, 0.7	0.99, 0.65	0.99, 0.6	0.95, 0.75	0.95, 0.7
MSE	0.13132	0.13107	0.13114	0.13260	0.1328
$MAPE$	0.3115	0.3095	0.3072	0.3135	0.3117

MSE를 최소로 하는 평활상수의 값은 $\alpha = 0.99$, $\beta = 0.65$($MAPE$를 기준으로 하면 $\alpha = 0.99$, $\beta = 0.60$이 된다)가 되므로 이 결과를 사용하여 경기종합지수를 예측한다. 분석결과는 <수행결과 4.3>과 같다. 즉, 2013년 6월 113.517, 7월 113.832 등과 같이 예측된다.

〈수행결과 4.3〉 CILES.SAS 실행결과 요약(홀트의 선형지수평활법)

LINEAR EXPONENTIAL SMOOTHING(HOLT)

OBS	_TYPE_	date	ci
1	N	MAY13	149
2	NRESID	MAY13	149
3	DF	MAY13	147
4	WEIGHT1	MAY13	0.99
5	WEIGHT2	MAY13	0.65
6	WEIGHT3	MAY13	0.65
7	SIGMA	MAY13	0.3620391
8	CONSTANT	MAY13	113.20306
9	LINEAR	MAY13	0.3143981
10	SST	MAY13	39064.97
11	SSE	MAY13	19.267628
12	MSE	MAY13	0.1310723
13	RMSE	MAY13	0.3620391
14	MAPE	MAY13	0.3095571
15	MPE	MAY13	0.0016472
16	MAE	MAY13	0.2670901
17	ME	MAY13	-0.000048
18	RSQUARE	MAY13	0.9995068

OBS	date	_TYPE_	_LEAD_	ci
448	JUN13	FORECAST	1	113.517
449	JUN13	L95	1	112.808
450	JUN13	U95	1	114.227
451	JUL13	FORECAST	2	113.832
452	JUL13	L95	2	112.473
453	JUL13	U95	2	115.191
454	AUG13	FORECAST	3	114.146
455	AUG13	L95	3	112.035
456	AUG13	U95	3	116.258
457	SEP13	FORECAST	4	114.461
458	SEP13	L95	4	111.502
459	SEP13	U95	4	117.419
460	OCT13	FORECAST	5	114.775
461	OCT13	L95	5	110.883
462	OCT13	U95	5	118.667
463	NOV13	FORECAST	6	115.089
464	NOV13	L95	6	110.184
465	NOV13	U95	6	119.995

홀트의 선형지수평활법의 MSE는 0.13107로 브라운의 선형지수평활법의 MSE 0.13175보다 더 작으므로 최종적으로 홀트의 예측값을 선택한다.

〈프로그램 4.2〉 CILES.SAS(선형지수평활법)

```
TITLE '월별 경기종합지수(CI) 자료';
 DATA ci;
    INFILE'e:ci.dat';
    INPUT ci;
    date = INTNX( 'MONTH', '01JAN01'D, _N_-1 );
    FORMAT date MONYY.;
 RUN;
 SYMBOL1 I=JOIN V=NONE L=1 c=black;
 SYMBOL2 I=JOIN V=NONE L=2 c=blue;

TITLE'LINEAR EXPONENTIAL SMOOTHING(BROWN)';
PROC FORECAST DATA=ci METHOD=EXPO TREND=2 INTERVAL=MONTH
       WEIGHT=0.84  OUT=out1 OUTEST=out2 OUTFULL OUTRESID LEAD=12;
     VAR ci;
     ID date;
RUN;
PROC PRINT DATA=out1; RUN ;
PROC PRINT DATA=out2; RUN;

DATA out;
    SET out1;
    If _type_='RESIDUAL' THEN DELETE; RUN ;
PROC GPLOT DATA=out;
    PLOT ci*date=_type_ / FRAME HMINOR=1 HAXIS='01JAN01'D TO '01JAN14'D BY YEAR;
RUN;

 TITLE'LINEAR EXPONENTIAL SMOOTHING(HOLT)';
PROC FORECAST DATA=ci METHOD=ADDWINTERS TREND=2 INTERVAL=MONTH
       WEIGHT=(0.99,0.65)  OUT=out3 OUTEST=out4 OUTFULL OUTRESID LEAD=12;
          VAR ci;
          ID date;
RUN;
PROC PRINT DATA=out3; RUN;
PROC PRINT DATA=out4; RUN;

DATA out;
    SET out3;
    If _type_='RESIDUAL' THEN DELETE; RUN;
PROC GPLOT DATA=out;
    PLOT ci*date=_type_ / FRAME HMINOR=1 HAXIS='01JAN01'D TO '01JAN14'D BY YEAR;
RUN;
```

4.3 계절성을 갖는 시계열의 분석을 위한 평활법

4.3.1 계절성을 갖는 시계열

월별 혹은 분기별 자료들은 대부분의 경우 계절변동을 포함하게 됨으로 이러한 계열을 예측하고자 할 때는 계절변동을 고려하는 모형이 적합되어야 한다.

계절변동은 **가법적 계절변동**(additive seasonal variation)과 **승법적 계절변동**(multiplicative seasonal variation)의 두 형태가 있다. 이 때 가법적 계절변동을 갖는 시계열의 계절적 진폭의 크기는 일정하지만, 승법적 계절변동을 갖는 시계열의 계절적 진폭의 크기는 추세에 의해 결정되는 평균수준에 비례하여 점차적으로 증가 또는 감소하게 된다.

물론 실제로 관측되는 대부분의 시계열들은 명확한 가법적 혹은 승법적 계절변동의 특성을 갖지는 않는다. 그러나 계절변동의 형태에 따라서 서로 다른 예측 모형이 적합하여야 하기 때문에 사전적으로 이들이 파악되어야 한다.

계절성과 추세성을 갖는 시계열 모형은 다음과 같이 나타낼 수 있다.

$$Z_t = f(T_t,\ S_t) + \epsilon_t \tag{4.3.1}$$

여기서, Z_t: 시점 t에서 관측된 시계열의 값

T_t: 시점 t에서의 시계열의 추세성

S_t: 시점 t에서의 시계열의 계절성

ϵ_t: 시점 t에서의 시계열의 불규칙성

이 때, 가법적 계절변동을 가정하면 모형 (4.3.1)은

$$Z_t = T_t + S_t + \epsilon_t$$

또, 승법적 계절변동을 가정하면 다음과 같이 나타낼 수 있다.

$$Z_t = T_t \cdot S_t + \epsilon_t$$

4.3.2 계절지수평활법

1) 승법적 계절지수평활법

윈터스(Winters, 1960)의 **승법적 계절지수평활**(multiplicative seasonal ex-ponential smoothing)에 의한 예측방법은 홀트의 선형지수평활법을 확장시킨 방법으로 관측된 시계열이 선형추세성과 승법적 계절변동을 나타낼 때 적용하는 방법이다. 윈터스의 승법적 계절지수평활법은 다음과 같이 시계열 패턴의 세 가지 성분인 수평성, 추세성, 그리고 계절성을 평활시키는 세 개의 방정식과 예측식으로 구성된다. 즉, 현재 시점이 n인 경우에 l시점 후의 예측값 F_{n+l}은 다음과 같다.

승법적 계절지수평활에 의한 예측

$$F_{n+l} = (a_n + b_n \cdot l) S_{n+l-L} \qquad l = 1,\ 2,\ \dots,\ L \tag{4.3.2}$$

$$a_n = \alpha \frac{Z_n}{S_{n-L}} + (1-\alpha)(a_{n-1} + b_{n-1}) \quad : \text{수평성분}$$

$$b_n = \beta(a_n - a_{n-1}) + (1-\beta) b_{n-1} \quad : \text{추세성분}$$

$$S_n = \gamma \frac{Z_n}{a_n} + (1-\gamma) S_{n-L} \quad : \text{계절성분}$$

여기서, L은 계절성의 길이, S_n은 계절인자, α, β, γ는 평활상수를 나타낸다.

2) 가법적 계절지수평활법

윈터스(Winters, 1960)의 가법적 **계절지수평활**(additive seasonal exponential smoothing)에 의한 예측방법은 선형추세성과 가법계절변동을 갖는 시계열에 적용하는 방법이다. 이 때 예측식은 시계열 패턴의 세 가지 성분인 수평성, 추세성, 그리고 계절성을 평활시킨 세 성분의 합으로 나타난다. 즉, 현재 시점이 n인 경우에 l시점 후의 예측값은 다음과 같이 나타난다.

가법적 계절지수평활에 의한 예측

$$F_{n+l} = a_n + b_n \cdot l + S_{n+l-L} \qquad l = 1,\ 2,\ \dots,\ L \tag{4.3.3}$$

$$a_n = \alpha(Z_n - S_{n-L}) + (1-\alpha)(a_{n-1} + b_{n-1}) \quad : \text{수평성분}$$

$$b_n = \beta(a_n - a_{n-1}) + (1-\beta)b_{n-1} \quad : \text{추세성분}$$

$$S_n = \gamma(Z_n - a_n) + (1-\gamma)S_{n-L} \quad : \text{계절성분}$$

여기서, L은 계절성의 길이, S_n은 계절인자, α, β, γ는 평활상수를 나타낸다.

4.3.3 사례분석: 한국의 월별 건축허가면적 시계열의 분석

한국의 월별 건축허가면적(building construction permit in whole country: BCP) 시계열을 분석하기 위하여 사용된 자료는 2001년 1월부터 2013년 4월까지이다. 이 시계열을 그래프로 그리면 [그림 4.5]의 실선으로 나타난다. 우리들은 이 시계열은 추세성과 계절성을 갖는 계열임을 알 수 있다. 따라서, 윈터스의 가법 및 승법 계절지수평활법을 사용하여 분석한다.

두 계절지수평활방법들의 표본기간내의 예측력을 비교하여 상대적으로 우월한 방법을 선택하여 표본기간후의 예측 및 예측의 사후평가를 해 보기로 한다.

2001년 1월부터 2013년 1월까지의 자료로는 모형의 추정 및 사전평가를 행하고 2013년 2월부터 4월까지의 자료로는 예측의 사후평가를 실시한다.

분석을 위한 SAS 프로그램은 <프로그램 4.3> BCPSES.SAS와 같고, 분석결과는 <수행결과 4.4>와 같다. SAS 프로그램에 대한 설명은 <부록 4.1>을 참고할 수 있다.

〈수행결과 4.4〉 승법 계절지수평활법의 실행결과 요약

M-SEASONAL EXPONENTIAL SMOOTHING

OBS	_TYPE_	date	bcp
1	N	JAN13	145
2	NRESID	JAN13	145
3	DF	JAN13	131
4	WEIGHT1	JAN13	0.25
5	WEIGHT2	JAN13	0.01
6	WEIGHT3	JAN13	0.07
7	SIGMA	JAN13	3412266.7
8	CONSTANT	JAN13	11583747
9	LINEAR	JAN13	81948.995
10	S_1_01	JAN13	0.7369481
11	S_1_02	JAN13	0.6546664
12	S_1_03	JAN13	0.9761192
13	S_1_04	JAN13	1.039295
14	S_1_05	JAN13	1.1267775
15	S_1_06	JAN13	1.0665247
16	S_1_07	JAN13	1.0350123
17	S_1_08	JAN13	0.9004202
18	S_1_09	JAN13	0.8949711
19	S_1_10	JAN13	1.0844432
20	S_1_11	JAN13	1.0583946
21	S_1_12	JAN13	1.4264277
22	SST	JAN13	2.0482E15
23	SSE	JAN13	1.5253E15
24	MSE	JAN13	1.1644E13
25	RMSE	JAN13	3412266.7
26	MAPE	JAN13	20.309184
27	MPE	JAN13	-10.34807
28	MAE	JAN13	2151231.4
29	ME	JAN13	-498399.2
30	RSQUARE	JAN13	0.2553028

OBS	date	_TYPE_	_LEAD_	bcp
436	FEB13	FORECAST	1	7637139.23
437	FEB13	L95	1	3258782.99
438	FEB13	U95	1	12015495.46
439	MAR13	FORECAST	2	11467101.99
440	MAR13	L95	2	4734003.54
441	MAR13	U95	2	18200200.44
442	APR13	FORECAST	3	12294437.69
443	APR13	L95	3	4909705.24
444	APR13	U95	3	19679170.14

계절지수평활법의 수행결과에서는 CONSTANT= 와 LINEAR= 는 $n = 145$일 때의 수평성과 추세성의 추정값을 나타내고, S_1_01, S_1_02, ..., S_1_12의 값들은 마지막 12개 관측값들에 대응하는 계절인자의 추정값들을 나타낸다. 표본기간 동안의 예측력은 가법 모형의 경우는 $MSE = 1.186\text{E}13$, $MAPE = 21.460$, 승법 모형의 경우는 각각 1.1644E13, 20.309로 나타난다. 즉, 표본기간 동안에는 승법 계절지수평활법이 더 예측력이 높게 나타난다.

[표 4.14] 예측방법들 간의 예측력 비교

예측방법	*MSE*	*MAPE*
계절지수평활법(승법 모형)	1.1644E13	20.309184
계절지수평활법(가법 모형)	1.186E13	21.460054

따라서 승법 계절지수평활법으로 표본기간 이후 3-기간 동안, 즉 2013년 2월부터 4월까지의 건축허가면적에 대한 예측값과 예측오차를 구하면 [표 4.15]와 같이 된다.

[표 4.15] 건축허가면적의 예측결과

년 / 월	관측값	예측값	예측오차
13 / 2	8413721	7637139.23	776581.77
13 / 3	7268443	11467101.99	−4198658.99
13 / 4	10160172	12294437.69	−2134265.69

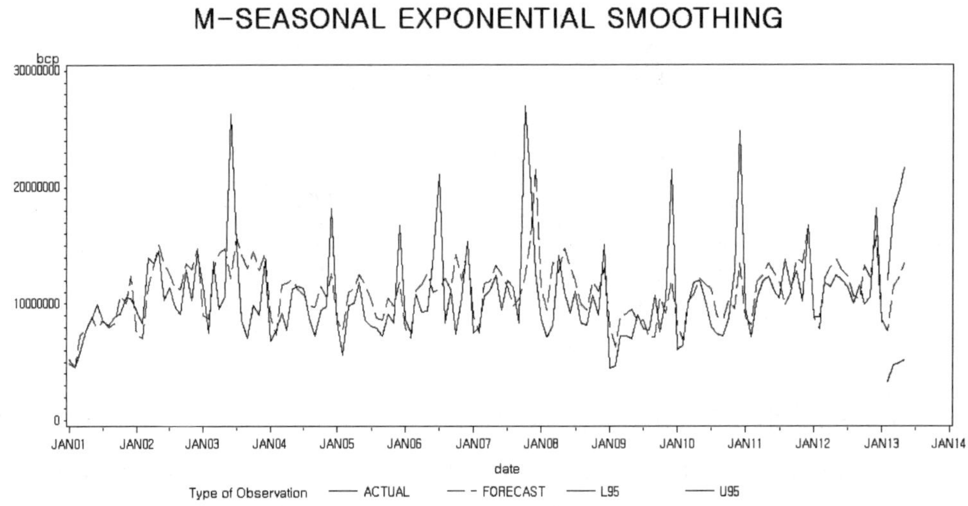

[그림 4.5] 건축허가면적(BCP) 자료에 대한 승법 계절지수평활법에 의한 예측

〈프로그램 4.3〉 BCPSES.SAS

```
TITLE '건축허가면적(BCP) 자료';
 DATA bcp;
    INFILE'e:\bcp.dat'
    INPUT ym   bcp;
   date = INTNX( 'MONTH', '01JAN01'D, _N_-1 );
    FORMAT date MONYY.;
 RUN;

 SYMBOL1 I=JOIN V=NONE L=1 c=black;
 SYMBOL2 I=JOIN V=NONE L=2 c=blue;
 TITLE'A-SEASONAL EXPONENTIAL SMOOTHING';
PROC FORECAST DATA=bcp(OBS=145) METHOD=ADDWINTERS TREND=2 INTERVAL=MONTH
      WEIGHT=(0.25,0.01,0.07)  SEASON=12  OUT=out1  OUTEST=out11  OUTFULL  OUTRESID
LEAD=4;
 VAR bcp;
 iD date;
RUN;
PROC PRINT DATA=out11; RUN;

TITLE'M-SEASONAL EXPONENTIAL SMOOTHING'
PROC FORECAST DATA=bcp(OBS=145) METHOD=WINTERS TREND=2 INTERVAL=MONTH
     WEIGHT=(0.25,0.01,0.07)  SEASON=12    OUT=out2  OUTEST=out21  OUTFULL  OUTRESID
LEAD=3;      VAR bcp;
  iD date;
RUN;
PROC PRINT DATA=out21; RUN;

TITLE'M-SEASONAL EXPONENTIAL SMOOTHING';
DATA out; SET out2;
If _type_='RESIDUAL' THEN DELETE; RUN;
PROC GPLOT DATA=out;
    PLOT bcp*date=_type_/FRAME HMINOR=1 HAXIS='01JAN01'D TO '01JAN14'D BY YEAR;
RUN;
PROC PRINT DATA=out2 ; RUN;
```

〈부록 4.1〉 SAS/ETS를 이용한 시계열 그림 그리기

1) 시계열 그림 그리기

```
SYMBOL1 I=JOIN V=DOT H=1 L=1;
PROC GPLOT DATA=data1;
    PLOT x*date / HAXIS='01JAN99'd TO '01AUG99'd BY month;
RUN;
```

❑ SYMBOL 문 OPTIONS

I = option(보간법의 종류 지정) NONE, JOIN, NEEDLE, SPLINE, SPLINEP, L1(3,5), L1p(3,5)

V = symbol(관측값을 나타내는 부호 지정)

PLUS,X,STAR,SQUARE,DIAMOND,TRIANGLE,HASH,POINT,DOT,CIRCLE

H = height(부호 출력의 크기 지정)

L = linetype(연결선의 종류 지정) 1-46 (1: 실선, 2: 점선)

C = color(선의 색 지정) BLACK, ORANGE, BLUE, YELLOW, VIOLET, RED, …

W = width(선의 굵기 지정)

❑ PLOT 문 OPTIONS

HAXIS = datevalue1 to datevalue2 by lag

HREF = datevalue

HREF = datevalue1 to datevalue2 by lag

OVERLAY

2) 여러개의 시계열을 겹쳐 그릴 때

```
PROC ARIMA DATA=aa;
    I VAR=X(1,12);
    E P=2 Q=1;
    F ID=date INTERVAL=month LEAD=12 OUT=out1;
RUN;
DATA aaout;
    SET out1;
    IF date >  '01may95'd THEN X=FORECAST;
    IF date <= '01may95'd THEN FORECAST=.;
    IF date <= '01may95'd THEN L95=.;
    IF date <= '01may95'd THEN U95=.;
RUN;
SYMBOL1 I=join V=star  L=1 H=1 C=BLUE;
SYMBOL2 I=join V=dot  H=1 C=RED;
SYMBOL3 I=join V=POINT L=1 C=BLACK;
PROC GPLOT DATA=aaaout;
     PLOT x*date=1 (L95 U95)*date / OVERLAY HREF='01may95'd HMINOR=0 CAXIS=BLACK;
RUN;
```

〈부록 4.2〉 SAS/ETS를 이용한 지수평활법

```
PROC FORECAST DATA=dataset option1(INTERVAL=/SEASONS=)
      OUT=dataset1 options2(outfull/outall/alpha=) OUTEST=dataset2
            METHOD=  WEIGHT= TREND= LEAD= ;
BY variables;
ID variables;
VAR variables;
```

1) PROC FORECAST 지수평활법을 실행시키는 명령어이며, 다음을 지정 혹은 옵션으로 사용한다.

option1 - 입력자료의 특성을 지정하기 위한 선택사항

INTERVAL = QTR: 입력자료가 분기별 자료인 경우

INTERVAL = MONTH: 입력자료가 월별 자료인 경우

SEASONS = 4: 입력자료가 계절성을 갖는 분기별 자료로 윈터스의 방법을 사용하여 분석하는 경우

SEASONS = 12: 입력자료가 계절성을 갖는 월별 자료로 윈터스의 방법을 사용하여 분석하는 경우

option2 - 출력결과에 포함될 사항들을 지정하기 위한 선택사항

outful: 출력결과에 실제값과 예측값 그리고 예측값의 신뢰구간을 출력

outall: outful의 출력결과와 잔차, 예측값의 표준오차 등 모든 값을 포함하여 출력

alpha = : 예측값의 신뢰구간을 구할 때의 유의수준을 지정함. 95% 신뢰구간을 구하고자 할 때는 '$\alpha = 0.05$'로 지정한다.

METHOD =: 평활법의 방법을 지정한다.

METHOD = EXPO: 단순 및 브라운의 선형지수평활법으로 분석.

METHOD = WINTERS: 홀트의 선형지수평활법 및 승법 계절지수평활법으로 분석

METHOD = ADDWINTERS: 가법 계절지수평활법으로 분석

METHOD = STEPAR: 단계적 자기회귀방법으로 적합한 추세다항식과 AR 모형을 추정하여 예측

WEIGHT =: 평활상수의 값을 지정한다.

WEIGHT = α: α는 0와 1사이의 값으로 지정, 평활상수가 1개인 단순 및 브라운의 선형지수평활법의 경우

WEIGHT = (α, β): α, β는 0와 1사이의 값으로 지정, 평활상수가 2개인 홀트의 선형지수평활법의 경우

WEIGHT=(α, β, γ): α, β, γ는 0와 1사이의 값으로 지정, 평활상수가 3개인 윈터스의 계절지수평활법의 경우

* 지수평활법에서 WEIGHT= 를 지정하지 않는 경우의 평활상수는 TREND= 에 지정된 차수를 이용하여 디폴트로 WEIGHT = $1-(0.8)^{1/TREND}$지정된다. 따라서 TREND = 2인 경우의 평활상수는 $1-o.8^{0.5}=$ 0.10560이 된다.

TREND =: 지수평활법의 추세의 형태를 지정한다.

TREND = 1: 추세가 없는 시계열에 대하여 단순지수펼활법을 적합시키는 경우

TREND = 2: 선형추세가 있는 시계열에 대하여 선형지수펼활법을 적합시키는 경우

TREND = 3: 이차추세가 있는 시계열에 대하여 이차지수펼활법을 적합시키는 경우

LEAD =: 예측하고자 하는 미래의 기간(n)을 지정한다.

LEAD = 12: 향후 12개의 기간에 대하여 예측

OUT = dataset1: 예측값 등 분석결과를 dataset1에 수록한다.

OUTEST = dataset2: 모형의 추정결과(N, MSE 등)를 dataset2에 수록한다.

2) BY BY문에 지정된 변수는 분석하고자 하는 자료를 그룹화하는 정보를 갖고 있으며, 지수평활법은 각 그룹에 대하여 실시된다.

3) ID 자료의 시간에 대한 정보를 갖는 변수가 지정된다. SAS에서 제공하는 시간형식에 맞추어진 변수인 경우에 INTERVAL 옵션과 연계하여 사용된다.

4) VAR 분석하고자 하는 시계열 변수를 지정한다.

제5장 시계열의 분해와 계절조정

5.1 시계열의 분해와 예측

평활법에 의한 예측방법은 특정 「패턴」이 시계열에 내재되어 있을 때, 이 「패턴」은 원계열을 평활하여 불규칙변동을 제거함으로서 추정이 가능하다는 것이 전재되어 있다. 즉, 이러한 평활의 역할은 불규칙변동을 제거한 후의 추정된 패턴을 미래에 적용하여 예측을 하는데 있다. 그러나 분해법에서는 이러한 시계열의 「패턴」을 부분 「패턴」(subpattern)으로 분해한다. 즉 시계열의 기본 「패턴」(혹은 변동요인)을 개별성분(계절성, 추세성, 순환성)으로 분해하여 시계열의 특성을 분석하고, 또 분해된 각 성분 들을 개별적으로 예측한 후에 이들을 다시 결합시켜서 예측하는 방법이 **분해법**(decomposition) **에 의한 예측방법**이다.

일반적으로 시계열은 장기추세변동, 순환변동, 계절변동 혹은 이들 중의 하나 또는 둘과 불규칙 변동으로 구성되어 있다. 그러나 이들 변동들이 합쳐져서 관측됨으로 이들을 완벽하게 분리시킬 수는 없으나 자료의 「그래프」를 관찰하거나 이론적인 분석방법으로 이들을 분리시킴으로써 변동의 원인을 찾아내고 또 예측을 행할 수도 있다.

분해법은 가장 오래된 예측방법들 중에 하나로써 1920년대에 경제학자들이 경기순환(business cycle)을 분석하고 조절하기 위하여 사용되기 시작하여 최근에는 경제, 경영분야에서 폭 넓게 이용되고 있다. 특히 분해법은 미래에 대한 예측뿐만 아니라 계절성, 순환성, 추세성과 같은 시계열 구성요인들에 대한 정보와 이들의 영향에 대한 분석이 가능하다는 점에서 대단히 유용한 기법이 된다. 원계열을 각 개별성분으로 분해시키는 방법으로는 이동평균방법이 주로 사용되므로 먼저 이동평균방법에 대해서 설명한 후에 분해방법에 대하여 기술하기로 한다.

5.2 시계열분해를 위한 이동평균

이동평균은 분해법에서 가장 중추적인 역할을 한다. 왜냐하면 오차항으로 간주되는 불규칙변동을 이동평균을 함으로써 원계열에서 제거시킬 수 있고, 또 계절변동도 계절주기만큼의 이동평균을 하면 제거시킬 수 있기 때문이다. 물론 불규칙변동과 계절성이 이동평균에 의하여 완전히 제거되는 것은 아니지만 적절한 기간의 이동평균이 이루어진다면 거의 제거시킬 수 있게 된다. 그러나 긴 기간의 이동평균을 하거나 이동평균을 반복하는 경우에는 많은 결손자료가 생기게 된다는 문제를 갖고 있다.

시계열을 평활하게 하는 방법(smoothing method)으로써 **이동평균**(moving average: MA)은 시계열에서 각 관측값들을 그 자신과 전후에 위치한 적절한 개수의 값들 간의 평균값을 말한다.

예를 들면, 3개 년도 이동평균($3MA$)은 당해시점과 인접된 전후 시점들의 평균을 의미하고 5개 년도 이동평균($5MA$)은 당해시점과 인접된 전후의 각 2개 시점의 평균을 의미한다. 이와 같은 홀수 기간 동안의 이동평균을 우리들은 **대칭이동평균**이라고 한다. 반면에 짝수 기간 동안의 이동평균은 연속되는 두 시점 사이의 값에 대응되므로 다시 한 번 2개 시점의 이동평균을 한다. 이러한 이동평균을 **중심화이동평균**(centered moving average)이라고 한다. 시점 t에서 관측값을 Z_t, 이동평균을 MA_t로 나타내면 이동평균을 계산하는 공식은 다음과 같이 된다.

<u>대칭이동평균과 중심화이동평균</u>

대칭이동평균(m이 홀수인 경우)

$$MA_t = \frac{1}{m}\sum_{j=-(m-1)/2}^{(m-1)/2} Z_{t+j}, \quad \frac{m-1}{2} < t < n - \frac{m-1}{2} \tag{5.2.1}$$

중심화이동평균(m이 짝수인 경우)

$$MA_t = \frac{1}{2}\left(MA_{t-\frac{1}{2}} + MA_{t+\frac{1}{2}}\right), \quad \frac{m}{2} < t < n - \frac{m}{2} \tag{5.2.2}$$

$$MA_{t-1/2} = \frac{1}{m}\sum_{j=-m/2}^{m/2-1} Z_{t+j}$$

$$MA_{t+1/2} = \frac{1}{m}\sum_{j=-m/2+1}^{m/2} Z_{t+j}$$

이 때 앞에서 기술한 바와 같이 이동평균을 함으로써 시계열에서 불규칙변동을 제거시킬 수 있고, 또 계절변동이 포함된 자료들인 경우에는 계절성의 길이로 이동평균을 함으로써 계절변동도 제거시킬 수 있게 된다. 그러나 m-기간 이동평균인 경우 최초의 $(m-1)/2$ 혹은 $m/2$ 기간과 최후의 동일기간 동안의 시점에 대응되는 자료들은 존재하지 않게 된다. 즉, 자료의 손실이 크기 때문에 시계열이 길지 않은 경우에는 큰 단점이 된다.

예를 들어서 [표 5.1]의 가상적인 자료에서 3-기간 이동평균($3MA$), 4-기간 이동평균($4MA$), 그리고 2×4-기간 이동평균($2 \times 4MA$)를 계산하면 다음과 같이 된다.

[표 5.1] 가상적 자료에 대한 이동평균

기 간	관측값	$3MA$	관측값	$4MA$	$2 \times 4MA$
1	20	-	20	-	-
2	10	20	10	23.75	-
3	30	25	30	21.25	22.500
4	35	25	35	33.75	27.500
5	10	35	10	38.75	36.250
6	60	40	60	40.00	39.375
7	50	50	50	60.00	50.000
8	40	60	40	61.25	60.625
9	90	65	90	62.50	61.875
10	65	70	65	82.50	72.500
11	55	80	55	-	-
12	120	-	120		-

즉, 3-기간 이동평균은 다음과 같이 구할 수 있다.

$$MA_2 = \frac{1}{3}(20 + 10 + 30) = 20$$
$$MA_3 = \frac{1}{3}(10 + 30 + 35) = 25$$
$$\vdots$$
$$MA_{11} = \frac{1}{3}(65 + 55 + 120) = 80$$

또, 4-기간 이동평균 및 중심화 4-기간 이동평균은 다음과 같이 계산할 수 있다.

4-기간 이동평균	중심화 4-기간 이동평균
$MA_{2.5} = \frac{1}{4}(20+10+30+35) = 23.75$ $MA_{3.5} = \frac{1}{4}(10+30+35+10) = 21.25$ $MA_{4.5} = \frac{1}{4}(30+35+10+60) = 33.75$ $\vdots$ $MA_{10.5} = \frac{1}{4}(90+65+55+120) = 82.50$	$MA_3 = \frac{1}{2}(23.75+2125) = 22.5$ $MA_4 = \frac{1}{2}(21.25+33.75) = 27.5$ $\vdots$ $MA_{10} = \frac{1}{2}(62.5+82.5) = 72.5$

[표 5.1]을 그림으로 나타내면 다음과 같다. [그림 5.1]에서 원자료들은 주기적인 계절변동이 있음을 알 수 있고, 이 때의 계절성의 길이는 3으로 나타난다. 따라서 3-기간 이동평균을 한 자료들은 계절변동이 나타나지 않고 거의 직선으로 나타난다.

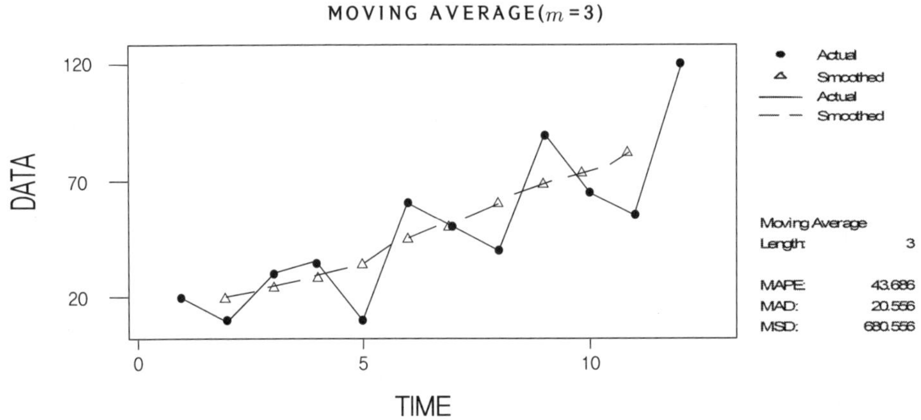

[그림 5.1] 가상적 자료에 대한 이동평균

그런데 원계열을 4-기간 이동평균을 한 후에 다시 2-기간 이동평균을 한 중심화 4-기간 이동평균을 Z_t로 나타내면 다음과 같이 된다.

$$MA_t = \frac{1}{2}[\frac{1}{4}(Z_{t-2}+Z_{t-1}+Z_t+Z_{t+1})+\frac{1}{4}(Z_{t-1}+Z_t+Z_{t+1}+Z_{t+2})]$$
$$= \frac{1}{8}Z_{t-2}+\frac{2}{8}Z_{t-1}+\frac{2}{8}Z_t+\frac{2}{8}Z_{t+1}+\frac{1}{8}Z_{t+2}$$

즉, 이 식은 원계열 Z_t에 대한 가중이동평균이 됨을 알 수 있다.

이와 같은 가중이동평균(weighted moving average : WM_t)은 다음과 같이 정의된다.

<u>가중이동평균</u>

$$WM_t = \sum_{j=-m/2}^{m/2} W_j Z_{t+j}, \quad \text{단, } \sum W_j = 1, W_j = -W_j \tag{5.2.3}$$

물론 중심화이동평균뿐만 아니라 이동평균의 이동평균들도 가중이동평균이 된다. 많이 이용되는 가중이동평균에는 $2\times 12\,MA$,$3\times 3\,MA$ $3\times 5\,MA$등이 있다.

예제 5.1

다음은 어느 회사의 분기별 매출액에 관한 시계열자료이다. 이 자료의 특성을 기술하고 또 이 계열의 중심화 4-기간 이동평균을 구하여 원계열과 비교하시오.

[표 5.2] 분기별 매출액 자료

연 도	2009				2010				2011				2012			
	1	2	3	4	1	2	3	4	1	2	3	4	1	2	3	4
원계열	10	31	43	16	11	33	45	17	13	34	48	19	15	37	51	21

분기별 매출액에 관한 이 자료는 매 연도별로 3분기가 가장 높은 값을 1분기가 가장 낮은 값을 갖는다. 또 이러한 패턴은 매년 반복되므로 이 자료는 계절성의 길이가 4인 계절성을 갖는다. 이 계열의 4-기간 이동평균 및 중심화 4-기간 이동평균을 구하면 다음과 같다.

4–기간 이동평균	중심화 4–기간 이동평균
$MA_{2.5} = (10 + 31 + 43 + 16)/4 = 25.00$	$MA_{3} = (25.00 + 25.25)/2 = 25.125$
$MA_{3.5} = (31 + 43 + 16 + 11)/4 = 25.25$	$MA_{4} = (25.25 + 25.75)/2 = 25.50$
$MA_{4.5} = (43 + 16 + 11 + 33)/4 = 25.75$	$MA_{5} = (25.75 + 26.25)/2 = 26.00$
$MA_{5.5} = (16 + 11 + 33 + 45)/4 = 26.25$	$\vdots$
$\vdots$	$MA_{14} = (30.50 + 31.00)/2 = 30.75$
$MA_{14.5} = (15 + 37 + 51 + 21)/4 = 31.00$	

계산결과는 [표 5.3]에 나타나 있다. 이와 같은 이동평균 계열은 원계열에서 나타나는 계절적 변화를 찾아 볼 수 없다. 즉 계절성이 제거된 계열이 됨을 알 수 있다.

[표 5.3] 매출액 자료에 대한 이동평균 및 중심화 이동평균

연	도	원계열	4-기간 이동평균	중심화 4-기간 이동평균
2009	1	10	-	-
	2	31	25.00	-
	3	43	25.25	25.125
	4	16	25.75	25.500
2010	1	11	26.25	26.000
	2	33	26.50	26.375
	3	45	27.00	26.750
	4	17	27.25	27.125
2011	1	13	28.00	27.625
	2	34	28.50	28.250
	3	48	29.00	28.750
	4	19	27.75	29.375
2012	1	15	30.50	30.125
	2	37	31.00	30.750
	3	51	-	-
	4	21		-

5.3 분해법에 의한 예측

시계열의 변동을 야기시키는 성분들인 추세성, 계절성, 순환성, 그리고 불규칙성이 서로 합의 관계로 결합된 것으로 가정하는 가법 모형에서의 시계열 분해 및 예측에 관하여 기술한다. 승법 모형을 가정하는 경우의 분해 시계열방법은 매코레이(Macauley, 1930)에 의하여 제안된 이동평균에 대한 비율법(ratio to moving average method)을 사용할 수 있으며, 여기서는 생략한다.

그런데 일반적으로 순환성은 장기간에서만 고려되므로 이와 같은 분석에서도 순환성을 제외한 다음과 같은 모형을 가정한다.

$$Z_t = T_t + S_t + I_t \qquad \textbf{(5.2.4)}$$

이와 같은 가법 모형을 가정하는 경우의 변동요인별 분해과정은 다음과 같다.

첫째, 추세성 및 추세조정된 계열의 추정

원계열에 추세선(선형 혹은 곡선 방정식)을 적합시켜서 추세성을 추정하고 또 원계열에서 추세성을 빼줌으로써 추세조정된 계열을 추정한다.

<u>추세조정된 계열의 추정</u>

$$Z_t \text{------}\rightarrow \widehat{T}_t = b_0 + b_1 t(\text{혹은, } \widehat{T}_t = b_0 + b_1 t + b_2 t^2): \text{(추세성)}$$

$$\widehat{DT}_t = Z_t - \widehat{T}_t(=\widehat{S+I_t}): \text{추세조정된 계열}$$

둘째, 계절성 및 계절조정된 계열의 추정

먼저, 추세조정된 계열에 대하여 계절성의 길이만큼의 이동평균(L이 홀수인 경우는 $L-MA$, L이 짝수인 경우는 $2\times L-MA$)을 하여 계절성을 제거한다. 즉, 불규칙성을 추정한다. 그리고 다시 추세조정된 계열에서 추정된 불규칙성을 제거하여 각 시점별 계절성을 추정한다. 이렇게 추정된 계절성들의 각 계절별 평균(이 때 평균은 중앙값, 혹은 절단평균을 사용한다)을 구하고 이 계절평균들의 합이 0이 되도록 조정한 지수를 계절지수(seasonal indices)라 하며, 이 지수를 계절성의 추정값으로 사용한다.

<u>계절조정된 계열의 추정</u>

$$\widehat{DT}_t \xrightarrow{\text{이동평균}} MA_t(=\hat{I}_t)$$

$$\widehat{S}_t = \widehat{DT}_t - MA_t \xrightarrow{\text{계절별 평균}} \overline{S}_j (j=1, 2, \cdots, L)$$

$$\widehat{S}_j = \overline{S}_j - \frac{\sum \overline{S}_j}{L} \text{ (합이 0이 되도록 조정): (계절성)}$$

$$\widehat{SA}_t = Z_t - \widehat{S}_j: \text{계절조정된 계열}$$

셋째, 예측

각 변동요인별로 분해된 성분들을 개별적으로 예측하여 원계열을 예측할 수 있다. 즉, 현재 시점이 n일 때 $T(=n+1)$ 시점의 예측값은 불규칙성에 대한 기대값은 0으로 간주하면 다음과 같이 나타낼 수 있다(추세성은 선형방정식으로 가정한다).

<u>예측식</u>

$$\begin{aligned} F_t(=\hat{Z}_{n+l}) &= \hat{T}_{n+l} + \hat{S}_{n+l} \\ &= b_0 + b_1 \times (n+l) + \hat{S}_{n+l} \end{aligned} \tag{5.2.5}$$

예제 5.2

예제 4.1의 분기별 매출액에 관한 시계열자료를 가법 모형으로 가정하여 변동요인별로 분해하고 또 2013년의 1-4분기에 대한 매출액을 예측하시오.

[표 5.4] 가법 모형에서의 시계열의 분해

t	원계열 Z_t	추세성 $\hat{T}_t$	추세조정된 계열 $\widehat{DT}_t(=Z_t-\hat{T}_t)$	불규칙성 $2\times 4MA$	계절성 $\hat{S}_t(=\widehat{DT}_t-MA_t)$	계절지수 $\hat{S}_j$	계절조정된 계열 $\widehat{SA}_t$
1	10	22.8529	−12.8529	*	*	−14.8438	24.8437
2	31	23.5059	7.4941	*	*	6.4062	24.5937
3	43	24.1588	18.8412	0.966177	17.875	18.4062	24.5937
4	16	24.8118	−8.8118	0.688236	−9.500	−9.9687	25.9688
5	11	25.4647	−14.4647	0.535294	−15.000	−14.8438	25.8437
6	33	26.1176	6.8824	0.257353	6.625	6.4062	26.5938
7	45	26.7706	18.2294	−0.020588	18.250	18.4062	26.5938
8	17	27.4235	−10.4235	−0.298529	−10.125	−9.9687	26.9688
9	13	28.0765	−15.0765	−0.451471	−14.625	−14.8438	27.8437
10	34	28.7294	5.2706	−0.479412	5.750	6.4062	27.5938
11	48	29.3824	18.6176	−0.632353	19.250	18.4062	29.5937
12	19	30.0353	−11.0353	−0.660294	−10.375	−9.9687	28.9687
13	15	30.6882	−15.6882	−0.563236	−15.125	−14.8438	29.8437
14	37	31.3412	5.6588	−0.591177	6.250	6.4062	30.5937
15	51	31.9941	19.0059	*	*	18.4062	32.5938
16	21	32.6471	−11.6471	*	*	−9.9687	30.9688

먼저 추세성을 추정하기 위하여 원계열의 추세방정식을 구하면

$$\hat{T}_t = 22.20 + 0.6529t$$

와 같이 된다. 따라서 추세성은 추정된 추세방정식을 이용하면 [표 5.4]의 3열과 같이다. 또 원계열에서 추세성을 제거한 추세조정된 계열($\widehat{S_t+I_t}$)은 4열과 같이 계산된다.

다음은 계절성을 추정하기 위하여 추세조정된 계열에서 이 계열의 4-기간 중심화이동평균($2\times 4MA$)을 빼줌으로써 일차적으로 계절성을 추정하면 6열과 같이 되고 이를 계절별로 다시 정리하면 [표 5.5]와 같이 된다.

여기서 분기별로 중앙평균을 구하여 분기별 평균의 합이 0이 되도록 다음과 같이 조정하여 계절지수를 구할 수 있다.

$$\hat{S}_j = \overline{S}_j - \frac{-0.625}{4},\ j=1,2,3,4$$

[표 5.5] 계절지수의 추정

연 도	분 기			
	1	2	3	4
2009	–	–	17.875	– 9.500
2010	–15.000	6.625	18.250	–10.125
2011	–14.625	5.750	19.250	–10.375
2012	–15.125	6.250	–	–
중앙평균	–15.000	6.250	18.250	–10.125
계절지수	–14.8438	6.4062	18.4062	– 9.9687

그리고 추정된 추세성과 계절성을 이용하여 2013년의 1분기에서 4분기까지의 값을 예측하면 [표 5.6]과 같이 된다.

[표 5.6] 분해법에 의한 예측(가법 모형인 경우)

연 도	t	$\hat{T}_t$	$\hat{S}_t$	F_t
2013. 1	17	$22.2 + 0.6529 \times 17 = 33.3000$	–14.8438	18.4562
2	18	$22.2 + 0.6529 \times 18 = 33.9529$	6.40625	40.3592
3	19	$22.2 + 0.6529 \times 19 = 34.6059$	18.4062	53.0121
4	20	$22.2 + 0.6529 \times 20 = 35.2588$	–9.96875	25.2901

이와 같이 분해법을 사용하여 분석한 결과들을 그래프로 나타내면 [그림 5.2], [그림 5.3]과 같이 된다. [그림 5.2]에서는 원계열(original data), 추세조정된 계열(detrended data), 계절조정된 계열(seasonally adjusted data), 계절 및 추세조정된 계열(seasonally adjusted and detrended data)을 나타내고 있으며, [그림 5.3]에서는 표본기간 동안의 원계열과 예측값 및 표본 후 기간의 예측값을 나타내고 있다.

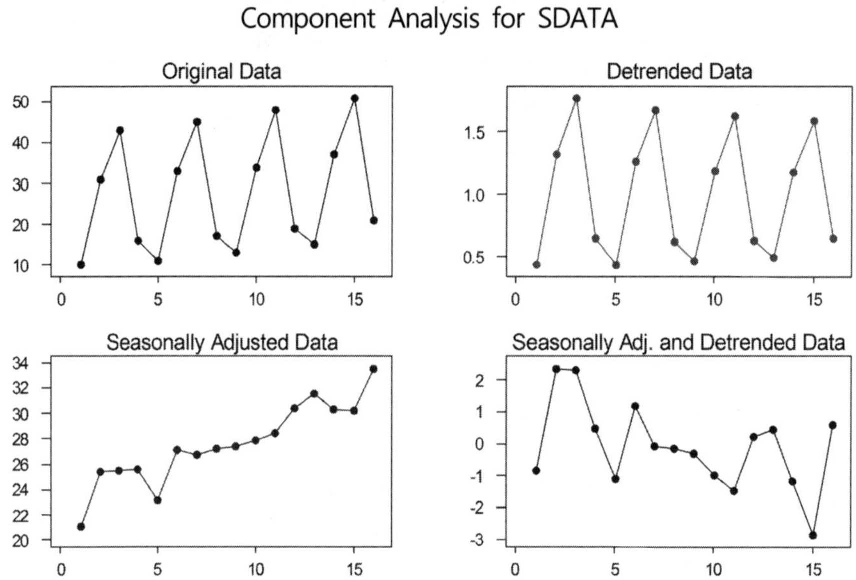

[그림 5.2] 분해법에 의해서 조정된 계열(가법 모형인 경우)

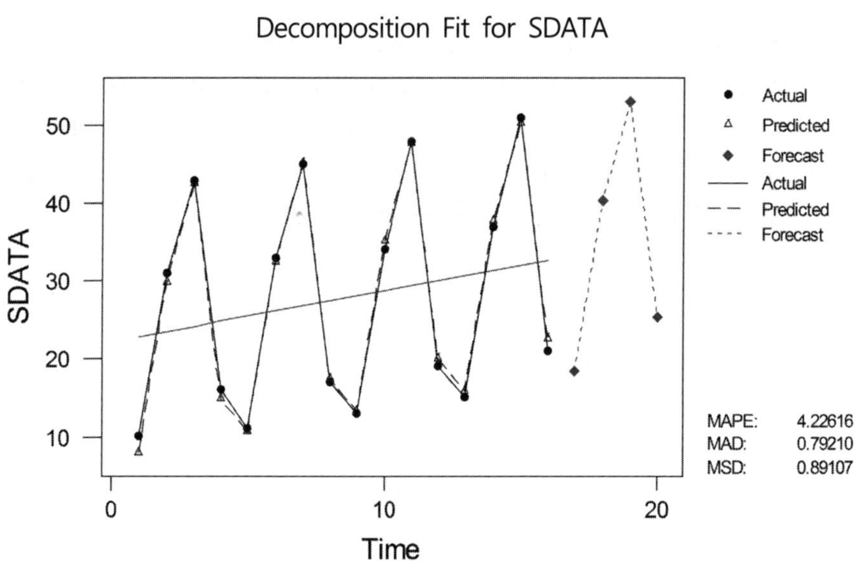

[그림 5.3] 시계열의 분해와 예측(가법 모형인 경우)

5.4 계절변동조정과 센서스 국법

5.4.1 계절변동 조정이란?

계절조정(seasonal adjustment)이란 원계열에서 계절요인과 예측 가능한 불규칙 요인을 추출하여 제거하는 절차를 의미 한다. 즉, 일반적으로 경제 시계열의 변동은 경제적 요인에 의한 변동과 비경제적 요인에 의한 변동으로 구성되는 것으로 가정할 수 있으며, 이 때 계절변동조정은 비경제적요인에 의한 변동인 계절변동과 예측가능한 불규칙변동을 원계열에서 제거하는 절차를 말한다.

그런데 계절변동은 기후, 경제 혹은 사회적 관습에 따라서 매년 주기적으로 반복되는 변동이므로 연도별 시계열 자료를 분석하거나 전년 동월비(또는 동분기비)와 같은 동일시점의 비교자료를 분석하는 경우에는 큰 문제가 발생하지는 않는다. 그러나 단기적 분석이나 예측에서는 일반적으로 월별(혹은 분기별) 자료를 이용하기 때문에 계절요인의 변동이 시계열분석에 영향을 미치게 된다. 즉, 경제 시계열자료를 분석할 때 원계열을 그대로 사용할 때는 경제적 요인에 의한 변동인 경기변동에 대한 분석이 왜곡될 수 있다.

예를 들면 [표 5.3]의 원계열에서 2011년 3분기의 값 $Z_{11} = 48$은 전 분기의 값 $Z_{10} = 34$보다 14가 감소되었다. 이 경우에 감소된 14는 계절적 변동에 의한 것인지 실제로 감소 되었는 것인지를 명확히 알 수 없다. 그러나 계절조정된 계열을 보면 이 기간 중에 오히려 2.0이 증가되었음을 알 수 있다. 즉 계절적 요인을 고려하면 이 기간 중의 매출액은 오히려 증가된 것이다. [표 5.3]에서 원계열과 계절 조정된 계열을 그림으로 나타내면 [그림 5.4]와 같이 나타난다.

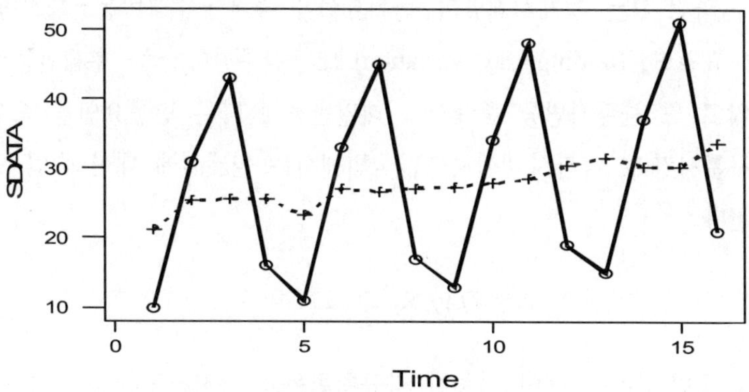

[그림 5.4] 원계열과 계절조정된 계열

5.4.2 계절변동의 조정방법

일 년을 주기로 하는 계절변동은 그 기본적 특성을 어떻게 보느냐에 따라서 고정계절변동과 가변계절변동으로 구분할 수 있다. 고정계절변동을 가정하는 방법은 계절변동이 상당기간에 걸쳐 일정하다는 전제하에 이를 추정하여 원계열을 조정하는 방법으로서 앞 절에서 다룬 계절 조정된 시계열은 고정계절변동을 전제하고 있다. 그런데, 계절변동은 관습, 전통, 사회제도 등의 사회적 요인과 기후를 비롯한 자연적 요인들이 복합적으로 반영되는 것이므로 계절변동의 패턴은 고정된 것이 아니고 변화한다고 볼 수 있다. 따라서 고정계절지수는 사회변화의 움직임을 반영하기가 어렵게 된다. 이와 같은 문제를 해결하기 위해서 고안된 방법이 가변계절변동을 가정하는 방법이다. 다음에 설명될 센서스 국법에 의한 계절조정은 가변계절변동을 가정하는 대표적인 경우가 된다.

5.4.3 센서스 국법에 의한 계절변동조정

「센서스」 국법은 경제시계열의 변동요인을 추세 · 순환변동, 계절변동, 그리고 불규칙변동으로 분해하여 계열조정된 계열(seasonally adjusted series)을 추정하는 방법으로 미국 상무성의 「센서스」국에서 1954년 시스킨(J. Shiskin)을 중심으로 하여 개발되었다.

최초에 개발된 방법을 「센서스」 국법 I(Census I)이라 칭하였고 그 이후 1955년 이를 개선한 「센서스」 국법 II가 발표되었으며, 1965년에는 「센서스」 국법 II의 11번째 개정판인 「센서스」 국법 II, X-11을 발표하였다. 이 방법은 이때까지 발표된 여러 가지 계절조정방법들 중에서 가장 우수한 것으로 평가되었고, 많은 나라에서도 이 방법을 바로 도입하거나 적절한 변형을 가하여 도입해서 사용했다.

「센서스」 국법 II는 경제시계열의 변동요인을 추세 · 순환변동, 계절변동, 불규칙변동, 그리고 요일변동(trading day variation)으로 간주한다. 즉, 추세변동과 순환변동을 분리하지 않고 또 불규칙변동 중에서 거래일변동에 따른 변동요인을 순수한 불규칙변동요인과 구분시킨다. 따라서 「센서스」 국법에서는 원계열에 대한 승법 모형을 다음과 같이 가정한다.

$$Z_t = TC_t \cdot S_t \cdot I_t \cdot TD_t \tag{5.4.1}$$

「센서스」 국법 II는 조정이 가능한 불규칙변동을 사전조정한 후, 여러 형태의 이동평균과 특이한 수정과정을 반복하여 계절조정된 계열을 추정하는 방법으로 원계열의 사전조정단계, 사전조정된 계열의 반복적 분해단계, 그리고 최종적으로 조정된 계열의 평가단계를 거치게 된다. 이러한 단계들은 매우 복잡하므로 관심 있는 독자들은 경제기획원(1987), 통계청(1997)을 참고할 수 있으며, 여기에서는 단계별로 간략하게 과정을 기술하기로 한다.

1) 사전조정단계

A. 원계열의 사전조정

원계열을 변동요인 별로 분해하기 이전에 사전적으로 파악이 가능한 변동요인들을 제거하는 절차로 사전월조정과 사전요일조정이 있다.

첫째, 사전월조정

사전월조정이란 사전적으로 파악이 가능한 불규칙변동을 원계열에서 제거하는 과정이다. 이 때 사전월조정 요인은 우리나라의 경우 태음력을 기준으로 하는 설, 추석 등의 명절일자의 이동에 따른 변동요인, 즉 명절효과에 따른 변동요인이 된다.

둘째, 사전요일조정

사전요일조정은 월별 요일수의 불일치로 인하여 발생하는 변동을 조정하는 절차이다. 즉, 각 월별로 특정 요일의 횟수가 많고 적음에 따라서 각 월의 경제활동은 차이가 나타날 수 있고 이러한 변동을 반영하고자 하는 것이다. 그러나 우리나라의 경우 각 요일간의 변동이 거의 나타나지 않고 있으므로 적용하고 있지 않다.

2) 사전조정된 계열의 반복적 분해단계

B. 잠정적 계절조정

사전조정된 원계열(B1)을 중심화 이동평균, 가중이동평균, 그리고 특이항 수정 등의 과정을 거치면서 잠정적으로 사전조정된 원계열을 추세 · 순환변동, 계절변동, 그리고 불규칙변동으로 분해하고 또 잠정적 계열조정된 계열을 추정한다.

C. 일차 계절조정

잠전적 계절조정과정에서 다시 조정된 원계열(C1)에 대해서 중심화 이동평균, 가중이동평균, 그리고 특이항 수정 등을 통하여 조정된 원계열(C1)을 추세 · 순환변동, 계절변동, 그리고 불규칙변동으로 분해하고 또 일차 계열조정된 계열을 추정한다.

D. 최종 계절조정

일차 계절조정과정에서 다시 조정된 원계열(D1)에 대해서 중심화 이동평균, 가중이동평균, 그리고 특이항 수정 등을 통하여 조정된 원계열(D1)을 최종적으로 추세·순환변동, 계절변동, 그리고 불규칙변동으로 분해하고 또 최종 계열조정된 계열을 추정한다.

3) 통계적 평가단계

「센서스」 국법 II, X-11에 의한 시계열의 변동요인별 분해과정에서 분해된 각 요인들이 얼마나 잘 분해되었는가를 평가하는 단계로 MCD(month for cyclical dominance) 이동평균의 계산, 불규칙요인에 대한 자기상관검정, 계절성존재에 대한 검정 등을 행한다(자세한 내용은 경제기획원[1987], 이우리와 오광우[1995]를 참고할 수 있다).

5.4.4 X-11-ARIMA와 X-12-ARIMA

그런데 「센서스」 II, X-11 방법은 원계열의 분해에 관한 명백한 모형이 없고, 또 이동평균을 반복할 때 줄어드는 자료들을 단순히 계열의 앞과 뒷부분에 위치한 값들로 대치하기 때문에 가장 최근 연도의 관측값에 대한 계절변동의 요인의 추정값이 중앙부분의 관측값에 대한 계절요인 추정값보다 떨어진다는 단점이 있다. 이러한 문제를 보완하여 1974년 다굼(E. B. Dagum)은 「센서스」 II, X-11-ARIMA 방법을 개발하였으며 우리나라에서도 1979년 이후로 이 방법을 도입하여 경제관련 자료들의 계절조정에 이용하고 있다.

X-11-ARIMA 방법이란 사전조정단계에서 조정된 계열에 대하여 ARIMA 모형을 적합시켜서 원계열의 전, 후 기간을 예측하여 시계열을 확장시킨 후에, 이 확장된 계열에 대하여 X-11 방법을 적용하는 방법이다. 미국의 상무성에서는 1995년 회귀모형과 ARIMA 모형을 결합한 RegARIMA 모형을 도입한 X-12-ARIMA 방법을 개발하여 사용하고 있다(Bureau of the Census[1996], 통계청[1997]을 참고할 수 있다).

X-11-ARIMA 방법에 의한 시계열의 분해과정을 그림으로 나타내면 [그림 5.5]와 같이 나타낼 수 있다.

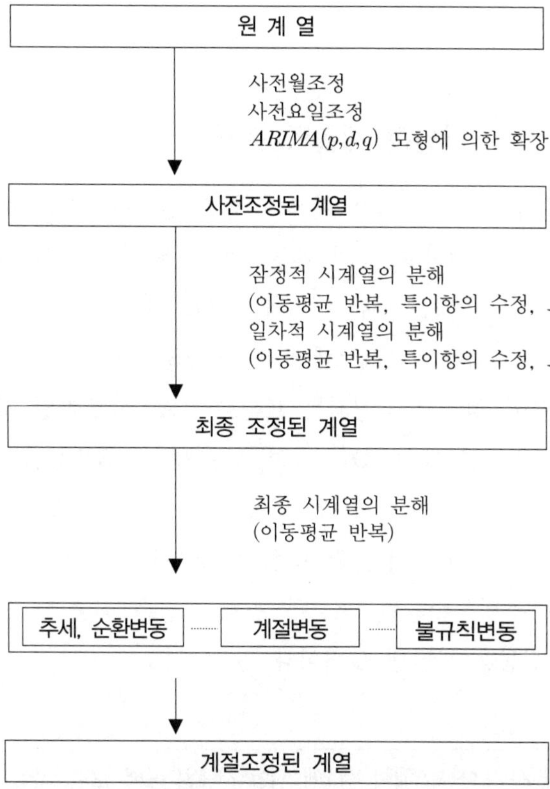

[그림 5.5] X-11-ARIMA에 의한 분해과정

X-12-ARIMA는 X-11-ARIMA 적용시 국가 간의 관습과 문화적 차이로 나타날 수 있는 문제점들을 보완하기 위하여 사전조정 모형으로 다음과 같은 RegARIMA 모형을 도입하고 있다.

$$\phi_p(B)\Phi_P(B^s)(1-B)^d(1-B^S)^D(y_t - \sum_i^r \beta_i X) = \theta_q(B)\Theta_Q(B^S)a_t$$

RegARIMA 모형은 회귀방정식 $(y_t - \sum_i^r \beta_i X)$에 ARIMA 모형을 일반화 한 것이다. 여기서 X는 명절효과, 요일효과, 특이값 효과 등을 말한다. 회귀 모형은 X-11을 적용하기 전에 임시적으로 원시계열로부터 제거할 필요가 있는 이상현상을 모형화함으로써 계절조정을 보다 정확히 하기 위하여 사용된다.

X-12-ARIMA에 의한 계절조정과정은 RegARIMA 모형에 의한 예측 및 사전조정단

계, X-11-ARIMA에 의한 시계열 분해단계, 그리고 계절조정결과에 대한 사후 진단단계로 구성되어 있다.

5.4.5 사례분석: 월별 건축허가면적 계열의 분해

3장의 사례분석에서 평활법으로 분석한 한국의 월별 건축허가면적 계열을 X-11 방법을 사용하여 변동요인별로 분해하고, 또한 계절조정된 계열을 추정해 보기로 하자.

X-11 방법에 의한 계절조정방법은 SAS/ETS의 PROC X12 절차를 활용할 수 있으며, 분석을 위한 SAS 프로그램은 <프로그램 5.1> X12BCP.SAS와 같다. 여기서, B1 D10 D11 D12 D13은 분해과정에서 작성되는 표들로서 A1은 원계열, D10은 최종 계절변동, D11은 최종 계절조정된 계열, D12는 최종 추세 · 순환변동을, 그리고 D13은 최종 불규칙변동을 나타낸다. 프로그램 실행결과를 요약하면 <수행결과 5.1>과 같고, 또 이를 그림으로 나타내면 [그림 5.6]과 같다. [그림 5.6]의 첫 번째 그림은 원계열과 계절 조정된 계열 그리고 추세 · 순환변동을, 두 번째 그림은 최종 계절변동인자를, 세 번째 그림은 최종 불규칙변동을 나타낸 그림이다.

〈수행결과 5.1〉 X12-ARIMA에서 X11에 의한 시계열 분해 결과 요약

X-12 Decomposition

OBS	date	BCP (원계열)	D10 (계절변동)	D11 (계절조정 계열)	D12 (추세 · 순환변동)	D13 (불규칙 변동)
1	JAN01	5203314	0.86941	5984849.36	5757573.55	1.03947
2	FEB01	4584471	0.71234	6435763.81	6223706.58	1.03407
3	MAR01	5846456	1.06090	5510854.90	6677168.56	0.82533
4	APR01	7663337	1.00210	7647263.89	7146455.12	1.07008
5	MAY01	8665252	1.22474	7075191.92	7645600.53	0.92539
6	JUN01	9961856	1.11983	8895890.24	8145341.94	1.09214
⋮	⋮	⋮	⋮	⋮	⋮	⋮
143	NOV12	10562678	1.03418	10213619.08	10958145.99	0.93206
144	DEC12	18200486	1.92976	9431465.63	10745026.79	0.87775
145	JAN13	8413721	0.76613	10982157.99	10538425.96	1.04211
146	FEB13	7268443	0.67528	10763603.65	10358036.44	1.03915
147	MAR13	10160172	0.95275	10664037.50	10199144.42	1.04558
148	APR13	9757932	0.99349	9821873.93	9991884.23	0.98299

〈프로그램 5.1〉 X12BCP.SAS

```
TITLE '건축허가면적(BCP) 자료';
DATA bcp;
   INFILE'd:\bcp.dat';
   INPUT ym  bcp;
  date = INTNX( 'MONTH', '01JAN01'D, _N_-1 );
   FORMAT date MONYY.;
RUN;
SYMBOL1 I=JOIN V=NONE L=1 c=black;
SYMBOL2 I=JOIN V=NONE L=2 c=blue;

TITLE 'X-12 Decomposition'
PROC X12 DATA=bcp SEASONS=12 START=jan01;
   VAR bcp;
   X11;
   OUTPUT OUT=out  A1 D10 D11 D12 D13 ; RUN;

PROC PRINT DATA=out; RUN;
DATA bcp1;
    SET out(RENAME=(_date_ =date bcp_A1=BCP bcp_d10=D10 bcp_d11=D11
                bcp_d12=D12 bcp_d13=D13));
    LABEL bcp=" " D10=" " D11="Seasonally Adjusted" D12="Trend Cycle" D13=" ";
RUN;

PROC GPLOT DATA=bcp1;
TITLE'Final Seasonal Factors';
   PLOT D10*date; RUN;

TITLE'Original Series vs Seasonally Adjusted Series vs Trend Cycle Series'
   PLOT bcp*date=1 D11*date=2 D12*date=3/FRAME OVERLAY LEGEND; RUN;

TITLE'Irregular Component';
   PLOT  D13*date / VREF=1; RUN;
```

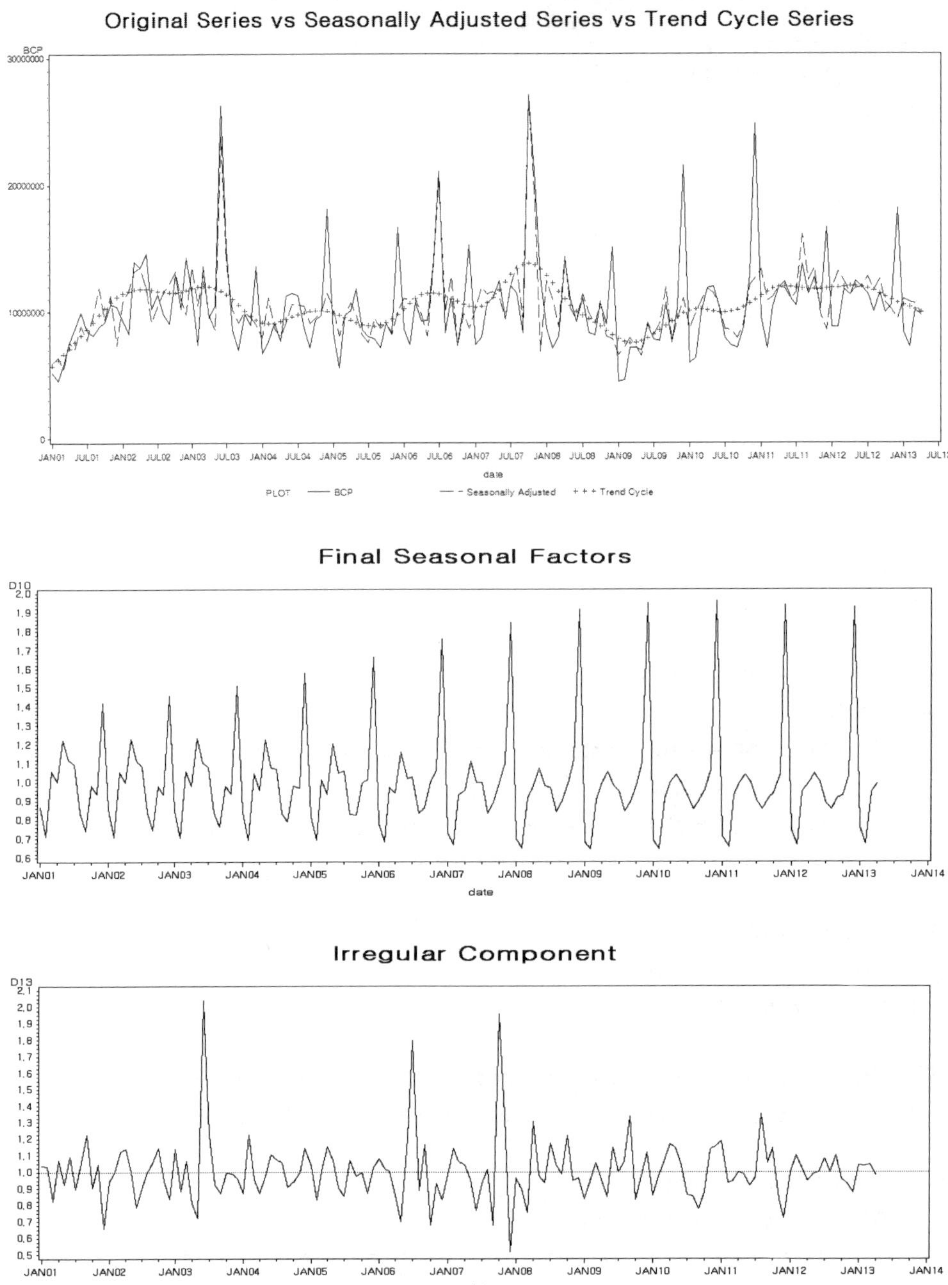

[그림 5.6] 월별 건축허가면적 시계열의 분해

연습문제

1. 다음을 간략히 기술하시오.

1) 모수(parameter)와 통계량(statistic)
2) 편상관계수
3) 라스페이레스지수
4) 연쇄지수
5) 분해법에서의 이동평균의 역할
6) Census 2, X-12-ARIMA

2. 시계열의 변동요인에 대하여 간략히 기술하시오.

3. 계절변동조정에 관하여 간략히 기술하고 우리나라에서 발표되는 계절조정된 계열들을 조사하여 나열하시오.

4. 다음은 S도시의 생필품 A, B, C에 대한 가격과 거래량을 나타내고 있다.

품 목	2010		2011		2012	
	가 격	수 량	가 격	수 량	가 격	수 량
A	350	200	360	200	400	180
B	900	300	900	250	1000	250
C	500	100	400	120	400	150

2010년을 기준으로 하는 2012년의 다음 지수들을 구하시오.

1) 단순총합가격지수
2) 라스페이레스의 가중총합지수
3) 파아셰의 가중총합지수
4) 피셔의 지수
5) 연쇄물가지수

5. 다음 자료에서

t	1	2	3	4	5
Z_t	30	20	40	30	30

1) $k=1$일 때의 표본자기상관함수를 구하시오.
2) 유의수준 5%로 H_0 : $\rho_1 = 0$에 대한 가설검정을 하시오.(단, $z_{0.025} = 1.96$)
3) 단순이동평균법을 사용하여 $t=6$일 때의 예측값 F_6을 구하시오.(단, $m=5$)
4) 단순지수평활법을 사용하여 $t=4$일 때의 예측값 F_4을 구하시오.(단, $\alpha = 0.2$)

6. 다음은 2000년 1분기에서 2013년 1분기까지의 우리나라의 분기별 국내총생산(GDP, 단위: 십억원)에 관한 시계열자료이다.

	2000년	2001년	2002년	2003년	2004년	2005년	2006년
1_4분기	140,258.5	151,532.5	166,150.8	178,229.9	192,295.6	200,459.3	211,557.4
2_4분기	149,250.0	162,843.3	180,057.5	189,507.3	206,308.8	214,007.3	224,406.4
3_4분기	153,625.3	165,438.2	180,889.1	191,569.3	208,810.8	219,110.0	230,390.1
4_4분기	160,102.1	171,601.3	193,441.6	207,807.2	219,477.5	231,664.5	242,389.9
	2007년	2008년	2009년	2010년	2011년	2012년	2013년
1_4 분기	224,184.5	240,999.7	238,638.4	268,009.7	286,700.4	299,477.7	306,753.4
2_4 분기	240,999.7	261,519.4	264,802.4	294,137.5	308,188.2	319,656.1	
3_4 분기	246,696.6	262,614.9	275,438.8	297,485.6	312,657.7	320,861.4	
4_4 분기	263,132.2	261,317.8	286,157.2	313,642.1	327,614.3	332,464.3	

1) 이 시계열을 그래프로 나타내고 어떠한 종류의 변동이 포함되고 있는지를 설명하시오.
2) 센서스국법 X-11 방법을 사용하여 변동요인별로 분해하고, 계절조정된 계열을 작성하시오.
3) 2012년 4분기까지의 자료를 사용하여 계절지수평활법을 사용하여 2013년 1분기를 예측하여 실제값과 비교해보시오.

7. 다음은 우리나라의 1990년부터 2012년까지의 소비자물가지수의 연도별 상승률을 나타내는 시계열자료이다. 2013년의 상승률을 지수평활법을 사용하여 예측하시오.

8.6	9.3	6.2	4.8	6.3	4.5	4.9	4.4	7.5	0.8	2.3	4.1	2.8	3.5	3.6	2.8	2.2	2.5	4.7	2.8	3.0	4.0	2.2

8. 다음은 2003년 부터 2014년까지의 우리나라의 전도시 소비자물가지수와 가구당 월평균소득을 나타낸 것이다.

년 도	월평균소득(원)	소비자물가지수(2010년 = 100)
2003	2,630,568	80.924
2004	2,788,461	83.830
2005	2,898,284	86.139
2006	3,038,307	88.070
2007	3,200,005	90.302
2008	3,390,738	94.523
2009	3,432,021	97.129
2010	3,631,713	100.0
2011	3,841,586	104.0

년 도	월평균소득(원)	소비자물가지수(2010년 = 100)
2012	4,076,876	106.28
2013	4,161,833	107.67
2014	4,302,352	109.04

1) 각 연도의 소득을 2010년 기준가격으로 나타내시오.

2) 기간 중 월 평균소득의 년도별 실질성장률과 명목성장률을 구하시오.

TIME SERIES ANALYSIS AND FORECASTING

제2편

ARIMA 모형에 의한 시계열분석

학 · 습 · 목 · 표

관측된 과거의 시계열에서 어떠한 패턴을 발견하여 미래에 대한 예측을 하는 것이 시계열 모형에 의한 예측방법이다. 이러한 예측방법은 제1편에서 기술된 평활법(smoothing methods), 분해법(decomposition methods) 등과 같은 전통적 시계열분석 방법과 확률적 시계열분석 방법이 있다. 또한, 확률적 시계열분석은 ARIMA (autoregressive integrated moving average) 모형으로 대변되는 시간영역 분석(time domain analysis) 방법과 퓨리어 분석(Fourier analysis) 개념에 기초를 둔 주파수영역 분석방법이 있다. 제2편에서는 확률적 시계열분석 중에서 시간영역 분석방법에 관하여 주로 기술하고자 한다. 먼저, 6장에서 8장까지 정상 시계열 모형, 비정상 시계열 모형, 계절 시계열 모형 등을 기술하고 다음으로 모형의 식별, 추정, 진단, 예측 등의 순서로 기술한다.

제6장 정상 시계열 모형

이 장에서는 정상 자기회귀 모형과 정상 이동평균 모형을 포함한 자기회귀이동균 모형을 소개한다. 이 모형들은 시계열 분석에 있어서 매우 폭넓게 사용되는 통계적 모형들로써 모수 절약의 원칙하에 자기상관함수 및 편자기상관함수에 의해서 그 특징들이 식별되어진다.

시계열의 확률모형은 율(Yule, 1926)과 워크(Walk, 1931)에 의한 자기회귀(AR) 모형과 스루츠키(Slutzky, 1937)에 의한 이동평균(MA) 모형이 최초로 제안 되었으며, 월드(Wold, 1938)는 이 두 모형을 혼합시켜서 자기회귀이동평균(ARMA) 모형으로 발전시켰다. 박스와 젠킨스(Box & Jenkins, 1970, 1976)는 이들 모형에 대한 포괄적인 이론을 정립했고, 또 이 방법을 더욱 일반화시킴으로써 시계열분석에 대한 박스와 젠킨스의 모형 확립과정이 자기회귀이동평균 모형의 분석방법을 지칭하게 되었다.

6.1 정상 시계열이란

6.1.1 확률과정과 정상성

시간첨자를 갖는 확률변수들의 집합인 $\{Z_t,\ t=0,\ \pm1,\ \pm2,\ \cdots\}$를 **확률과정**(stochastic process)이라고 할 때, 관측된 시계열 $(z_1,\ z_2,\ \cdots,\ z_n)$는 확률과정의 한 특정 **실현값**(realization)으로 간주될 수 있다. 즉, Z_t는 시점 t에서의 확률변수를 나타내고 z_t는 그 실현값을 나타낸다. 특히 t가 시간을 나타낼 때 이 확률과정을 시계열과정 또는 시계열모형이라고 한다.

이 때, 우리들은 실현값을 가지고 그것을 생성시키는 과정의 모형을 추정하게 되므로, 실현값과 과정의 관계는 표본과 모집단의 관계와 유사하다고 볼 수 있다. 예를 들어서, 주사위를 독립적으로 3회 던지는 실험에서 {3, 2, 5}가 나타났다면 다음과 같이 해석할 수 있다.

확률과정: $\{Z_t,\ t=1,2,3\}$

표본공간: {1, 2, 3, 4, 5, 6}*{1, 2, 3, 4, 5, 6}*{1, 2, 3, 4, 5, 6}

실 현 값: {3, 2, 5}

일반적으로 확률과정은 n차원 확률분포로 설명될 수 있으므로, 만약 정규성을 가정하면 이러한 분포는 n개의 평균 $E(Z_1), E(Z_2), \cdots, E(Z_n)$과 n개의 분산 $V(Z_1), V(Z_2), \cdots, V(Z_n)$ 그리고 $n(n-1)/2$개의 공분산 $COV(Z_i, Z_j)$, $i<j$에 의해서 결정된다. 그러나 n개의 관측값으로는 $n+n(n-1)/2$개의 모수를 추정할 수 없으므로, 확률과정의 하나의 실현값으로는 전체분포를 추정할 수 없다. 그

래서 우리들은 관측된 계열을 생성시키는 확률과정에 대하여 정상성을 가정하여 단순화시킴으로써 이들의 분포를 추정할 수 있게 된다.

즉, 유한개의 관찰된 시계열 자료로부터 모집단인 시계열 모형에 관한 통계적 추정 및 검정을 하기 위해서는 분석을 단순화시키는 어떤 가정이 필요한데 이 중 가장 중요한 것이 **정상성**(stationarity) 가정이다. 이것은 시계열 모형의 확률적 성질이 시간에 따라 변하지 않는다고 가정하는 것이다. 시계열 $\{Z_t\}$의 정상성(stationarity) 조건은 다음과 같다.

> 시계열 $\{Z_t\}$의 정상성(stationarity)
>
> 첫째, 평균값 $E(Z_t)$는 일정하다. 즉 시점 t에 의존하지 않는다.
>
> 둘째, 분산 σ_t^2도 시점 t에 의존하지 않는다.
>
> 셋째, Z_t와 Z_{t+k} 간의 공분산과 상관함수는 단지 시차 k에 의존하고 실제 시점들인 t와 $t+k$에 의존하지 않는다.

위의 세 가지 조건을 만족하는 시계열을 **넓은 의미로 정상적**(stationary in the wide sense) 또는 그냥 약하게 정상적(weakly stationary)이라고도 한다. 어떤 시계열이 엄격한 의미의 정상성(부록 6.1 참조)을 가지면 넓은 의미로도 정상적이다. 그러나 역은 성립하지 않는다.

일반적으로 어떤 시계열이 엄격한 의미로 정상적인지를 조사하는 것은 거의 불가능한 일이다. 따라서 대부분의 통계분석에서 정상성을 가정할 때는 넓은 의미의 정상성을 의미한다. 이후 이 책에서의 정상성은 넓은 의미의 정상성을 의미한다.

예제 6.1

엄격한 의미의 정상성과 넓은 의미의 정상성과의 관계를 이해하기 위하여 다음과 같은 확률변수를 가정하자. Z_t를 표준정규분포 $N(0,\ 1)$와 이산 균일분포(확률 1 / 2로 1 혹은 −1만 갖는 분포)를 번갈아 하는 독립확률변수들의 집합이라고 하자. 그러면 정규분포 및 균일분포의 평균과 분산으로부터 쉽게 모든 t에 대해서 $E(Z_t)=0$이고 $E(Z_t^2)=1$임을 알 수 있다. 한편 이들의 공분산과 상관관계는 다음과 같음을 알 수 있다.

$$E(Z_t Z_s) = \begin{cases} 0 & t \neq s \\ 1 & t = s \end{cases}$$

$$\rho(t,s) = \frac{E(Z_t Z_s)}{\sqrt{E(Z_t^{\,2})}\sqrt{E(Z_s^{\,2})}} = \begin{cases} 0 & t \neq s \\ 1 & t = s \end{cases}$$

따라서 이 시계열은 넓은 의미로는 정상적이지만, 시간에 따라 분포함수가 변하므로 엄격한 의미로는 정상적이 아니다.

확률과정의 결합확률분포가 정규분포이면 확률과정은 정규과정 혹은 가우시안 과정(Gaussian process)이라고 부른다. 정규분포가 일차 및 이차 적률에 의해서 특성을 나타내기 때문에 엄격한 의미에서의 정상적인 것과 약한 의미로 정상적인 것은 가우시안 과정에 대해서는 동일하다. 특별히 언급을 하지 않은 한 본 책에서 설명할 과정은 가우시안 과정으로 가정한다.

6.1.2 자기상관함수와 편자기상관함수

1) 자기공분산함수와 자기상관함수(ACF)

정상과정 $\{Z_t\}$는 모든 t에 대해서 일정한 평균 $E(Z_t)=\mu$과 분산 $Var(Z_t)=E(Z_t-\mu)^2=\sigma^2$을 가지며, 단지 공분산 $Cov(Z_t, Z_{t+k})$은 시차 k의 함수가 된다. 즉 Z_t와 Z_{t+k}의 공분산(covariance)은 다음과 같다.

$$\gamma_k = Cov(Z_t, Z_{t+k}) = E(Z_t-\mu)(Z_{t+k}-\mu) \tag{6.1.1}$$

한편 Z_t와 Z_{t+k}의 상관함수(correlation function)는

$$\rho_k = \frac{Cov\,(Z_t\,,\,Z_{t+k})}{\sqrt{Var\,(Z_t)}\,\sqrt{Var\,(Z_{t+k})}} = \frac{\gamma_k}{\gamma_0} \tag{6.1.2}$$

와 같이 정의된다. 여기서 $Var\,(Z_t) = Var\,(Z_{t+k}) = \gamma_0$이고, γ_k는 k의 함수이므로 **자기공분산함수**(autocovariance function)라 하고, ρ_k는 **자기상관함수**(autocorrelation function: ACF)라 한다. 왜냐하면 단지 k시차로 분리된, 같은 과정에서의 Z_t와 Z_{t+k} 사이의 공분산과 상관을 나타내기 때문이다.

정상과정에서 자기공분산함수 γ_k와 자기 상관함수 ρ_k는 임의의 시차 k에 대하여 다음과 같은 성질을 갖고 있다.

1. $\gamma_0 = Var\,(Z_t)$; $\rho_0 = 1$
2. $|\gamma_k| \leqq \gamma_0$; $|\rho_k| \leqq 1$
3. 모든 k에 대하여 $\gamma_k = \gamma_{-k}$, $\rho_k = \rho_{-k}$, 즉 γ_k와 ρ_k는 $k = 0$인 최초시점에서 대칭인 대칭함수이다. 이것은 Z_k와 Z_{t+k} 사이의 시차와 Z_k와 Z_{t-k} 사이의 시차는 같다는 사실을 말해준다. 그래서 자기상관함수는 종종 단지 음이 아닌 시점에서만 그림을 그려준다. 이 그림을 **상관도**(correlogram)라고 부른다.

Box-Jenkins 방법에 의한 시계열분석에서는 자기상관함수로서 시계열의 특성을 파악하게 된다. 그러나 실제로 모집단의 자기상관함수를 알 수 없으므로 관측된 자료로부터 추정해야 하는데, 이 추정량을 **표본 자기상관함수**(sample autocorrelation function: SACF)라 하고 다음과 같이 정의한다.

$$r_k = \hat{\rho}_k = \frac{\hat{\gamma}_k}{\hat{\gamma}_0} = \frac{\sum_{t=1}^{n-k} (Z_t - \overline{Z})(Z_{t+k} - \overline{Z})}{\sum_{t=1}^{n} (Z_t - \overline{Z})^2}, \quad k = 0, 1, 2, \cdots \tag{6.1.3}$$

시차 k에 대한 $\hat{\rho}_k$의 그래프를 **표본 상관도**(sample correlogram)라고 하며, 이것은 시계열의 특성을 파악하고 모형을 식별하는데 유용하게 쓰인다.

이 때 표본 자기상관함수(r_k)의 분산은 근사적으로 다음과 같이 된다(Bartlett, 1946).

$$Var(r_k) \cong \frac{1}{n}(1+2\rho_1^2+2\rho_2^2+\cdots+2\rho_m^2),\ \text{단}\ k > m \tag{6.1.4}$$

또, r_k의 표준오차(standard error)는 다음과 같이 추정할 수 있다.

$$S_{r_k} = \sqrt{\frac{1}{n}(1+2r_1^2+\cdots+2r_m^2)}$$

따라서 r_k는 n이 큰 경우에 근사적으로 평균이 ρ_k이고 분산이 $Var(r_k)$인 정규분포를 따르게 됨으로, ρ_k에 대한 신뢰구간 추정 및 가설검정이 가능하다.

귀무가설 $H_0 : \rho_k = 0$에 대하여 유의수준 α로 귀무가설을 하는 경우에 기각할 수 없는 범위, 즉 자기상관이 존재하지 않는 것으로 판단할 수 있는 범위는 다음과 같이 된다.

$k=1$인 경우, $(-z_{\alpha/2}\sqrt{1/n} < r_1 < z_{\alpha/2}\sqrt{1/n})$

$k=2$인 경우, $(-z_{\alpha/2}\sqrt{(1+2r_1^2)/n} < r_2 < z_{\alpha/2}\sqrt{(1+2r_1^2)/n})$

$k=3$인 경우, $(-z_{\alpha/2}\sqrt{(1+2r_1^2+2r_2^2)/n} < r_3 < z_{\alpha/2}\sqrt{(1+2r_1^2+2r_2^2)/n})$

$$\vdots$$

예를 들면, $n=100$이고 $r_1=0.8$, $r_2=0.2$인 경우에 유의수준 5%로 자기상관 검정을 하면, $k=1,2$에서 귀무가설이 기각되지 않는 범위는 $-0.196 < r_1 < 0.196$, $-0.296 < r_2 < 0.296$가 되므로, $k=1$인 경우에는 자기상관이 존재하는 것으로, $k=2$인 경우에는 자기상관이 존재하지 않는 것으로 판단할 수 있다.

만약, n이 크고 서로 다른 시차에 대하여 독립인 계열(백색잡음과정)인 경우에 r_k는 근사적으로 평균이 0이고 분산이 $\frac{1}{n}$인 정규분포를 따르게 된다.

2) 편자기상관함수(PACF)

Z_t와 Z_{t+k}의 자기상관함수와 더불어 제9장에서 다룰 모형식별에서 중요한 또 하나의 개념이 편자기상관함수(partial autocorrelation function: PACF)이다. 편자기상관함수란 임의의 시차 k에 대하여 Z_t와 Z_{t+k}의 상관관계에서 그것들 사이에 있는 Z_{t+1},

Z_{t+2}, ⋯, Z_{t+k-1}와의 상호 선형 의존성을 제거한 후의 Z_t와 Z_{t+k}만의 자기상관함수로 다음과 같은 조건부 자기상관함수로 표현된다.

$$\phi_{kk} = Corr\,(Z_t, Z_{t+k} \mid Z_{t+1} = z_{t+1}, \ldots, Z_{t+k-1} = z_{t+k-1}) \tag{6.1.5}$$

이와 같은 편자기상관함수 ϕ_{kk}는 시차 k의 함수이며 다음과 같은 회귀모형을 고려함으로써 얻을 수 있다. 이 모형은 평균이 0인 정상과정에서 종속변수 Z_{t+k}를 k개의 시차변수 $Z_{t+k-1}, Z_{t+k-2}, \cdots, Z_t$를 설명변수로 사용하여 나타낸 것이다.

$$Z_{t+k} = \phi_{k1}Z_{t+k-1} + \phi_{k2}Z_{t+k-2} + \cdots + \phi_{kk}Z_t + a_{t+k} \tag{6.1.6}$$

여기서 ϕ_{kj}는 j번째 회귀계수이고 a_{t+k}는 정규오차항으로 Z_{t+k-j}, $j \geq 1$와 상관되지 않는다. 편자기상관함수 ϕ_{kk}를 유도하기 위하여 식 (6.1.6)의 양변에 Z_{t+k-j}를 곱하고 기대값을 취해주면 아래의 자기공분산함수 식을 얻는다.

$$\begin{aligned} E(Z_{t+k}Z_{t+k-j}) = \; & \phi_{k1}E(Z_{t+k-1}Z_{t+k-j}) + \phi_{k2}E(Z_{t+k-2}Z_{t+k-j}) \\ & + \cdots + \phi_{kk}E(Z_t Z_{t+k-j}), \end{aligned} \tag{6.1.7}$$

혹은,

$$\gamma_j = \phi_{k1}\gamma_{j-1} + \phi_{k2}\gamma_{j-2} + \cdots + \phi_{kk}\gamma_{j-k}. \tag{6.1.8}$$

여기서 분산 γ_0를 양변에 나누어주면 다음과 같은 자기상관함수의 방정식인 율-워크 방정식(Yule-Walker equation)을 얻을 수 있다.

$$\rho_j = \phi_{k1}\rho_{j-1} + \phi_{k2}\rho_{j-2} + \cdots + \phi_{kk}\rho_{j-k},\; j = 1, 2, \cdots, k \tag{6.1.9}$$

이 식을 $j = 1, 2, \cdots, k$에 대하여 나타내면, 다음과 같이 된다.

$$\begin{aligned} \rho_1 &= \phi_{k1}\rho_0 + \phi_{k2}\rho_1 + \cdots + \phi_{kk}\rho_{k-1} \\ \rho_2 &= \phi_{k1}\rho_1 + \phi_{k2}\rho_0 + \cdots + \phi_{kk}\rho_{k-2} \\ &\vdots \\ \rho_k &= \phi_{k1}\rho_{k-1} + \phi_{k2}\rho_{k-2} + \cdots + \phi_{kk}\rho_0 \end{aligned} \tag{6.1.10}$$

그리고 Cramer의 해법을 $k=1, 2, \cdots$에 반복적으로 적용하면 다음과 같은 편자기상관함수 ϕ_{kk}를 얻을 수 있고 이것은 모형식별을 하는데 중요한 역할을 하게 된다.

$$\phi_{11} = \rho_1$$

$$\phi_{22} = \frac{\begin{vmatrix} 1 & \rho_1 \\ \rho_1 & \rho_2 \end{vmatrix}}{\begin{vmatrix} 1 & \rho_1 \\ \rho_1 & 1 \end{vmatrix}}$$

$$\phi_{33} = \frac{\begin{vmatrix} 1 & \rho_1 & \rho_1 \\ \rho_1 & 1 & \rho_2 \\ \rho_2 & \rho_1 & \rho_3 \end{vmatrix}}{\begin{vmatrix} 1 & \rho_1 & \rho_2 \\ \rho_1 & 1 & \rho_1 \\ \rho_2 & \rho_1 & 1 \end{vmatrix}}$$

$$\vdots$$

$$\phi_{kk} = \frac{\begin{vmatrix} 1 & \rho_1 & \rho_2 & \cdots & \rho_{k-2} & \rho_1 \\ \rho_1 & 1 & \rho_1 & \cdots & \rho_{k-3} & \rho_2 \\ \vdots & \vdots & \vdots & & \vdots & \vdots \\ \rho_{k-1} & \rho_{k-2} & \rho_{k-3} & \cdots & \rho_1 & \rho_k \end{vmatrix}}{\begin{vmatrix} 1 & \rho_1 & \rho_2 & \cdots & \rho_{k-2} & \rho_{k-1} \\ \rho_1 & 1 & \rho_1 & \cdots & \rho_{k-3} & \rho_{k-2} \\ \vdots & \vdots & \vdots & & \vdots & \vdots \\ \rho_{k-1} & \rho_{k-2} & \rho_{k-3} & \cdots & \rho_1 & 1 \end{vmatrix}} \tag{6.1.11}$$

이 때, 표본 편자기상관함수(sample partial autocorrelation function: SPACF) $\hat{\phi}_{kk}$는 식 (6.1.11)에서 ρ_i 대신에 $\hat{\rho}_i$를 대체해서 구한다. 그런데 식 (6.1.11)에서 시차 k가 크면 복잡한 행렬식을 계산하는 대신에 다음과 같은 더빈(Durbin,1960)의 반복계산식을 사용할 수 있다.

$$\hat{\phi}_{k+1,k+1} = \frac{r_{k+1} - \sum_{j=1}^{k} \phi_{kj} r_{k+1-j}}{1 - \sum_{j=1}^{k} \phi_{kj} r_j} \tag{6.1.12}$$

여기서, $\hat{\phi}_{k+1,j} = \hat{\phi}_{kj} - \hat{\phi}_{k+1,k+1}\hat{\phi}_{k,k+1-j}$, $j=1, 2, \cdots, k$

이 때, $\hat{\phi}_{kk}$의 분산은 $k > p$인 경우에 근사적으로 다음과 같이 된다.

$$Var(\hat{\phi}_{kk}) \simeq \frac{1}{n}, \quad k > p$$

그러므로 $\hat{\phi}_{kk}$는 n이 크고 $\phi_{kk}=0$인 경우, 근사적으로 평균이 0이고 분산이 $\frac{1}{n}$인 정규분포를 따르게 된다.

따라서 귀무가설 $H_0 : \phi_{kk}=0$에 대해 유의수준 α로 가설검정을 하는 경우, 귀무가설을 기각할 수 없는 구간은 $(-z_{\alpha/2}/\sqrt{n} < \hat{\phi}_{kk} < z_{\alpha/2}/\sqrt{n})$와 같이 된다.

예제 6.2

$n=100$개의 관측된 시계열 자료들에 대한 자기상관함수와 편자기상관함수가 다음과 같을 때, 귀무가설 $H_0 : \rho_k = 0$와 $H_0 : \phi_{kk} = 0(k=1,\ 2,\ 3)$를 유의수준 5%로 기각시킬 수 없는 범위를 계산하시오.

k	SACF	SPACF
1	0.809	0.809
2	0.687	0.091
3	0.545	−0.101

k 값에 대하여, 귀무가설을 기각시킬 수 없는 SACF의 범위를 구하면 다음과 같이 계산된다.

$k=1$인 경우의 범위는,

$(-z_{0.05/2}\sqrt{1/100} < r_1 < z_{0.05/2}\sqrt{1/100})$가 되므로 $-0.196 < r_1 < 0.196$,

$k=2$인 경우는 다음과 같으므로, 범위는 $-2.978 < r_2 < 2.978$와 같이 된다.

$$(-z_{0.05/2}\sqrt{(1+2\times 0.809^2)/100} < r_2 < z_{\alpha/2}\sqrt{(1+2\times 0.809^2)/100})$$

$k=3$인 경우는 다음과 같으므로, 범위는 $-0.354 < r_3 < -0.354$와 같이 된다.

$$(-z_{0.05/2}\sqrt{\frac{(1+2\times 0.809^2+2\times 0.687^2)}{100}} < r_3 < z_{0.05/2}\sqrt{\frac{(1+2\times 0.809^2+2\times 0.687^2)}{100}})$$

또, SPACF는 모든 k에 대하여 $(-z_{0.05/2}/\sqrt{100} < \hat{\phi}_{kk} < z_{0.05/2}/\sqrt{100})$가 되므로, 범

위는 모든 k에 대하여 $-0.196 < \hat{\phi}_{kk} < 0.196$가 된다.

따라서, ACF는 $k=1,\ 2,\ 3$에서 모두 유의수준 5%로 귀무가설을 기각시키고, PACF는 $k=1$에서는 귀무가설을 기각시키나, $k=2,\ 3$에서는 귀무가설을 기각시킬 수 없다.

6.1.3 백색잡음과정

확률과정 $\{a_t,\ t=0,\pm 1,\pm 2,\cdots\}$들이 서로 독립이고 동일한 분포를 가지며, 평균 $E(a_t)=\mu_a$(일반적으로 0으로 가정)와 분산 $Var(a_t)=\sigma_a^2$, 그리고 0이 아닌 모든 k에 대하여 공분산 $\gamma_k = Cov(a_t,\ a_{t+k})=0$을 가질 때 이를 **백색잡음과정**(white noise process)이라고 한다. 정의에 의해서 백색잡음 $\{a_t\}$는 평균과 분산, 공분산이 시간에 의존하지 않으므로 정상성을 갖는다. 백색잡음의 자기공분산함수 및 ACF 그리고 PACF는 다음과 같다.

> 백색잡음과정의 자기상관함수와 편자기상관함수
>
> 자기공분산함수: $\gamma_k = \begin{cases} \sigma_a^2 & k=0 \\ 0 & k \neq 0 \end{cases}$ **(6.1.13)**
>
> 자기상관함수: $\rho_k = \begin{cases} 1 & k=0 \\ 0 & k \neq 0 \end{cases}$ **(6.1.14)**
>
> 편자기상관함수: $\phi_{kk} = \begin{cases} 1 & k=0 \\ 0 & k \neq 0 \end{cases}$ **(6.1.15)**

시차가 0인 경우 ACF와 PACF는 $\rho_0 = \phi_{00} = 1$이고 일반적으로 ACF와 PACF를 나타낼 때 ρ_k와 ϕ_{kk}로 사용한다. 백색잡음과정의 기본적 현상은 $k \neq 0$인 경우 ACF와 PACF가 동일하게 0라는 것이다.

이런 과정은 분산이 유한하지 않을 수도 있고 실제 현상에서 발생하지도 않지만, 시계열 모형의 수립에 매우 중요한 기본적인 역할을 한다. 즉, 백색잡음과정은 어떤 이론적인 전개를 목적으로 한 수리적 모형으로서 전도체에서 온도에 의한 전압 파동의 변화 또는 브라운 운동을 일으키는 액체내에서 떠도는 분자들의 운동 충격량의 모형에 대한 근사모형으로 사용된다.

예제 6.3

SAS를 사용하여 백색잡음과정을 따르는 정규난수를 생성한 후 시계열 그림과 SACF, SPACF를 나타내면 [그림 6.1]~[그림 6.2]와 같다(<프로그램 6.1> 참조). 즉, 모든 시차에서 SACF와 SPACF는 유의한 값을 가지지 않는다.

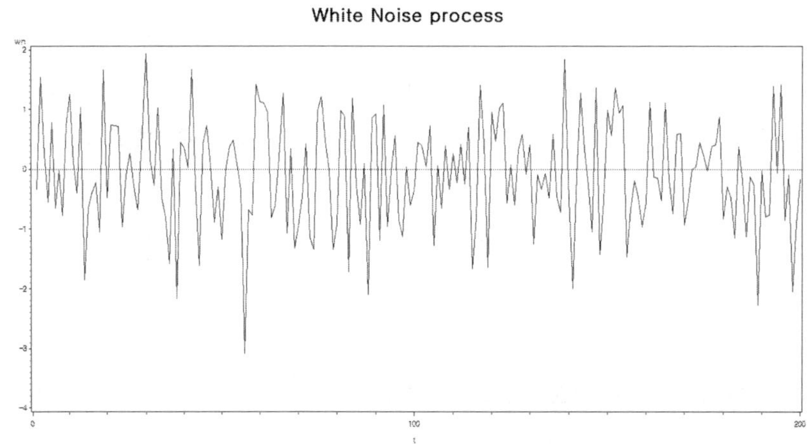

[그림 6.1] 백색잡음의 시계열 그림

```
                 Autocorrelations                                        Partial Autocorrelations

Lag  Correlation  -1 9 8 7 6 5 4 3 2 1 0 1 2 3 4 5 6 7 8 9 1   Lag Correlation  -1 9 8 7 6 5 4 3 2 1 0 1 2 3 4 5 6 7 8 9 1

 0    1.00000    |                    |********************|
 1    0.01676    |                  . |  .                 |    1  0.01676   |                  . |  .                 |
 2    0.05894    |                  . |* .                 |    2  0.05868   |                  . |* .                 |
 3    0.02579    |                  . |* .                 |    3  0.02396   |                  . |  .                 |
 4    -.03505    |                  .*|  .                 |    4 -0.03942   |                  .*|  .                 |
 5    0.02750    |                  . |* .                 |    5  0.02584   |                  . |* .                 |
 6    0.02926    |                  . |* .                 |    6  0.03245   |                  . |* .                 |
 7    -.00238    |                  . |  .                 |    7 -0.00473   |                  . |  .                 |
 8    0.00478    |                  . |  .                 |    8 -0.00156   |                  . |  .                 |
 9    0.05793    |                  . |* .                 |    9  0.05931   |                  . |* .                 |
10    -.07394    |                  .*|  .                 |   10 -0.07497   |                  .*|  .                 |
11    -.02032    |                  . |  .                 |   11 -0.02729   |                  .*|  .                 |
12    -.04698    |                  .*|  .                 |   12 -0.04081   |                  .*|  .                 |
```

[그림 6.2] 백색잡음의 SACF, SPACF

〈프로그램 6.1〉 WN.SAS

```
TITLE 'White Noise process';
 DATA wn;
   DO t=1 To 200;
   e=RANNOR(1235);
   wn=e;
  OUTPUT;
  END;
 RUN;
 SYMBOL1 I=JOIN V=NONE L=1 c=blue;

 PROC GPLOT DATA=wn;
    PLOT  wn*t / FRAME VREF=0 HAXIS=0 100 200 ; RUN;
PROC ARIMA;
IDENTIFY VAR=wn NLAG=20;
 RUN;
```

6.1.4 확률보행과정

가장 단순하고 대표적인 시계열모형이 확률보행과정이며, 다음과 같이 정의된다. $\{a_t\}$를 백색잡음과정이라고 할 때 다음과 같은 시계열 $\{Z_t, t = 0, \pm 1, \pm 2, \cdots\}$를 고려하자.

$$\begin{aligned} Z_1 &= a_1 \\ Z_2 &= a_1 + a_2 \\ &\vdots \\ Z_t &= a_1 + a_2 + \cdots + a_t = \sum_{i=1}^{t} a_i \end{aligned} \tag{6.1.16}$$

이러한 시계열은 다음과 같은 모형으로 간단하게 표현된다.

$$Z_t = Z_{t-1} + a_t, \ t = 1, 2, \cdots, \quad \text{단 } Z_0 = 0 \tag{6.1.17}$$

$\{a_t\}$가 시점 t에서 어떤 사람의 한 방향으로 움직인 보폭이라 하면 Z_t는 시점 t에서 그 사람의 위치가 되므로 식 (6.1.17)과 같은 모형을 **확률보행과정**(random walk process) 또는 임의보행과정이라 한다. 확률보행과정의 평균과 분산은 다음과 같다.

$$\mu_t = E(Z_t) = E(a_1 + a_2 + \cdots + a_t) = 0 \tag{6.1.18}$$

$$\sigma_Z^2 = Var(Z_t) = Var(a_1 + a_2 + \cdots + a_t) = t\,\sigma_a^2 \tag{6.1.19}$$

또한 자기공분산함수와 자기상관함수는 임의의 시차 h에 대하여 다음과 같다.

$$\begin{aligned} \gamma_h &= Cov(Z_t, Z_{t+h}) \qquad (6.1.20) \\ &= Cov(a_1 + a_2 + \cdots + a_t, a_1 + a_2 + a_3 + \cdots + a_{t+h}) \\ &= t\,\sigma_a^2 \end{aligned}$$

위 식으로부터 확률보행과정은 분산이 시간 t에 따라 변하고 자기공분산함수도 시간에 따라 변하므로 비정상(nonstationary) 시계열이다. 그러나 이 확률보행과정을 1차 차분하면 백색잡음과정이 되고 정상성을 만족하게 된다. 즉,

$$Z_t - Z_{t-1} = (a_1 + a_2 + \cdots + a_t) - (a_1 + a_2 + \cdots + a_{t-1}) = a_t \tag{6.1.21}$$

이와 같은 확률보행과정은 주가지수 또는 비이커 속의 물 위에 떨어뜨린 꽃가루 입자가 비이커 바닥에 닿을 때까지의 궤적 등 다양한 확률 모형을 설명해 주는 중요한 모형이다. 이 때 시차 h가 작을수록 즉, 서로 이웃하면 할수록 자기상관계수가 커져서 상관정도가 매우 크게 되는 속성을 갖고 있다.

그런데 이와 같은 확률보행 모형은 다음 절에서 설명될 누적 자기회귀이동평균의 한 형태, 즉 ARIMA(0,1,0) 모형이 된다.

$$(1-B)Z_t = a_t$$

혹은,

$$Z_t = Z_{t-1} + a_t \tag{6.1.22}$$

이 모형은 주식시장에서 주가 흐름의 특성을 표현하는데 폭넓게 사용되고 있다. 확률보행 모형에서 시점 t에서의 값은 시점 $(t-1)$에서의 값에 확률충격(random shock)을 더한 값과 같다. 이러한 특성은 술에 취한 사람의 시점 t에서의 위치가 시점 $(t-1)$에서의 위치에서 임의의 방향으로 한 걸음 옮긴 것과 유사하다.

6.1.5 연산자

시계열분석에서 자주 사용되는 연산자로는 후향연산자(backshift operator), 전향연산자(forwardshift operator), 차분연산자(difference operator) 등이 있다.

첫째, 후향연산자(backshift operator): $B^k Z_t = Z_{t-k}$, $k = 1, 2, 3, \ldots$

후향연산자 B는 다음과 같이 사용할 수 있다.

$$
\begin{aligned}
&BZ_t = Z_{t-1} \\
&(1-B)\,Z_t = Z_t - Z_{t-1} \\
&(1-B)^2\,Z_t = Z_t - 2Z_{t-1} + Z_{t-2} \\
&\qquad\vdots
\end{aligned}
$$

둘째, 전향연산자(forwardshift operator): $F^k Z_t = Z_{t+k}$, $k = 1, 2, 3, \ldots$

전향연산자 F는 다음과 같이 사용할 수 있다.

$$
\begin{aligned}
&FZ_t = Z_{t+1} \\
&(1-F)\,Z_t = Z_t - Z_{t+1} \\
&(1-F)^2\,Z_t = Z_t - 2Z_{t+1} + Z_{t+2} \\
&\qquad\vdots
\end{aligned}
$$

셋째, 차분연산자(difference operator): $\nabla^k Z_t = (1-B)^k Z_t$, k = 1, 2, 3, ...

차분연산자 $\nabla = 1 - B$는 다음과 같이 사용할 수 있다.

$$
\begin{aligned}
&\nabla Z_t = Z_t - Z_{t-1} \\
&\nabla^2 Z_t = (1-B)^2\,Z_t = Z_t - 2Z_{t-1} + Z_{t-2} \\
&\nabla^k Z_t = \nabla^{k-1} \nabla Z_t \\
&\qquad\vdots
\end{aligned}
$$

6.2 일반선형모형

연속된 값들 간에 자기상관이 존재하는 시계열은 서로 독립인 확률변수들의 선형결합으로 나타낼 수 있다는 사실이 율(Yule, 1921, 1927)에 의하여 발견되었고, 이러한 관계는 다시 월드(Wold, 1938)가 모든 약정상 확률과정은 서로 독립인 확률변수들의 선형결합으로 전개될 수 있음을 밝힘으로써 증명되었다.

즉, 자기상관이 존재하는 시계열 Z_t는 다음과 같이 서로 독립인 확률변수들의 선형결합으로 나타낼 수 있다.

$$Z_t = a_t + \psi_1 a_{t-1} + \psi_2 a_{t-2} + \cdots = \sum_{i=0}^{\infty} \psi_i a_{t-i} \tag{6.2.1}$$

여기서 $\psi_0 = 1$이고, $\{a_t\}$는 평균이 0, 분산이 σ_a^2 그리고 공분산은 $Cov(a_t, a_{t+k}) = E(a_t a_{t+k}) = 0$을 갖는 백색잡음과정이고 $\sum_{i=0}^{\infty} \psi_i a_{t-i} < \infty$이다.

또, Z_t의 평균은 기술의 편의상 0인 경우로 한정한다. 즉, 만약 Z_t의 평균 μ가 0가 아닌 경우에는 $Z_t - \mu$로 변환하여 사용하는 것으로 간주한다.

이와 같은 전개식을 **일반선형모형**이라고 칭한다. 그런데 일반선형모형 (6.2.1)은 모든 정상시계열이 백색잡음의 현재와 과거의 가중선형결합으로 이루어져 있으므로 확률충격모형(random shock form)이라고도 하고 'Wold의 표현 방법'으로도 알려져 있다.

이 모형이 정상적이기 위해서는 평균, 분산 및 공분산 함수가 시점 t에 의존하지 않아야 하므로 먼저 일반선형모형의 공분산구조(covariance structure)인 평균, 분산, 자기공분산함수, 그리고 자기상관함수를 구해보면 다음과 같다.

❐ 평균

$$\begin{aligned} E(Z_t) &= E(a_t + \psi_1 a_{t-1} + \psi_2 a_{t-2} + \cdots) \\ &= E(a_t) + \psi_1 E(a_{t-1}) + \psi_2 E(a_{t-2}) + \cdots \\ &= 0 \end{aligned} \tag{6.2.2}$$

❐ **분산**

$$\begin{aligned}\gamma_0 &= Var\,(Z_t) \\ &= E\,(a_t + \psi_1 a_{t-1} + \psi_2 a_{t-2} + \cdots)^2 \\ &= E\,(a_t^2) + \psi_1^2\, E(a_{t-1}^2) + \psi_2^2 E\,(a_{t-2}^2) + \cdots \\ &= \sigma_a^2 \sum_{i=0}^{\infty} \psi_i^2\end{aligned} \tag{6.2.3}$$

❐ **자기공분산함수**

$$\begin{aligned}\gamma_k &= E\,(Z_t - \mu_Z)(Z_{t+k} - \mu_Z) \\ &= E\,(Z_t Z_{t+k}) \\ &= E\,(\psi_k a_t^2 + \psi_1 \psi_{k+1} a_{t-1}^2 + \psi_2 \psi_{k+2} a_{t-2}^2 + \cdots) \\ &= \sigma_a^2 \sum_{i=0}^{\infty} \psi_i \psi_{i+k}\end{aligned} \tag{6.2.4}$$

❐ **자기상관함수**

$$\rho_k = \frac{\sum_{i=0}^{\infty} \psi_i \psi_{i+k}}{\sum_{i=0}^{\infty} \psi_i^2} \tag{6.2.5}$$

(6.2.4)와 (6.2.5)에서의 자기공분산함수와 자기상관함수는 단지 시차 k에 대한 함수이다. 그러나 그들은 무한 합을 포함하므로 정상성을 만족시키려면 γ_k가 각각의 k에 대하여 유한하다는 것을 보여주어야 한다. 즉,

$$|\gamma_k| = |E(Z_t Z_{t+k})| \leqq [\, Var(Z_t)\, Var(Z_{t+k})]^{1/2} = {\sigma_a}^2 \sum_{i=0}^{\infty} {\psi_i}^2 \tag{6.2.6}$$

그러므로 $\sum_{i=0}^{\infty} \psi_i^2 < \infty$은 일반선형모형으로 정의된 모든 시계열의 정상성을 만족하는 필요조건이다.

6.3 자기회귀 모형

자기회귀 모형(autoregressive model: AR)은 시계열 $\{Z_t\}$를 그 이전 시점의 시계열 $\{Z_{t-1}, Z_{t-2}, \cdots\}$로 회귀시킨 모형으로 율(Yule, 1927)이 제안한 p-차 자기회귀 모형(pth-order autoregressive model: AR(p))은 다음과 같다.

$$Z_t = \phi_1 Z_{t-1} + \phi_2 Z_{t-2} + \cdots + \phi_p Z_{t-p} + a_t \tag{6.3.1}$$

즉, Z_t가 임의의 정수 p에 대하여 $Z_{t-1}, Z_{t-2}, \cdots, Z_{t-p}$만의 선형 결합, 즉 $(t-p)$ 시차까지만 영향을 받는다고 가정하고 설정된 모형이다. 이와 같은 모형을 자기회귀 모형이라고 부르는 것은 Z_t를 종속변수로 하는 회귀모형과 유사한 형태를 취하고 있기 때문이다. 자기회귀 모형과 회귀모형의 차이는 첫째, AR 모형은 독립변수로 종속변수의 시차변수들로 구성되어 있기 때문에 독립변수들 간에 독립성이 가정되지 않는다. 둘째, AR 모형은 독립변수의 개수가 사전적으로 결정되지 않고 모형의 추정과정에서 결정된다는 것이다.

자기회귀 모형은 앞 절에서 설명된 일반선형모형에서 유도될 수 있다.
일반선형모형 (6.2.1)은 다음과 같은 a_t의 식으로 나타낼 수 있다.

$$a_t = Z_t - \psi_1 a_{t-1} - \psi_2 a_{t-2} - \cdots$$

이 식은 모든 t에 대해 성립하므로 a_{t-1}의 식을 다음과 같이 얻는다.

$$a_{t-1} = Z_{t-1} - \psi_1 a_{t-2} - \psi_2 a_{t-3} - \cdots \tag{6.3.2}$$

일반선형모형 (6.2.1)의 a_{t-1}항에 식 (6.3.2)를 대입하면 다음과 같이 된다.

$$Z_t = a_t + \psi_1 Z_{t-1} + (\psi_2 - \psi_1^2)\, a_{t-2} + (\psi_3 - \psi_1\psi_2)\, a_{t-3} + \cdots \tag{6.3.3}$$

순차적으로 $a_{t-2}, a_{t-3}, \cdots$를 계속 대입하고 소거하면 다음과 같은 $Z_t, Z_{t-1}, Z_{t-2}, \cdots$들의 차분 방정식(difference equation)을 얻을 수 있다.

$$Z_t = \phi_1 Z_{t-1} + \phi_2 Z_{t-2} + \cdots + a_t \tag{6.3.4}$$

식 (6.3.4)는 Z_t가 그 이전의 값들에 대한 무한 선형결합을 나타내고 있으나 만약 Z_t가 $(t-p)$시차까지만 영향을 받는다면 (6.3.1)과 같은 AR(p) 모형이 유도된다.

이와 같이 AR 모형은 어떤 시계열의 현재 가치가 그것의 과거가치에 확률적 충격(random shock)을 더한 값에 의존하는 상황을 설명하는데 유용하며 Yule(1927)은 태양흑점 현상과 단순진자운동을 설명하는데 AR 모형을 이용하였다.

6.3.1 AR(1) 모형

1차 자기회귀 모형 [AR(1) 모형]은 다음과 같다.

$$Z_t = \phi_1 Z_{t-1} + a_t \tag{6.3.5}$$

혹은, 후향연산자 B를 사용하여 표현하면 다음과 같다.

$$(1-\phi_1 B)Z_t = a_t$$

여기서 $\{a_t\}$는 평균 0, 분산 σ_a^2인 백색잡음과정이다. 이러한 모형에 따르는 확률변수 $\{Z_t\}$는 단지 바로 앞 시점인 Z_{t-1}에만 의존하므로 마코프 과정(Marcov process)으로 생각할 수 있다.

AR(1) 모형 (6.3.5)는 모든 시점 t에 대하여 성립하므로 다음과 같이 백색잡음의 가중선형결합으로 나타낼 수 있다.

$$\begin{aligned} Z_t &= \phi_1 Z_{t-1} + a_t \\ &= \phi_1 (\phi_1 Z_{t-2} + a_{t-1}) + a_t \\ &= \phi_1^2 (\phi_1 Z_{t-3} + a_{t-2}) + \phi_1 a_{t-1} + a_t \\ &= \phi_1^3 (\phi_1 Z_{t-4} + a_{t-3}) + \phi_1^2 a_{t-2} + \phi_1 a_{t-1} + a_t \\ &\quad \vdots \\ &= a_t + \phi_1 a_{t-1} + \phi_1^2 a_{t-2} + \phi_1^3 a_{t-3} + \cdots \end{aligned} \tag{6.3.6}$$

혹은, 이 식은 B를 사용하여 표현한 AR(1) 모형에서 $|\phi_1| < 1$인 경우에 다음과 같이 유도할 수도 있다.

$$\begin{aligned} Z_t &= (1-\phi_1 B)^{-1} a_t \\ &= (1+\phi_1 B+\phi_1^2 B^2+\phi_1^3 B^3+\cdots)a_t \\ &= a_t+\phi_1 a_{t-1}+\phi_1^2 a_{t-2}+\phi_1^3 a_{t-3}+\cdots \end{aligned} \tag{6.3.7}$$

식 (6.2.6)에서 정상성의 조건은 $\sum_{i=0}^{\infty}\psi_i^2<\infty$ 이므로, AR(1) 모형의 정상성의 조건은 $|\phi_1|<1$이 된다(부록 6.3 참조).

첫째, AR(1) 모형의 ACF

AR(1) 모형이 정상성의 조건을 만족 할 때 자기상관함수(ACF)는 다음과 같이 유도할 수 있다.

식 (6.3.5)에서 양변에 Z_{t-k}를 곱한 후에 기댓값을 취하면,

$$E(Z_t Z_{t-k})=\phi_1 E(Z_{t-1}Z_{t-k})+E(a_t Z_{t-k})$$
$$\text{혹은, } \gamma_k=\phi_1\gamma_{k-1}+E(a_t Z_{t-k}),\ k=1,\ 2,\ \ldots$$

가 된다. 그런데, $E(a_t Z_{t-k})$는 $k=0$인 경우에 σ^2, $k\ge 1$는 0가 되므로

$$k=0\text{인 경우, } \gamma_0=\phi_1\gamma_1+\sigma^2$$
$$k\ge 1\text{인 경우, } \gamma_k=\phi_1\gamma_{k-1}$$

와 같이 된다. 따라서, AR(1) 과정의 분산과 자기공분산함수는 다음과 같이 된다.

$$\gamma_0=\frac{\sigma^2}{1-\phi_1^2}$$
$$\gamma_k=\phi_1^k\gamma_0,\ k=1,\ 2,\ \ldots$$

그러므로 자기상관함수(ACF)는 다음과 같이 된다.

$$\text{AR(1)의 ACF: } \rho_k=\frac{\gamma_k}{\gamma_0}=\frac{\phi^k\sigma^2/(1-\phi_1^2)}{\sigma^2/(1-\phi_1^2)}=\phi_1^k,\quad k=1,\ 2,\ \ldots$$

혹은, 일반선형모형으로 나타낸 식 (6.3.6)에서 식 (6.2.3), (6.2.4), (6.2.5)를 이용하여 다음과 같이 유도할 수도 있다.

$$\gamma_0 = \sigma^2 \sum_{i=0}^{\infty} \psi_i^2 = \sigma^2 \sum_{i=0}^{\infty} (\phi_1^j)^2 = \frac{\sigma^2}{1-\phi_1^2}$$

$$\gamma_k = \sigma^2 \sum_{i=0}^{\infty} \psi_i \psi_{i+k} = \phi_1^k \gamma_0, \ k = 1, 2, \dots$$

$$\rho_k = \frac{\sum_{i=0}^{\infty} \psi_i \psi_{i+k}}{\sum_{i=0}^{\infty} \psi_i^2} = \phi_1^k, \ k = 1, 2, \dots$$

둘째, AR(1) 모형의 PACF

편자기상관함수는 101쪽의 (6.1.11)에서 다음과 같이 된다.

$$\phi_{11} = \rho_1$$

$$\phi_{22} = \frac{\begin{vmatrix} 1 & \rho_1 \\ \rho_1 & \rho_2 \end{vmatrix}}{\begin{vmatrix} 1 & \rho_1 \\ \rho_1 & 1 \end{vmatrix}} = \frac{\rho_2^2 - \rho_1^2}{1-\rho_1^2} = 0 \ (\because \rho_2 = \rho_1^2)$$

$$\phi_{kk} = 0, \ k \geq 2$$

따라서, AR(1)의 PACF는 다음과 같이 된다.

$$\phi_{kk} = \begin{cases} \rho_1 = \phi_1, & k = 1 \\ 0, & k \geqq 2 \end{cases}$$

즉, AR(1) 모형의 ACF와 PACF는 다음과 같다.

AR(1) 모형의 ACF와 PACF

AR(1)의 ACF: $\rho_k = \dfrac{\gamma_k}{\gamma_0} = \dfrac{\phi^k \sigma_a^2 / (1-\phi_1^2)}{\sigma_a^2 / (1-\phi_1^2)} = \phi_1^k$ **(6.3.8)**

AR(1)의 PACF: $\phi_{kk} = \begin{cases} \rho_1 = \phi_1, & k = 1 \\ 0, & k \geqq 2 \end{cases}$ **(6.3.9)**

그러므로, AR(1)의 ACF는 $0 < \phi_1 < 1$일 때는 지수적으로 감소하고, $-1 < \phi_1 < 0$ 이면 양의 값과 음의 값을 번갈아 가지면서 지수적으로 감소한다. 또, AR(1)의 PACF는 시차 1에서만 0이 아닌 값을 갖고 시차가 1보다 클 때는 0가 된다.

예제 6.4

다음은 SAS를 이용하여 AR(1) 모형($Z_t = 0.8 Z_{t-1} + a_t$)에 따르는 시계열을 생성(<프로그램 6.2> 참조)시켜서, 이 계열의 그림과 SACF 및 SPACF를 나타내면 [그림 6.3], [그림 6.4]와 같다. SACF는 지수적으로 감소하고, SPACF는 시차 1 이후에 절단되고 있음을 볼 수 있다.

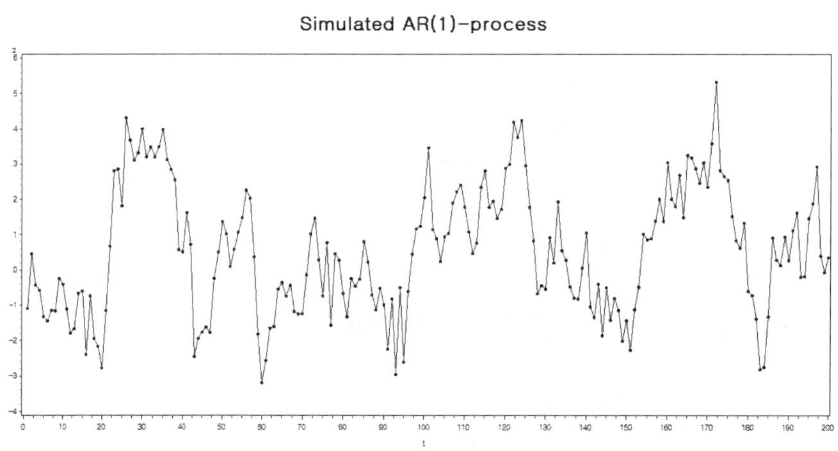

[그림 6.3] AR(1) 과정($Z_t = 0.8Z_{t-1} + a_t$)의 시계열 그림

```
                    Autocorrelations
Lag  Correlation -1 9 8 7 6 5 4 3 2 1 0 1 2 3 4 5 6 7 8 9 1
  0    1.00000  |                    |********************|
  1    0.82232  |                .   |****************    |
  2    0.70445  |               .    |**************      |
  3    0.57684  |              .     |************        |
  4    0.47152  |             .      |*********           |
  5    0.38631  |             .      |********            |
  6    0.32425  |             .      |******              |
  7    0.27601  |             .      |******              |
  8    0.17832  |             .      |****  .             |
  9    0.11717  |             .      |**    .             |
 10    0.01551  |             .      |      .             |
 11    -.04493  |             .     *|      .             |
 12    -.09052  |             .    **|      .             |

                    Partial Autocorrelations
Lag  Correlation -1 9 8 7 6 5 4 3 2 1 0 1 2 3 4 5 6 7 8 9 1
  1    0.82232  |                  . |****************    |
  2    0.08723  |                  . |**.                 |
  3   -0.07356  |                  .*|  .                 |
  4   -0.01566  |                  . |  .                 |
  5    0.00877  |                  . |  .                 |
  6    0.02678  |                  . |* .                 |
  7    0.01468  |                  . |  .                 |
  8   -0.13960  |                ***|  .                 |
  9    0.00708  |                  . |  .                 |
 10   -0.14511  |                ***|  .                 |
 11    0.00806  |                  . |  .                 |
 12    0.00648  |                  . |  .                 |
```

[그림 6.4] AR(1) 과정($Z_t = 0.8Z_{t-1} + a_t$)의 SACF와 SPACF

〈프로그램 6.2〉 AR1.SAS

```
/* Simulated AR(1)-process */
DATA ar1;
 z1=0;
DO t=-20 TO 200;
  e =RANNOR(1234);
  z =0.8*z1 + e;
  IF t>0 THEN OUTPUT; z1=z;
  END;
RUN;
TITLE'Simulated AR(1)-process';
PROC GPLOT;
 PLOT Z*t;
SYMBOL C=blue  I=join Line=1 v=dot ;
RUN;
PROC ARIMA;
 IDENTIFY VAR =z;
 ESTIMATE p=1 noconstant ;
RUN;
```

6.3.2 AR(2) 모형

AR(2) 모형(2차 자기회귀모형)은 다음과 같다.

$$Z_t = \phi_1 Z_{t-1} + \phi_2 Z_{t-2} + a_t \tag{6.3.10}$$

혹은, 후향연산자를 사용하여 표현하면 다음과 같다.

$$(1 - \phi_1 B - \phi_2 B^2) Z_t = a_t$$

여기서 $\{a_t\}$는 평균 0, 분산 σ_a^2인 백색잡음과정이다. 이 모형에서 B의 함수인 $\phi(B) = (1 - \phi_1 B - \phi_2 B^2)$를 AR(2) 모형의 특성방정식(characteristic equation)이라고 한다.

1) AR(2) 모형의 정상성

그런데 AR(1) 모형에서는 다양한 조건에서 정상성을 갖는지를 일일이 검토할 수 있지만, AR(2) 모형에서는 그렇게 할 수는 없다. 일반적으로 AR(p) 모형의 특성방정식의 모든 근들의 절대값이 1보다 큰 경우, 즉 모든 근들이 단위원 밖(outside unit circle)에 존재하는 경우에 정상성을 만족하게 된다.

AR(2) 모형이 정상적이기 위해서는 특성방정식 $\phi(B) = (1 - \phi_1 B - \phi_2 B^2)$의 두 근의 절대값이 모두 1보다 커야(두 근들이 단위원 밖에 존재)한다.

예를 들어, $(1 - 1.5B + 0.56B^2) Z_t = a_t$ 과정은 정상적이다.

왜냐하면 $(1 - 1.5B + 0.56B^2) = 0$ 에서 두 근은 각각 $B = \frac{1}{0.7}$, $B = \frac{1}{0.8}$ 로 절대값이 1보다 크기 때문이다.

하지만 $(1 - 0.2B - 0.8B^2) Z_t = a_t$는 정상적이 아니다.

왜냐하면 $(1 - 0.2B - 0.8B^2) = 0$의 근은 하나가 $B = 1$이 되기 때문이다.

AR(2) 모형의 정상성 조건을 모수들로 나타내면 다음과 같이 된다(유도과정은 부록 6.5 참조).

$$\{\phi_2 + \phi_1 < 1,\ \phi_2 - \phi_1 < 1,\ -1 < \phi_2 < 1\} \tag{6.3.11}$$

앞의 AR(1) 모형에서는 $\phi(B) = (1 - \phi_1 B) = 0$에서 $B = |\frac{1}{\phi_1}| > 1$, 즉 정상성의 조건은 $|\phi_1| < 1$이 된다.

2) AR(2) 모형의 ACF와 PACF

AR(2) 모형의 ACF는 식 (6.3.16)과 같다. 이 식의 유도과정은 다음과 같다. 식 (6.2.10)의 양변에 Z_{t-k}를 곱하고 기대값을 취하면 다음과 같이 된다.

$$E(Z_{t-k} Z_k) = \phi_1 E(Z_{t-k} Z_{t-1}) + \phi_2 E(Z_{t-k} Z_{t-2}) + E(Z_{t-k} a_t) \tag{6.3.12}$$

여기서 Z_{t-k}와 a_t는 독립이므로 다음과 같은 자기공분산함수를 얻는다.

$$\gamma_k = \phi_1 \gamma_{k-1} + \phi_2 \gamma_{k-2},\ (k \geq 1) \tag{6.3.13}$$

따라서, 식 (6.3.13)의 양변에 γ_0로 나누어 주면 다음과 같은 자기상관함수를 유도할 수 있다.

$$\text{AR(2)의 ACF:}\quad \rho_k = \phi_1 \rho_{k-1} + \phi_2 \rho_{k-2},\ (k \geq 1) \tag{6.3.14}$$

특히 식 (6.3.14)에서 $k = 1$과 $k = 2$인 경우는 다음과 같다.

$$\rho_1 = \phi_1 + \phi_2 \rho_1, \quad \rho_2 = \phi_1 \rho_1 + \phi_2$$

따라서 자기상관함수 ρ_1, ρ_2는 다음과 같이 구할 수 있다.

$$\rho_1 = \frac{\phi_1}{1-\phi_2}, \quad \rho_2 = \frac{\phi_1^2}{1-\phi_2} + \phi_2 = \frac{\phi_1^2 + \phi_2 - \phi_2^2}{1-\phi_2}$$

AR(2) 모형에 대한 ACF를 살펴보면, 매우 다양한 형태를 보이는데 대체로 시차가 커짐에 따라 지수적으로 감소하는 형태를 보이나 어떤 경우에는 진폭이 점점 작아지는 사인곡선의 형태를 보이기도 한다. AR(2) 모형은 원래 단순 주기 활동을 설명하기 위해 율(Yule, 1921)에 의해 사용되었다. 그러므로 이 과정 역시 때때로 Yule 과정이라 불린다.

또, AR(2) 모형의 PACF는 식 (6.1.11)을 이용하여 구하면 아래와 같이 된다. $k=3$인 경우에는 분자의 마지막 열이 첫 번째 2열의 선형결합이 되므로 PACF는 0가 된다($\phi_{kk} = 0$, $k \geq 3$). 그러므로 AR(2)의 PACF는 시차 2 이후에 절단된다.

$$\phi_{11} = \rho_1 = \frac{\phi_1}{1-\phi_2} \tag{6.3.15}$$

$$\phi_{22} = \begin{vmatrix} 1 & \rho_1 \\ \rho_1 & \rho_2 \end{vmatrix} \Big/ \begin{vmatrix} 1 & \rho_1 \\ \rho_1 & 1 \end{vmatrix} = \frac{\rho_2 - \rho_1^2}{1-\rho_1^2}$$

$$= \frac{\left(\frac{\phi_1^2 + \phi_2 - \phi_1^2}{1-\phi_2}\right) - \left(\frac{\phi_1}{1-\phi_2}\right)^2}{1 - \left(\frac{\phi_1}{1-\phi_2}\right)^2} = \phi_2$$

$$\phi_{33} = \begin{vmatrix} 1 & \rho_1 & \rho_1 \\ \rho_1 & 1 & \rho_2 \\ \rho_2 & \rho_1 & \rho_3 \end{vmatrix} \Big/ \begin{vmatrix} 1 & \rho_1 & \rho_2 \\ \rho_1 & 1 & \rho_1 \\ \rho_2 & \rho_1 & 1 \end{vmatrix} = \begin{vmatrix} 1 & \rho_1 & \phi_1 + \phi_2\rho_1 \\ \rho_1 & 1 & \phi_1\rho_1 + \phi_2 \\ \rho_2 & \rho_1 & \phi_1\rho_2 + \phi_2\rho_1 \end{vmatrix} \Big/ \begin{vmatrix} 1 & \rho_1 & \rho_2 \\ \rho_1 & 1 & \rho_1 \\ \rho_2 & \rho_1 & 1 \end{vmatrix} = 0$$

AR(2) 모형의 ACF는 대체로 시차가 커짐에 따라 지수적으로 감소하는 형태를 보이거나 진폭이 점점 작아지는 사인곡선의 형태를 나타내며, PACF는 시차 3부터 0가 된다.

AR(2) 모형의 ACF와 PACF

AR(2)의 ACF: $\rho_k = \phi_1 \rho_{k-1} + \phi_2 \rho_{k-2}, \ (k \geq 1)$ **(6.3.16)**

AR(2)의 PACF: $\phi_{11} = \dfrac{\phi_1}{1-\phi_2}$

$\phi_{22} = \phi_2$ **(6.3.17)**

$\phi_{33} = 0, \ k \geq 3$

예제 6.5

다음은 SAS를 이용하여 AR(2) 모형($Z_t = 0.5Z_{t-1} + 0.3Z_{t-2} + a_t$)에 따르는 시계열을 생성(<프로그램 6.2> 참조) 시켜서, 이 계열의 그림과 SACF 및 SPACF를 나타내면 [그림 6.5], [그림 6.6]과 같다. 즉, SACF는 지수적으로 감소하고, SPACF는 시차 2 이후에 절단되고 있음($k = 1$, 2에서만 유의적인 값을 가짐)을 볼 수 있다.

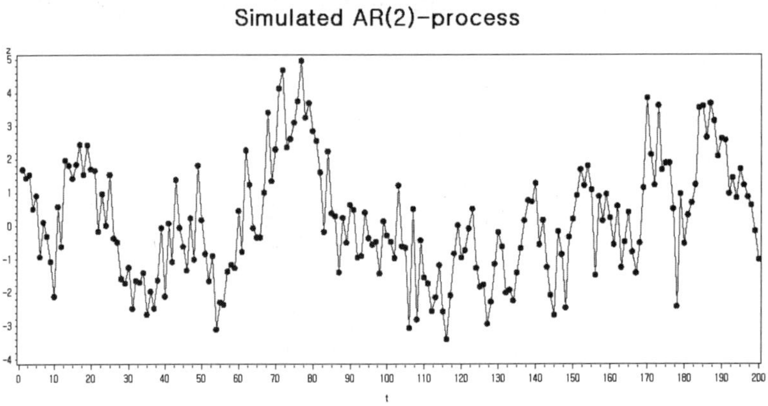

[그림 6.5] AR(2) 과정($Z_t = 0.5Z_{t-1} + 0.3Z_{t-2} + a_t$)의 시계열 그림

Lag	Correlation	-1 9 8 7 6 5 4 3 2 1 0 1 2 3 4 5 6 7 8 9 1
0	1.00000	|********************
1	0.59485	. |************
2	0.56696	. |***********
3	0.42985	. |*********
4	0.33955	. |*******
5	0.27977	. |******
6	0.21110	. |****.
7	0.15542	. |*** .
8	0.10517	. |** .
9	0.06528	. |* .
10	0.05564	. |* .
11	0.06868	. |* .
12	0.09728	. |** .

Partial Autocorrelations

Lag	Correlation	-1 9 8 7 6 5 4 3 2 1 0 1 2 3 4 5 6 7 8 9 1
1	0.59485	. |************
2	0.32982	. |*******
3	0.01326	. | .
4	-0.03789	. *| .
5	0.01302	. | .
6	-0.01273	. | .
7	-0.02824	. *| .
8	-0.02598	. *| .
9	-0.01664	. | .
10	0.02611	. |* .
11	0.06360	. |* .
12	0.07646	. |**.

[그림 6.6] AR(2) 모형의 SACF와 SPACF

〈프로그램 6.3〉 AR2.SAS

```
/* Simulated AR(2)-process */
DATA ar2;
 z1=0; z2=0;
DO t=-20 TO  200;
  z=0.5*z1+0.3*z2+RANNOR(0);
  IF t>0 THEN OUTPUT;
  z2=z1; z1=z;
  END;
RUN;
TITLE"Simulated AR(2)-process";
PROC GPLOT;
 PLOT Z*t;
SYMBOL C=blue  I=join V=dot  Line=1;
RUN;
PROC ARIMA;
 IDENTIFY VAR =z;
 ESTIMATE p=2 noconstant;
RUN;
```

6.3.3 AR(p) 모형

AR(p) 모형(p차 자기회귀 모형)은 다음과 같이 정의된다.

$$Z_t = \phi_1 Z_{t-1} + \phi_2 Z_{t-2} + \cdots + \phi_p Z_{t-p} + a_t \qquad (6.3.18)$$

혹은, 후향연산자를 사용하여 표현하면 다음과 같다.

$$(1 - \phi_1 B - \phi_2 B^2 - \cdots - \phi_{t-p} B^p) Z_t = a_t$$

여기서 $\{a_t\}$는 평균 0, 분산 σ_a^2인 백색잡음과정이다.

1) AR(p) 모형의 정상성

이 모형에 대한 특성함수는 다음과 같다.0

$$\phi(B) = 1 - \phi_1 B - \phi_2 B^2 - \cdots - \phi_p B^p \tag{6.3.19}$$

따라서 AR(p) 모형의 정상성조건도 특성방정식 $\phi(B) = 0$의 p개의 근의 절대값이 모두 1보다 커야(모든 근들이 단위원 밖에 존재)한다는 것이다.

즉, 특성방정식의 근을 다음과 같이 나타내면,

$$1 - \phi_1 B - \phi_2 B^2 - \cdots - \phi_p B^p = (1 - G_1 B)(1 - G_2 B) \cdots (1 - G_p B) = 0$$

AR(p) 모형의 정상성의 조건은 다음과 같이 된다.

$$\left|\frac{1}{G_i}\right| > 1,\ i = 1, 2, \ldots, p$$

2) AR(p) 모형의 ACF와 PACF

AR(p) 모형의 자기공분산함수를 구하기 위해 Z_{t-k}를 식 (6.3.18) 양변에 곱하고 기대값을 취하면 다음과 같은 자기공분산함수를 얻을 수 있다.

$$E(Z_{t-k} Z_t) = \phi_1 E(Z_{t-k} Z_{t-1}) + \cdots + \phi_p E(Z_{t-k} Z_{t-p}) + E(Z_{t-k} a_t) \tag{6.3.20}$$

혹은,

$$\gamma_k = \phi_1 \gamma_{k-1} + \phi_2 \gamma_{k-2} + \cdots + \phi_p \gamma_{k-p} \tag{6.3.21}$$

따라서 AR(p) 모형의 자기상관함수는 식 (6.3.22)와 같이 된다.

또, AR(p) 모형의 편자기상관함수(PACF)는 $\rho_k = \phi_1 \rho_{k-1} + \cdots + \phi_p \rho_{k-p}, (k > 0)$라는 사실을 이용하면 식 (6.1.11)에서 $k > p$일 때는 ϕ_{kk}의 분자에 있는 행렬의 마지막 열이 이전 열들의 선형결합으로 표현되어질 수 있으므로 ϕ_{kk}는 0이 된다. 따라서, PACF(ϕ_{kk})는 차수 p이후에 사라진다. AR(p) 모형의 편자기상관함수(PACF)는 (6.3.23)과 같이 된다.

AR(p) 모형의 ACF와 PACF

AR(p)의 ACF: $\rho_k = \phi_1 \rho_{k-1} + \cdots + \phi_p \rho_{k-p}$, $(k > 0)$ **(6.3.22)**

AR(p)의 PACF: $\phi_{11} = \rho_1$ **(6.3.23)**

$$\phi_{22} = \frac{\rho_2 - \rho_1^2}{1 - \rho_1^2}$$

$$\vdots$$

$$\phi_{pp} \neq 0, \quad k \le p$$

$$\phi_{pp} = 0, \quad k > p$$

일반적으로 AR(p) 모형의 자기상관함수는 시차가 커짐에 따라 지수적으로 감소하거나 또는 진폭이 점점 작아지는 사인 곡선의 형태를 나타낸다. 그리고 편자기상관함수는 시차 q 이후에 절단된다.

6.4 이동평균 모형

일반선형모형 (6.2.1)에서 $\psi_1 = -\theta_1, \psi_2 = -\theta_2, \cdots, \psi_q = -\theta_q$이고, $\psi_k = 0 (k > q)$일 때, 이 모형을 시차 q의 이동평균(Moving Average: MA) 모형이라 한다. 즉,

$$Z_t = a_t - \theta_1 a_{t-1} - \cdots - \theta_q a_{t-q} \quad \textbf{(6.4.1)}$$

또는,

$$Z_t = \theta(B) a_t, \ \theta(B) = (1 - \theta_1 B - \cdots - \theta_q B^q) \quad \textbf{(6.4.2)}$$

이동평균 모형은 항상 정상성을 만족하고, $\theta(B) = 0$의 근이 단위원(unit circle)밖에 있다면 가역성(Invertibility)을 만족한다. 이동평균 모형은 사건들이 단기간 동안 지속되는 즉시 효과를 생성하는 현상을 설명하는 데 유용하다. 이 모형은 Slutzky(1927)가 확률사건의 이동평균효과를 연구하면서 얻어졌다.

6.4.1 MA(1) 모형

MA(1)(1차 이동평균) 모형은 $\theta(B) = (1 - \theta_1 B)$인 경우로 다음과 같다.

$$Z_t = a_t - \theta_1 a_{t-1} \tag{6.4.3}$$

혹은,

$$Z_t = (1-\theta_1 B)a_t$$

여기서 $\{a_t\}$는 평균이 0인 백색잡음과정으로 분산 σ_a^2을 갖는다.

1) MA(1) 모형의 ACF와 PACF

MA(1) 과정의 평균, 분산 및 자기공분산함수는 다음과 같이 얻어진다.

$$E(Z_t) = E(a_t - \theta_1 a_{t-1}) = 0$$

$$\begin{aligned}\gamma_k &= E(Z_t Z_{t+k}) \\ &= E[(a_t - \theta_1 a_{t-1})(a_{t+k} - \theta_1 a_{t+k-1})] \\ &= \begin{cases}(1+\theta_1^2)\sigma_a^2 &, \quad k=0 \\ -\theta_1\sigma_a^2 &, \quad k=1 \\ 0 &, \quad k>1\end{cases}\end{aligned} \tag{6.4.4}$$

따라서, MA(1) 모형의 ACF는 다음과 같이 된다.

$$\rho_k = \begin{cases}\dfrac{-\theta_1}{(1+\theta_1^2)}, & k=1 \\ 0 \quad, & k \geqq 2\end{cases}$$

위 식에서 볼 수 있듯이 MA(1) 모형의 ACF는 시차가 1보다 클 때는 0, 즉 시계열 간의 상관이 없는 것을 알 수 있다. 이것이 MA(1) 모형의 가장 중요한 특성으로 시차 1이후의 ACF 절단현상은 모형 식별시 중요한 기준이 된다.

또, MA(1) 모형의 PACF는 ACF가 $k=1$일 때 $\rho_k = -\theta_1/(1+\theta_1^2)$이고, k > 1일 때는 $\rho_k = 0$이므로 (6.1.11) 식의 편자기상관함수의 정의에서부터 다음과 같이 된다.

$$\phi_{11} = \rho_1 = \frac{-\theta_1}{(1+\theta_1^2)} = \frac{-\theta_1(1-\theta_1^2)}{(1-\theta_1^4)}$$

$$\phi_{22} = \frac{-\rho_1^2}{(1-\rho_1^2)} = \frac{-\theta_1^2}{(1+\theta_1^2+\theta_1^4)} = \frac{-\theta_1^2(1-\theta_1^2)}{(1-\theta_1^6)}$$

$$\phi_{33} = \frac{\rho_1^3}{(1-2\rho_1^2)} = \frac{-\theta_1^3}{(1+\theta_1^2+\theta_1^4+\theta_1^6)} = \frac{-\theta_1^3(1-\theta_1^2)}{(1-\theta_1^8)}$$

$$\vdots$$

즉, MA(1) 모형의 PACF는 θ_1의 부호에 의존하는 두 형태 중 하나에서 지수적으로 감소한다. 만일 부호의 엇갈림이 있다면, 양의 값으로 시작한다.

따라서, MA(1) 모형의 ACF와 PACF는 다음과 같이 나타낼 수 있다.

<u>MA(1) 모형의 ACF와 PACF</u>

$$\text{MA(1)의 ACF: } \rho_k = \begin{cases} \dfrac{-\theta_1}{(1+\theta_1^2)}, & k=1 \\ 0 \quad , & k \geqq 2 \end{cases} \tag{6.4.5}$$

$$\text{MA(1)의 PACF: } \phi_{kk} = \frac{-\theta_1^k(1-\theta_1^2)}{(1-\theta_1^{2(k+1)})}, \ (k \geqq 1) \tag{6.4.6}$$

2) 가역성

MA(1) 모형의 ACF를 보면 $(1+\theta_1^2)$은 항상 유계(bounded)되어 있기 때문에 MA(1) 모형은 항상 정상적이다. 그러나 식 (6.4.5)에서 ρ_1의 값을 구할 때 θ대신에 $1/\theta_1$를 대입해도 ρ_1의 값은 변하지 않는다.

예를 들어서, $\rho_1 = 0.4$에 대응하는 θ_1의 값은 0.5와 1/0.5 =2 두 개의 θ_1 값이 존재하게 된다. 이것은 곧 하나의 자기상관함수에 두 개의 MA(1) 모형이 존재하게 되어 시계열 모형을 수립할 때 유일한 모형으로 분석할 수 없게 된다. 이와 같은 특성은 MA(q) 모형에서도 마찬가지다. **가역성**(invertibility)은 이러한 문제점을 해결하기 위하여 하나의 MA(q) 모형만을 취하도록 하는 제약조건이다. 즉, 가역성이란 이동평균 모형이 자기회귀 모형으로 가역될(invertible) 수 있다는 것을 의미하며 이것은 MA(q) 모형을 AR(∞) 모형으로 변환시킬 수 있다는 뜻으로 AR(∞)로의 수렴조건을 가역조건이라 한다.

예를 들면 MA(1) 모형, $Z_t = a_t - \theta_1 a_{t-1}$은 다음과 같이 나타낼 수 있다.

$$\begin{aligned} a_t &= Z_t + \theta_1 a_{t-1} \\ &= Z_t + \theta_1 (Z_{t-1} + \theta_1 a_{t-2}) \\ &= Z_t + \theta_1 Z_{t-1} + \theta_1^2 (Z_{t-2} + \theta_1 a_{t-3}) \\ &\vdots \\ &= Z_t + \theta_1 Z_{t-1} + \theta_1^2 Z_{t-2} + \cdots \end{aligned} \tag{6.4.7}$$

만약 $|\theta_1| < 1$이면 (6.4.7)은 수렴하고 이는 AR(∞) 모형이다. 즉 $|\theta_1| < 1$이 바로 MA(1) 모형의 가역조건이 되는 것이다. MA 모형의 가역성은 AR 모형의 정상성과 그 수학적 의미가 같아서 MA(q) 모형의 가역조건은 바로 AR(p) 모형의 정상조건과 같은 방법으로 구할 수 있다.

가역조건이 만족되면 MA(q) 모형을 다음과 같은 AR(∞) 모형으로 나타낼 수 있다.

$$\begin{aligned} Z_t &= \Pi_1 Z_{t-1} + \Pi_2 Z_{t-2} + \cdots + a_t \\ &= \sum_{j=1}^{\infty} \Pi_j Z_{t-j} + a_t \end{aligned} \tag{6.4.8}$$

단, 여기서 Π_j는 $\theta_1, \theta_2, \cdots, \theta_q$의 함수이다.

따라서 MA(q) 모형의 가역조건은 $\sum_{j=1}^{\infty} \Pi_j^2 < \infty$이고, 이는 일반선형모형의 정상조건 $\sum_{i=1}^{\infty} \psi_i^2 < \infty$와 같은 형태임을 알 수 있다. 식 (6.4.7)은 시계열 Z_t의 차분방정식(difference equation) 형태를 가지며 한편 AR(p) 모형은 유한개의 계수만을 가지므로 항상 수렴하고 따라서 항상 가역적이다.

예제 6.6

다음은 SAS를 이용하여 MA(1) 모형($Z_t = a_t - 0.7a_{t-1}$)에 따르는 시계열을 생성(<프로그램 6.4> 참조)시켜서, 이 계열의 그림과 SACF 및 SPACF를 나타내면 [그림 6.7], [그림 6.8]과 같다. [그림 6.9]에서 SPACF는 지수적으로 감소하고, SACF는 시차 1에서만 유의적인 값을 가지는 MA(1) 모형의 특성을 나타내고 있음을 볼 수 있다.

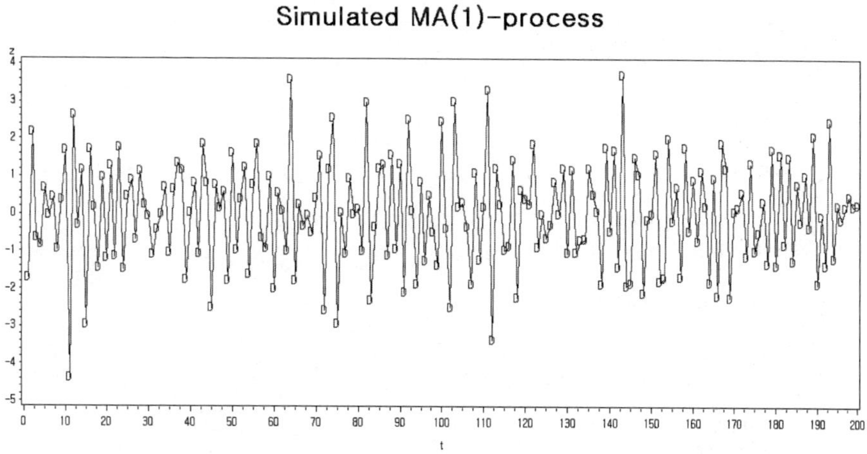

[그림 6.7] MA(1) 모형($Z_t = a_t - 0.7a_{t-1}$)의 시계열 그림

```
                         Autocorrelations
Lag  Correlation -1 9 8 7 6 5 4 3 2 1 0 1 2 3 4 5 6 7 8 9 1

 0    1.00000    |                    |********************|
 1    -.47770    |          **********|   .                |
 2    -.01280    |                  . |   .                |
 3    0.05174    |                  . |*  .                |
 4    -.07790    |                 .**|   .                |
 5    0.01735    |                  . |*  .                |
 6    -.01102    |                  . |   .                |
 7    -.00817    |                  . |   .                |
 8    0.03192    |                  . |*  .                |
 9    -.01679    |                  . |   .                |
10    0.03573    |                  . |*  .                |
11    -.03353    |                  . *   .                |
12    0.02058    |                  . |   .                |
```

```
                     Partial Autocorrelations
Lag  Correlation -1 9 8 7 6 5 4 3 2 1 0 1 2 3 4 5 6 7 8 9 1

 1    -0.47770   |          **********|   .                |
 2    -0.31225   |              ******|   .                |
 3    -0.15137   |                 ***|   .                |
 4    -0.17710   |                ****|   .                |
 5    -0.15247   |                 ***|   .                |
 6    -0.15158   |                 ***|   .                |
 7    -0.15021   |                 ***|   .                |
 8    -0.10293   |                 .**|   .                |
 9    -0.09848   |                 .**|   .                |
10    -0.03723   |                  .*|   .                |
11    -0.05739   |                  .*|   .                |
12    -0.02565   |                  .*|   .                |
```

[그림 6.8] MA(1) 모형($Z_t = a_t - 0.7a_{t-1}$)의 SACF와 SPACF

〈프로그램 6.4〉 MA1.SAS

```
/* Simulated MA(1)-process */
DATA ma1;
 e1=0;
DO t=-20 TO 200;
  e =RANNOR(123);
  z =e-0.7*e1;
  e1=e;
  IF t>0 THEN OUTPUT;
  END; RUN;

TITLE" Simulated MA(1)-process";
PROC GPLOT;
 PLOT z*t;
SYMBOL C=blue  I=join V=dots Line=1;
RUN;
PROC ARIMA;
 IDENTIFY VAR =z;
 ESTIMATE q=1 noconstant;
RUN;
```

6.4.2 MA(2) 모형

MA(2)(이차 이동평균) 모형은 다음과 같이 두 개의 이동평균 계수를 갖는 모형이다.

$$Z_t = a_t - \theta_1 a_{t-1} - \theta_2 a_{t-2} \tag{6.4.9}$$

혹은,

$$Z_t = (1 - \theta_1 B - \theta_2 B^2) a_t$$

여기서 $\{a_t\}$는 평균이 0이고 분산이 σ_a^2인 백색잡음과정이다.

1) MA(2) 모형의 가역성

유한 차수의 이동평균 모형으로써 MA(2) 모형은 항상 정상적이다. 가역성에 대해서는 특성함수 $\Pi(\theta) = (1 - \theta_1 B - \theta_2 B^2) = 0$의 모든 근이 1보다 커야(근들이 단위원 외부에 있어야) 한다. 즉 두 근을 B_1, B_2라고 하면 다음과 같아야 한다.

$$|B_j| > 1, \ j = 1, 2 \tag{6.4.10}$$

그러므로 AR(2) 모형의 정상성조건과 같이 MA(2) 모형의 가역조건은 다음과 같이 된다.

$$\begin{cases} \theta_2 + \theta_1 < 1 \\ \theta_2 - \theta_1 < 1 \\ -1 < \theta_2 < 1 \end{cases} \tag{6.4.11}$$

2) MA(2) 모형의 ACF와 PACF

MA(2) 모형의 ACF는 다음과 같이 유도된다.

먼저, MA(2) 모형의 평균, 분산 및 자기공분산함수는 다음과 같다.

$$E(Z_t) = E(a_t - \theta_1 a_{t-1} - \theta_2 a_{t-2}) = 0 \tag{6.4.12}$$

$$\begin{aligned} \gamma_0 &= Var(Z_t) \\ &= Var(a_t) + \theta_1^2 Var(a_{t-1}) + \theta_2^2 Var(a_{t-2}) \\ &= (1 + \theta_1^2 + \theta_2^2)\sigma_a^2 \end{aligned} \tag{6.4.13}$$

$$\begin{aligned} \gamma_1 &= Cov(Z_t, Z_{t+1}) \\ &= E[(a_t - \theta_1 a_{t-1} - \theta_2 a_{t-2})(a_{t+1} - \theta_1 a_1 - \theta_2 a_{t-1})] \\ &= (-\theta_1 + \theta_1 \theta_2)\sigma_a^2 \\ \gamma_2 &= Cov(Z_t, Z_{t+2}) \\ &= -\theta_2 \sigma_a^2 \\ \gamma_k &= 0, \ k \geqq 3 \end{aligned} \tag{6.4.14}$$

따라서, MA(2) 모형의 ACF는 다음과 같이 된다.

$$\rho_k = \begin{cases} \dfrac{-\theta_1(1-\theta_2)}{(1+\theta_1^2+\theta_2^2)} &, \ k = 1 \\ \dfrac{-\theta_2}{(1+\theta_1^2+\theta_2^2)} &, \ k = 2 \\ 0 &, \ k > 2 \end{cases}$$

MA(2) 모형에서는 시차가 2보다 크면 시계열간의 상관관계가 없다. 따라서 시차 2 이후에 ACF는 절단된다.

MA(2)의 편자기상관함수는 정의로부터 식 (6.4.13)와 같이 구할 수 있다. MA(2) 모형은 특별한 경우로써 MA(1)을 포함한다. 그러므로 PACF는 지수적으로 감소하거나 부호와 θ_1, θ_2의 크기에 의존하는 또는 특성방정식 $(1-\theta_1 B-\theta_2 B^2)=0$의 근에 따라서 지수적으로 감소하거나 사인곡선을 그리면서 지수적으로 감소한다.

MA(2) 모형의 ACF와 PACF

$$\text{A(2)의 ACF: } \rho_k = \begin{cases} \dfrac{-\theta_1(1-\theta_2)}{(1+\theta_1^2+\theta_2^2)}, & k=1 \\ \dfrac{-\theta_2}{(1+\theta_1^2+\theta_2^2)}, & k=2 \\ 0, & k>2 \end{cases} \tag{6.4.15}$$

$$\begin{aligned} \text{MA(2)의 PACF : } \phi_{11} &= \rho_1 \\ \phi_{22} &= (\rho_2-\rho_1^2)/(1-\rho_1^2) \\ \phi_{33} &= (\rho_1^3-\rho_1\rho_2(2-\rho_2))/(1-\rho_2^2-2\rho_1^2(1-\rho_2)) \end{aligned} \tag{6.4.16}$$

예제 6.7

다음은 SAS를 이용하여 MA(2) 모형($Z_t=a_t-1.4a_{t-1}+0.45a_{t-2}$)에 따르는 시계열을 생성(<프로그램 6.5> 참조)시켜서, 이 계열의 산점도와 SACF 및 SPACF를 그림으로 나타내면 [그림 6.9], [그림 6.10]과 같다. [그림 6.9]에서 SPACF는 지수적으로 감소하고, SACF는 시차 1,2에서만 유의적인 값을 가지는 MA(1) 모형의 특성을 나타내고 있음을 볼 수 있다.

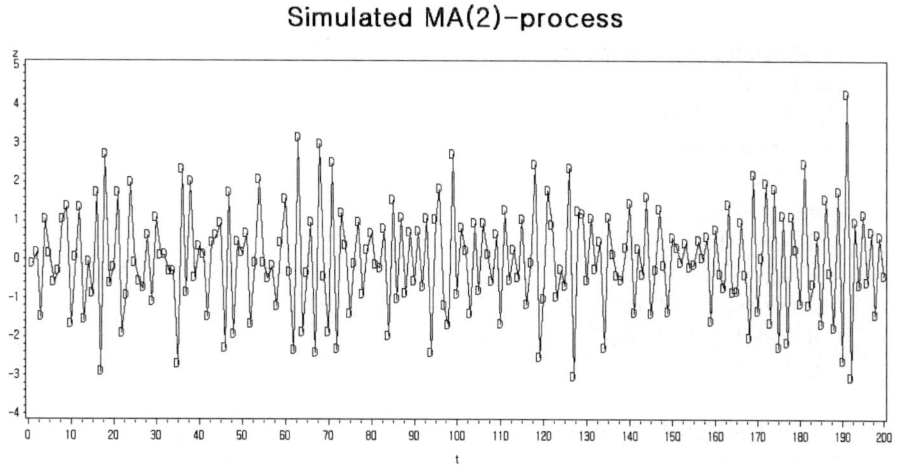

[그림 6.9] MA(2) 모형($Z_t = a_t - 1.0a_{t-1} + 0.25a_{t-2}$)의 시계열 그림

```
                 Autocorrelations

Lag Correlation -1 9 8 7 6 5 4 3 2 1 0 1 2 3 4 5 6 7 8 9 1

  0   1.00000  |                    |********************|
  1   -.25584  |               *****|    .               |
  2   -.15877  |                 ***|    .               |
  3   -.12135  |                 .**|    .               |
  4   0.04197  |                 .  |*   .               |
  5   0.03140  |                 .  |*   .               |
  6   0.00611  |                 .  |    .               |
  7   0.01024  |                 .  |    .               |
  8   -.04843  |                 . *|    .               |
  9   0.05217  |                 .  |*   .               |
 10   -.10285  |                 .**|    .               |
 11   0.05871  |                 .  |*   .               |
 12   -.06758  |                 . *|    .               |
```

```
                 Partial Autocorrelations

Lag   Correlation   -1 9 8 7 6 5 4 3 2 1 0 1 2 3 4 5 6 7 8 9 1

  1     -0.60811    |        ************|    .               |
  2     -0.42729    |           *********|    .               |
  3     -0.21794    |                ****|    .               |
  4     -0.18417    |                ****|    .               |
  5     -0.14932    |                 ***|    .               |
  6     -0.13609    |                 ***|    .               |
  7     -0.14580    |                 ***|    .               |
  8     -0.10653    |                 .**|    .               |
  9     -0.10737    |                 .**|    .               |
 10     -0.04102    |                 . *|    .               |
 11     -0.05394    |                 . *|    .               |
 12     -0.01316    |                 .  |    .               |
```

[그림 6.10] MA(2) 모형($Z_t = a_t - 1.0a_{t-1} + 0.25a_{t-2}$)의 SACF와 SPACF

〈프로그램 6.5〉 MA2.SAS

```
/* Simulated MA(2)-process */
DATA ma2;
DO t=-20 TO 200;
  e =RANNOR(123);
  e1=LAG1(e);
  e2=LAG2(e);
  IF e1=. THEN e1=0.;
  IF e2=. THEN e2=0.;
  z=e-1.4*e1 +0.45*e2;
  IF t>0 THEN OUTPUT;
  END; RUN;

TITLE" Simulated MA(2)-process";
PROC GPLOT;
 PLOT z*t;
SYMBOL C=blue  I=join V=dots Line=1;
RUN;
PROC ARIMA;
 IDENTIFY VAR =z;
 ESTIMATE q=2 noconstant;
RUN;
```

6.4.3 MA(q) 모형

MA(q)(q차 이동평균) 모형은 다음과 같다.

$$Z_t = a_t - \theta_1 a_{t-1} - \theta_2 a_{t-2} - \cdots - \theta_q a_{t-q} \tag{6.4.17}$$

혹은,

$$Z_t = (1 - \theta_1 B - \theta_2 B^2 - \cdots - \theta_q B^q) a_t$$

여기서 $\{a_t\}$는 평균 0, 분산 σ_a^2인 백색잡음과정이다.

1) MA(q) 모형의 가역성

이 모형에 대한 특성함수는 다음과 같다.

$$\theta(B) = (1 - \theta_1 B - \theta_2 B^2 - \cdots - \theta_q B^q) \qquad \textbf{(6.4.18)}$$

따라서 MA(q) 모형의 가역성조건도 특성방정식 $\theta(B) = 0$의 q개의 근의 절대값이 모두 1보다 커야(모든 근들이 단위원 밖에 존재)한다는 것이다.

즉, 특성방정식의 근의 q개의 근을 $B_1, B_2, \cdots, B_q$라 하면, MA(q) 모형의 가역성의 조건은 다음과 같이 된다.

$$|B_j| > 1, \ j = 1, 2, \cdots, q$$

2) MA(q) 모형의 ACF와 PACF

일반적인 MA(q) 모형에 대해 분산 및 자기공분산함수는 다음과 같다.

$$\gamma_0 = (1 + \theta_1^2 + \theta_2^2 + \cdots + \theta_q^2)\,\sigma^2 = \sigma^2 \sum_{j=0}^{q} \theta_j^2 \qquad \textbf{(6.4.19)}$$

$$\gamma_k = \begin{cases} \sigma^2 (-\theta_k + \theta_1 \theta_{k+1} + \cdots + \theta_{q-k}\theta_q), & k = 1, 2, \cdots, q \\ 0 & , \ k > q \end{cases} \qquad \textbf{(6.4.20)}$$

여기서 $\theta_0 = 1$이고, 또 자기상관함수는 다음과 같다.

따라서 MA(q) 모형의 자기상관함수는 다음과 같이 된다.

$$\rho_k = \begin{cases} \dfrac{(-\theta_k + \theta_1 \theta_{k+1} + \cdots + \theta_{q-k}\theta_q)}{(1 + \theta_1^2 + \cdots + \theta_q^2)} & , \ k = 1, 2, \cdots, q \\ 0 & , \ k > q \end{cases} \qquad \textbf{(6.4.21)}$$

즉, MA(q) 모형의 자기상관함수의 특징은 시차 q 이후에 자기상관함수가 절단되어 소멸된다.

MA(q) 모형의 편자기상관함수는 계수 θ_i들에 따라 차이가 있으나 대체로 사인곡선을 그리며 감소하거나 완만하게 지수적으로 감소한다.

6.4.4 AR 모형과 MA 모형과의 관련성

AR(p) 모형은 다음과 같다.

$$\phi_p(B)\, Z_t = a_t\ ,\ \phi_p(B) = (1 - \phi_1\, B - \cdots - \phi_p\, B^p) \tag{6.4.22}$$

그러면 Z_t는 다음과 같이 표현할 수 있다.

$$Z_t = \frac{1}{\phi_p(B)}\, a_t = \psi(B)\, a_t \tag{6.4.23}$$

만약, 또 다른 후진연산자로 이루어진 차분방정식 $\psi(B)$를 다음과 같이 나타내면 $\phi_p\,(B) \cdot \psi(B) = 1$를 만족하는 $\psi(B)$를 얻을 수 있다.

$$\psi(B) = (1 + \psi_1\, B + \psi_2\, B^2 + \cdots) \tag{6.4.24}$$

즉, $\phi_p\,(B)$와 $\psi(B)$ 양변의 B^j들의 계수들을 같게 함으로써 ψ 가중치들이 유도될 수 있다.

예를 들어, AR(2) 모형은 다음과 같이 표현된다.

$$Z_t = \frac{1}{(1 - \phi_1\, B - \phi_2\, B^2)}\, a_t = (1 + \psi_1\, B + \psi_2\, B^2 + \cdots)\, a_t \tag{6.4.25}$$

이것은 $(1 - \phi_1\, B - \phi_2\, B^2)\,(1 + \psi_1\, B + \psi_2\, B^2 + \psi_3\, B^3 + \cdots) = 1$로부터

$$\begin{aligned} 1 + \psi_1\, B + \psi_2\, B^2 + \psi_3\, B^3 + \cdots& \\ - \phi_1\, B - \psi_1\, \phi_1\, B^2 - \psi_2\, \phi_1\, B^3 - \cdots& \\ - \phi_2\, B^2 - \psi_1\, \phi_2\, B^3 - \cdots &= 1 \end{aligned} \tag{6.4.26}$$

양변의 B^i의 같은 차수의 계수를 비교하면

$$B^1 : \psi_1 - \phi_1 = 0 \qquad \rightarrow \psi_1 = \phi_1 \tag{6.4.27}$$

$$B^2 : \psi_2 - \psi_1 \phi_1 - \phi_2 = 0 \quad \rightarrow \psi_2 = \psi_1 \phi_1 + \phi_2 = \phi_1^2 + \phi_2$$

$$B^3 : \psi_3 - \psi_2 \phi_1 - \psi_1 \phi_2 = 0 \rightarrow \psi_3 = \psi_2 \phi_1 + \psi_1 \phi_2$$

$$\vdots$$

따라서 $i \geqq 2$에 대해 $\psi_i = \psi_{i-1} \phi_1 + \psi_{i-2} \phi_2$와 같은 ψ_i의 일반식을 얻는다(단, $\psi_0 = 1$).

예를 들어, $\phi_2 = 0$ 즉, AR(1)인 경우는 $\psi_i = \phi_1^i$, $(i \geqq 0)$임을 알 수 있다.

AR(1) 모형은 $Z_t = \dfrac{1}{(1-\phi_1 B)} a_t = (1 + \phi_1 B + \phi_1^2 B^2 + \cdots) a_t$를 얻을 수 있다. 이것은 유한 차수의 정상적인 AR 과정이 무한 차수의 MA 과정과 같다는 것을 의미한다.

일반적으로 가역성을 만족하는 MA(q) 모형은 $Z_t = \theta_q(B) a_t$로 주어진다. 따라서 $a_t = \dfrac{1}{\theta_q(B)} Z_t = \pi(B) Z_t$로 나타낼 수 있다. 여기서 $\theta_q(B) = (1 - \theta_1 B - \cdots - \theta_q B^q)$이고 $\pi(B)$는 다음과 같다.

$$\pi(B) = 1 - \pi_1 B - \pi_2 B^2 - \cdots = \frac{1}{\theta_q(B)} \tag{6.4.28}$$

예를 들어, MA(2) 모형인 경우에 다음과 같이 표현된다.

$$(1 - \pi_1 B - \pi_2 B^2 - \pi_3 B^3 - \cdots) Z_t = \frac{1}{(1 - \theta_1 B - \theta_2 B^2)} Z_t = a_t \tag{6.4.29}$$

여기서

$$(1 - \theta_1 B - \theta_2 B^2)(1 - \pi_1 B - \pi_2 B^2 - \pi_3 B^3 - \cdots) = 1 \tag{6.4.30}$$

위 식을 전개하면 다음과 같다.

$$\begin{aligned} &1-\pi_1 B-\pi_2 B^2-\pi_3 B^3-\cdots \\ &\qquad -\theta_1 B+\pi_1\theta_1 B^2+\pi_2\theta_1 B^3+\cdots \\ &\qquad\qquad -\theta_2 B^2+\pi_1\theta_2 B^3+\cdots=1 \end{aligned} \tag{6.4.31}$$

π의 가중치들은 B^i의 계수들을 같게 함으로써 다음과 같이 유도될 수 있다.

$$\begin{aligned} &B^1:-\pi_1-\theta_1=0 &&\rightarrow \pi_1=-\theta_1 \\ &B^2:-\pi_2+\pi_1\theta_1-\theta_2=0 &&\rightarrow \pi_2=\pi_1\theta_1-\theta_2=-\theta_1^2-\theta_2 \\ &B^3:-\pi_3+\pi_2\theta_1+\pi_1\theta_2=0 &&\rightarrow \pi_3=\pi_2\theta_1+\pi_1\theta_2 \\ &\vdots \end{aligned} \tag{6.4.32}$$

식 (6.4.32)를 일반화하면 다음과 같은 일반식 $\pi_i=\pi_{i-1}\theta_1+\pi_{i-2}\theta_2$를 얻을 수 있다. 단, $(i \geqq 3)$이다.

만약, $\theta_2=0$일 때 이 과정은 $\pi_i=-\theta_1^i$, $(i \geqq 1)$이 되고, 이를 식 (6.4.29)에 대입하면 다음과 같은 MA(1) 모형이 된다.

$$(1+\theta_1 B+\theta_1^2 B^2+\theta_1^3 B^3+\cdots)Z_t=\frac{1}{(1-\theta_1 B)}Z_t=a_t \tag{6.4.33}$$

즉, 유한 차수의 가역적인 MA 모형은 무한 차수의 AR 모형으로, 또 유한 차수의 정상적 AR(p) 모형은 무한 차수의 MA(∞) 모형으로 나타낼 수 있다. AR(p)와 MA(q) 사이의 상대적 관련성은 그것의 ACF와 PACF에 깊이 의존한다.

요약하면, AR(p) 모형은 서서히 감소하는 ACF를 갖고, 절단이 되는 PACF를 갖는다. 그러나 MA(q) 모형은 절단이 되는 ACF와 서서히 감소하는 PACF를 갖는다.

6.5 자기회귀이동평균 모형

6.5.1 자기회귀이동평균[ARMA(p,q)] 모형

정상적이고 가역적인 시계열은 이동평균 모형 형태나 자기회귀 모형 형태로 표현되어질 수 있다. 하지만 이 모형들이 갖는 문제점은 이들이 너무 많은 모수를 포함할지 모른다는 것이다. 그런데 일반적으로 모수가 많은 경우 추정에 있어 효율성을 감소시킨다. 따라서 시계열 모형에서 자기회귀항과 이동평균항을 혼합한 혼합자기회귀이동평균(mixed Autoregressive Moving Average) 모형의 설정은 자연스러운 모형설정이 될 것이다. 이를 일반적으로 **자기회귀이동평균**(ARMA) 모형이라 부른다.

자기회귀이동평균 모형은 다음과 같다.

$$\phi_p(B)\,Z_t = \theta_q(B)\,a_t \tag{6.5.1}$$

여기서, $\phi_p(B) = 1 - \phi_1 B - \cdots - \phi_p B^p$, $\theta_q(B) = 1 - \theta_1 B - \cdots - \theta_q B^q$이며 B는 후진연산자이다. 또한 $\{a_t\}$는 평균 0, 분산 σ_a^2인 백색잡음과정이다.

이 시계열이 가역적이기 위해서는 $\theta_q(B) = 0$의 근들이 단위원 외부에 있어야 하고 정상적이기 위해서는 $\phi_p(B) = 0$의 근들도 단위원 외부에 있어야 한다. 또한 $\phi_p(B) = 0$와 $\theta_q(B) = 0$의 어떤 공통된 근들도 공유하지 않음을 가정한다. 여기서 p와 q는 관련된 자기회귀와 이동평균 다항식의 차수들을 지정하는데 사용된다. 정상적이고 가역적인 ARMA 모형은 앞에서 언급하였듯이 다음과 같이 자기회귀모형으로 나타낼 수 있다.

$$\pi(B)\,Z_t = a_t \tag{6.5.2}$$

여기서

$$\pi(B) = \frac{\phi_p(B)}{\theta_q(B)} = (1 - \pi_1 B - \pi_2 B^2 - \cdots) \tag{6.5.3}$$

또한 이동평균모형으로도 나타낼 수 있다. 즉,

$$Z_t = \psi(B)\,a_t \tag{6.5.4}$$

$$\psi(B) = \frac{\theta_q(B)}{\phi_p(B)} = (1 + \psi_1 B + \psi_2 B^2 + \cdots) \qquad \textbf{(6.5.5)}$$

1) ARMA(p,q)의 ACF

ARMA(p,q)의 ACF는 식 (6.5.6)과 같이 주어진다.

$$\rho_k = \phi_1 \rho_{k-1} + \cdots + \phi_p \rho_{k-p}, \; k \geq (q+1) \qquad \textbf{(6.5.6)}$$

유도과정은 다음과 같다. 자기공분산함수를 이끌어 내기 위해 식 (6.5.1)을 다음과 같이 쓸 수 있다.

$$Z_t = \phi_1 Z_{t-1} + \cdots + \phi_p Z_{t-p} + a_t - \theta_1 a_{t-1} - \cdots - \theta_q a_{t-q} \qquad \textbf{(6.5.7)}$$

그리고 양변에 Z_{t-k}를 곱하고 기대값을 취하면 다음과 같다.

$$Z_{t-k} Z_t = \phi_1 Z_{t-k} Z_{t-1} + \cdots + \phi_p Z_{t-k} Z_{t-p} + Z_{t-k} a_t \qquad \textbf{(6.5.8)}$$
$$- \theta_1 Z_{t-k} a_{t-1} - \cdots - \theta_q Z_{t-k} a_{t-q}$$

$$\gamma_k = \phi_1 \gamma_{k-1} + \cdots + \phi_p \gamma_{k-p} + E(Z_{t-k} a_t) \qquad \textbf{(6.5.9)}$$
$$- \theta_1 E(Z_{t-k} a_{t-1}) - \cdots - \theta_q E(Z_{t-k} a_{t-q})$$

여기서 $(k > i)$일 때 Z_{t-k}와 a_{t-i}들은 서로 독립이므로 $E(Z_{t-k} a_{t-i}) = 0$이 된다. 따라서 ARMA 모형의 자기공분산함수는 다음과 같다.

$$\gamma_k = \phi_1 \gamma_{k-1} + \cdots + \phi_p \gamma_{k-p}, \; k \geq (q+1)$$

따라서, 자기상관함수는 식 (6.5.6)과 같이 되고, AR(p) 모형에서의 자기상관함수처럼 p차 차분방정식을 만족한다. 그러므로 ARMA(p,q) 모형의 ACF는 AR(p) 모형처럼 시차 q 이후에 지수적으로 감소한다. 이것은 ARMA 모형의 자기상관함수는 자기회귀 모수들에만 의존하기 때문이다. 그러나 처음 q개의 자기상관들 $\rho_q, \rho_{q-1}, \cdots, \rho_1$은 모형 속의 AR 모수와 MA 모수들에 의존한다. 그리고 이들은 자기상관함수에 대한 초기값들의 역할을 한다. 이 특징은 모형식별에 유용하게 사용된다.

2) ARMA(p, q)의 PACF

ARMA 모형은 어떤 특별한 경우로써 MA 과정을 포함하기 때문에, ARMA 모형의 편자기상관함수는 지수적인 감소와 $\phi(B)=0$와 $\theta(B)=0$의 근들에 의존하는 사인곡선을 하면서 감소하는 혼합형태를 보인다.

ARMA(p, q) 모형의 특성을 다음과 같이 ARMA(1,1) 모형을 설명함으로써 살펴보자.

6.5.2 1차 자기회귀이동평균[ARMA(1,1)] 모형

ARMA(1,1) 모형은 다음과 같다.

$$Z_t = \phi_1 Z_{t-1} + a_t - \theta_1 a_{t-1} \tag{6.5.10}$$

여기서 $\{a_t\}$는 평균 0, 분산 σ_a^2을 갖는 백색잡음이다.

1) 정상성 및 가역성 조건

이 모형의 정상성 조건을 구하기 위해 MA(∞) 형태로 변화시키면 다음과 같다.

$$\begin{aligned} Z_t &= \phi_1 (\phi_1 Z_{t-2} + a_{t-1} - \theta_1 a_{t-2}) + a_t - \theta_1 a_{t-1} \qquad (6.5.11) \\ &= \phi_1^2 Z_{t-2} + a_t + (\phi_1 - \theta_1) a_{t-1} + \phi_1 \theta_1 a_{t-2} \\ &= \phi_1^3 Z_{t-3} + a_t + (\phi_1 - \theta_1) a_{t-1} + \phi_1 (\phi_1 - \theta_1) a_{t-2} - \phi_1^2 \theta_1 a_{t-3} \\ &\vdots \\ &= a_t + (\phi_1 - \theta_1) a_{t-1} + \phi_1 (\phi_1 - \theta_1) a_{t-2} + \phi_1^2 (\phi_1 - \theta_1) a_{t-3} + \cdots \end{aligned}$$

이 모형이 정상적이기 위해서는 계수들의 제곱합 $(\phi_1 - \theta_1)^2 \sum_{i=0}^{\infty} \phi_1^{2i} < \infty$을 만족해야 하는데 이는 $|\phi_1| < 1$일 때 만족하므로 ARMA(1,1) 모형의 정상조건은 $|\phi_1| < 1$이다. 한편 가역조건도 마찬가지 방법으로 식 (6.5.10)을 AR(∞) 형태로 변환시켜 구할 수 있다.

$$\begin{aligned} Z_t &= \phi_1 Z_{t-1} + a_t - \theta_1 a_{t-1} \\ &= \phi_1 Z_{t-1} + a_t - \theta_1 (Z_{t-2} - \phi_1 Z_{t-1} + \theta_1 a_{t-2}) \\ &\quad \vdots \\ &= (\phi_1 - \theta_1) Z_{t-1} + \theta_1 (\phi_1 - \theta_1) Z_{t-2} + \theta_1^2 (\phi_1 - \theta_1) Z_{t-3} + \cdots + a_t \end{aligned} \tag{6.5.12}$$

따라서 이 모형에 대한 가역성 조건은 역시 계수들의 제곱합 $(\phi_1 - \theta_1)^2 \sum_{i=0}^{\infty} \theta_1^{2i} < \infty$을 만족해야 하고 이 수렴조건 $|\theta_1| < 1$이 바로 가역조건이 된다.

2) ARMA(1,1)의 ACF

ARMA(1,1)의 ACF는 식 (6.5.13)과 같다.

$$\rho_k = \begin{cases} 1 & , \ k=0 \\ \dfrac{(\phi_1 - \theta_1)(1 - \phi_1\theta_1)}{1 + \theta_1^2 - 2\phi_1\theta_1}, & k=1 \\ \phi_1 \rho_{k-1} & , \ k \geq 2 \end{cases} \tag{6.5.13}$$

유도과정은 아래와 같다.

$\{Z_t\}$에 대한 자기공분산함수를 구하기 위해 (6.5.10) 양변에 Z_{t-k}을 곱한다.

$$Z_{t-k} Z_t = \phi_1 Z_{t-k} Z_{t-1} + Z_{t-k} a_t - \theta_1 Z_{t-k} a_{t-1} \tag{6.5.14}$$

그리고 양변에 기대값을 취하면 다음과 같은 자기공분산함수를 얻을 수 있다.

$$\gamma_k = \phi_1 \gamma_{k-1} + E(Z_{t-k} a_t) - \theta_1 E(Z_{t-k} a_{t-1}) \tag{6.5.15}$$

여기서 $k = 0$이면 $\gamma_0 = \phi_1 \gamma_1 + E(Z_t a_t) - \theta_1 E(Z_t a_{t-1})$이고, 또 $E(Z_{t-k} a_t)$와 $E(Z_{t-k} a_{t-1})$은 다음과 같다.

$$E(Z_t a_t) = \sigma_a^2 \tag{6.5.16}$$

$$E(Z_t a_{t-1}) = \phi_1 E(Z_{t-1} a_{t-1}) + E(a_t a_{t-1}) - \theta_1 E(a_{t-1}^2) \quad (6.5.17)$$
$$= (\phi_1 - \theta_1)\sigma_a^2$$

따라서 식 (6.5.16)과 식 (6.5.17)을 이용하여 자기공분산함수를 구할 수 있다.

$$\gamma_0 = \phi_1 \gamma_1 + \sigma_a^2 - \theta_1(\phi_1 - \theta_1)\sigma_a^2 \quad (6.5.18)$$

만약 $k = 1$일 때는 $\gamma_1 = \phi_1 \gamma_0 - \theta_1 \sigma_a^2$ 이 되고, γ_1을 식 (6.5.18)에 대입하면 다음과 같은 분산, 자기공분산함수를 얻을 수 있다.

$$\gamma_0 = \phi_1^2 \gamma_0 - \phi_1 \theta_1 \sigma_a^2 + \sigma_a^2 - \phi_1 \theta_1 \sigma_a^2 + \theta_1^2 \sigma_a^2 \quad (6.5.19)$$
$$= \frac{(1 + \theta_1^2 - 2\phi_1 \theta_1)}{(1 - \phi_1^2)} \sigma_a^2$$

$$\gamma_1 = \phi_1 \gamma_0 - \theta_1 \sigma_a^2 \quad (6.5.20)$$
$$= \frac{\phi_1 (1 + \theta_1^2 - 2\phi_1 \theta_1)}{(1 - \phi_1^2)} \sigma_a^2 - \theta_1 \sigma_a^2$$
$$= \frac{(\phi_1 - \theta_1)(1 - \phi_1 \theta_1)}{(1 - \phi_1^2)} \sigma_a^2$$

$$\gamma_k = \phi_1 \gamma_{k-1}, \; (k \geq 2) \quad (6.5.21)$$

따라서, 자기상관함수는 (6.5.13)과 같이 된다.

ARMA(1,1) 모형의 ACF는 AR(1) 모형과 MA(1) 모형 모두의 특성들이 혼합되어 있다. 즉 ρ_1은 MA(1) 모형의 계수인 θ_1이 포함되어 있으나 시차 2 이후의 ACF는 AR(1) 모형의 ACF와 같은 형태를 갖는다.

3) ARMA(1,1)의 PACF

ARMA(1,1) 모형의 편자기 상관함수의 일반적인 형태는 매우 복잡하고 다양한 형태를 보인다. ARMA(1,1) 모형은 특별한 경우로써 MA(1)을 포함하기 때문에 ARMA(1,1)

의 PACF 역시 계수들의 부호와 ϕ_1, θ_1의 크기에 의존하고 ARMA(1,1) 모형의 ACF처럼 지수적으로 서서히 감소한다. ACF와 PACF 둘 다 서서히 감소한다는 사실이 혼합 ARMA 모형의 특징이라 할 수 있다.

예제 6.8

다음은 ARMA(1,1) 모형에 따르는 시계열 자료를 생성하는 난수발생 시뮬레이션 프로그램에 의한 결과들(<프로그램 6.6> 참조)로 모수값은 각각 $\phi_1 = 0.8$, $\theta_2 =$ 0.6으로 주었다. 이 계열의 SACF와 SPACF는 모두 지수적으로 감소하고 있다. 제9장에서 설명하게 될 모형식별을 위하여 눈여겨 보아야할 결과들이다.

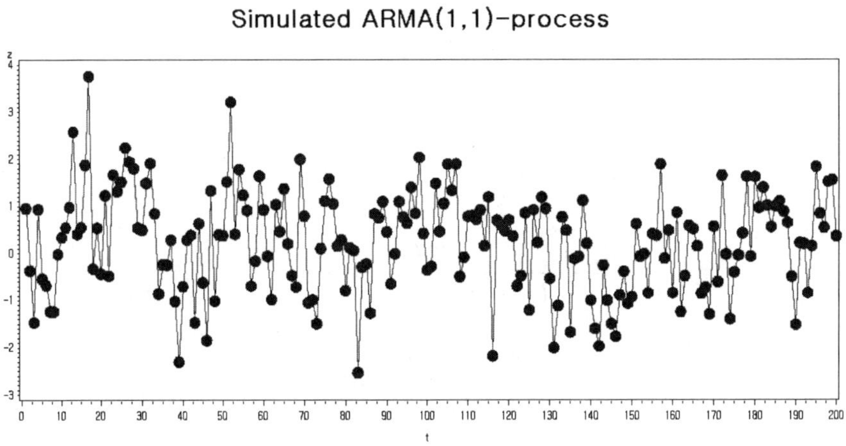

[그림 6.11] ARMA(1,1) 모형의 시계열 그림

```
                    Autocorrelations

Lag  Correlation -1 9 8 7 6 5 4 3 2 1 0 1 2 3 4 5 6 7 8 9 1

  0   1.00000   |                    |********************|
  1   0.46078   |                  . |*********           |
  2   0.41796   |                  . |********            |
  3   0.33700   |                 .  |*******             |
  4   0.27469   |                 .  |*****               |
  5   0.28667   |                 .  |******              |
  6   0.23169   |                 .  |*****               |
  7   0.27010   |                 .  |*****               |
  8   0.24054   |                .   |*****               |
  9   0.18541   |                .   |****.               |
 10   0.19413   |                .   |****.               |
 11   0.10596   |                .   |**  .               |
 12   0.11335   |                .   |**  .               |
```

```
                 Partial Autocorrelations

Lag Correlation -1 9 8 7 6 5 4 3 2 1 0 1 2 3 4 5 6 7 8 9 1

  1  0.46078   |                  . |*********           |
  2  0.26107   |                  . |*****               |
  3  0.10136   |                  . |**.                 |
  4  0.03782   |                  . |* .                 |
  5  0.10088   |                  . |**.                 |
  6  0.02019   |                  . |  .                 |
  7  0.10017   |                  . |**.                 |
  8  0.03980   |                  . |* .                 |
  9 -0.03141   |                  .*|  .                 |
 10  0.02775   |                  . |* .                 |
 11 -0.07247   |                  .*|  .                 |
 12 -0.00623   |                  . |  .                 |
```

[그림 6.12] ARMA(1,1) 모형의 SACF, SPACF

〈프로그램 6.6〉 ARMA11.SAS

```
/* Simulated ARMA(1,1)-process */
DATA arma;
    zl = 0; al = 0;
  DO t = -30 to 200;
      a = rannor(0);
      z = 0.8 * zl +a -0.5* al;
      al = a;
      zl = z;
  IF t>0 THEN OUTPUT;
  END;
RUN;
TITLE"Simulated ARMA(1,1)-process";
SYMBOL C=blue  I=join V=dot Line=1;
PROC GPLOT;
 PLOT z*t; RUN;

PROC ARIMA;
 IDENTIFY VAR =z;
 ESTIMATE p=1 q=1 noconstant;
RUN;
```

6.6 상수항을 갖는 ARMA 모형

우리들은 지금까지 원계열 Z_t는 평균이 0라고 가정을 하고 모형 및 모형의 특성을 기술해 왔다. 여기서는 Z_t의 평균 μ가 0가 아닌 경우를 고려해 본다.

첫째, AR(p) 모형의 경우

먼저, AR(1) 모형을 고려해보자. $\mu=0$인 경우의 AR(1) 모형은 $Z=\phi_1 Z_{t-1}+a_t$로 나타내었다. 그러나 $\mu \neq 0$인 경우에는 평균이 0가 되도록 Z_t 대신에 $Z_t-\mu$을 사용하면 다음과 같이 나타난다.

$$(Z_t-\mu)=\phi_1(Z_{t-1}-\mu)+a_t \tag{6.6.1}$$

혹은,

$$\begin{aligned} Z_t &= (1-\phi_1)\mu+\phi_1 Z_{t-1}+a_t \\ &= \theta_0+\phi_1 Z_{t-1}+a_t \end{aligned}$$

여기서 $\theta_0 = (1-\phi_1)\mu$이다.

마찬가지로, AR(2) 모형일 때는 다음과 같이 된다.

$$\begin{aligned} Z_t &= (1-\phi_1-\phi_2)\mu+\phi_1 Z_{t-1}+\phi_2 Z_{t-2+a_t} \\ &= \theta_0+\phi_1 Z_{t-1}+\phi_2 Z_{t-2}+a_t \end{aligned} \tag{6.6.2}$$

여기서 $\theta_0 = (1-\phi_1-\phi_2)\mu$이다.

따라서 상수항을 갖는, 즉 원계열의 평균이 0가 아닌 경우의 AR(p) 모형은

$$Z_t = \theta_0+\phi_1 Z_{t-1}+\phi_2 Z_{t-2}+\cdots+\phi_p Z_{t-p}+a_t \tag{6.6.3}$$

로 나타낼 수 있다. 여기서 $\theta_0 = (1-\phi_1-\phi_2-\cdots-\phi_p)\mu$

둘째, MA(q) 모형의 경우

MA(1) 모형을 고려하면, $\mu=0$ 인 경우는 $Z_t = a_t-\theta_1 a_{t-1}$로 나타내었지만 $\mu \neq 0$ 인 경우에는 Z_t 대신에 $Z_t-\mu$을 사용하면 다음과 같이 나타난다.

$$Z_t = \mu+a_t-\theta_1 a_{t-1} \tag{6.6.4}$$

혹은,

$$Z_t = \theta_0+\phi_1 Z_{t-1}+a_t$$

여기서 $\theta_0 = \mu$이다.

마찬가지로, MA(q) 모형일 때는 다음과 같이 된다.

$$Z_t = \mu+a_t-\theta_1 a_{t-1}-\theta_2 a_{t-2}-\cdots-\theta_q a_{t-q} \tag{6.6.5}$$

혹은,

$$Z_t = \theta_0+a_t-\theta_1 a_{t-1}-\theta_2 a_{t-2}-\cdots-\theta_q a_{t-q}$$

여기서 $\theta_0 = \mu$이다. 즉, MA 모형에서는 상수항이 평균 μ가 된다.

셋째, ARMA(p,q) 모형의 경우

먼저, ARMA(1,1) 모형을 고려해보자. $\mu \neq 0$인 경우에 Z_t 대신에 $Z_t - \mu$을 사용하여 ARMA(1,1) 모형을 나타내면 다음과 같이 나타난다.

$$(Z_t - \mu) = \phi_1 (Z_{t-1} - \mu) + a_t - \theta_1 a_{t-1} \quad \textbf{(6.6.6)}$$

혹은,

$$\begin{aligned} Z_t &= (1-\phi_1)\mu + \phi_1 Z_{t-1} + a_t - \theta_1 a_{t-1} \\ &= \theta_0 + \phi_1 Z_{t-1} + a_t - \theta_1 a_{t-1} \end{aligned}$$

여기서 $\theta_0 = (1-\phi_1)\mu$이다.
따라서, 상수항을 갖는 ARMA(p,q) 모형은

$$Z_t = \theta_0 + \phi_1 Z_{t-1} + \phi_2 Z_{t-2} + \cdots + \phi_p Z_{t-p} + a_t - \theta_1 a_{t-1} - \theta_2 a_{t-2} - \cdots - \theta_q a_{t-q}$$

로 나타낼 수 있다. 여기서 $\theta_0 = (1-\phi_1-\phi_2- \cdots -\phi_p)\mu$ 이다.

실증적 자료분석을 할 때는 먼저 시계열 자료의 평균이 0인가($H_0 : \mu = 0$)를 검정해서 그 결과에 따라서 상수항이 있는 모형 혹은 없는 상수항이 없는 모형을 선택할 수 있다.

〈부록 6.1〉 엄격한 의미의 정상성

확률과정 $\{Z_t,\ t=0,\pm1,\pm2,\cdots\}$으로부터 어떤 유한한 확률변수의 집합 $\{Z_{t_1},\ Z_{t_2},\ \cdots,\ Z_{t_n}\}$을 생각해보자. n차원 분포함수는 다음 식과 같이 정의된다.

$$F(z_{t_1},\cdots,z_{t_n}) = P\{z(t_1) \leqq Z_{t_1},\cdots,z(t_n) \leqq Z_{t_n}\}$$

이 때, 일차원 분포함수가 시점에 관계없이 불변이면 확률과정이 1차 정상적이라고 한다. 즉 임의의 정수 t_1, k에 대해서 $F(z_{t_1}) = F(z_{t_1+k})$이 된다. 또한 임의의 정수들 t_1, t_2, k에 대해서 $F(z_{t_1}, z_{t_2}) = F(z_{t_1+k}, z_{t_2+k})$이면 2차 정상적이라고 한다. 일반적으로 임의의 정수 k와 임의의 시점들 $(t_1,\cdots,t_n)$에 대해 다음이 성립하면 n차 정상적이라고 한다.

$$F(z_{t_1},\cdots,z_{t_n}) = F(z_{t_1+k},\cdots,z_{t_n+k})$$

식 (6.1.2)가 임의의 정수 $n\ (n=1,\ 2,\ \cdots)$에 대해 사실이면 이 확률과정은 엄격한 의미의 정상성(strictly stationary)을 갖는다고 한다.

정상성의 정의는 확률변수의 집합, 즉 확률과정 $\{Z_t\}$에 대한 것이나 편의상 이 확률과정의 실현값인 시계열이 정상성을 갖는다는 것으로 취급하기로 한다.

주어진 확률과정 $\{Z_t,\ t=0,\pm1,\pm2,\cdots\}$에 대해서 확률과정의 평균함수는 다음과 같이 정의된다.

$$\mu_t = E(Z_t)$$

또, 분산함수는

$$\sigma_t{}^2 = E(Z_t - \mu_t)^2$$

이며, Z_{t_1}과 Z_{t_2}간의 공분산함수는 다음과 같다.

$$\gamma(t_1,t_2) = E(Z_{t_1} - \mu_{t_1})(Z_{t_2} - \mu_{t_2})$$

따라서 Z_{t_1}과 Z_{t_2}간의 상관함수는 다음과 같이 나타낼 수 있다.

$$\rho(t_1,t_2) = \frac{\gamma(t_1,t_2)}{\sqrt{\sigma_{t_1}^2}\sqrt{\sigma_{t_2}^2}}$$

그러나 엄격한 의미의 정상확률과정에 대해서 분포함수는 모든 t에 대해서 같으므로 $E(|Z_t|) < \infty$이면, 평균함수는 $\mu_t = \mu$로 t에 관계없이 항상 일정하다. 마찬가지로 $E(Z_t^2) < \infty$이면, 모든 t에 대해서 $\sigma_t^2 = \sigma^2$로 일정하다. 더구나 임의의 정수 t_1, t_2와 k에 대해서 $F(z_{t_1}, z_{t_2}) = F(z_{t_1+k}, z_{t_2+k})$가 되므로 공분산은 다음과 같은 관계가 성립한다.

$$\gamma(t_1, t_2) = \gamma(t_1+k, t_2+k)$$

그리고 상관함수는

$$\rho(t_1, t_2) = \rho(t_1+k, t_2+k)$$

와 같은 관계가 성립한다. 여기서 $t_1 = t-k$와 $t_2 = t$라 놓으면 공분산 함수와 상관함수에 대해 다음 식이 성립된다.

$$\gamma(t_1, t_2) = \gamma(t-k, t) = \gamma(t, t+k) = \gamma_k$$

$$\rho(t_1, t_2) = \rho(t-k, t) = \rho(t, t+k) = \rho_k$$

즉, 유한 이차적률을 갖는 엄격한 의미의 정상과정에서는 두 시점 t_1, t_2간의 공분산함수와 상관함수는 시차 k에 의해서 결정된다. 이와 같이 평균과 분산이 일정하고 공분산과 상관함수가 시차에만 의존하는 경우 이차 정상과정(second order stationary process)이라고 하며, 이러한 특성을 갖는 시계열을 정상시계열이라 한다.

〈부록 6.2〉 AR(1) 모형의 정상성

AR(1) 모형이 어떤 경우에 정상성을 갖는지를 확인해 보기로 한다.
모형 (6.3.5)는 모든 시점 t에 대하여 성립하므로 다음과 같이 백색잡음의 가중선형결합으로 나타낼 수 있다.

$$\begin{aligned} Z_t &= \phi_1 Z_{t-1} + a_t \\ &= \phi_1(\phi_1 Z_{t-2} + a_{t-1}) + a_t \\ &= \phi_1^2(\phi_1 Z_{t-3} + a_{t-2}) + \phi_1 a_{t-1} + a_t \\ &= \phi_1^3(\phi_1 Z_{t-4} + a_{t-3}) + \phi_1^2 a_{t-2} + \phi_1 a_{t-1} + a_t \\ &\quad \vdots \end{aligned}$$

$$= a_t + \phi_1 a_{t-1} + \phi_1^2 a_{t-2} + \phi_1^3 a_{t-3} + \cdots + \phi_1^{t-1} a_1 + \phi_1^t Z_0$$

여기서 다음과 같은 경우를 생각해 보자.

첫째, $|\phi_1| < 1$이고 또 Z_0가 a_t와 독립이고 평균이 0, 분산이 $\sigma_a^2 / (1-\phi_1^2)$인 경우 평균과 분산은 다음과 같이 된다.

$$E(Z_t) = E(a_t + \phi_1 a_{t-1} + \phi_1^2 a_{t-2} + \cdots + \phi_1^t Z_0) = 0$$

$$\begin{aligned}
\gamma_0 &= Var(Z_t) \\
&= Var(a_t + \phi_1 a_{t-1} + \phi_1^2 a_{t-2} + \cdots + \phi_1^t Z_0) \\
&= \sigma_a^2 + \phi_1^2 \sigma_a^2 + \phi_1^4 \sigma_a^2 + \cdots + \phi_1^{2(t-1)} \sigma^2 + \phi_1^{2t}\, Var(Z_0) \\
&= \sigma_a^2 (1 + \phi_1^2 + \phi_1^4 + \cdots + \phi_1^{2(t-1)}) + \frac{\phi_1^{2t} \sigma_a^2}{1-\phi_1^2} \\
&= \sigma_a^2 (\frac{1-\phi_1^{2t}}{1-\phi_1^2}) + \frac{\phi_1^{2t} \sigma_a^2}{1-\phi_1^2} \\
&= \frac{\sigma_a^2}{1-\phi_1^2}
\end{aligned}$$

또, 임의의 시차 k에 대하여 자기공분산함수 γ_k는 다음과 같다.

$$\begin{aligned}
\gamma_k &= E[\,(a_t + \phi_1 a_{t-1} + \phi_1^2 a_{t-2} + \cdots \\
&\qquad + \phi_1^{t-1} a_1 + \phi_1^t Z_0) \\
&\qquad (a_{t+k} + \phi_1 a_{t+k-1} + \phi_1^2 a_{t+k-2} + \cdots \\
&\qquad + \phi_1^{t+k-1} a_1 + \phi_1^{t+k} Z_0)\,] \\
&= \phi_1^k E[\, a_t^2 + \phi_1^2 a_{t-1}^2 + \cdots + \phi_1^{2(t-1)} a_1^2 + \phi_1^{2t} Z_0^2\,] \\
&= \phi_1^k \gamma_0 = \frac{\phi_1^k \sigma_a^2}{1-\phi_1^2}
\end{aligned}$$

따라서 평균과 분산은 시점 t에 의존하지 않고 또 공분산도 시점 t에 의존하지 하지 않으므로 정상성을 만족한다.

둘째, $|\phi_1| < 1$이고 $Z_0 = 0$인 경우

초기값 $Z_0 = 0$이면 Z_t는 a_t에서부터 a_1까지의 가중선형결합으로 나타내진다.

$$\begin{aligned} Z_t &= \phi_1 Z_{t-1} + a_t \\ &= a_t + \phi_1 a_{t-1} + \phi_1^2 a_{t-2} + \cdots + \phi_1^{t-1} a_1 \end{aligned}$$

평균 및 분산은 다음과 같다.

$$\begin{aligned} E(Z_t) &= E(a_t + \phi_1 a_{t-1} + \phi_1^2 a_{t-2} + \cdots + \phi_1^{t-1} a_1) \\ &= 0 \end{aligned}$$

$$\begin{aligned} \gamma_0 &= E(a_t + \phi_1 a_{t-1} + \phi_1^2 a_{t-2} + \cdots + \phi_1^{t-1} a_1)^2 \\ &= \sigma_a^2 (1 + \phi_1^2 + \phi_1^4 + \cdots + \phi_1^{2(t-1)}) \\ &= \sigma_a^2 \frac{1 - \phi_1^{2t}}{1 - \phi_1^2} \end{aligned}$$

이 식은 분산이 시간에 의존하게 된다. 즉 시간에 따라 서로 다른 분산을 갖게 되어 비정상적(nonstationary)이다. 한편 자기공분산함수도 시차 k뿐만 아니라 시간 t에도 의존한다.

$$\begin{aligned} \gamma_k &= E[\,(a_t + \phi\, a_{t+1} + \cdots + \phi^{t-1} a_1) \\ &\qquad (a_{t+k} + \phi\, a_{t+k-1} + \cdots + \phi^{t+k-1} a_1)\,] \\ &= \phi_1^k E[\,a_t^2 + \phi_1^2 a_{t+1}^2 + \cdots + \phi_1^{2(t-1)} a_1^2\,] \\ &= \phi_1^k \gamma_0 \\ &= \frac{\phi_1^k (1 - \phi_1^{2t})}{1 - \phi_1^2} \end{aligned}$$

그러나 $t \to \infty$ 즉, 시계열 자료가 충분히 많을 경우, $|\phi| < 1$이므로 ϕ^{2t}은 0으로 수렴하게 된다. 따라서 두 번째 경우와 같은 1차 자기회귀 모형은 점근적 정상성을 갖는다고 하며 일반적으로 $|\phi| < 1$이면 초기값에 상관없이 1차 자기회귀 모형은 정상성을 갖는다라고 말한다.

셋째, $\phi_1 = 1$인 경우

이 경우는 다음과 같이 된다.

$$\begin{aligned} Z_t &= Z_{t-1} + a_t \\ &= (Z_{t-2} + a_{t-1}) + a_t \\ &\vdots \\ &= a_t + a_{t-1} + a_{t-2} + \cdots + a_1 \end{aligned}$$

이와 같은 모형을 확률보행과정(random walk process)이라고 하며, 이 과정은 분산과 자기공분산함수가 시간에 의존하므로 비정상 계열이다.

넷째, $|\phi|_1 > 1$인 경우

이 경우는 두 번째 경우와 유사하나 자기회귀계수, 즉 $|\phi|_1 > 1$이므로 분산과 자기공분산함수 안에 있는 ϕ_1^{2t}가 비록 t가 무한히 커져도 0으로 수렴하지 않고 따라서 분산과 자기공분산함수가 시간에 따라 변화하게 되므로 비정상적인 시계열이다.

따라서 AR(1) 모형이 정상적이 되기 위해서는 $|\phi_1| < 1$한다.

〈부록 6.3〉 확률과정들의 ACF와 PACF 비교

〈확률과정들의 ACF와 PACF〉

process	ACF	PACF
white noise	0	0
AR(p)	k가 증가함에 따라 감소	$k \geq p+1$소멸
MA(q)	$k \geq q+1$ 소멸	k가 증가함에 따라 감소
ARMA(p,q)	$k \geq q-p+1$부터 감소	$k \geq p-q+1$부터 감소

〈부록 6.4〉 ARMA 모형의 특성 요약

1. AR 모형

	AR(1)	AR(2)
모형	$Z_t = \phi_1 Z_{t-1} + a_t$	$Z_t = \phi_1 Z_{t-1} + \phi_2 Z_{t-2} + a_t$
γ_k	$\gamma_k = \dfrac{\phi_1^k \sigma^2}{1-\phi_1^2}$	$\gamma_k = \phi_1 \gamma_{k-1} + \phi_2 \gamma_{k-2}$, $(k \ge 1)$
γ_0	$\gamma_0 = \dfrac{\sigma^2}{1-\phi_1^2}$	$\gamma_0 = \dfrac{(1-\phi_2)\sigma^2}{(1-\phi_2)(1-2\phi_2+\phi_2^2-\phi_1^2)}$
ACF	$\rho_k = \phi_1^k$	$k=1$: $\rho_1 = \dfrac{\phi_1}{1-\phi_2}$ $k=2$: $\rho_2 = \dfrac{\phi_1^2}{1-\phi_2} + \phi_2 = \dfrac{\phi_1^2+\phi_2-\phi_2^2}{1-\phi_2}$ …
PACF	$\phi_{kk} = \begin{cases} \rho_1 = \phi_1, & k = 1 \\ 0, & k \geqq 2 \end{cases}$	$\phi_{11} = \rho_1 = \dfrac{\phi_1}{1-\phi_2}$, $\phi_{22} = \phi_2$ $\phi_{kk} = 0 \quad k \ge 3$
정상성 조건	특성방정식의 근의 절대값이 1보다 큼 $\lvert\phi_1\rvert < 1$	특성방정식의 근의 절대값이 1보다 큼 $\{ \phi_2 + \phi_1 < 1,\ \phi_2 - \phi_1 < 1,\ -1 < \phi_2 < 1 \}$
특성	ACF는 지수적으로 감소하고, PACF는 1차 이후에 절단	ACF는 대체로 지수적으로 감소하고, PACF는 시차 2 이후에 절단

2. MA 모형

	MA(1)	MA(2)
모형	$Z_t = a_t - \theta_1 a_{t-1}$	$Z_t = a_t - \theta_1 a_{t-1} - \theta_2 a_{t-2}$
γ_k	$\gamma_k = \begin{cases} (1+\theta_1^2)\sigma_a^2, & k = 0 \\ -\theta_1 \sigma_a^2, & k = 1 \\ 0, & k > 1 \end{cases}$	$\gamma_1 = (-\theta_1 + \theta_1 \theta_2)\sigma_a^2$ $\gamma_2 = -\theta_2 \sigma_a^2$ $\gamma_k = 0,\ k \geqq 3$

	MA(1)	MA(2)
γ_0	$\gamma_0 = (1+\theta_1^2)\,\sigma_a^2$	$\gamma_0 = (1+\theta_1^2+\theta_2^2)\,\sigma_a^2$
ACF	$\rho_k = \begin{cases} \dfrac{-\theta_1}{(1+\theta_1^2)}, & k = 1 \\ 0, & k \geqq 2 \end{cases}$	$\rho_k = \begin{cases} \dfrac{-\theta_1(1-\theta_2)}{(1+\theta_1^2+\theta_2^2)}, & k=1 \\ \dfrac{-\theta_2}{(1+\theta_1^2+\theta_2^2)}, & k=2 \\ 0, & k>2 \end{cases}$
PACF	$\phi_{11} = \dfrac{-\theta_1(1-\theta_1^2)}{(1-\theta_1^4)}$ $\phi_{22} = \dfrac{-\theta_1^2(1-\theta_1^2)}{(1-\theta_1^6)}$ $\phi_{kk} = \dfrac{-\theta_1^k(1-\theta_1^2)}{(1-\theta_1^{2(k+1)})},\ (k \geqq 1)$	$\phi_{11} = \rho_1$ $\phi_{22} = (\rho_2-\rho_1^2)\,/\,(1-\rho_1^2)$ $\phi_{33} = \dfrac{(\rho_1^3-\rho_1\rho_2(2-\rho_2))}{(1-\rho_2^2-2\rho_1^2(1-\rho_2))}$
가역성조건	특성방정식의 근의 절대값이 1보다 큼. $\lvert\theta_1\rvert < 1$	특성방정식의 근의 절대값이 1보다 큼 $\{\theta_2+\theta_1<1,\ \theta_2-\theta_1<1,$ $-1<\theta_2<1\}$
특성	PACF는 지수적으로 감소하고, ACF는 1차 이후에 절단	PACF는 대체로 지수적으로 감소하고, ACF는 시차 2 이후에 절단

3. ARMA 모형

	ARMA(1,1)
모형	$Z_t = \phi_1 Z_{t-1} + a_t - \theta_1 a_{t-1}$
γ_k	$\gamma_0 = \dfrac{(1+\theta_1^2-2\phi_1\theta_1)}{(1-\phi_1^2)}\sigma_a^2 \qquad \gamma_1 = \dfrac{(\phi_1-\theta_1)(1-\phi_1\theta_1)}{(1-\phi_1^2)}\sigma_a^2$
γ_0	$\gamma_0 = \dfrac{(1+\theta_1^2-2\phi_1\theta_1)}{(1-\phi_1^2)}\sigma_a^2$
ACF	$\rho_k = \begin{cases} 1, & k=0 \\ \dfrac{(\phi_1-\theta_1)(1-\phi_1\theta_1)}{1+\theta_1^2-2\phi_1\theta_1}, & k=1 \\ \phi_1\rho_{k-1}, & k \geqq 2 \end{cases}$
PACF	ACF와 마찬가지로 지수적으로 서서히 감소
가역성 조건	특성방정식의 근의 절대값이 1보다 큼. 정상성 $\lvert\phi_1\rvert < 1$, 가역성 $\lvert\theta_1\rvert < 1$
특성	ACF와 PACF 둘 다 서서히 감소한다

〈부록 6.5〉 AR(2) 모형의 정상성 조건 유도

AR(2) 모형의 정상성조건 역시 그 모수들의 조건으로 나타낼 수 있다. B_1, B_2가 특성방정식 $(1-\phi_1 B-\phi_2 B^2)=0$ 또는 $\phi_2 B^2+\phi_1 B-1=0$의 근이 된다고 하자. 그러면 다음과 같은 값을 얻을 수 있다.

$$B_1=\frac{-\phi_1+\sqrt{\phi_1^2+4\phi_2}}{2\phi_2},\quad B_2=\frac{-\phi_1-\sqrt{\phi_1^2+4\phi_2}}{2\phi_2}$$

$$\frac{1}{B_1}=\frac{\phi_1+\sqrt{\phi_1^2+4\phi_2}}{2},\quad \frac{1}{B_2}=\frac{\phi_1-\sqrt{\phi_1^2+4\phi_2}}{2}$$

시계열이 정상성을 만족하기 위해서는 특성방정식의 근의 절대값 $|B_1|, |B_2|$이 1보다 커야 하므로 $|B_j|>1\ (i=1,2)$, 즉 $|\frac{1}{B_j}|<1(i=1,2)$이 된다. 따라서 $|\frac{1}{B_1}\cdot\frac{1}{B_2}|=|\phi_2|<1$, $|\frac{1}{B_1}+\frac{1}{B_2}|=|\phi_1|<2$이다.

위 식을 만족하는 ϕ_1, ϕ_2의 범위 식 (6.2.19)은 근이 실수 또는 복소수에 관계없이 정상성을 갖기 위한 필수조건이다.

$$\{-1<\phi_2<1,\ -2<\phi_1<2\}$$

한편, 실수근에 대해서는 $\phi_1^2+4\phi_2 \geqq 0$이어야 하므로 다음이 성립한다.

$$-1<\frac{1}{B_2}=\frac{\phi_1-\sqrt{\phi_1^2+4\phi_2}}{2}\leqq\frac{\phi_1+\sqrt{\phi_1^2+4\phi_2}}{2}=\frac{1}{B_1}<1$$

이것을 풀면 다음과 같은 모수조건을 얻는다.

$$\{\phi_2+\phi_1<1,\ \phi_2-\phi_1<1\}$$

복소수근에 대해서는 $\phi_2<0$, $\phi_1^2+4\phi_2<0$이다. 따라서 AR(2) 모형의 정상조건은 다음을 만족하는 삼각영역에 의해 주어진다.

$$\{\phi_2+\phi_1<1,\ \phi_2-\phi_1<1,\ -1<\phi_2<1\}$$

연습문제

1. 다음을 간략히 기술하시오.

1) 확률과정의 정상성의 조건 2) 백색잡음과정

3) 일반선형모형 4) 가역성

2. 다음과 같은 확률과정의 ACF와 PACF의 특성을 기술하시오.

1) AR(1) 과정 2)MA(2) 과정 3)ARMA(1,2) 과정

3. 다음의 각 ARMA 모형들의 ACF를 구하시오.

1) $\phi_1 = 0.5$을 갖는 AR(1) 모형

2) $\phi_1 = 1.2, \phi_2 = -0.4$을 갖는 AR(2) 모형

3) $\theta_1 = 1.2, \theta_2 = -0.4$을 갖는 MA(2) 모형

4) $\phi_1 = 0.7, \theta_1 = -0.4$를 갖는 ARMA(1,1) 모형

4. 다음의 모형을 ARMA(p, q) 모형으로 나타하시오. 또 각 모형이 정상적 혹은 가역적인가를 나타내시오.

1) $Z_t = a_t - 0.8a_{t-1}$

2) $Z_t = 1.2 + 0.5Z_{t-1} + a_t$

3) $Z_t = -0.2Z_{t-1} + 1.2Z_{t-2} + a_t$

4) $Z_t = 0.2Z_{t-1} + a_t - 0.3a_{t-1}$

5. 다음 시계열 모형들을 후향연산자 B를 사용하여 나타내고, 또 정상성 혹은 가역성을 만족하는지를 보이시오?

1) $Z_t = 1.5\,Z_{t-1} - 0.56\,Z_{t-2} + a_t$

2) $Z_t = 1.5\,Z_{t-1} - 0.5\,Z_{t-2} + a_t$

3) $Z_t = 5 + 0.5Z_{t-1} + a_t + 0.3a_{t-1}$

6. a_t는 평균이 0이고 분산이 σ^2인 백색잡음과정이라고 할 때, 다음 모형들의 평균과 분산을 구하여 정상성을 만족하는지를 보이시오?

1) $Z_t = a_t + a_{t-1}$ 2) $Z_t = Z_{t-1} + a_t$

7. AR(2) 모형을 따르는 시계열 자료($n = 200$)를 SAS를 이용하여 생성하고, 이 자료의 시계열 그림과 SACF, SPACF 그림을 그려라.

8. MA(2) 모형을 따르는 시계열 자료($n = 200$)를 SAS를 이용하여 생성하고, 이 자료의 시계열 그림과 SACF, SPACF 그림을 그려라.

9. ARMA(2,1) 모형을 따르는 시계열 자료($n = 200$)를 SAS를 이용하여 생성하고, 이 자료의 시계열 그림과 SACF, SPACF 그림을 그려라.

제7장 비정상 시계열

우리가 지금까지 언급한 시계열들은 모두 정상시계열이었다. 그러나 응용되는 많은 시계열, 특히 경제나 경영에 관계되어서 발생되는 시계열은 비정상 시계열이 대부분이다. 정상시계열의 공분산구조에 비하여 비정상 시계열은 많은 어려움을 야기한다. 즉, 비정상 시계열은 평균이 일정한 상수가 아니거나, 시간에 따라 변하는 이차적률을 가져서 분산이 일정한 상수가 아니거나, 또는 이 두 가지 성질을 모두 가진다.

이 장에서는 동질적인 비정상 시계열 모형인 누적 자기회귀이동평균(Autoregressive Intereated Moving Average: ARIMA) 모형의 사용방법에 관하여 설명하고자 한다. 또한 비정상시계열을 정상시계열로 변환하는 방법으로 차분과 분산 안정화에 대하여 소개하고자 한다.

7.1 비정상 계열의 정상화

ARMA(p, q) 모형은 정상 계열을 전재로 하기 때문에 우리들이 분석하고자 하는 자료가 비정상 계열인 경우에는 적절한 변환을 통하여 정상 계열화 해야 한다.

시계열이 갖는 비정상성에는 적절한 변환을 통하여 정상화시킬 수 있는 **동질적 비정상성**(homogeneous nonstatoinarity)과 정상화시킬 수 없는 **폭발적 비정상성**(explosive nonstatoinarity)이 있다. 따라서 우리들이 관심을 갖는 것은 동질적 비정상 계열이다.

우리들은 앞에서 특성방정식($\phi(B)$)의 근들이 모두 단위원 밖에 존재(즉, 모든 근들의 절대값이 1보다 큰 경우)하는 것이 정상성의 조건이라고 했다. 동질적 비정상성은 특성방정식의 근들 중에서 하나 이상이 단위원상에 있고 나머지들은 단위원 밖에 존재하는 경우를 말하고, 폭질적 비정상성은 특성방정식의 근들 이 단위원상에, 혹은 단위원 안에 존재하는 경우를 말한다.

이 때 시계열을 정상화 시키는 순서는 먼저 분산을 정상화시키고 다음에 평균을 정상화 시켜야 한다.

7.1.1 분산의 정상화

시간의 흐름에 따라 변동의 폭이 변화하는 경우, 즉 분산이 비정상적인 시계열을 분석하기 위해서는 먼저 **분산안정화 변환**(variance stabilizing transformation)을 통해서 분산을 안정화 시켜야 한다.

비정상계열의 분산은 각각의 평균수준이 변함에 따라서 변화하는 것이 보편적이다. 즉 임의의 상수 c와 함수 f에 대하여 다음이 성립된다.

$$Var(Z_t) = c\,f(\mu_t) \tag{7.1.1}$$

이 때, Z_t를 어떻게 변환시키면 변환된 계열은 일정한 분산을 가질 수 있겠는가? 즉, 변환된 계열 $T(Z_t)$가 일정한 분산을 가질 수 있는 함수 T를 어떻게 찾아야 하는가?

이 문제는 $T(Z_t)$를 μ_t에 대한 1차 테일러 전개를 이용하여 원하는 함수로 근사시킴으로써 해결할 수 있다. 즉,

$$T(Z_t) \simeq T(\mu_t) + T'(\mu_t)(Z_t - \mu_t) \tag{7.1.2}$$

여기서 $T'(\mu_t)$는 $T(Z_t)$의 1차 미분에 μ_t를 넣은 값이다. 이 때 $T(Z_t)$의 분산은 다음과 같이 된다.

$$\begin{aligned} Var[T(Z_t)] &= [T'(\mu_t)]^2\,Var(Z_t) \\ &= c[T'(\mu_t)]^2 f(\mu_t) \end{aligned} \tag{7.1.3}$$

그러므로 $T(Z_t)$의 분산이 일정하게 하기 위한 분산안정화 변환 $T(Z_t)$는 다음과 같이 선택되어야 한다.

$$T'(\mu_t) = \frac{1}{\sqrt{f(\mu_t)}} \tag{7.1.4}$$

혹은, 다음과 같이 나타낼 수 있다.

$$T(\mu_t) = \int \frac{1}{\sqrt{f(\mu_t)}} d\mu_t \qquad (7.1.5)$$

즉, 식 (7.1.4)를 식 (7.1.3)에 대입하면 $T(Z_t)$의 분산은 일정한 값 c가 된다.

예를 들면, 계열의 표준 편차가 수준에 비례하여 $Var(Z_t) = c^2\mu_t^2$와 같이 된다면, 계열의 대수변환 $\ln(Z_t)$으로 일정한 분산을 얻을 수 있다. 즉,

$$T(\mu_t) = \int \frac{1}{\sqrt{\mu_t^2}} d\mu_t = \ln(\mu_t) \qquad (7.1.6)$$

$$\begin{aligned} Var[\ln Z_t] &= [T'(\mu_t)]^2 Var(Z_t) \\ &= c^2 (\frac{1}{\sqrt{\mu_t^2}})^2 \mu_t^2 = c^2 \end{aligned}$$

그러므로 계열의 대수변환 $\ln(Z_t)$은 일정한 분산을 갖게 된다.

그리고 계열의 분산이 수준에 비례하여 $Var(Z_t) = c\mu_t$ 와 같이 된다면, 계열의 제곱근 변환 $\sqrt{Z_t}$ 으로 일정한 분산을 얻을 수 있다. 즉,

$$T(\mu_t) = \int \frac{1}{\sqrt{\mu_t}} d\mu_t = 2\sqrt{\mu_t} \qquad (7.1.7)$$

$$\begin{aligned} Var[\sqrt{Z_t}] &= [T'(\mu_t)]^2 Var(Z_t) \\ &= c(\frac{1}{\sqrt{\mu_t}})^2 \mu_t = c \end{aligned}$$

그리고 만약 계열의 표준편차가 수준의 제곱에 비례하여 $Var(Z_t) = c^2\mu_t^4$와 같이 된다면, 일정한 분산을 얻기 위한 적절한 변환은 역변환 $\frac{1}{Z_t}$을 사용할 수 있다.

$$T(\mu_t) = \int \frac{1}{\sqrt{\mu_t^4}} d\mu_t = -\frac{1}{\mu_t} \qquad (7.1.8)$$

$$\begin{aligned} Var[1/Z_t] &= [T'(\mu_t)]^2 Var(Z_t) \\ &= c^2 (\frac{1}{\sqrt{\mu_t^4}})^2 \mu_t^4 = c^2 \end{aligned}$$

일반적으로 분산을 안정화하기 위하여 Box & Cox(1964)에 의해 소개된 다음과 같은 멱변환을 사용하여 분산안정화 변환을 얻을 수 있다.

$$T(Z_t) = Z_t^{(\lambda)} = \frac{Z_t^{\lambda} - 1}{\lambda} \tag{7.1.9}$$

이때 λ는 변환모수라고 부르고, 일반적으로 많이 사용하는 λ값과 변환은 다음과 같다.

λ	변 환
− 1.0	$1/Z_t$
− 0.5	$1/\sqrt{Z_t}$
0.0	$\ln Z_t$
0.5	$\sqrt{Z_t}$
1.0	Z_t

$\lambda = 0$일 때 왜 변환값이 $\ln Z_t$이 되는지는 다음과 같이 설명된다.

$$\lim_{\lambda \to 0} T(Z_t) = \lim_{\lambda \to 0} Z_t^{(\lambda)} = \lim_{\lambda \to 0} \frac{Z_t^{\lambda} - 1}{\lambda} = \ln(Z_t) \tag{7.1.10}$$

7.1.2 평균의 정상화

앞에서 우리들은 분산이 일정하지 않는 경우에는 분산안정화 변환을 통하여 분산을 정상화 시킬 수 있음을 보았다. 이제는 분산이 정상화된 계열에 대해서 평균수준의 비정상성에 대하여 알아본다.

비정상성의 중요한 요인인 추세에는 결정적 추세(deterministic trend)와 확률적 추세(stochastic trend)가 있다. **결정적 추세**란 장기간에 걸쳐 지속적으로 나타나는 추세를 말하고, **확률적 추세**는 예측할 수 없는 추세, 즉 확정적이지 아닌 확률적인 성격을 지닌 추세를 말한다. 이와 같은 확률적 추세를 갖는 시계열을 단위근 시계열이라고도 한다. 확률적 추세를 갖는 시계열은 아래에서 설명될 단위근 검정(unit root test)을 통하여 확인할 수 있으며, 이 경우에는 다음과 같은 차이계산(differencing)을 통하여 정상화를 시킬 수 있다. 즉, 비정상 계열 $\{Z_t\}$는 d차 차분한 계열 $(1-B)^d Z_t$은 정상 계열이 될 수 있다. 차분 계열은 다음과 같이 나타낼 수 있다.

1차 차분: $Z_t - Z_{t-1} = (1-B)Z_t = \nabla Z_t$

2차 차분: $(Z_t - Z_{t-1}) - (Z_{t-1} - Z_{t-2}) = (1-B)^2 Z_t = \nabla^2 Z_t$

$\vdots$

d차 차분: $(1-B)^d Z_t = \nabla^d Z_t$

예를 들면, 다음의 계열들은 1차 차분으로 정상계열이 될 수 있다.

첫째, $Z_t = Z_{t-1} + a_t$ (a_t는 백색잡음과정)인 경우,

이 모형에서 Z_t는 비정상 계열이다. 하지만 이 모형을 1차 차분으로 나타내면 $(1-B)Z_t = a_t$ 와 같이 되므로 $(1-B)Z_t = \nabla Z_t$ 는 백색잡음이 되므로 정상 계열이 된다.

둘째, $Z_t = 1.5Z_{t-1} - 0.5Z_{t-2} + a_t$($a_t$는 백색잡음과정)인 경우,

이 모형의 특성방정식의 근은 다음에서 2,1이 되므로 비정상적이다.

$$\phi(B) = (1 - 1.5B + 0.5B^2) = (1 - 0.5B)(1-B)Z_t$$

그러나 Z_t를 1차 차분한 계열로 나타내면 $(1-0.5B)(1-B)Z_t = a_t$와 같이 되므로 차분된 계열 $(1-B)Z_t = \nabla Z_t$에 대한 특성방정식은 $\phi(B) = (1-0.5B)$가 되고 근은 $2(>1)$가 되므로 차분된 계열은 정상시계열이 된다.

결정적 추세를 갖는 경우에는 추세제거(detrending)를 통하여 정상화 시킬 수 있다. 추세제거방법은 추세함수(일차, 이차 추세함수 등)를 포함시킨 시계열회귀 모형을 고려하여 시간효과를 제거하는 방법이다. 즉 시간변수 t를 포함하는 시계열회귀 모형을 추정하여 시간효과가 제거된 잔차를 구하여, 이 잔차를 정상시계열로 보고 시계열 분석을 하는 것이다.

다음 모형에서 (7.1.11)은 결정적 추세를 갖는 모형이고, (7.1.12)는 확률적 추세를 갖는 모형이다.

$$Z_t = 3 + 0.5t + a_t \tag{7.1.11}$$

$$Z_t = Z_{t-1} + a_t \tag{7.1.12}$$

모형 (7.1.12)는 시점 t에서 과거의 정보 $t-1,\ t-2,\ \cdots$가 주어질 때, Z_t의 평균은

$\mu_t = Z_{t-1}$, 즉 시점 $t-1$에서의 교란항의 영향을 받는다. 그러나, 모형 (7.1.11)의 Z_t의 평균은 $\mu_t = 3 + 0.5t$가 되므로 시간에 대한 결정적 함수가 된다.

예제 7.1

이제 이 두 시계열의 추세의 종류를 알아보기 위하여 각 모형을 따르는 100개의 시계열을 SAS로 생성(<프로그램 7.1> 참조)하여 이를 그림으로 나타내면 [그림 7.1]과 같이 된다. 두 계열 모두 평균이 시간에 의존하여 변하기 때문에 비정상시계열이 되어 평균의 정상화가 필요하다. 그러나 추세의 종류나 단위근의 존재 여부를 정확히 파악할 수는 없다.

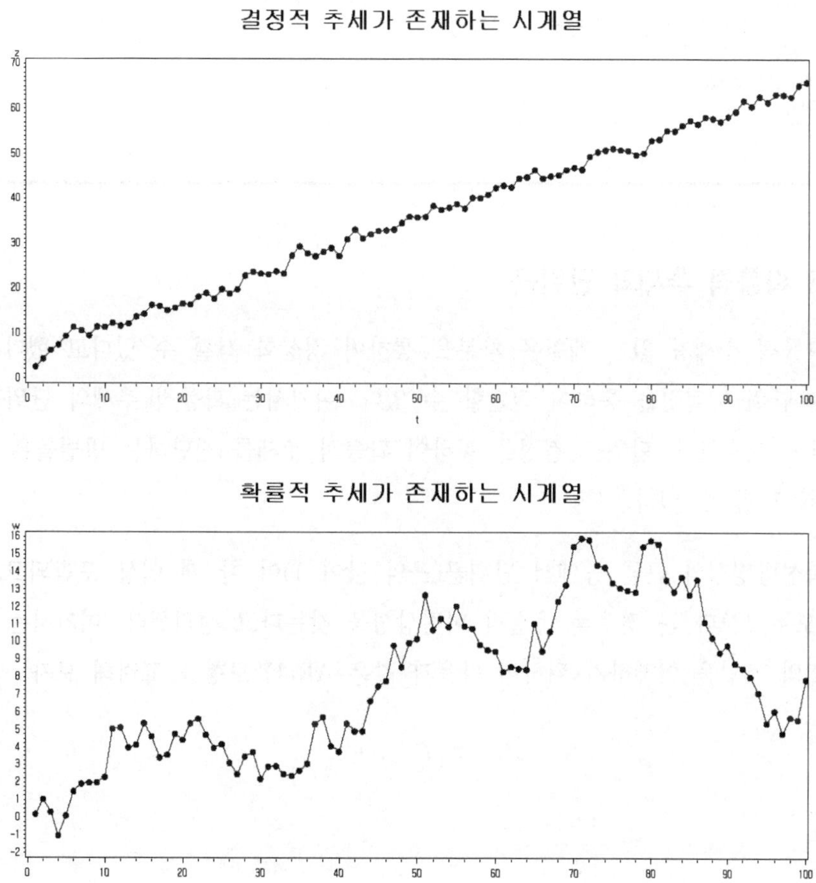

[그림 7.1] 결정적 추세와 확률적 추세가 존재하는 시계열

〈프로그램 7.1〉 TREND.SAS

```
/* Simulated  trend */
DATA ar1;
z1=0; w1=0;
DO t=1 TO 100;
  e =RANNOR(1234);
  z =3+0.3*t+0.5*z1 + e;
  w=w1+e; z=z1;w=w1;
  OUTPUT;
END; RUN;

SYMBOL C=blue  I=join Line=1 v=dot ;

TITLE"결정적 추세가 존재하는 시계열";
PROC GPLOT;
 PLOT Z*t;
RUN;
TITLE"확률적 추세가 존재하는 시계열";
PROC GPLOT;
 PLOT w*t;
RUN;
```

7.1.3 확률적 추세와 단위근

확률적 추세가 있는 계열은 차분을 통하여 정상화 시킬 수 있다고 했다. 확률적 추세는 단위근 검정을 통하여 진단할 수 있다. 여기서는 확률적 추세와 단위근의 개념에 대하여 기술한다. 단위근 검정을 통하여 확률적 추세를 진단하는 방법들은 <부록 7.1>을 참고 할 수 있다.

특성방정식의 근들 중에서 단위근(근의 값이 1)이 한 개 이상 포함되고, 나머지 근은 모두 1보다 큰 경우를 동질적 비정상성을 갖는다고 정의했다. 여기서는 단위근(unit root)의 개념을 이해하기 위하여 다음과 같은 AR(1) 모형을 고려해 보자.

$$Z_t = \phi_1 Z_{t-1} + a_t \tag{7.1.13}$$

혹은,

$$(1-\phi_1 B)Z_t = a_t$$

여기서, 교란항 a_t는 백색잡음과정으로 가정한다.

이 때 만약 $\phi_1 = 1$인 경우에는 특성방정식의 근은 B=1이 된다. 이 경우에 우리들은 "시계열 Z_t가 단위근을 갖는다"고 말한다. AR(1) 모형이 단위근을 갖는 경우는 앞에서 기술된 확률보행 모형이 되고, 이 모형은 비정상시계열이 된다.

그런데 만약 $Z_t = \alpha_0 + \alpha_1 t + a_t$와 같은 결정적 추세를 갖는 비정상시계열의 경우에 차이계산을 하면 다음과 같이 된다.

$$\nabla Z_t = \alpha_1 + a_t - a_{t-1}$$

이 모형은 상수항을 갖는 MA(1) 모형이 된다. 그러나, 특성방정식 $\theta(B) = 1 - B$가 되어 근은 1이 된다. 즉 단위근을 가진다. 따라서 가역성 조건을 만족하지 못한다. 그러므로 이 경우는 결정적 추세항을 포함하는 시계열 모형으로 분석해야 한다.

7.2 확률보행 모형(상수항이 있는 경우)

우리들은 6장의 6.1.4에서 상수항이 없는 확률보행 모형을 기술했다. 즉, 확률보행 모형은 AR(1) 계열 $(1-\phi B)Z_t = a_t$에서 ϕ가 1인 경우의 시계열로 정의된다. AR(1) 계열의 ACF는 $\rho_k = \phi^k$이고, ϕ가 1이기 때문에 확률보행 모형의 현상은 원계열 $\{Z_t\}$의 ACF의 값들이 서서히 감소하는 경향을 보이지만 일차 차분한 계열 $\{(1-B)Z_t\}$에 대해서는 ACF가 0이 되는 것으로 특징지을 수 있다.

상수항이 있는 확률보행 모형은 다음과 같이 나타낼 수 있다.

$$(1-B)Z_t = \theta_0 + a_t \tag{7.2.1}$$

혹은,

$$Z_t = Z_{t-1} + \theta_0 + a_t \tag{7.2.2}$$

여기서 원시점 k에 대하여, 축차적으로 대입하면 다음과 같다.

$$\begin{aligned} Z_t &= Z_{t-1} + \theta_0 + a_t \\ &= Z_{t-2} + 2\theta_0 + a_t + a_{t-1} \\ &\vdots \\ &= Z_k + (t-k)\theta_0 + \sum_{j=k+1}^{t} a_j \end{aligned} \tag{7.2.3}$$

여기서 $t > k$이다. 그러므로 Z_t 는 결정적 추세의 기울기(또는 경향) θ_0를 포함하고 있는 것이 명확하다. 따라서 $d > 0$일 때, θ_0 은 결정적 추세항과 같다고 할 수 있다.

일반적으로 $d > 0$일 때, 자료나 문제의 특성으로부터 결정적 요소가 명확히 요구되지 않는 경우에는 $\theta_0 = 0$로 가정한다.

식 (7.2.1)에서 θ_0 가 0이 아닌 계열을 일반적으로 경향을 갖는 확률보행 모형이라고 부른다. 그리고 식 (7.2.2)에서 Z_{t-1}, $Z_{t-2}, \cdots$ 가 주어지면 시점 t에서 평균의 수준 ($\mu_t = Z_{t-1} + \theta_0$)은 결정적 요소뿐만 아니라 시점 $(t-1)$에서의 확률적 교란항의 영향을 받는다. 만약 $\theta_0 = 0$인 경우에는 단지 확률적인 추세만을 가진다.

예제 7.2

이 장에서 논의되는 확률보행 모형의 결과를 설명하기 위해 100개의 자료를 모형 $(1-B)Z_t = a_t$와 $(1-B)Z_t = 4 + a_t$로부터 각각 생성했다. 여기서 a_t는 iid N(0,1)의 백색잡음과정이다. 경향을 갖는 경우와 갖지 않는 경우의 확률보행 시계열 경우에 [그림 7.3]에서 보는 바와 같이 두 계열의 SACF가 모두 천천히 감소하므로 추세가 있는 비정상계열임을 시사해 준다. [그림 7.3_1]의 기울기 4를 갖는 확률보행계열은 결정적 선형추세가 확실하게 나타나고, 반면에 [그림 7.3_2]의 경향을 가지지 않는 확률보행 모형의 비정상성은 확률적 추세가 있음을 알 수 있다.

(a) Autocorrelations(with drift)

```
Lag Correlation -1 9 8 7 6 5 4 3 2 1 0 1 2 3 4 5 6 7 8 9 1

 0   1.00000   |                    |********************|
 1   0.96980   |                  . |*******************  |
 2   0.93984   |                 .  |*******************  |
 3   0.90989   |               .    |******************   |
 4   0.87992   |              .     |******************   |
 5   0.85000   |             .      |*****************    |
 6   0.81994   |            .       |****************     |
 7   0.79007   |           .        |****************     |
 8   0.76018   |          .         |***************      |
 9   0.73038   |          .         |***************      |
10   0.70108   |         .          |**************.      |
11   0.67178   |        .           |*************  .     |
12   0.64271   |        .           |*************  .     |
```

(b) Autocorrelations(without drift)

```
Lag Correlation -1 9 8 7 6 5 4 3 2 1 0 1 2 3 4 5 6 7 8 9 1

 0   1.00000   |                    |********************|
 1   0.92967   |                  . |*******************  |
 2   0.86219   |                .   |*****************    |
 3   0.80382   |               .    |****************     |
 4   0.74764   |              .     |***************      |
 5   0.71394   |             .      |**************       |
 6   0.69829   |            .       |**************       |
 7   0.67316   |           .        |*************        |
 8   0.65349   |           .        |*************        |
 9   0.63547   |          .         |*************        |
10   0.60692   |          .         |************.        |
11   0.58529   |         .          |************ .       |
12   0.55840   |         .          |***********  .       |
```

[그림 7.2] 확률보행 과정의 SACF

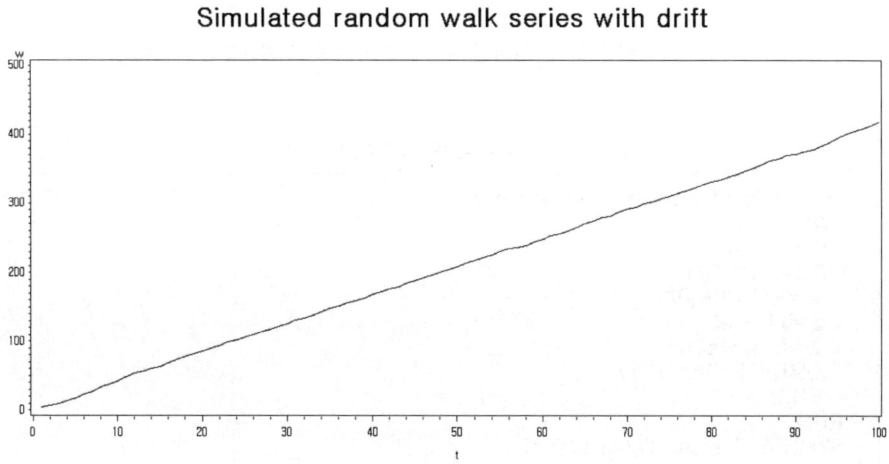

[그림 7.3_1] 경향을 갖는 경우의 확률보행 시계열

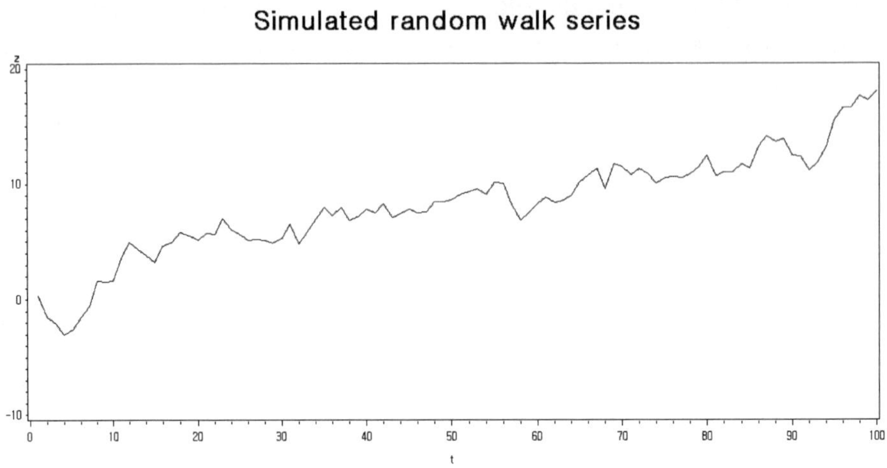

[그림 7.3_2] 경향을 갖지 않는 경우의 확률보행 시계열

〈프로그램 7.2〉 RW.SAS

```
/* Simulated random walk-process*/
DATA ar1;
 z1=0;w1=0;
DO t=1 TO 100;
  e =RANNOR(0);
  z =z1 + e;
  w=4+ w1+e;
  OUTPUT z1=z;w1=w;
  END;
RUN;
SYMBOL C=blue  I=join Line=1 ;

TITLE" Simulated random walk series";
PROC GPLOT;
PLOT z*t; RUN;

TITLE" Simulated random walk series with drift";
PROC GPLOT;
 PLOT w*t; RUN
PROC ARIMA;
 IDENTIFY VAR =z;
 IDENTIFY VAR =w;
RUN;
```

7.3 누적 자기회귀이동평균 모형

7.3.1 ARIMA(p,d,q) 모형

시계열 Z_t가 동질적 비정상성을 갖는 경우에 적당히 차분된 계열 $(1-B)^d Z_t$는 정상시계열이 된다. 즉, 동질적 비정상 시계열 Z_t를 다음과 같은 ARMA(p,q) 모형으로 나타낼 수 있다.

$$\Psi(B) Z_t = \theta(B) a_t$$

이 때, Z_t는 동질적 비정상 계열이므로 $\Psi(B)=0$에서 d개의 근이 단위원 상에 있으므로, $\Psi(B) = \phi(B)(1-B)^d$ 와 같이 나타낼 수 있다. 이 때 $\phi(B)$=0의 모든 근들은 단위원 밖에 존재하게 된다. 다시 나타내면,

$$\phi_p(B)(1-B)^d Z_t = \theta_q(B)\, a_t \tag{7.3.1}$$

여기서 $\phi_p(B) = (1-\phi_1 B - \cdots - \phi_p B^p)$는 정상 AR 연산자이고, $\theta_q(B) = (1-\theta_1 B - \cdots - \theta_q B^q)$는 가역 MA 연산자로서 공통 요인으로 나누어지지 않는다. 적당히 차분된 계열을 $(1-B)^d Z_t = \omega_t$로 나타내면 (7.3.1)은 다음과 같이 된다.

$$\phi_p(B)\omega_t = \theta_q(B)\, a_t \tag{7.3.2}$$

즉, $\phi_p(B)$는 정상적 AR 연산자이고, $\theta_q(B)$는 가역적 MA 연산자이기 때문에 ω_t는 정상 시계열이 된다. (7.3.1)과 같은 비정상 모형을 차수가 (p, d, q)인 누적 자기회귀이동평균(Autoregressive Intereated Moving Average: ARIMA) 모형이라고 하고, ARIMA(p, d, q)라고 표기한다.

비정상계열 Z_t는 다음과 같이 정상계열 $\omega_t(=Z_t - Z_{t-1})$들의 누적(integration)으로 나타낼 수 있다. 그래서 누적 ARMA 모형이라고 칭한다.

$$\omega_t + \omega_{t-1} + \omega_{t-3} + \cdots = (Z_t - Z_{t-1}) + (Z_{t-1} - Z_{t-2}) + (Z_{t-2} - Z_{t-3}) + \cdots = Z_t$$

7.3.2 ARIMA(1,1,1) 모형

ARIMA(p, d, q) 모형 중에서 d = 1, p = 1, q = 1인 가장 간단한 형태인 다음과 같은 ARIMA(1,1,1) 모형에 대하여 살펴 보자.

$$Z_t - Z_{t-1} = \phi_1(Z_{t-1} - Z_{t-2}) + a_t - \theta a_{t-1} \tag{7.3.3}$$

혹은, $(1-\phi_1 B)w_t = (1-\theta_1 B)a_t$, $w_t = (1-B)Z_t$

여기서, $\{a_t\}$는 평균 0, 분산 σ_a^2을 갖는 백색잡음과정이다.

Z_t에 대한 ARIMA(1,1,1) 모형은 변환된 계열 ω_t에 대하여 ARMA(1,1) 모형이 된다. 따라서, ARIMA(1,1,1) 모형의 ACF와 PACF는 변환된 계열 ω_t에 대한 ARMA(1,1) 모형의 ACF와 PACF 특성과 같아진다.

또, 식 (7.3.3)의 ARIMA(1,1,1) 모형은 다음과 같이 ARMA(2,1)으로 나타낼 수 도 있다. 물론 이 모형은 비정상이다. 일반적으로 ARIMA(p,1,q) 모형은 ARMA(p+1, q) 모형으로 나타낼 수 있다.

$$Z_t = (1+\phi_1)Z_{t-1} - \phi_1 Z_{t-2} + a_t - \theta a_{t-1}$$

예제 7.3 ARIMA(1,1,1) 모형

다음과 같은 ARIMA(1,1,1) 모형을 고려하자.

$$(1-0.8B)(1-B)Z_t = (1-0.5B)a_t,\ \text{혹은}\ (1-0.8B)w_t = (1-0.5B)a_t,$$

여기서 $\{a_t\}$는 평균 0, 분산 σ_a^2을 갖는 백색잡음이다. 이 모형을 Z_t에 대하여 전개하면 $Z_t = 1.8Z_{t-1} - 0.8Z_{t-2} + a_t - 0.5a_{t-1}$와 같이 된다. 이 때 원계열 Z_t의 특성방정식의 근은 1.25, 1이 된다. 따라서 단위근을 가지므로 비정상 계열이다. 그러나 변환된 계열 ω_t는 특성방적식의 근이 1.25가 되므로 정상 계열이 된다.

이 모형을 따르는 계열을 컴퓨터로 생성하여 그림으로 나태내면 [그림 7.4]와 같고, 또 자기상관함수를 나타내면 [그림 7.5]와 같다(<프로그램 7.3> 참조). 즉, 원계열에 대한 SACF는 1에 가까운 값에서부터 매우 서서히 감소하고(일반적으로 추세가 있는 계열, 즉 차분이 필요한 계열은 이러한 형태를 나타낸다) 차분된 계열은 지수적으로 감소하는 패턴을 나타내고 있다.

원계열

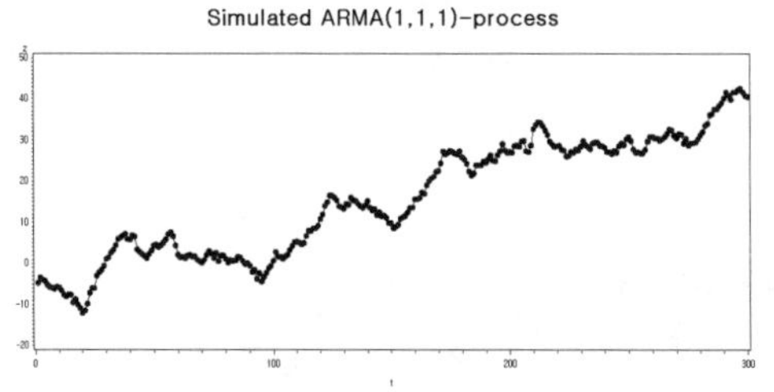

일차 차분한 계열

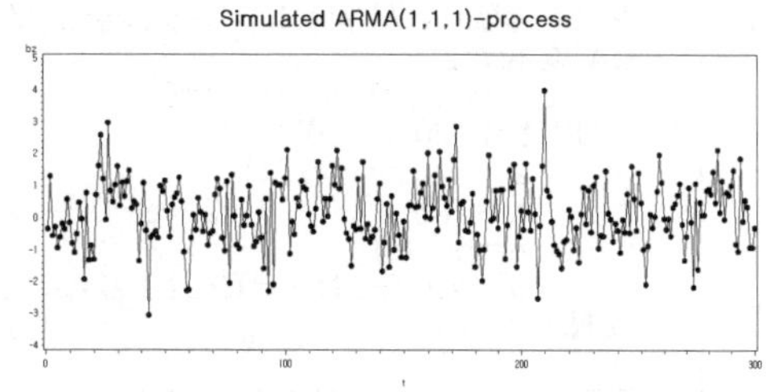

[그림 7.4] ARMA(1,1,1) 과정의 그림

원계열

```
                   Autocorrelations

Lag  Correlation -1 9 8 7 6 5 4 3 2 1 0 1 2 3 4 5 6 7 8 9 1

  0   1.00000    |                    |********************|
  1   0.98866    |                   .|********************|
  2   0.97641    |                  . |********************|
  3   0.96264    |                 .  |******************* |
  4   0.94802    |                .   |******************* |
  5   0.93310    |               .    |******************* |
  6   0.91806    |               .    |******************  |
  7   0.90288    |              .     |******************  |
  8   0.88779    |             .      |******************  |
  9   0.87230    |             .      |*****************   |
 10   0.85600    |             .      |*****************   |
 11   0.84018    |            .       |*****************   |
 12   0.82485    |            .       |****************    |
```

일차 차분한 계열

```
                   Autocorrelations

Lag  Correlation -1 9 8 7 6 5 4 3 2 1 0 1 2 3 4 5 6 7 8 9 1

  0   1.00000    |                    |********************|
  1   0.39968    |                  . |********            |
  2   0.35896    |                  . |*******             |
  3   0.25293    |                  . |*****               |
  4   0.18626    |                  . |****                |
  5   0.15661    |                  . |***                 |
  6   0.10374    |                  . |**.                 |
  7   0.15301    |                  . |***                 |
  8   0.06568    |                  . |* .                 |
  9   0.07917    |                  . |**.                 |
 10   -.01653    |                  . |  .                 |
 11   -.07719    |                  .**|  .                 |
 12   -.09770    |                  .**|  .                 |
```

[그림 7.5] ARMA(1,1,1) 과정의 SACF

〈프로그램 7.3〉 ARIMA111.SAS

```
/* Simulated ARMA(1,1,1)-process */
DATA arma;
    z1= 0; z2=0; a1=0; bz=0;
  DO t = -20 to 300;
       a = rannor(1234);
       z = 1.8 * z1-0.8*z2 +a -0.5* a1;
       bz=dif1(z);
       IF t>0 THEN OUTPUT  z2=z1; z1=z; a1= a;
 END; RUN;

TITLE"Simulated ARMA(1,1,1)-process"
SYMBOL C=blue  I=join V=dot  Line=1;
PROC GPLOT;
 PLOT z*t; RUN;

PROC GPLOT;
 PLOT bz*t; RUN;

TITLE"Simulated ARMA(1,1,1)-process";
PROC ARIMA;
 IDENTIFY VAR =z;
 ESTIMATE p=1 q=1 noconstant;
 IDENTIFY VAR =z(1);
 ESTIMATE p=1 q=1 noconstant;
RUN;
```

7.3.3 ARIMA(0,1,1) 모형과 지수평활법

식 (7.3.1)의 모형은 p = 0, d = 1, 그리고 q = 1일 때 다음과 같이 된다.

$$(1-B)Z_t = (1-\theta B)\, a_t \tag{7.3.4}$$

혹은,

$$Z_t = Z_{t-1} + a_t - \theta a_{t-1}, \quad -1 < \theta < 1$$

이와 같은 ARIMA(0, 1, 1) 혹은 IMA(1,1) 모형은 일차 차분을 취한 후의 정상 MA(1) 계열로 축소될 수 있다. 확률보행과정은 IMA(1,1)에서 $\theta = 0$인 특수한 경우이다. 그러므로 IMA(1,1) 모형의 기본적인 형태는 원계열의 SACF가 서서히 감소하는 형태를 보이고 일차 차분한 계열의 SACF는 일차 이동평균 모형의 형태로 주어진다.

모형 (7.3.4)는 $(1-\theta B)^{-1}(1-B)Z_t = a_t$와 같이 나타낼 수 있고, 또 $-1 < \theta < 1$일 때 $(1-\theta B)^{-1}(1-B)$는 다음과 같이 된다.

$$\begin{aligned}\frac{(1-B)}{(1-\theta B)} &= (1-B)(1+\theta B+\theta^2 B^2+\cdots) \\ &= 1+\theta B+\theta^2 B^2+\cdots-B-\theta B^2-\cdots \\ &= 1-(1-\theta)B-(1-\theta)\theta B^2-(1-\theta)\theta^2 B^3-\cdots \\ &= 1-\alpha B-\alpha(1-\alpha)B^2-\alpha(1-\alpha)^2 B^3-\cdots\end{aligned} \tag{7.3.5}$$

여기서 $\alpha = (1-\theta)$이다. 그러므로 이 모형은 다음과 같이 나타낼 수 있다.

$$Z_t = \alpha\sum_{j=1}^{\infty}(1-\alpha)^{j-1}Z_{t-j} + a_t \tag{7.3.6}$$

이 모형은 AR 모형으로 재표현한 것이고, Z_t 에 대한 최적의 예측값 $\widehat{Z}_t$ 는 회귀모형으로 다음과 같이 주어진다.

$$\widehat{Z}_t = \alpha\sum_{j=1}^{\infty}(1-\alpha)^{j-1}Z_{t-j} \tag{7.3.7}$$

바꾸어 말하면, 시점 t에서 Z_t 의 최적의 예측값은 지난 시점의 값(Z_{t-1}, Z_{t-2}, $\cdots$)들에 대하여 지수적으로 감소하는 가중치를 사용하는 가중 이동평균이다. 더욱이 식 (7.3.7)은 다음과 같이 나타낼 수 있다. 이 결과는 제4장에서 기술된 지수평활식과 같음을 알 수 있다.

$$\begin{aligned}\hat{Z}_{t+1} &= \alpha\sum_{j=1}^{\infty}(1-\alpha)^{j-1}Z_{t+1-j} \\ &= \alpha Z_t+(1-\alpha)\alpha\sum_{j=2}^{\infty}(1-\alpha)^{j-2}Z_{t+1-j} \\ &= \alpha Z_t+(1-\alpha)\alpha\sum_{i=1}^{\infty}(1-\alpha)^{i-1}Z_{t-i} \\ &= \alpha Z_t+(1-\alpha)\widehat{Z}_t\end{aligned} \tag{7.3.8}$$

즉, 다음 시점에 대한 Z의 새로운 예측값은 가장 마지막의 예측값과 새로운 관측값의 가중평균과 일치한다. 계수 α는 종종 지수평활법에서 평활지수라고 한다. 그러므로 일반적 ARIMA(p, d, q) 모형은 특별한 경우로 많은 평활법을 포함하고 있다. 지수적 평활법과 ARIMA 모형 사이의 관계에 대해서 더욱 더 자세한 논의는 Abraham & Ledolter (1983)을 참조하기 바란다.

〈부록 7.1〉 단위근 검정 방법

AR(1) 모형에서 계수 ϕ_1이 거의 1에 가까운 값인 경우에 모형의 특성을 파악하기 위하여 다음과 같은 AR(1) 모형을 고려한다.

$$Z_t = 0.98 Z_{t-1} + a_t$$

여기서 a_t는 백색잡음이다. 이 모형을 따르는 시계열을 생성하여 SACF와 SPACF를 나타내면 아래와 같다.

```
                    Autocorrelations

Lag Correlation  -1 9 8 7 6 5 4 3 2 1 0 1 2 3 4 5 6 7 8 9 1

  0   1.00000    |                    |********************|
  1   0.96458    |                  . |*******************  |
  2   0.93412    |                 .  |*******************  |
  3   0.89610    |                .   |******************   |
  4   0.85472    |               .    |*****************    |
  5   0.81337    |              .     |****************     |
  6   0.77284    |              .     |***************      |
  7   0.73386    |             .      |***************      |
  8   0.68588    |             .      |**************       |
  9   0.64091    |            .       |*************        |
 10   0.59009    |            .       |************         |
 11   0.54470    |            .       |***********          |
 12   0.49979    |           .        |**********.          |
```

```
                 Partial Autocorrelations

Lag Correlation  -1 9 8 7 6 5 4 3 2 1 0 1 2 3 4 5 6 7 8 9 1

  1   0.96458    |                  . |******************* |
  2   0.05324    |                  . |* .                 |
  3  -0.11988    |                  .**|  .                |
  4  -0.08341    |                  .**|  .                |
  5  -0.01896    |                  . |  .                 |
  6   0.00132    |                  . |  .                 |
  7   0.00498    |                  . |  .                 |
  8  -0.15540    |                  ***|  .                |
  9  -0.01051    |                  . |  .                 |
 10  -0.08589    |                  .**|  .                |
 11   0.04879    |                  . |* .                 |
 12  -0.00092    |                  . |  .                 |
```

[ϕ_1이 거의 1인 계열($Z_t = 0.98Z_{t-1} + a_t$)의 SACF와 SPACF]

생성된 이 계열의 SACF와 SPACF를 분석해 보면, SACF는 아주 서서히 감소하고 SPACF는 1에서만 큰 값을 가지고 있기 때문에 이 계열은 추세를 갖는 비정상계열로 판단할 수 있다. 그래서 우리들은 귀무가설 $H_0 : \phi_1 = 1$에 대한 가설검정을 통하여 단위근의 존재 여부를 판단해야 한다. 귀무가설하에서 (7.1.13)은 다음과 같이 확률보행과정(여기서 c는 상수)으로 나타난다.

$$\begin{aligned} Z_t &= Z_{t-1} + a_t \\ &= Z_{t-2} + a_{t-1} + a_t \\ &\vdots \\ &= c + \sum_{i=1}^{\infty} a_{t-i} \end{aligned}$$

또 분산은 $VAR(Z_t) = \sum_{i=1}^{\infty} \sigma_{t-i}^2$ 된다. 즉, t가 증가하면 Z_t의 분산은 ∞에 근사함으로 기존의 $t-$검정은 사용할 수 없다. 단위근 존재여부에 대한 검정방법은 DF 검정법(Dickey-Fuller test), ADF

검정법(Augmented Dickey-Fuller test), DHF 검정법(Dickey- Hasza-Fuller test), PP 검정법(Phillips Perron test) 등이 있으며 이 검정법들은 SAS/ ETS에서 제공되고 있다. 여기서는 이들에 대해 간략히 기술한다.

첫째, DF 검정

다음과 같은 AR(1) 모형이 단위근($\phi_1 = 1$)을 갖는지 여부를 검정하는 문제를 고려해 보자.

$$Z_t = \phi_1 Z_{t-1} + a_t,\ \ a_t \sim IID(0, \sigma^2)$$

여기서, ϕ_1의 최소제곱추정량은 다음과 같다.

$$\hat{\phi}_1 = \sum_{t=1}^{n} Z_{t-1} Z_t \Big/ \sum_{t=1}^{n} Z_{t-1}^2$$

이 때 $n(\hat{\phi}_1 - 1)$은 다음과 같은 점근적 분포를 따르게 된다(자세한 내용은 Mills (2000), pp64-71 참조).

$$n(\hat{\phi}_1 - 1) \rightarrow \frac{\int_0^1 W(r)\,dW(r)}{\int_0^1 [W(r)]^2 d(r)}$$

이와 같은 $n(\hat{\phi}_1 - 1)$의 점근적 분포를 사용하여 가설검정을 하는 것을 Dickey-Fuller (Dickey-Fuller, 1979) 단위근 검정이라고 한다.

DF 검정법에서 설정되는 가설은 다음과 같다.

$$H_0 : \phi_1 = 1 \ \ vs \ \ H_1 : |\phi_1| < 1$$

이 때 검정통계량은 다음과 같이 된다.

$$t = \frac{(\hat{\phi}_1 - 1)}{\hat{\sigma}_{\hat{\phi}_1}}$$

DF 검정법에서는 귀무가설하에서 다음과 같은 3가지 모형을 가정한다.

모형 1: $Z_t = \phi_1 Z_{t-1} + a_t$, 혹은 $\nabla Z_t = \gamma Z_{t-1} + a_t$

모형 2: $Z_t = \delta + \phi_1 Z_{t-1} + a_t$, 혹은 $\nabla Z_t = \delta + \gamma Z_{t-1} + a_t$

모형 3: $Z_t = \delta + \phi_1 Z_{t-1} + \beta t + a_t$, 혹은 $\nabla Z_t = \delta + \gamma Z_{t-1} + \beta t + a_t$

여기서, $\gamma = \phi_1 - 1$이고, a_t는 백색잡음과정이다. 모형 2에서는 절편 δ가 추가된 형태고, 모형 3에서는 절편과 시간추세가 추가된 형태로 단위근과 시간추세가 함께 공존하는 경우에 대해서도 단위근 검정이 가능하도록 하고 있다.

둘째, ADF 검정

DF 검정은 AR(1) 과정을 따르는 시계열을 기본대상으로 하고 있어 이를 확장하여 AR(p) 과정에 대하여 단위근 검정을 할 수 있도록 한 것이 ADF(Augmented Dickey- Fuller) 검정법이다.

ADF 검정법에서의 표현식을 이해하기 위하여, 다음과 같은 AR(3) 모형을 고려해 보자.

$$Z_t = \alpha + \phi_1 Z_{t-1} + \phi_2 Z_{t-2} + \phi_3 Z_{t-3} + a_t$$

이 모형의 우변에 $\phi_3 Z_{t-2}$ 와 $(\phi_2 + \phi_3) Z_{t-1}$ 을 더하고 빼주면 다음과 같이 된다.

$$Z_t = \alpha - (\phi_1 + \phi_2 + \phi_3) Z_{t-1} - (\phi_2 + \phi 3) \nabla Z_{t-1} - \phi_2 \nabla Z_{t-1} + a_t$$

또 양변에 Z_{t-1}을 빼주면,

$$\begin{aligned} \nabla Z_t &= \alpha - (1 - (\phi_1 + \phi_2 + \phi_3)) Z_{t-1} - (\phi_2 + \phi 3) \nabla Z_{t-1} - \phi_2 \nabla Z_{t-1} + a_t \\ &= \alpha + \gamma Z_{t-1} + \phi_1^* \nabla Z_{t-1} + \phi_2^* \nabla Z_{t-2} + a_t \end{aligned}$$

와 같이 된다. 이를 AR(p)에 대하여 나타내면,

$$\begin{aligned} \nabla Z_t &= \alpha + \gamma Z_{t-1} + \phi_1^* \nabla Z_{t-1} + \phi_2^* \nabla Z_{t-2} + \cdots + \phi_p^* \nabla Z_{t-p+1} + a_t \\ &= \alpha + \gamma Z_{t-1} + \sum_{j=1}^{p-1} \phi_j^* \nabla Z_{t-j} + a_t \end{aligned}$$

와 같이 표현할 수 있다. 여기서, $\gamma = -(1 - \sum_{i=1}^{p} \phi_i)$, $\phi_j^* = -\sum_{k=j+1}^{p} \phi_k$이다.

ADF 검정에서는 이와 같은 표현방법으로 DF 검정에서 사용했던 3가지 모형을 다음과 같이 표현한다.

모형 1: $\nabla Z_t = \gamma Z_{t-1} + \sum_{j=1}^{p} \phi_j^* \nabla Z_{t-j} + a_t$

모형 2: $\nabla Z_t = \delta + \gamma Z_{t-1} + \sum_{j=1}^{p} \phi_j^* \nabla Z_{t-j} + a_t$

모형 3: $\nabla Z_t = \delta + \gamma Z_{t-1} + \beta t + \sum_{j=1}^{p} \phi_j^* \nabla Z_{t-j} + a_t$

ADF 검정에서도 귀무가설은 DF 검정에서와 마찬가지로 $H_0 : \phi_1 = 1$ (혹은, $\gamma = 0$)를 사용한다. 검정절차는 DF 검정법과 동일하다.

셋째, DHF 검정과 PP 검정

DHF 검정은 계절단위근을 검정하기 위하여 Dicky, Hasza and Fuller(1984)가 제안한 검정법이다. DF 검정을 계절단위근의 경우로 확장한 것으로 다음의 모형하에서 계절단위근을 검정한다.

$$\nabla_s Z_t = \gamma_s Z_{t-s} + \omega_t$$

여기서, ω_t는 정상성과 가역성을 만족하는 ARMA 과정을 따른다.

이 때 귀무가설은 다음과 같이 설정한다.

$$H_0 : \gamma_s = 0$$

PP 검정(Phillips and Perron,1988)은 오차항이 백색잡음과정을 따르는 가정을 하는 DF나 ADF 검정과는 달리 오차항에 대하여 무상관이나 등분산을 요구하지 않는다. 따라서, DF 검정이나 ADF 검정의 일반화된 형태로 볼 수 있다.

연습문제

1. 다음을 간략히 기술하시오.

1) 동질적 비정상성과 폭발적 비정상성 2) 분산안정화 변환

3) 결정적 추세와 확률적 추세 4) 누적 자기회귀이동평균모형

2. 다음의 모형을 ARIMA(p,d,q) 모형으로 식별하시오. 또 각 모형이 정상적 혹은 가역적인가를 나타내시오.

1) $Z_t = Z_{t-1} + a_t - 0.4a_{t-1}$

2) $Z_t = 1.3Z_{t-1} - 0.3Z_{t-2} + a_t$

3) $Z_t = 1.5Z_{t-1} - 0.5Z_{t-2} + a_t - 0.3a_{t-1}$

4) $Z_t = 2Z_{t-1} - Z_{t-2} + a_t - 0.5a_{t-1}$

3. $\{a_t\}$이 평균이 0인 백색잡음과정이라 할 때 다음의 확률과정에 대하여 물음에 답하여라.

$$(1-B)^2(1-B^{12})Z_t = (1-0.4B)a_t$$

1) Z_t는 정상 시계열인가?

2) $W_t = (1-B)Z_t$는 정상 시계열인가?

3) $W_t = Z_t - 2Z_{t-1} + Z_{t-2}$는 정상 시계열인가?

4) $W_t = Z_t - Z_{t-12}$는 정상 시계열인가?

5) $W_t = (1-B)^2(1-B^{12})Z_t$는 정상 시계열인가?

4. $\phi = 0.3$일 때의 ARI(1,1) 모형을 따르는 계열($n=200$)을 SAS를 이용하여 생성하고, 이 자료의 그래프와 SACF, SPACF 그림을 그려라.

5. $\theta = -0.7$일 때의 IMA(1,1) 모형을 따르는 계열($n=200$)을 SAS를 이용하여 생성하고, 이 자료의 그래프와 SACF, SPACF 그림을 그려라.

6. $\phi = 0.6,\ \theta = -0.4$일 때의 ARIMA(1,1,1) 모형을 따르는 계열($n=200$)을 SAS를 이용하여 생성하고, 이 자료의 그래프와 SACF, SPACF 그림을 그려라.

7. $\phi = 0.6,\ \theta = -0.4$일 때의 ARIMA(1,0,1) 모형을 따르는 계열($n=200$)을 SAS를 이용하여 생성하고, 이 자료의 그래프와 SACF, SPACF 그림을 그리고, 5번의 결과와 비교하라.

제 8 장 계절 시계열 모형

이 책의 전반부에서 우리는 계절성을 갖는 계열의 경우 윈터스의 계절지수평활법을 사용하여 예측하는 과정을 설명하였다.

여기서는 계절성을 갖는 계열에 대하여 ARIMA 모형을 적합시키는 방안을 기술하고자 한다.

다음 [그림 8.1]은 1980년 1월부터 2014년 4월까지의 월별 건축허가면적 자료이다. 이 시계열은 대체로 매년 4, 5월이 높고, 1, 2월이 낮으며, 이러한 현상은 매년 반복하여, 즉 일 년(12개월)을 주기로 나타나고 있음을 볼 수 있다. 또 [그림 8.2]는 2001년 1/4분기에서 2013년 1/4분기까지의 분기별 전산업생산지수(농림어업 제외, 2010년 = 100) 자료이다. 이 계열은 대체로 매년 1/4분기는 낮고 4/4분기는 높게 나타나고 있음을 볼 수 있다. 즉, [그림 8.1]은 계절성의 길이가 12, [그림 8.2]는 계절성의 길이가 4인 계절성을 갖는 시계열이다.

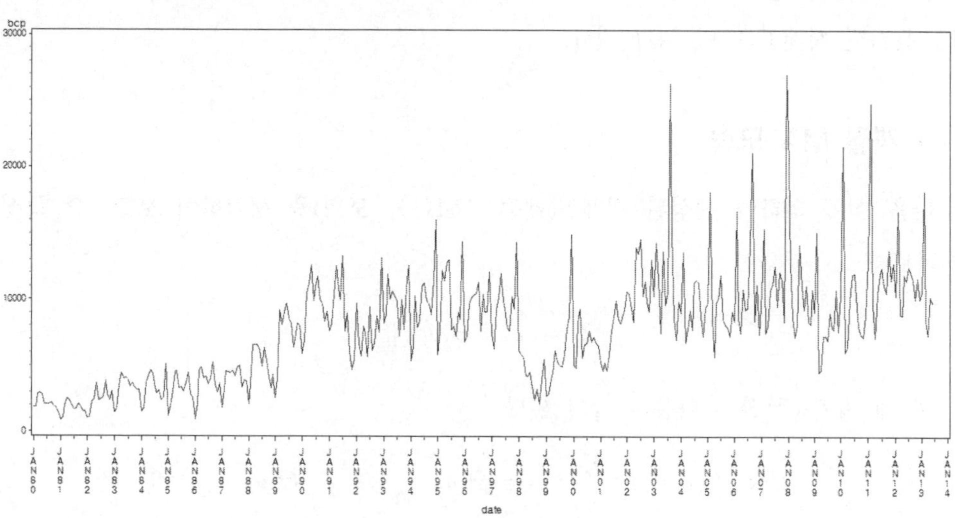

[그림 8.1] 건축허가면적(BCP) 자료의 시계열 그림

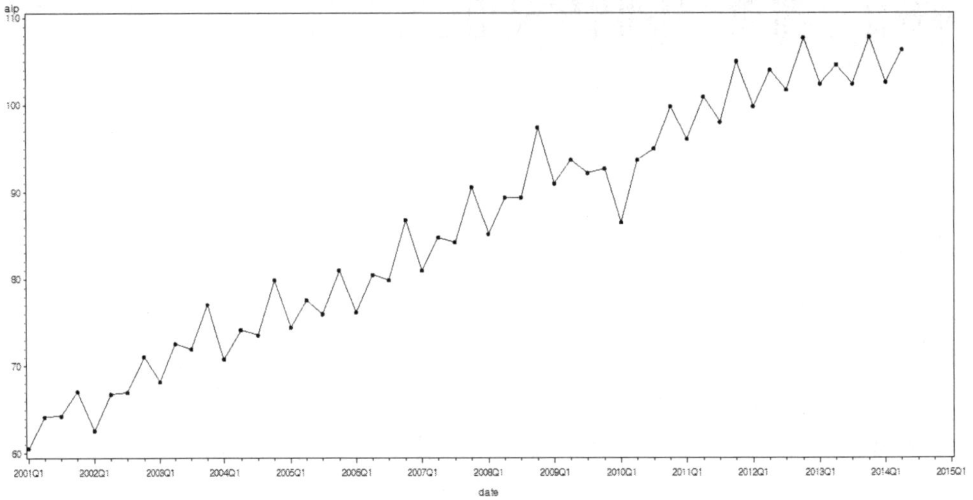

[그림 8.2] 전산업생산지수(AIP) 시계열의 그림

8.1 정상 계절 AR 모형과 MA 모형

이 절에서는 먼저 정상 모형에 대하여 살펴보고, 다음으로 8.3절에서는 좀 더 일반화된 비정상 모형에 대하여 살필 것이다. 계절 시차를 s라고 하면 월별 시계열은 $s=12$, 분기별 시계열은 $s=4$가 된다.

8.1.1 계절 MA 모형

다음 식에 의하여 생성된 시계열(계절 $MA(1)_s$ 모형)을 생각하여 보고, 그 특성을 살펴보자.

$$Z_t = a_t - \Theta_1 a_{t-12}$$

이 때 자기공분산은 다음과 같이 된다.

$$Cov(Z_t, Z_{t-1}) = Cov(a_t - \Theta_1 a_{t-12}, a_{t-1} - \Theta_1 a_{t-13}) = 0$$

$$Cov(Z_t, Z_{t-2}) = Cov(a_t - \Theta_1 a_{t-12}, a_{t-2} - \Theta_1 a_{t-14}) = 0$$

$$\vdots$$

$$Cov(Z_t, Z_{t-11}) = Cov(a_t - \Theta_1 a_{t-12}, a_{t-11} - \Theta_1 a_{t-23}) = 0$$

$$\begin{aligned} Cov(Z_t, Z_{t-12}) &= Cov(a_t - \Theta_1 a_{t-12}, a_{t-12} - \Theta_1 a_{t-24}) \\ &= -\Theta_1 \sigma_a^2 \end{aligned}$$

즉, 이러한 시계열은 정상적이고 시차 12에서만 0이 아닌 자기상관을 가짐을 알 수 있다. 이러한 개념을 일반화하면, 차수가 Q인 계절 $\mathrm{MA(Q)}_s$ 모형을 다음과 같이 정의할 수 있다.

$$Z_t = a_t - \Theta_1 a_{t-s} - \Theta_2 a_{t-2s} - \cdots - \Theta_Q a_{t-Qs} \tag{8.1.1}$$

이 때 계절 MA 특성방정식은 다음과 같다.

$$\Theta(B) = 1 - \Theta_1 B^s - \Theta_2 B^{2s} - \cdots - \Theta_Q B^{Qs} \tag{8.1.2}$$

그러한 시계열은 항상 정상적이고, ACF가 계절시차 $s, 2s, 3s$, ..., Qs에서만 0이 아니고, ACF는 다음과 같다.

$$\rho_{ks} = \frac{-\Theta_k + \Theta_1\Theta_{k+1} + \Theta_2\Theta_{k+2} + \cdots + \Theta_{Q-k}\Theta_Q}{1 + \Theta_1^2 + \Theta_2^2 + \cdots + \Theta_Q^2},\ k = 1,\ 2,\ \cdots,\ Q \tag{8.1.3}$$

이 모형이 가역적이기 위해서는, $\Theta(B) = 0$의 근의 절대값이 모두 1보다 커야한다. 계절 $\mathrm{MA}(Q)_s$ 모형은 차수가 $q = Qs$인 일반적인 비계절 MA 모형의 특별한 경우로 또한 간주될 수 있지만, 계절시차 $s, 2s, \cdots, Qs$ 이외의 모든 θ값들이 0이 된다.

예제 8.1 $MA(1)_4$ **모형**

다음과 같은 계정성의 길이가 4인 계절 MA(1) 모형을 고려하자.

$$Z_t = a_t - 0.7a_{t-4}$$

여기서 $\{a_t\}$는 평균 0, 분산 σ_a^2을 갖는 백색잡음이다. 이 모형을 따르는 계열을 컴퓨터로 생성하여 그림으로 나태내면 [그림 8.3]과 같고, 또 자기상관함수를 나타내면 [그림 8.4]과 같다(<프로그램 8.1> 참조). 이 계열의 SACF는 4에서 큰 값을 가지고, 또 SPACF는 4, 8, 12, 16 등에서 큰 값을 나타내고 있다. 즉 이 계열은 계절성의 길이가 4인 계절적 계열의 특성을 보여주고 있다.

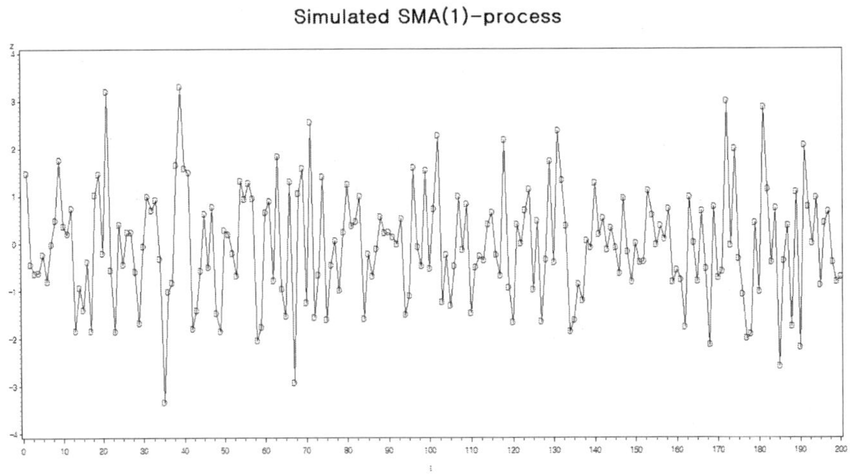

[그림 8.3] $MA(1)_4$ 과정의 그림

```
                    Autocorrelations

Lag Correlation -1 9 8 7 6 5 4 3 2 1 0 1 2 3 4 5 6 7 8 9 1

 0  1.00000   |                    |********************|
 1  -.01779   |                  . | .                  |
 2  -.01043   |                  . | .                  |
 3  -.00184   |                  . | .                  |
 4  -.54536   |         ***********| .                  |
 5  -.04113   |                  . *| .                 |
 6  -.03564   |                  . *| .                 |
 7  0.00898   |                  . | .                  |
 8  0.09065   |                  . |** .                |
 9  0.06078   |                  . |* .                 |
10  0.04285   |                  . |* .                 |
11  -.01161   |                  . | .                  |
12  -.01257   |                  . | .                  |
13  -.04841   |                  . *| .                 |
14  0.00135   |                  . | .                  |
15  -.00549   |                  . | .                  |
16  -.00285   |                  . | .                  |
```

```
                  Partial Autocorrelations

Lag  Correlation  -1 9 8 7 6 5 4 3 2 1 0 1 2 3 4 5 6 7 8 9 1

 1   -0.01779     |                  . | .                  |
 2   -0.01075     |                  . | .                  |
 3   -0.00222     |                  . | .                  |
 4   -0.54578     |         ***********| .                  |
 5   -0.08758     |                 .**| .                  |
 6   -0.07950     |                 .**| .                  |
 7   -0.01086     |                  . | .                  |
 8   -0.30692     |              ******| .                  |
 9   -0.03683     |                  . *| .                 |
10   -0.05320     |                  . *| .                 |
11   -0.03846     |                  . *| .                 |
12   -0.19215     |                ****| .                  |
13   -0.07122     |                  . *| .                 |
14   -0.02367     |                  . | .                  |
15   -0.05754     |                  . *| .                 |
16   -0.13774     |                 ***| .                  |
```

[그림 8.4] $MA(1)_4$ 과정의 SACF와 SPACF

〈프로그램 8.1〉 SMA1.SAS

```
/* Simulated SMA(1)-process */
DATA ma1;
 e4=0;
DO t=-20 TO 200;
  e =RANNOR(123);
  z =e-0.7*e4;
  e4=LAG3(e);
  IF t>0 THEN OUTPUT;
 IF e4=. THEN e4=e;
  END; RUN;
PROC GPLOT;
 PLOT z*t;
SYMBOL C=blue  I=join V=dots Line=1;
RUN;
PROC ARIMA;
 IDENTIFY VAR =z;
RUN;
```

8.1.2 계절 AR 모형

다음과 같이 표현되는 계절 자기회귀 모형(계절 $AR(1)_{12}$)을 생각해보자.

$$Z_t = \Phi_1 Z_{t-12} + a_t \tag{8.1.4}$$

여기서 $|\Phi_1| < 1$이고, a_t는 $Z_{t-1}, Z_{t-2}, \cdots$와 독립이다. 조건 $|\Phi_1| < 1$은 일반적인 AR 모형에서와 같이 정상성을 만족하는 조건이다. 따라서 $E(Z_t) = 0$임을 쉽게 증명할 수 있다. 식 (8.1.4)에 Z_{t-k}를 곱하고 기대값을 취한 후 γ_0로 나누면 다음과 같은 식을 얻을 수 있다.

$$\rho_k = \Phi_1 \rho_{k-12}, \quad k \ge 1 \tag{8.1.5}$$

여기서 $\rho_0 = 1$이므로

$$\rho_{12} = \Phi_1 \rho_0 = \Phi_1, \quad \rho_{24} = \Phi_1 \rho_{12} = \Phi_1^2$$

이다. 더 일반적으로 ACF는 다음과 같다.

$$\rho_{12k} = \Phi_1^k, \quad k = 1,2,... \tag{8.1.6}$$

여기서 $k=1$과 $k=11$을 대입하고 $\rho_k = \rho_{-k}$를 이용하면 다음의 관계식을 얻을 수 있다.

$$\rho_1 = \Phi_1 \rho_{11}, \quad \rho_{11} = \Phi_1 \rho_1$$

위 식으로부터 $\rho_1 = \rho_{11} = 0$임을 알 수 있다. 마찬가지로 계절 시차 $s, 2s, 3s,$ ... 이외의 시차에서는 $\rho_k = 0$임을 보일 수 있다. 그러한 시차에서, ACF는 $AR(1)$ 모형에서와 같이 지수적으로 감소한다.

차수가 P인 계절 $AR(P)_s$ 모형은 다음과 같이 정의할 수 있다.

$$Z_t = \Phi_1 Z_{t-s} + \Phi_2 Z_{t-2s} + \cdots + \Phi_p Z_{t-Ps} + a_t \tag{8.1.7}$$

이 때의 계절 AR 특성방정식은 다음과 같고

$$\Phi(B) = 1 - \Phi_1 B^2 - \Phi_2 B^{2s} - \cdots - \Phi_P B^{Ps} \tag{8.1.8}$$

a_t는 $Z_{t-1}, Z_{t-2}, \cdots$와 독립이며 정상성을 위해서 $\Phi(B)=0$의 근의 절대값이 1보다 커야한다. 식 (8.1.7)은 계절시차 $s, 2s, \cdots, Ps$에서만 0이 아닌 ϕ-계수를 갖는 차수 $p = Ps$인 특별한 $AR(p)$ 모형으로 간주될 수 있다. 즉, 계절성의 길이가 s인 계절 $AR(P)_s$ 모형의 ACF는 다음과 같이 된다.

$$\rho_{ks} = \Phi_1^k, \quad k = 1,2,... \tag{8.1.9}$$

예제 8.2 $AR(1)_4$ 모형

다음과 같은 계정성의 길이가 4인 계절 AR(1) 모형을 고려하자.

$$Z_t = 0.8 Z_{t-4} + a_t$$

여기서 $\{a_t\}$는 평균 0, 분산 σ_a^2을 갖는 백색잡음이다. 이 모형을 따르는 계열을 컴퓨터로 생성하여 그림으로 나태내면 [그림 8.5]와 같고, 또 자기상관함수를 나타내면

[그림 8.6]과 같다(<프로그램 8.2> 참조). 이 계열의 SACF는 4, 8, 12, 16 등에서 큰 값을 가지고 또 SPACF는 4에서 큰 값을 나타내고 있다. 즉 이 계열은 계절성의 길이가 4인 계절적 계열의 특성을 보여주고 있다.

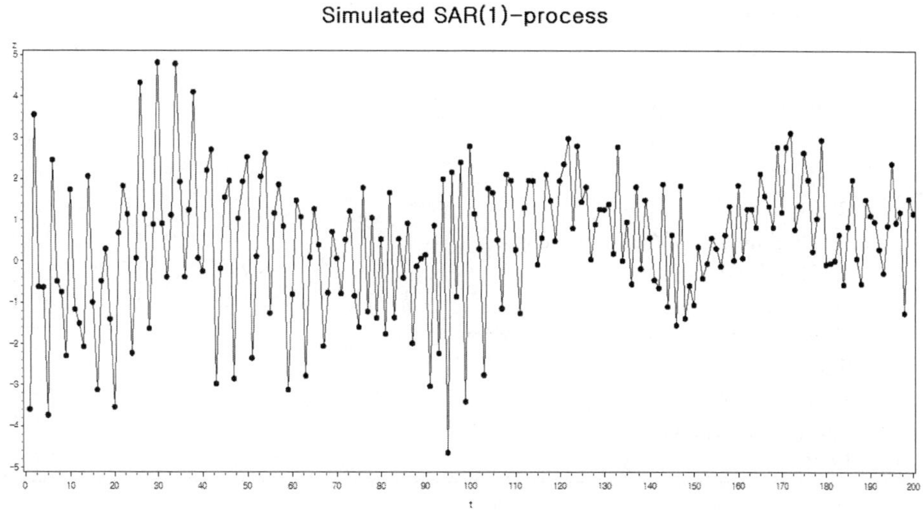

[그림 8.5] $AR(1)_4$ 과정의 그림

```
                        Autocorrelations

Lag Correlation  -1 9 8 7 6 5 4 3 2 1 0 1 2 3 4 5 6 7 8 9 1

 0   1.00000    |                    |********************|
 1   -.04923    |                  . *|   .               |
 2   -.00621    |                  .  |   .               |
 3   0.02349    |                  .  |   .               |
 4   0.76161    |                  .  |***************    |
 5   -.07396    |                 .  *|    .              |
 6   -.06078    |                 .  *|    .              |
 7   0.08243    |                 .   |**  .              |
 8   0.56124    |                 .   |***********        |
 9   -.10706    |                .  **|     .             |
10   -.12011    |                .  **|     .             |
11   0.06441    |                .    |*    .             |
12   0.42452    |                .    |********           |
13   -.19063    |               .****|      .             |
14   -.14257    |               . ***|      .             |
15   0.06074    |               .    |*     .             |
16   0.33069    |               .    |*******             |
```

```
                   Partial Autocorrelations

Lag Correlation  -1 9 8 7 6 5 4 3 2 1 0 1 2 3 4 5 6 7 8 9 1

 1  -0.04923    |                  . *|  .                |
 2  -0.00865    |                  .  |  .                |
 3   0.02281    |                  .  |  .                |
 4   0.76616    |                  .  |***************    |
 5   0.03682    |                  .  |* .                |
 6  -0.14499    |                  ***|  .                |
 7   0.01711    |                  .  |  .                |
 8  -0.01359    |                  .  |  .                |
 9  -0.04936    |                  . *|  .                |
10  -0.09539    |                  .**|  .                |
11  -0.13324    |                  ***|  .                |
12   0.03271    |                  .  |* .                |
13  -0.12129    |                  .**|  .                |
14  -0.02949    |                  . *|  .                |
15   0.04245    |                  .  |* .                |
16   0.04929    |                  .  |* .                |
```

[그림 8.6] $AR(1)_4$ 과정의 SACF와 SPACF

〈프로그램 8.2〉 SAR1.SAS

```
/* Simulated SAR(1)-process */
DATA ar1;
 z4=0;
DO t=-20 TO 200;
  e =RANNOR(1234);
  z =0.8*z4 + e;
z4=LAG3(z);
  IF t>0 THEN OUTPUT;
  IF z4=. THEN z4=z;
  END;
RUN;
TITLE'Simulated SAR(1)-process';
PROC GPLOT;
 PLOT Z*t;
SYMBOL C=blue  I=join Line=1 v=dot ;
RUN;
PROC ARIMA;
 IDENTIFY VAR =z;
RUN;
```

8.2 승법 계절 ARMA 모형

앞 절에서 계절시차에서만 자기상관을 갖는 모형을 고려했었다. 그러나 계절과 비계절 ARMA 모형을 결합함으로써, 우리는 계절시차뿐만 아니라 근접한 관찰값들에 대하여도 자기상관을 갖는 확장된 모형을 생각할 수 있다.

MA 특성방정식이 다음과 같은 모형을 생각해보자.

$$(1-\theta_1 B)(1-\Theta_1 B^{12})$$

위 식을 전개하면 $1-\theta_1 B-\Theta_1 B^{12}+\theta_1\Theta_1 B^{13}$이다. 따라서 이에 대응하는 시계열은 다음 식을 만족한다. 이 식은 계절 $ARMA(0,1)(0,1)_{12}$ 모형이다.

$$Z_t = a_t - \theta_1 a_{t-1} - \Theta_1 a_{t-12} + \theta_1 \Theta_1 a_{t-13} \quad \textbf{(8.2.1)}$$

이 모형에 대하여 우리는 자기공분산함수 및 ACF가 다음과 같이 되고, 따라서

ACF가 시차 1, 11, 12, 그리고 13에서만 0이 아님을 확인할 수 있다.

$$\begin{aligned}\gamma_0 &= (1+\theta_1^2)(1+\Theta_1^2)\sigma_a^2,\\ \gamma_1 &= -\theta_1(1+\Theta_1^2)\sigma_a^2,\\ \gamma_k &= 0,\quad k=2,\ 3,\ \cdots,\ 10\\ \gamma_{11} &= \gamma_{13} = \theta_1\Theta_1\sigma_a^2\\ \gamma_{12} &= -\Theta_1(1+\theta_1^2)\sigma_a^2\end{aligned} \tag{8.2.2}$$

또,

$$\begin{aligned}\rho_1 &= -\frac{\theta_1}{1+\theta_1^2}\\ \rho_{11} &= \rho_{13} = \frac{\theta_1\Theta_1}{(1+\theta_1^2)(1+\Theta_1^2)}\\ \rho_{12} &= -\frac{\Theta_1}{1+\Theta_1^2}\end{aligned} \tag{8.2.3}$$

물론 우리는 단지 θ_1과 θ_{12}의 값만 0이 아닌 차수 12인 MA 모형을 정의함으로서 단기간과 계절 자기상관을 또한 유도할 수 있다. 승법 모형이 차분을 필요로 하는 비정상 모형에 대하여 매우 자연스럽게 발생하는 것은 다음 8.3절에서 알 수 있을 것이다.

일반적으로 승법계절 $ARMA(p,q)\times(P,Q)$ 모형은 다음과 같은 AR 특성방정식 $\phi(B)\Phi(B)$와 MA 특성방정식 $\theta(B)\Theta(B)$를 갖는 모형으로 정의한다. 즉, $\phi(B)\Phi(B)Z_t = \theta(B)\Theta(B)a_t$이고, 여기서

$$\begin{aligned}\phi(B) &= 1-\phi_1B-\phi_2B^2-\cdots-\phi_pB^p\\ \Phi(B) &= 1-\Phi_1B^s-\Phi_2B^{2s}-\cdots-\Phi_PB^{Ps}\\ \theta(B) &= 1-\theta_1B-\theta_2B^2-\cdots-\theta_qB^q\\ \Theta(B) &= 1-\Theta_1B^s-\Theta_2B^{s2}-\cdots-\Theta_QB^{Qs}\end{aligned} \tag{8.2.4}$$

이 모형은 역시 상수항 θ_0를 포함할 수도 있다.

다른 예로, $s=12$이면서 $P=q=1$과 $p=Q=0$인 경우를 생각해보자. 그러면 모형은 다음 식과 같다.

$$Z_t = \Phi_1 Z_{t-12} + a_t - \theta_1 a_{t-1}$$

먼저 자기공분산함수를 구하면 다음과 같게 되고

$$\begin{aligned}\gamma_1 &= \Phi_1 \gamma_{11} - \theta_1 \sigma_a^2 \\ \gamma_k &= \Phi_1 \gamma_{k-12}, \quad k \geq 2\end{aligned}$$

k에 대해 다양한 선택을 함으로써 다음과 같은 분산 및 ACF를 얻을 수 있다.

$$\gamma_0 = \frac{1+\theta_1^2}{1-\Phi_1^2}\sigma_a^2$$

$$\rho_{12k} = \Phi_1^k, \quad k = 1, 2, \ldots$$

$$\rho_{12k-1} = \rho_{12k+1} = -\frac{\theta_1}{1+\theta_1^2}, \quad k = 0, 1, 2, \ldots$$

이 때 나머지 모든 자기상관들은 0이 될 것이다.

예제 8.3

다음은 계절 $ARMA(0,1)\times(1,0)_4$ 모형에 따르는 시계열 자료를 SAS로 생성한 자료에 대한 분석결과이다(<프로그램 8.3> 참조). 모수값은 각각 $\Phi_1 = 0.6$, $\theta_1 = 0.4$, $S=4$로 주어졌다. 원계열(Z_t)에 대한 SACF를 보면 시차가 4, 8, 12 등에서 높은 상관을 보이며 또한 시차 3, 5 등에서도 유의적인 값을 가짐을 볼 수 있다.

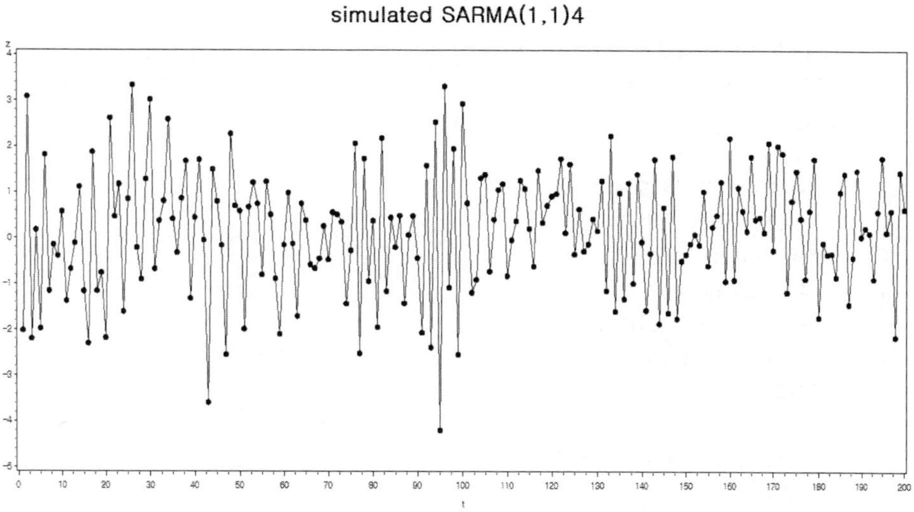

[그림 8.7] 계절 ARMA($\Phi_1 = 0.6$, $\theta_1 = 0.4$, $s = 4$) 모형에 대한 시계열 그림

```
                              Autocorrelations

Lag  Covariance  Correlation -1 9 8 7 6 5 4 3 2 1 0 1 2 3 4 5 6 7 8 9 1   Std Error

  0    1.800696    1.00000   |                    |********************|          0
  1   -0.704184    -.39106   |            ********|   .                |   0.070711
  2    0.194772    0.10816   |                  . |**.                 |   0.080804
  3   -0.303345    -.16846   |                 ***|   .                |   0.081525
  4    0.955759    0.53077   |                  . |***********         |   0.083247
  5   -0.361780    -.20091   |                ****|   .                |   0.098728
  6   -0.029305    -.01627   |                  . |   .                |   0.100752
  7    0.065485    0.03637   |                  . |*  .                |   0.100765
  8    0.387946    0.21544   |                  . |****                |   0.100831
  9   -0.119530    -.06638   |                  .*|   .                |   0.103107
 10   -0.158775    -.08817   |                 .**|   .                |   0.103320
 11    0.070446    0.03912   |                  . |*  .                |   0.103696
 12    0.247502    0.13745   |                  . |***.                |   0.103769
 13   -0.224464    -.12465   |                 .**|   .                |   0.104676
 14   -0.090752    -.05040   |                  .*|   .                |   0.105415
 15    0.058836    0.03267   |                  . |*  .                |   0.105536
 16    0.189993    0.10551   |                  . |** .                |   0.105586
```

[그림 8.8] 원계열(Z_t)에 대한 SACF

〈프로그램 8.3〉 SARMA11.SAS

```
TITLE'simulated SARMA(0,1)(1,0)4';
DATA sarma;
z4=0;
DO t=-20 to 200;
  a=RANNOR(1234); a1=LAG1(a);
  IF a1=. THEN a1=0;
  z=0.6*z4+a-0.4*a1;
  z4=LAG3(z);
  IF t>0 THEN OUTPUT;
  IF z4=. THEN z4=z;
  END; RUN;

  SYMBOL I=join V=dot L=1;
PROC GPLOT;
    PLOT z*t;
RUN;
PROC ARIMA;
 IDENTIFY VAR =z;
RUN;
```

8.3 비정상 계절 ARIMA 모형

비정상 시계열 과정을 모형화하는 중요한 도구는 계절 차분이다. 시계열 Z_t에 대하여 기간 s의 계절 차분을 $\triangle_s Z_t$라 표기하면 다음과 같이 정의할 수 있다.

$$\triangle_s Z_t = Z_t - Z_{t-s} \tag{8.3.1}$$

예를 들어, 월별 시계열에 대하여 우리는 연속적인 해에 대하여 1월부터 1월까지, 2월부터 2월까지, 기타 등등의 변화를 고려한다. 자료의 개수가 n인 시계열에 대하여 계절차분 시계열은 그 개수가 $(n-s)$이다. 즉, s 자료값은 계절차분에 의하여 소멸되었다.

계절차분의 적절한 예로 다음과 같은 식에 의해 생성된 과정을 고려하여 보자.

$$Z_t = S_t + a_t \tag{8.3.2}$$

여기서

$$S_t = S_{t-s} + b_t \tag{8.3.3}$$

이며, a_t와 b_t는 백색잡음으로 서로 독립이다. 여기서 S_t는 "계절 확률보행"이고, 만일 $\sigma_b < \sigma_a$라면, S_t는 계절성분의 변화가 적은 모형이 된다.

$\{S_t\}$의 비정상성으로 인하여, 분명히 Z_t는 비정상이다. 하지만 앞에서 설명한 바와 같이 Z_t를 계절적으로 차분한다면, 다음의 식을 얻을 수 있다.

$$\begin{aligned} \triangle_s Z_t &= S_t - S_{t-s} + a_t - a_{t-s} \\ &= b_t + a_t - a_{t-s} \end{aligned} \tag{8.3.4}$$

$\triangle_s Z_t$가 정상적이고 $MA(1)$ 모형의 ACF를 가짐을 쉽게 보일 수 있다.

식 (8.3.2)과 (8.3.3)의 모형은 확률적 추세를 천천히 바꾸는 비계절성을 설명하기 위해 또한 일반화될 수 있다. 다음과 같은 식을 고려하여 보자.

$$Z_t = M_t + S_t + a_t$$

여기서

$$\begin{aligned} S_t &= S_{t-s} + b_t \\ M_t &= M_{t-1} + c_t \end{aligned}$$

이며, a_t, b_t와 c_t는 백색잡음 계열로 상호 독립이다. 이 때 계절 차분과 보통의 비계절 차분을 취함으로써 다음의 식을 얻을 수 있다.

$$\begin{aligned} \triangle\triangle_s Z_t &= \Delta(M_t - M_{t-s} + b_t + a_t - a_{t-s}) \\ &= (c_t + b_t + a_t) - (b_{t-1} + a_{t-1}) - (c_{t-s} + a_{t-s}) + a_{t-s-1} \end{aligned} \tag{8.3.5}$$

식 (8.3.5)에서의 모형은 정상적이고 시차 1, $s-1$, s와 $s+1$에서만 0이 아닌 자기상관을 가질 것이며, 승법계절 모형 $ARMA(0,1)\times(0,1)_s$의 상관구조와 일치한다.

즉, 관측된 시계열이 계절성을 포함하면 이 계열도 비정상 계열이 되므로 정상화 시켜야 한다. 그러므로 정상계열로 변환시키기 위해서는 앞에서 설명된 추세성을 제거하기 위한 비계절 차이계산과 별도로 계절성에 의해서 야기되는 비정상성을 제거하기 위한 계절 차이계산을 해주어야 한다.

만일 차분된 시계열을 다음과 같이 W_t로 나타내고,

$$W_t = \Delta^d \Delta_s^D Z_t$$

이 W_t가 $ARMA(p,q)(P,Q)$ 모형을 만족한다면, 과정 Z_t는 비계절 차수 (p,d,q), 계절 차수 (P,D,Q) 그리고 계절기간 s를 갖는 승법계절 $ARIMA$ 모형이 된다. 이때의 Z_t를 $\boldsymbol{ARIMA(p,d,q)(P,D,Q)_s}$ **모형**이라고 한다. 혹은 다음과 같이 나타낼 수 있다.

$$\phi_p(B)\Phi_P(B^s)(1-B)^d(1-B^S)^D X_t = \theta_q(B)\Theta_Q(B^S)a_t \tag{8.3.6}$$

여기서 s는 계절성의 길이를 나타낸다. 구체적으로 몇 가지의 경우를 나타내 보면 다음과 같다.

예1) $ARIMA(0,1,1)(0,1,1)_4$ 모형: $(1-B)(1-B^4)Z_t = (1-\theta_1 B)(1-\Theta_1 B^4)a_t$

예2) $ARIMA(0,1,1)(1,1,1)_{12}$ 모형: $(1-\Phi_1 B^{12})(1-B)(1-B^{12})Z_t$
$= (1-\theta_1 B)(1-\Theta_1 B^{12})a_t$

예3) $ARIMA(1,1,1)(1,1,1)_{12}$ 모형: $(1-\phi_1 B)(1-\Phi_1 B^{12})(1-B)(1-B^{12})Z_t$
$= (1-\theta_1 B)(1-\Theta_1 B^{12})a_t$

경험적으로 대부분의 시계열들은 대체로 셋 또는 네 개 정도의 적은 수의 모수를 갖는 모형에 의해 적절하게 적합될 수 있음이 알려져 있다.

예제 8.4

다음은 아래와 같은 계절 $ARIMA(0,1,0)\times(0,1,1)_4$ 모형에 따르는 시계열 자료를 SAS로 생성한 자료에 대한 분석결과(<프로그램 8.4> 참조)이다.

$$(1-B)(1-B^{12})Z_t = a_t - 0.5a_{t-4}$$

[그림 8.7]에서 원계열(Z_t)에 대한 ACF를 보면 서서히 감소하고 있으므로 추세제거를 위해 1차 차분이 필요하다. 또 1차 차분한 계열에 대한 SACF에서는 4, 8, 12, 16 등에

서 높은 상관을 나타내고 있으므로 계절성의 길이가 4인 계절적 계열임을 알 수 있다.

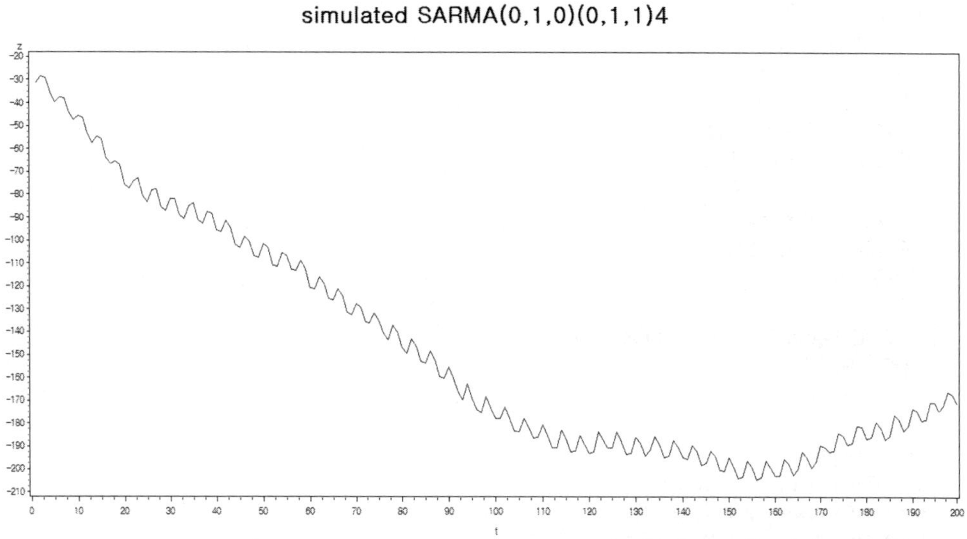

[그림 8.9] 계절 $ARIMA(0,1,0)\times(0,1,1)_4$ 모형에 대한 시계열 그림

원계열 Z_t		차분 계열 $(1-B)Z_t$	
Autocorrelations		Autocorrelations	
Lag	Correlation	Lag	Correlation
0	1.00000	0	1.00000
1	0.98193	1	0.00018
2	0.96314	2	-.79863
3	0.95085	3	0.00579
4	0.93948	4	**0.95437**
5	0.92106	5	-.01365
6	0.90227	6	-.79407
7	0.88981	7	0.01573
8	0.87812	8	**0.93089**
9	0.85942	9	-.01837
10	0.84041	10	-.78789
11	0.82791	11	0.01329
12	0.81641	12	**0.90747**
13	0.79812	13	-.03680
14	0.77954	14	-.77080
15	0.76732	15	0.02068
16	0.75630	16	**0.88200**

[그림 8.10] 원계열(Z_t) 및 차분 계열($(1-B)Z_t$)에 대한 SACF

〈프로그램 8.4〉 SARIMA111.SAS

```
TITLE'simulated SARMA(0,1,0)(0,1,1)4';
DATA sarma;
z1=0;z5=0;z4=0;
DO t=-20 to 200;
  a=RANNOR(1234); a4=LAG4(a);
  IF a4=. THEN a4=0;
  z=z1+z4-z5+a-0.5*a4;
  z1=z;z4=LAG3(z);z5=LAG4(z);
  IF t>0 THEN OUTPUT;
  IF z4=. THEN z4=z;
  IF z5=. THEN z5=z;
  END; RUN;

SYMBOL I=join V=none C=blue L=1;
PROC GPLOT;
    PLOT z*t;
RUN;
PROC ARIMA;
 IDENTIFY VAR =z nlag=16;
 IDENTIFY VAR =z(1) nlag=16;
 IDENTIFY VAR =z(1,4) nlag=16;
 RUN;
```

연습문제

1. 다음과 같은 계절 모형을 따르는 분기별 자료를 가정하자.

$$Z_t = 0.5Z_{t-4} + a_t$$

1) 어떤 모형인가?

2) 이 모형의 처음 네 개의 자기상관계수를 구하여라.

2. 다음과 같은 특성방정식을 생각하자.

$$(1-1.5B+0.5B^2)(1-B^{12})$$

1) 이 특성방정식에 대응되는 시계열 모형은 무엇인가?

2) 이 모형은 정상적인가?

3. 다음 시계열 모형에 대하여 다음 물음에 답하여라.

$$(1-B^{12})(1-B)Z_t = (1-0.2B)(1-0.8B^{12})a_t$$

1) 이 식은 어떤 모형인가?

2) 위 모형을 $Z_t =$ 로 나타내시오?

4. 다음의 시계열 모형을 SARIMA(p, d, q)×(P, D, Q)s로 표시하여라.

1) $Z_t = 0.4Z_{t-1} + Z_{t-4} - 0.4Z_{t-5} + a_t - 0.2a_{t-1}$

2) $Z_t = Z_{t-1} + Z_{t-12} - Z_{t-13} + a_t - 0.5a_{t-1} - 0.5a_{t-12} + 0.25a_{t-13}$

5. 다음 시계열 자료는 어느 수퍼마켓의 지난 100간의 일일판매액 자료이다. 이 계열의 그림과 SACF 및 SPACF를 그림으로 나타내고, 이 자료의 특성을 기술하시오.

766	769	804	775	800	740	763	821	774	800	724
742	835	760	804	707	734	851	745	813	696	727
871	728	843	707	736	871	719	855	731	758	882
723	865	727	771	900	740	884	728	785	913	751
899	749	796	939	779	900	744	803	946	810	895
746	797	953	834	895	736	793	949	864	893	714
799	942	893	916	693	813	923	905	930	664	819
926	893	915	649	824	925	879	901	645	823	929

861	900	640	816	931	866	907	652	806	938	870
920										

6. 다음 시계열 자료는 2010년을 기준(2010년=100)으로 한 2000년 1월부터 2013년 6월까지의 한국의 월별 수입물가지수 계열(im.dat)이다. 이 계열의 그림과 SACF 및 SPACF를 그림으로 나타내고, 이 자료의 특성을 기술하시오.

2000.01	62.1	2003.01	59.1	2006.01	80.0	2009.01	81.8	2012.01	115.5
2000.02	62.5	2003.02	60.6	2006.02	80.5	2009.02	80.0	2012.02	118.4
2000.03	63.1	2003.03	59.5	2006.03	80.4	2009.03	79.3	2012.03	120.1
2000.04	61.8	2003.04	57.0	2006.04	83.3	2009.04	79.7	2012.04	117.8
2000.05	62.6	2003.05	57.1	2006.05	86.1	2009.05	82.4	2012.05	113.7
2000.06	63.7	2003.06	57.6	2006.06	85.6	2009.06	86.4	2012.06	108.6
2000.07	63.2	2003.07	58.2	2006.07	87.3	2009.07	86.2	2012.07	109.7
2000.08	63.3	2003.08	58.7	2006.08	87.9	2009.08	89.8	2012.08	112.7
2000.09	64.7	2003.09	58.3	2006.09	85.4	2009.09	89.4	2012.09	114.2
2000.10	64.4	2003.10	60.1	2006.10	84.3	2009.10	91.7	2012.10	112.2
2000.11	63.9	2003.11	60.7	2006.11	84.6	2009.11	94.4	2012.11	110.8
2000.12	60.4	2003.12	61.7	2006.12	85.6	2009.12	94.7	2012.12	110.8
2001.01	59.8	2004.01	63.2	2007.01	83.2	2010.01	96.5	2013.01	111.1
2001.02	60.2	2004.02	64.1	2007.02	84.6	2010.02	95.3	2013.02	111.9
2001.03	58.9	2004.03	65.0	2007.03	86.8	2010.03	97.8	2013.03	109.4
2001.04	58.6	2004.04	65.9	2007.04	88.9	2010.04	100.5	2013.04	107.6
2001.05	59.1	2004.05	66.8	2007.05	89.7	2010.05	99.2	2013.05	106.7
2001.06	58.7	2004.06	66.7	2007.06	89.4	2010.06	97.4	2013.06	106.7
2001.07	57.0	2004.07	67.8	2007.07	90.3	2010.07	97.5		
2001.08	57.2	2004.08	69.6	2007.08	89.8	2010.08	99.6		
2001.09	56.4	2004.09	69.3	2007.09	92.0	2010.09	100.6		
2001.10	54.4	2004.10	71.5	2007.10	94.5	2010.10	103.2		
2001.11	52.6	2004.11	71.4	2007.11	98.2	2010.11	104.9		
2001.12	52.1	2004.12	70.4	2007.12	98.5	2010.12	107.6		
2002.01	51.7	2005.01	74.4	2008.01	100.1	2011.01	109.7		
2002.02	52.0	2005.02	75.5	2008.02	102.6	2011.02	113.0		
2002.03	54.0	2005.03	77.8	2008.03	107.0	2011.03	116.6		
2002.04	55.1	2005.04	78.5	2008.04	110.3	2011.04	121.2		
2002.05	55.6	2005.05	77.4	2008.05	116.2	2011.05	118.9		
2002.06	55.5	2005.06	77.9	2008.06	120.2	2011.06	118.6		
2002.07	56.2	2005.07	78.0	2008.07	122.7	2011.07	119.5		
2002.08	56.4	2005.08	79.9	2008.08	114.8	2011.08	118.3		
2002.09	57.1	2005.09	80.5	2008.09	108.2	2011.09	117.4		
2002.10	56.9	2005.10	78.8	2008.10	95.9	2011.10	114.8		
2002.11	55.8	2005.11	77.3	2008.11	85.5	2011.11	115.6		
2002.12	57.1	2005.12	77.8	2008.12	81.6	2011.12	114.2		

제9장 모형의 식별

9.1 Box-Jenkins에 의한 시계열 모형의 분석

Box-Jenkins의 시계열 분석 방법은 앞에서 설명한 바와 같이 관찰된 시계열 자료를 가지고 적절한 통계량을 구하여 그것으로부터 모형을 식별하고, 식별된모형의 모수를 추정하고 나아가 자료와 수립된 모형과의 적합 여부를 진단하는 세 단계를 되풀이 수행하는 것이다.

관찰된 한 시계열에 대하여 여러 가지 유사한 모형을 세울 수 있지만 중요한 것은 **모수 절약의 원칙**(principles of parsimony)에 따라서 가급적 모수의 수를 적게 포함하는 모형을 설정하여야 한다.

이 장에서는 Box-Jenkins의 시계열 분석방법에서 첫 번째 단계인 관찰된 자료가 어떤 시계열 모형으로부터 추출된 표본으로 볼 수 있는지를 밝히는 **모형 식별**(model identification) 단계에 대하여 알아보고자 한다.

분해법은 시계열의 변동요인이 각각 분해될 수 있다는 가정하에서 시계열을 분석하는 방법으로써 이론적으로 많은 약점을 가지고 있고, 또한 대부분의 시계열 자료는 변동요인들이 복합적으로 얽혀있어 쉽게 분해될 수 없는 것이 사실이다. 이에 따라 Box - Jenkins(1970)는 시계열 분석에 대한 새로운 접근 방법을 정립했고, 또 이 방법을 더욱 일반화시킴으로써 누적 자기회귀이동평균(Autoregressive integrated moving average: ARIMA) 모형화를 토대로 하는 통계적인 이론 체계를 구축하게 되었다. 이 분석 방법은 관찰된 시계열 자료를 하나의 시계열 모집단(모형)으로부터 구축된 표본으로 간주하여 이들이 어떤 확률적 성질을 만족하는가를 조사하고 통계적 추정 및 검정을 통하여 적절한 시계열 모형을 수립하는 것이다.

구체적으로 Box - Jenkins 방법에서는 관찰된 시계열 자료가 어떤 확률적 성질을 가지고 있으며 어떤 시계열 모형(ARIMA 모형)이 적합한가를 찾기 위한 모형 식별 단계, 그리고 식별된 모형의 모수 추정 단계 및 모형의 적합성 진단 단계를 거친다. 모형 식별은 관찰된 시계열 자료에 대하여 적절할 것이라고 생각되는 몇 개의 모형을 선정한 후 자료의 그래프, 관련 통계량 등을 비교하여 가장 적절한 하나의 모형을 선정하는 것이다. 이렇게 선정된 모형은 잠정적인 것으로 계속적인 분석을 통하여 개선시켜야 한다. 모형을 선정하는데 주의해야 할 점은 소위 '**모수 절약의 원칙**'에 충실해야 한다는 것이다. 이것은 관찰된 자료를 적절히 표현하면서 모수의 수가 가장 작은 모형을 선정하는 것으로써 가능한 한 단순하게 표현하려는 것이다.

선정된 모형은 하나 이상의 모수를 포함하고 있는데 이 모수는 관찰된 자료로부터 추정할 수 있다. 모수의 추정방법으로는 적률법, 최우추정법 그리고 최소제곱법 등이 주로 사용된다.

모형이 선정되고 나면 이것이 원래의 시계열 자료를 얼마나 잘 표현하는가를 검정해야 하는데 이를 모형의 적합성진단이라고 한다.

만일 모든 가정과 조건이 만족하면 그 모형은 적절한 것이고 따라서 그 모형을 기초로 미래값을 예측할 수 있다. 그러나 가정 및 조건이 만족되지 않는다면 다시 모형식별 단계로 되돌아가서 적절한 모형이 찾아질 때까지 위의 세 단계를 반복하여야 할 것이다.

Box - Jenkins의 시계열 분석 단계를 도식화하면 다음과 같다.

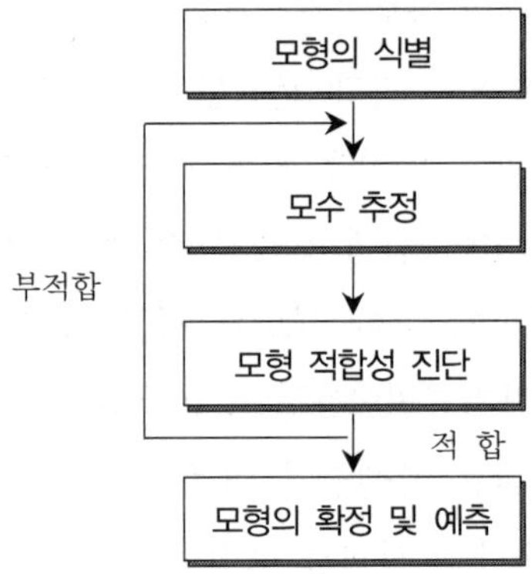

[그림 9.1] BOX-Jenkins 방법론

이와 같은 Box - Jenkins의 시계열 분석방법은 확률 모형에 근거를 두고 있으며 이론적으로도 충분한 설득력을 갖고 있고 실제 분석에서도 상당히 정확한 예측값을 제공한다.

9.2 모형의 식별과정

모형 식별이란 관찰된 시계열 자료에 의하여 적합한 잠정적인 누적 자기회귀이동평균 모형(ARIMA model)을 찾아내는 단계를 말한다.

먼저 다음의 ARIMA(p,d,q) 모형을 고려하자.

$$(1-\phi_1 B - \cdots - \phi_p B^p)(1-B)^d Z_t = \theta_0 + (1-\theta_1 B - \cdots - \theta_q B^q) a_t \quad \textbf{(9.2.1)}$$

구체적으로, 모형 식별은 주어진 자료에 대하여 가정된 위 모형 중 (p, d, q)의 차수를 결정하는 방법을 말하며 다음과 같은 단계를 거쳐 모형을 식별한다.

[단계 1] 시계열 자료의 그림을 나타내고 적당한 변환을 선택한다.

어떠한 시계열 분석에서도 첫 번째 단계는 자료의 그림을 통하여, 시계열의 경향, 계절성, 이상치, 일정하지 않은 분산, 비정규성 등 비정상성의 현상을 갖고 있는지에 대한 정보를 얻게 된다. 이러한 작업은 종종 자료 변환에 대한 기초 정보를 제공한다. 시계열 분석에서 가장 일반적으로 사용되는 변환은 분산안정화 변환과 차분이다. 차분은 음의 값을 만들 수 있기 때문에 차분을 하기 전에 항상 분산안정화 변환을 먼저 해야 한다. 일정한 분산을 갖지 않는 시계열은 종종 대수 변환을 필요로 한다. 좀 더 일반적으로 분산을 안정시키기 위하여 Box-Cox's의 멱변환을 적용할 수 있다.

[단계 2] 필요한 차분의 정도를 확인하기 위하여 시계열의 SACF와 SPACF를 계산하고 관찰한다. 일반적인 규칙은 다음과 같다.

1. SACF가 완만하게 줄어들고 SPACF가 시차 1이후에 절단현상이 나타나면, 이것은 차분이 필요함을 의미한다. 즉, 일차차분 $(1-B)Z_t$를 취한다.
2. 비정상성을 제거하기 위해서는 $d>1$에 대한 차분$(1-B)^d Z_t$이 필요할 수도 있다. 그러나 대부분의 경우, d는 0, 1 또는 2이다. 하지만, 불필요한 차분은 과모수화를 일으키므로 피해야 한다.

[단계 3] 차수 p와 q의 식별을 위하여 적당하게 변환 및 차분된 시계열의 SACF와 SPACF를 계산하고 살펴본다.

p는 AR 특성함수$(1-\phi_1 B - \cdots - \phi_p B^p)$에서 가장 상위의 차수이고 q는 MA 특

성함수 $(1-\theta_1 B- \cdots -\theta_q B^q)$에서 가장 상위의 차수이다. 이러한 p와 q의 필요한 차수들은 3보다 크지 않는 경우가 대부분이다. 적당한 ARIMA 모형을 추정하기 위해서, 이상적으로는 최소 $n=50$인 관측치가 필요하고 SACF와 SPACF의 개수는 약 $n/4$가 필요하다. 물론 때때로 양질의 데이터에 대하여 아주 적은 표본수로 적당한 모형을 식별할 수도 있지만 일반적으로 50개 이상이 요구된다.

9.2.1 ARMA 모형의 식별

제7장에서 비정상 시계열 모형은 차분을 사용하여 정상시계열로 변환시킬 수 있음을 보았다. 즉 d차 차분을 통하여 ARIMA(p,d,q) 모형은 ARMA(p,q) 모형으로 변환할 수 있는 것이다. 실제 주어진 시계열이 정상적이냐 비정상적이냐의 판단 기준은 일반적으로 시계열 그림과 ACF에 의존한다. 즉, 시계열이 정상적이면 시차가 증가할 때 ACF의 절대값이 감소하여 0에 수렴하게 되지만 비정상 시계열의 경우는 시차가 증가하더라도 매우 서서히 감소한다. 따라서 시계열 자료가 주어졌을 때 모형식별을 하기 위해서는 먼저 차분의 차수 d를 결정해야 한다. 이 때 차분의 차수 d는 0, 1 혹은 2의 값을 갖는다. 차분의 차수 d가 결정된 후에는 ARMA(p,q)의 차수 p와 q를 결정해야 하는데, 이때는 제6장에서 살펴본 각 모형의 형태를 SACF와 SPACF가 어떤 차수의 모형에 적합한가를 살펴보면 된다. 일반적으로 AR(p) 모형, MA(q) 모형 및 ARMA(p,q) 모형의 각 모형들에서 나타나는 다음과 같은 ACF와 PACF의 형태를 바탕으로 차수 p와 q를 결정한다.

(1) AR(p) 모형: ACF는 지수적으로 감소하나 PACF는 시차 (p + 1)부터 절단현상이 일어난다.

(2) MA(q) 모형: AR(p) 모형의 경우와 반대로 ACF가 시차 (q + 1)부터 절단현상이 나타나고 PACF는 지수적으로 감소한다.

(3) ARMA(p,q) 모형: ACF가 시차 (q − p)이후에 지수적으로 감소하며 PACF는 시차 (p − q)이후에 지수적으로 감소한다. 그러나 ARMA(p,q) 모형의 식별은 일반적으로 쉽지 않고 이것이 Box-Jenkins 분석 방법의 큰 약점이기도 하다. 따라서 제9장 3절의 식별을 위한 통계량 등을 고려하고 종합적으로 판단을 해야 한다.

지금까지 설명한 각각의 ARMA 모형의 ACF와 PACF의 형태를 요약하면 다음 [표 9.1] 과 같다.

[표 9.1] 확률과정의 ACF와 PACF

모 형		ACF(ρ_k)	PACF(ϕ_{kk})
AR(1)	(1,0)	지수감소함수	$\phi_{kk}=0,\ k>1$
AR(2)	(2,0)	지수감소함수 혹은 점차적으로 진폭이 줄어드는 사인곡선을 보인다.	$\phi_{kk}=0,\ k>2$
AR(p)	(p,0)	지수감소함수 혹은 점차적으로 진폭이 줄어드는 사인곡선을 보인다.	$\phi_{kk}=0,\ k>\mathrm{p}$
MA(1)	(0,1)	$\rho_k=0,\ k>1$	지수감소함수
MA(2)	(0,2)	$\rho_k=0,\ k>2$	지수감소함수 또는 점차적으로 진폭이 줄어드는 사인곡선의 양상으로 나타난다.
MA(q)	(0,q)	$\rho_k=0,\ k>\mathrm{q}$	지수감소함수 또는 점차적으로 진폭이 줄어드는 사인곡선의 양상으로 나타난다.
ARMA(1,1)	(1,1)	시차 $k=1$에서부터 지수감소함수	시차 $k=1$에서부터 지수감소함수
ARMA(p,q)	(p,q)	시차 (q－p)이후부터 지수감소함수 또는 감소사인곡선을 보인다.	시차 (p－q)이후부터 지수감소함수 또는 감소사인 곡선을 보인다.
White Noise		0	0

9.2.2 계절 ARMA(p,q)(P,Q) 모형의 식별

계절성을 갖는 자료의 경우에는 적절한 d, D의 차이계산을 하여 정상화시킨 후, 이 정상화된 계열 $w_t=(1-B)^d(1-B^s)^D Z_t$의 SACF와 SPACF를 분석함으로서 계절 ARIMA(p,d,q)(P,D,Q)s 모형을 식별할 수 있다.

즉, p, q는 표본 자기상관계수 $r_1,\ r_2,\ r_3,\ \ldots$와 표본 편자기상관계수의 $\hat{\phi}_{11},\ \hat{\phi}_{22},\ \hat{\phi}_{33},\ \ldots$ 패턴을 분석하여 결정할 수 있고, P,Q는 계절성의 길이 s만큼의 시차를 갖는 표본 자기상관계수 $r_s,\ r_{2s},\ r_{3s},\ \ldots$와 표본 편자기상관계수 $\hat{\phi}_{ss},\ \hat{\phi}_{2s2s},\ \hat{\phi}_{3s3s},\ \ldots$의 패턴을 분석하여 결정할 수 있다. 비계절 모형과 계절 모형에서의 패턴의 분석방법은 동일하다. 즉, SACF는 AR 모형의 특성과 MA 모형의 차수를, 그리고 SPACF는 MA 모형의 특성과 AR 모형의 차수를 식별할 수 있는 정보를 제공해 준다.

9.3 모형의 식별을 위한 통계량

자기상관함수와 편자기상관함수를 이용하는 박스와 젠킨스의 식별방법은 AR 모형이나 MA 모형에서는 효과적인 방법이 될 수 있지만 ARMA 모형에서는 그렇지 못하다. 더구나 이 방법들은 객관적이 아닌 주관적인 결정을 필요로 하며, 또한 제1종 오차의 과다한 책정, 각 상관함수값들의 편의나 상관함수들 간의 상관관계를 고려하지 않는 등의 여러 가지 문제를 가지고 있다.

따라서 ARIMA 모형의 식별을 위한 여러 통계량들이 1970년 이후로 지속적으로 제안되고 있다.

이 통계량들은 백색잡음과정의 분산의 추정값인 평균제곱오차를 작게 하는 동시에 모수절약의 원리를 고려하는 모형의 차수를 결정하는 방법들이다. 즉, 평균제곱오차를 아주 작게 하는 차수를 택하면 이 차수는 지나치게 커져서 모수절약의 원리에 위배되므로, 평균제곱오차를 기준으로 할 때의 높은 차수에 대한 위험(risk)을 추가시킨 통계량들의 값을 최소로 하는 차수로 결정하는 방법이 된다.

1) 최후예측오차(FPE)

Akaike(1970)에 의하여 제안된 최후예측오차(Final prediction error : FPE)는 다음과 같이 정의된다.

$$FPE(p,q) = \hat{\sigma}^2(p,q)[1+2(p+q)/T]$$

여기서 $\hat{\sigma}^2(p,q)$는 시계열자료를 ARMA(p,q) 모형에 적합시켰을 때의 백색잡음과정의 분산의 추정값이다. 이 FPE를 최소로 하는 p,q를 최적의 차수로 결정하는 방법을 최소 FPE추정량이라고 부른다. 그런데 이 최소 FPE추정량은 통계적 일치성(consistency)을 가지지 못하고 과대식별(over-identification)하는 경향이 있는 것으로 알려져 있어 10여년 동안 이 통계량에 대한 논쟁이 계속되고 있다.

2) 아카이케 정보판단기준(AIC)

최소 FPE추정량의 불일치성이 논란이 되어 Akaike(1974)가 FPE통계량을 변형시킨 AIC(Akaike's information criterion) 통계량은 다음과 같다.

$$AIC(p,q) = \ln\hat{\sigma}^2(p,q) + 2(p+q)/T$$

이 AIC를 최소로 하는 p,q를 최적의 차수로 결정하는 방법을 최소 AIC추정량이라고 부른다. 그런데 이 최소 AIC추정량도 역시 불일치성을 가지고 있으며, 관찰개수가 큰 경우에는 두 추정량은 비슷한 결과를 보이게 된다.

3) 베이지안 정보판단기준(BIC)

최소 FPE추정량, 최소 AIC추정량 등의 불일치성을 극복하기 위하여 제안된 베이지안 방법을 이용하는 통계량이 최소 BIC(Baysian information criterion) 기준이다. Akaike (1977), Schwarz(1978), Rissanen(1978), 그리고 Kashyap(1977) 등이 제안한 통계량으로 다음과 같다.

$$BIC(p,q) = \ln\hat{\sigma}^2(p,q) + \frac{\ln T}{T}(p+q)$$

이 함수를 최소로 하는 차수를 최소 BIC추정량이라고 한다. 이 최소 BIC추정량은 일치성을 가짐이 증명되었다.

4) Schwartz의 SBC기준

Akaike의 BIC와 유사하게, Schwartz(1978)은 SBC(Schwartz's Bayesian Criterion)라 불리우는 모형 선택의 다음과 같은 베이즈 기준을 제시했다.

$$SBC(M) = n\ln\hat{\sigma}_a^2 + M\ln n$$

위에서 $\hat{\sigma}_a^2$은 σ_a^2의 최우추정량, M은 모형에서의 모수들의 개수, 즉 $M = \text{p} + \text{q}$이고 n은 시계열에서 계산될 수 있는 잔차들의 개수와 동일한 관측값들의 개수이다.

5) 하난과 퀸의 판단기준(HQC)

Hannan & Quinn(1979)은 반복대수법칙(law of iterated logarithms)을 사용하여 다음과 같은 HQC통계량을 제안했다.

$$HQC(p,q) = \ln\hat{\sigma}^2(p,q) + \frac{2\ln\ln T}{T}(p+q)$$

이 함수를 최소로 하는 p, q를 최소 HQC추정량이라 한다. 이 최소 HQC추정량은 확률적 일치성을 갖는 판단기준 중에서 T에 대하여 증가속도가 가장 느린 통계량을 선택한 것이다.

그런데 최소 BIC추정량과 최소 HQC추정량이 통계적 일치성을 갖는다고 해서 앞의 다른 불일치 추정량보다 통계적으로 우월하다고 결론지울 수는 없다. 왜냐하면 일치성은 추정량들을 비교하는 여러 가지 기준 중에서 한 가지일 뿐이기 때문이다.

일반적으로 이들 통계량들 중에서 최소 AIC추정값을 상한선으로, 최소 BIC추정값을 하한값으로 하는 범위 내에서 차수를 결정하는 것이 좋은 것으로 알려져 있다.

9.4 모형 식별 예제

제6장 – 제8장에서 생성한 자료들에 대한 SACF와 SPACF를 분석하여 각 자료들에 대한 모형을 식별해 보기로 한다.

예제 9.1 〈제6장 정상 시계열 자료 예제〉

1) [예제 6.3의 자료]: AR(1) 과정

예제 6.3에서 생성된 자료에 대한 SACF와 SPACF는 다음과 같다. 즉, SACF는 지수적으로 감소하고 SPACF는 $k=1$에서 0와 유의적으로 다르고 1보다 큰 값에서는 유의적으로 0와 다르지 않다. 따라서 이 계열은 AR(1) 과정을 따르는 것으로 식별할 수 있다.

```
                         Autocorrelations

Lag  Correlation -1 9 8 7 6 5 4 3 2 1 0 1 2 3 4 5 6 7 8 9 1

  0    1.00000   |                    |********************|
  1    0.82232   |                  . |****************    |
  2    0.70445   |                 .  |**************      |
  3    0.57684   |                .   |************        |
  4    0.47152   |               .    |*********           |
  5    0.38631   |               .    |********            |
  6    0.32425   |               .    |******              |
  7    0.27601   |               .    |******              |
  8    0.17832   |               .    |****  .             |
  9    0.11717   |               .    |**    .             |
 10    0.01551   |               .    |      .             |
 11    -.04493   |               .   *|      .             |
 12    -.09052   |               .  **|      .             |
```

```
                     Partial Autocorrelations

Lag  Correlation -1 9 8 7 6 5 4 3 2 1 0 1 2 3 4 5 6 7 8 9 1

  1    0.82232   |                  . |****************    |
  2    0.08723   |                  . |**.                 |
  3   -0.07356   |                  .*|  .                 |
  4   -0.01566   |                  . |  .                 |
  5    0.00877   |                  . |  .                 |
  6    0.02678   |                  . |* .                 |
  7    0.01468   |                  . |  .                 |
  8   -0.13960   |                 ***|  .                 |
  9    0.00708   |                  . |  .                 |
 10   -0.14511   |                 ***|  .                 |
 11    0.00806   |                  . |  .                 |
 12    0.00648   |                  . |  .                 |
```

2) [예제 6.4의 자료]: AR(2) 과정

예제 6.4에서 생성된 자료에 대한 SACF와 SPACF는 다음과 같다. 즉, SACF는 지수적으로 감소하고 SPACF는 $k=1,2$에서 0와 유의적으로 다르고 2보다 큰 값에서는 0와 다르지 않다. 따라서 이 계열은 AR(2) 과정을 따르는 것으로 식별할 수 있다.

```
                         Autocorrelations
Lag  Correlation -1 9 8 7 6 5 4 3 2 1 0 1 2 3 4 5 6 7 8 9 1
  0   1.00000    |                    |********************|
  1   0.59485    |                  . |************        |
  2   0.56696    |                 .  |***********         |
  3   0.42985    |                 .  |*********           |
  4   0.33955    |                .   |*******             |
  5   0.27977    |                .   |******              |
  6   0.21110    |                .   |****.               |
  7   0.15542    |                .   |***  .              |
  8   0.10517    |                .   |**   .              |
  9   0.06528    |                .   |*    .              |
 10   0.05564    |                .   |*    .              |
 11   0.06868    |                .   |*    .              |
 12   0.09728    |                .   |**   .              |
```

```
                      Partial Autocorrelations
Lag  Correlation -1 9 8 7 6 5 4 3 2 1 0 1 2 3 4 5 6 7 8 9 1
  1   0.59485    |                  . |************        |
  2   0.32982    |                  . |*******             |
  3   0.01326    |                  . |  .                 |
  4  -0.03789    |                  .*|  .                 |
  5   0.01302    |                  . |  .                 |
  6  -0.01273    |                  . |  .                 |
  7  -0.02824    |                  .*|  .                 |
  8  -0.02598    |                  .*|  .                 |
  9  -0.01664    |                  . |  .                 |
 10   0.02611    |                  . |* .                 |
 11   0.06360    |                  . |* .                 |
 12   0.07646    |                  . |**.                 |
```

3) [예제 6.5의 자료]: MA(1) 과정

예제 6.5에서 생성된 자료에 대한 SACF와 SPACF는 다음과 같다. 즉, SPACF는 지수적으로 감소하고 SACF는 $k=1$에서 0와 유의적으로 다르고 1보다 큰 값에서는 0와 다르지 않다. 따라서 이 계열은 MA(1) 과정을 따르는 것으로 식별할 수 있다.

```
                         Autocorrelations
Lag  Correlation -1 9 8 7 6 5 4 3 2 1 0 1 2 3 4 5 6 7 8 9 1
  0   1.00000    |                    |********************|
  1   -.47770    |          **********|  .                 |
  2   -.01280    |                 .  |  .                 |
  3   0.05174    |                 .  |* .                 |
  4   -.07790    |                 .**|  .                 |
  5   0.01735    |                 .  |* .                 |
  6   -.01102    |                 .  *  .                 |
  7   -.00817    |                 .  *  .                 |
  8   0.03192    |                 .  |* .                 |
  9   -.01679    |                 .  |  .                 |
 10   0.03573    |                 .  |* .                 |
 11   -.03353    |                 . *|  .                 |
 12   0.02058    |                 .  |  .                 |
```

```
                      Partial Autocorrelations
Lag  Correlation -1 9 8 7 6 5 4 3 2 1 0 1 2 3 4 5 6 7 8 9 1
  1  -0.47770    |          **********|  .                 |
  2  -0.31225    |              ******|  .                 |
  3  -0.15137    |                 ***|  .                 |
  4  -0.17710    |                ****|  .                 |
  5  -0.15247    |                 ***|  .                 |
  6  -0.15158    |                 ***|  .                 |
  7  -0.15021    |                 ***|  .                 |
  8  -0.10293    |                 .**|  .                 |
  9  -0.09848    |                 .**|  .                 |
 10  -0.03723    |                 . *|  .                 |
 11  -0.05739    |                 . *|  .                 |
 12  -0.02565    |                 . *|  .                 |
```

4) [예제 6.6의 자료]: MA(2) 과정

예제 6.6에서 생성된 자료에 대한 SACF와 SPACF는 다음과 같다. 즉, SPACF는 지수적으로 감소하고 SACF는 $k=1,2$에서 0와 유의적으로 다르고 2보다 큰 값에서는 0와 다르지 않다. 따라서 이 계열은 MA(2) 과정을 따르는 것으로 식별할 수 있다.

```
                      Autocorrelations

Lag Correlation -1 9 8 7 6 5 4 3 2 1 0 1 2 3 4 5 6 7 8 9 1

  0  1.00000   |                    |********************|
  1  -.60811   |        ************|  .                 |
  2  0.10051   |                .   |**  .               |
  3  0.06033   |                .   |*   .               |
  4  -.07778   |                . **|    .               |
  5  0.03535   |                .   |*   .               |
  6  -.01121   |                .   |    .               |
  7  -.01246   |                .   |    .               |
  8  0.02882   |                .   |*   .               |
  9  -.02725   |                .  *|    .               |
 10  0.03877   |                .   |*   .               |
 11  -.04023   |                .  *|    .               |
 12  0.03485   |                .   |*   .               |
```

```
                 Partial Autocorrelations

Lag   Correlation  -1 9 8 7 6 5 4 3 2 1 0 1 2 3 4 5 6 7 8 9 1

 1     -0.60811    |        ************|  .                 |
 2     -0.42729    |           *********|  .                 |
 3     -0.21794    |                ****|  .                 |
 4     -0.18417    |                ****|  .                 |
 5     -0.14932    |                 ***|  .                 |
 6     -0.13609    |                 ***|  .                 |
 7     -0.14580    |                 ***|  .                 |
 8     -0.10653    |                 .**|  .                 |
 9     -0.10737    |                 .**|  .                 |
10     -0.04102    |                 . *|  .                 |
11     -0.05394    |                 . *|  .                 |
12     -0.01316    |                 .  |  .                 |
```

5) [예제 6.7의 자료]: ARMA(1,1) 과정

예제 6.7에서 생성된 자료에 대한 SACF와 SPACF는 다음과 같다. 즉, SACF는 지수적으로 감소하고 또한 SPACF도 지수적으로 감소하는 경향을 나타내고 있다. 따라서 이 계열은 ARMA(1,1) 과정을 따르는 것으로 식별할 수 있다.

```
                      Autocorrelations

Lag  Correlation -1 9 8 7 6 5 4 3 2 1 0 1 2 3 4 5 6 7 8 9 1

 0    1.00000   |                    |********************|
 1    0.46078   |               .    |*********           |
 2    0.41796   |               .    |********            |
 3    0.33700   |              .     |*******             |
 4    0.27469   |              .     |*****               |
 5    0.28667   |              .     |******              |
 6    0.23169   |              .     |*****               |
 7    0.27010   |              .     |*****               |
 8    0.24054   |             .      |*****               |
 9    0.18541   |             .      |****.               |
10    0.19413   |             .      |****.               |
11    0.10596   |             .      |**   .              |
12    0.11335   |             .      |**   .              |
```

```
                 Partial Autocorrelations

Lag Correlation -1 9 8 7 6 5 4 3 2 1 0 1 2 3 4 5 6 7 8 9 1

 1  0.46078   |                 .  |*********           |
 2  0.26107   |                 .  |*****               |
 3  0.10136   |                 .  |**.                 |
 4  0.03782   |                 .  |* .                 |
 5  0.10088   |                 .  |**.                 |
 6  0.02019   |                 .  |  .                 |
 7  0.10017   |                 .  |**.                 |
 8  0.03980   |                 .  |* .                 |
 9 -0.03141   |                 . *|  .                 |
10  0.02775   |                 .  |* .                 |
11 -0.07247   |                 . *|  .                 |
12 -0.00623   |                 .  |  .                 |
```

예제 9.2 〈제7장 비정상 시계열 자료 예제〉

1) [예제 7.2의 자료]: ARIMA(1,1,1) 과정

예제 7.2에서 생성된 자료에 대한 SACF는 [그림 7.5]에서 본 것처럼 아주 서서히 감소하므로 추세를 가진 계열로 판단할 수 있다. 이제 일차 차분한 계열에 대한 SACF와 SPACF를 나타내면 [그림 9.2]와 같다. 즉, SACF는 지수적으로 감소하고 또한 SPACF도 지수적으로 감소하는 경향을 나타내고 있다. 따라서 이 계열은 ARIMA(1,1,1) 과정

을 따르는 것으로 식별할 수 있다. 그러나 PACF가 시차 2이후 절단하는 것으로 해석할 수도 있으므로 대안적 모형으로 ARIMA(0,1,2)를 고려할 수도 있다.

```
                    Autocorrelations

Lag  Correlation -1 9 8 7 6 5 4 3 2 1 0 1 2 3 4 5 6 7 8 9 1

  0  1.00000    |                    |********************|
  1  0.39968    |                  . |********            |
  2  0.35896    |                 .  |*******             |
  3  0.25293    |                 .  |*****               |
  4  0.18626    |                 .  |****                |
  5  0.15661    |                 .  |***                 |
  6  0.10374    |                 .  |**.                 |
  7  0.15301    |                 .  |***                 |
  8  0.06568    |                 .  |* .                 |
  9  0.07917    |                 .  |**.                 |
 10  -.01653    |                 .  |  .                 |
 11  -.07719    |                 .**|  .                 |
 12  -.09770    |                 .**|  .                 |
```

```
                 Partial Autocorrelations

Lag Correlation  -1 9 8 7 6 5 4 3 2 1 0 1 2 3 4 5 6 7 8 9 1

  1   0.39968    |                  . |********
  2   0.23709    |                  . |*****
  3   0.06143    |                  . |*.
  4   0.01251    |                  . | .
  5   0.02834    |                  . |*.
  6  -0.00932    |                  . | .
  7   0.08963    |                  . |**
  8  -0.04496    |                  .*| .
  9   0.00905    |                  . | .
 10  -0.09100    |                  **| .
 11  -0.10176    |                  **| .
 12  -0.05349    |                  .*| .
```

[그림 9.2] 일차 차분한 계열에 대한 SACF와 SPACF

예제 9.3 〈제8장 계절 시계열 자료 예제〉

1) [예제 8.3의자료]: $SARMA(1,0)(1,0)_4$ 모형

예제 8.3에서 우리들은 [예제 8.3의 자료]는 계절성의 길이가 4인 계절성을 가지고 있다고 판단할 수 있었다. 이제 모형의 식별을 위해 [그림 9.3]에서 차분 계열 $(1-B^4)Z_t$의 SACF의 패턴을 분석하면, $k=4, 8, 12$ 등에서 지수적으로 감소하는 경향을 나타내고, 또 SPACF는 $k=4$에서 유의적인 값을 갖이나 8, 12 등에서는 유의적인 값을 갖지 않고 있으므로 계절차수는 $P=1$, $Q=0$로 식별할 수 있다. 또 비계절차수 p,q는 k=1, 2, 3에서 SACF와 SPACF는 둘 다 지수적으로 감소하고 있는 것으로, 혹은 둘 다 k=1에서만 유의적인 것으로 해석할 수 있으므로 (1,1), 혹은 (0,1), 혹은 (1,0)로 식별할 수 있다. 따라서, 이 계열에 적합한 모형은 $SARMA(1,1)(1,0)_4$, 혹은 $SARMA(1,0)(1,0)_4$, 혹은 $SARMA(0,1)(1,0)_4$로 식별할 수 있다.

```
                          Autocorrelations

Lag Correlation  -1 9 8 7 6 5 4 3 2 1 0 1 2 3 4 5 6 7 8 9 1

  0    1.00000  |                    |********************|
  1    -.39106  |            ********|  .                 |
  2    0.10816  |                 .  |**.                 |
  3    -.16846  |                 ***|  .                 |
  4    0.53077  |                 .  |***********         |
  5    -.20091  |                ****|  .                 |
  6    -.01627  |                 .  |  .                 |
  7    0.03637  |                 .  |* .                 |
  8    0.21544  |                 .  |****                |
  9    -.06638  |                 . *|  .                 |
 10    -.08817  |                 .**|  .                 |
 11    0.03912  |                 .  |* .                 |
 12    0.13745  |                 .  |***.                |
 13    -.12465  |                 .**|  .                 |
 14    -.05040  |                 . *|  .                 |
 15    0.03267  |                 .  |* .                 |
 16    0.10551  |                 .  |** .                |
```

```
                      Partial Autocorrelations

Lag Correlation  -1 9 8 7 6 5 4 3 2 1 0 1 2 3 4 5 6 7 8 9 1

  1   -0.39106  |            ********|  .                 |
  2   -0.05285  |                 . *|  .                 |
  3   -0.17117  |                 ***|  .                 |
  4    0.49550  |                 .  |**********          |
  5    0.25323  |                 .  |*****               |
  6   -0.04451  |                 . *|  .                 |
  7    0.07805  |                 .  |**.                 |
  8   -0.00017  |                 .  |  .                 |
  9    0.02092  |                 .  |  .                 |
 10   -0.04201  |                 . *|  .                 |
 11   -0.13859  |                 ***|  .                 |
 12    0.00200  |                 .  |  .                 |
 13   -0.11896  |                 .**|  .                 |
 14   -0.08533  |                 .**|  .                 |
 15    0.01015  |                 .  |  .                 |
 16    0.03589  |                 .  |* .                 |
```

[그림 9.3] 차분 계열$(1-B^4)Z_t$에 대한 SACF와 SPACF

2) [예제 8.4의 자료]: $SARIMA(0,1,0)(0,1,1)_4$ 모형

예제 8.4에서 우리들은 원계열 및 1차 차분한 계열의 SACF의 분석을 통하여 [예제 8.4의 자료]는 계절성의 길이가 4인 계절성을 가지고 있다고 판단할 수 있었다. 이제 모형의 식별을 위하여 (1, 4)차 차분한 계열의 SACF와 SPACF를 나타내면 [그림 9.4]와 같다. 즉, 차분 계열 $(1-B)(1-B^4)Z_t$의 SACF는 $k=4$에서 유의적인 값을 갖이나 8, 12 등에서는 유의적인 값을 갖지 않고, SPACF는 $k=4$, 8, 12 등에서 지수적으로 감소하는 경향을 나타내므로 계절차수는 P = 0, Q = 1로 식별할 수 있다. 그러나, $k=1$, 2, 3 등에서는 유의적인 자기상관 혹은 편자기상관이 나타나지 않으므로 비계절차수 p, q는 (0, 0)로 식별할 수 있다. 따라서, 이 계열에 적합한 모형은 $SARIMA(0,1,0)(0,1,1)_4$로 식별할 수 있다. 비교를 위해 대안적인 모형으로 상수항을 포함하는 모형과 하지 않는 모형 그리고 $SARIMA(0,1,0)(0,1,2)_4$ 모형을 고려한다.

```
                          Autocorrelations

Lag Correlation -1 9 8 7 6 5 4 3 2 1 0 1 2 3 4 5 6 7 8 9 1

  0    1.00000  |                    |********************|
  1    -.03888  |                 . *|  .                 |
  2    0.05875  |                 .  |* .                 |
  3    -.03300  |                 . *|  .                 |
  4    -.35664  |             *******|  .                 |
  5    -.05314  |                 . *|  .                 |
  6    0.00542  |                 .  |  .                 |
  7    0.15972  |                 .  |***                 |
  8    -.05467  |                 . *|  .                 |
  9    0.17362  |                 .  |***                 |
 10    -.11150  |                 .**|  .                 |
 11    -.13436  |                 ***|  .                 |
 12    -.04125  |                 . *|  .                 |
 13    -.11486  |                 .**|  .                 |
 14    0.05978  |                 .  |* .                 |
 15    0.08128  |                 .  |**.                 |
 16    0.08508  |                 .  |** .                |
```

```
                      Partial Autocorrelations

Lag Correlation  -1 9 8 7 6 5 4 3 2 1 0 1 2 3 4 5 6 7 8 9 1

  1   -0.03888  |                 . *|  .                 |
  2    0.05733  |                 .  |* .                 |
  3   -0.02876  |                 . *|  .                 |
  4   -0.36426  |             *******|  .                 |
  5   -0.09108  |                 .**|  .                 |
  6    0.05172  |                 .  |* .                 |
  7    0.17372  |                 .  |***                 |
  8   -0.20726  |                ****|  .                 |
  9    0.10038  |                 .  |**.                 |
 10   -0.06483  |                 . *|  .                 |
 11   -0.05571  |                 . *|  .                 |
 12   -0.13690  |                 ***|  .                 |
 13   -0.02319  |                 .  |  .                 |
 14   -0.00372  |                 .  |  .                 |
 15    0.05021  |                 .  |* .                 |
 16   -0.04238  |                 . *|  .                 |
```

[그림 9.4] 차분 계열($(1-B)(1-B^4)Z_t$)에 대한 SACF와 SPACF

연습문제

1. 100개의 관찰된 시계열 자료로부터 SACF를 계산한 결과 다음과 같았다.

$$r_1 = -0.49,\ r_2 = 0.31,\ r_3 = -0.21,\ r_4 = 0.11,\ |r_k| \leq 0.09,\ k > 4$$

관찰된 시계열은 어떤 모형으로 식별될 수 있는가?

2. 121개의 관찰된 시계열 자료로부터 SPACF를 계산한 결과 다음과 같았다.

$$\hat{\phi}_{11} = 0.8,\ \hat{\phi}_{22} = -0.6,\ \hat{\phi}_{33} = 0.08,\ \hat{\phi}_{44} = 0.00$$

관찰된 시계열은 어떤 모형으로 식별될 수 있는가?

3. 관찰된 100개의 시계열과 그 시계열을 1차 차분한 자료로부터 SACF를 계산하여 다음과 같은 결과를 얻었다.

시차	1	2	3	4	5	6
Z_t	0.97	0.97	0.93	0.85	0.80	0.71
∇Z_t	−0.42	0.18	−0.02	0.07	−0.10	−0.09

위의 결과로부터 관찰된 시계열은 어떤 모형으로 식별될 수 있는가?

4. 64개 시계열 자료의 SPACF가 다음과 같이 주어졌다.

1	2	3	4	5	6
0.47	−0.34	0.20	0.12	0.15	−0.06

위의 결과로부터 관찰된 시계열은 어떤 모형으로 식별될 수 있는가?

5. 다음과 같은 SACF, SPACF 결과를 설명하고 모형을 식별하시오.

1) 원계열(Z_t)에 대한 SACF와 SPACF

```
                    Autocorrelations
Lag  Correlation  -1 9 8 7 6 5 4 3 2 1 0 1 2 3 4 5 6 7 8 9 1
  0    1.00000   |                    |********************|
  1    0.92304   |                .   |******************  |
  2    0.78578   |              .     |****************    |
  3    0.65879   |             .      |*************       |
  4    0.53677   |            .       |***********         |
  5    0.41845   |            .       |********.           |
  6    0.31799   |           .        |******    .         |
  7    0.24514   |           .        |*****     .         |
  8    0.19979   |           .        |****      .         |
  9    0.18233   |           .        |****      .         |
 10    0.17485   |           .        |***       .         |
 11    0.15979   |           .        |***       .         |
 12    0.12218   |           .        |**        .         |
```

```
                    Partial Autocorrelations
Lag  Correlation  -1 9 8 7 6 5 4 3 2 1 0 1 2 3 4 5 6 7 8 9 1
  1    0.92304   |                  . |******************  |
  2   -0.44749   |           *********| .                  |
  3    0.18553   |                  . |****                |
  4   -0.10098   |                  **| .                  |
  5    0.02261   |                  . | .                  |
  6    0.00925   |                  . | .                  |
  7    0.05947   |                  . |* .                 |
  8    0.05086   |                  . |* .                 |
  9    0.09348   |                  . |** .                |
 10   -0.07485   |                  .*| .                  |
 11   -0.04194   |                  .*| .                  |
 12   -0.17505   |                ****| .                  |
```

2) 1차 차이한 계열($(1-B)Z_t$)에 대한 SACF와 SPACF

```
                    Autocorrelations
Lag  Correlation  -1 9 8 7 6 5 4 3 2 1 0 1 2 3 4 5 6 7 8 9 1
  0    1.00000   |                    |********************|
  1    -.25584   |               *****| .                  |
  2    -.17877   |                 ***| .                  |
  3    -.10135   |                 .**| .                  |
  4    0.04197   |                 .  |* .                 |
  5    0.03140   |                 .  |* .                 |
  6    0.00611   |                 .  |  .                 |
  7    0.01024   |                 .  |  .                 |
  8    -.04843   |                 . *|  .                 |
  9    0.05217   |                 .  |* .                 |
 10    -.10285   |                 .**|  .                 |
 11    0.05871   |                 .  |* .                 |
 12    -.06758   |                 . *|  .                 |
```

```
                    Partial Autocorrelations
Lag  Correlation  -1 9 8 7 6 5 4 3 2 1 0 1 2 3 4 5 6 7 8 9 1
  1   -0.60811   |        ************| .                  |
  2   -0.42729   |           *********| .                  |
  3   -0.29984   |               *****| .                  |
  4   -0.18417   |                ****| .                  |
  5   -0.14932   |                 ***| .                  |
  6   -0.13609   |                 ***| .                  |
  7   -0.14580   |                 ***| .                  |
  8   -0.10653   |                 .**| .                  |
  9   -0.10737   |                 .**| .                  |
 10   -0.04102   |                 . *| .                  |
 11   -0.05394   |                 . *| .                  |
 12   -0.01316   |                 .  | .                  |
```

3) (1, 12)차 차분한 계열$(1-B)(1-B^{12})Z_t$)의 SACF와 SPACF

```
                    Autocorrelations
Lag  Correlation  -1 9 8 7 6 5 4 3 2 1 0 1 2 3 4 5 6 7 8 9 1
  0    1.00000   |                    |********************|
  1    0.26231   |                  . |*****               |
  2    -.18885   |                ****|  .                 |
  3    -.10754   |                 .**|  .                 |
  4    0.06953   |                 .  |*  .                |
  5    0.00393   |                 .  |   .                |
  6    -.03181   |                 . *|   .                |
  7    0.01044   |                 .  |   .                |
  8    -.00693   |                 .  |   .                |
  9    0.03242   |                 .  |*  .                |
 10    0.18330   |                 .  |****                |
 11    -.01654   |                 .  |  .                 |
 12    -.46601   |           *********|  .                 |
 13    -.04754   |                 . *|   .                |
 14    0.05570   |                 .  |*  .                |
 15    0.02046   |                 .  |   .                |
 16    -.07523   |                 .**|   .                |
 17    0.02402   |                 .  |   .                |
 18    0.04165   |                 .  |*  .                |
 19    -.00514   |                 .  |   .                |
 20    -.07996   |                 .**|   .                |
 21    0.00302   |                 .  |   .                |
 22    -.06125   |                 . *|   .                |
 23    0.05357   |                 .  |*  .                |
 24    -.07032   |                 . *|   .                |
 25    -.02056   |                 .  |   .                |
 26    -.03800   |                 . *|   .                |
 27    0.08359   |                 .  |** .                |
 28    -.00045   |                 .  |   .                |
 29    -.02202   |                 .  |   .                |
 30    -.01632   |                 .  |   .                |
 31    0.05133   |                 .  |*  .                |
 32    0.10154   |                 .  |** .                |
 33    -.04288   |                 . *|   .                |
 34    -.06770   |                 . *|   .                |
 35    -.03203   |                 . *|   .                |
 36    0.11307   |                 .  |** .                |
```

```
                    Partial Autocorrelations
Lag  Correlation  -1 9 8 7 6 5 4 3 2 1 0 1 2 3 4 5 6 7 8 9 1
  1   -0.46231   |           *********| .                  |
  2   -0.29349   |               *****| .                  |
  3   -0.18493   |                 ***| .                  |
  4    0.04801   |                 .  |* .                 |
  5   -0.04117   |                 . *| .                  |
  6   -0.01849   |                 .  | .                  |
  7    0.01959   |                 .  | .                  |
  8   -0.02662   |                 . *| .                  |
  9    0.03926   |                 .  |* .                 |
 10    0.18968   |                 .  |****                |
 11   -0.03631   |                 . *| .                  |
 12   -0.42788   |           *********| .                  |
 13    0.04002   |                 .  |* .                 |
 14   -0.11940   |                 .**| .                  |
 15   -0.08460   |                 .**| .                  |
 16   -0.01536   |                 .  | .                  |
 17   -0.00001   |                 .  | .                  |
 18   -0.01679   |                 .  | .                  |
 19    0.02050   |                 .  | .                  |
 20   -0.11145   |                 .**| .                  |
 21    0.02620   |                 .  |* .                 |
 22    0.06491   |                 .  |* .                 |
 23    0.04199   |                 .  |* .                 |
 24   -0.35668   |             *******| .                  |
 25    0.02761   |                 .  |* .                 |
 26   -0.14206   |                 ***| .                  |
 27    0.01556   |                 .  | .                  |
 28   -0.09106   |                 .**| .                  |
 29    0.01696   |                 .  | .                  |
 30   -0.01906   |                 .  | .                  |
 31    0.09588   |                 .  |**.                 |
 32    0.00548   |                 .  | .                  |
 33   -0.05330   |                 . *| .                  |
 34   -0.01487   |                 .  | .                  |
 35    0.05134   |                 .  |* .                 |
 36   -0.19275   |                ****| .                  |
```

4) (1, 4)차 차분한 계열$(1-B)(1-B^4)Z_t$)의 SACF와 SPACF

```
                         Autocorrelations

Lag Correlation  -1 9 8 7 6 5 4 3 2 1 0 1 2 3 4 5 6 7 8 9 1

  0   1.00000   |                    |********************|
  1   0.27701   |              .     |******              |
  2   -.11137   |              .   **|     .              |
  3   -.17425   |              .  ***|     .              |
  4   -.50211   |          **********|     .              |
  5   -.31801   |            . ******|       .            |
  6   0.10861   |            .       |**     .            |
  7   0.20354   |            .       |****   .            |
  8   0.07423   |            .       |*      .            |
  9   0.09067   |            .       |**     .            |
 10   -.05530   |            .      *|       .            |
 11   -.16561   |            .    ***|       .            |
 12   -.14476   |            .    ***|       .            |
 13   -.07549   |            .     **|       .            |
 14   0.08896   |            .       |**     .            |
 15   0.14251   |            .       |***    .            |
 16   0.20191   |           .        |****    .           |
```

```
                     Partial Autocorrelations

Lag Correlation  -1 9 8 7 6 5 4 3 2 1 0 1 2 3 4 5 6 7 8 9 1

  1   0.27701   |              .     |******              |
  2  -0.20373   |              . ****|     .              |
  3  -0.09117   |              .   **|     .              |
  4  -0.50285   |          **********|     .              |
  5  -0.12437   |              .   **|     .              |
  6   0.05562   |              .     |*    .              |
  7   0.02343   |              .     |     .              |
  8  -0.28536   |              ******|     .              |
  9  -0.07357   |              .    *|     .              |
 10  -0.08491   |              .   **|     .              |
 11  -0.02261   |              .     |     .              |
 12  -0.30611   |              ******|     .              |
 13  -0.22085   |              . ****|     .              |
 14  -0.02223   |              .     |     .              |
 15  -0.03273   |              .    *|     .              |
 16  -0.05200   |              .    *|     .              |
```

6. 다음은 우리나라의 2007년 1월부터 2011년 12월까지의 월별 화재발생건수 계열(fire.dat)이다. 이 계열을 SAS를 이용하여 시계열 그림과 SACF 및 SPACF를 나타내고, 모형을 식별하여라.

	1월	2월	3월	4월	5월	6월	7월	8월	9월	10월	11월	12월
2007년	4,878	5,172	4,920	5,103	3,896	3,978	3,007	2,974	2,699	3,330	4,023	3,902
2008년	4,047	5,947	5,324	4,671	4,305	3,176	3,174	3,251	3,287	3,822	4,098	4,529
2009년	5,090	4,045	5,337	5,200	4,246	3,411	2,790	2,950	3,111	3,651	3,524	3,963
2010년	4,178	3,706	3,409	3,616	3,519	3,372	2,842	2,890	2,845	3,272	4,019	4,195
2011년	5,003	4,325	5,262	4,535	3,253	3,174	2,830	2,487	2,869	3,074	3,034	4,029

7. 다음은 어느 회사의 연간 목재 생산량 자료이다. 다음 시계열 자료를 SAS를 이용하여 모형을 식별하여라.

29.0	35.2	41.0	39.5	41.0	39.8	37.3	36.8	38.7	29.4
20.0	13.5	17.2	18.8	22.9	27.6	29.0	24.8	28.8	31.2
36.5	36.3	34.3	32.9	28.1	34.1	35.4	37.0	32.2	38.0
37.2	37.5	36.7	36.4	37.4	38.2	32.9	33.4	37.2	32.9
32.0	33.2	34.7	36.6	36.8	36.6	34.7	36.5	35.8	34.7
37.0	37.7	38.6	34.6	32.6	36.3	39.4	40.5	40.6	35.4
31.7	30.0	30.8	29.6	28.5	31.2	32.9	35.6	36.7	31.5

제10장 모형의 모수 추정, 진단 및 확정

이 장에서는 관찰된 시계열 $Z_1, Z_2, \cdots, Z_n$으로 ARIMA 모형의 모수를 추정하고, 추정결과에 대하여 진단을 실시하여 모형을 확정하는 문제를 다룬다. 먼저 제9장에서 우리들은 자료에 알맞은 모형으로 잘 식별되었다고 가정하고 그래서 차수 p,d,q가 결정되었다고 전재한다. 비정상 시계열도 d만큼 차분하면 정상시계열로 고려될 수 있으므로 이 장에서는 정상 ARIMA 모형만 다루기로 한다. 여러 가지 모수 추정방법 중 여기서는 가장 많이 사용되는 적률 추정법, 최우추정법 그리고 최소제곱 추정법에 의한 모수 추정방법과 모형의 진단 및 확정에 대하여 간략히 설명한다.

10.1 모수 추정

10.1.1 적률 추정법(Method of Moments)

적률 추정법(method of moment estimation)은 모수 추정에 있어서 가장 간단한 방법으로 모집단의 k차 적률로 추정하는 방법이다. 가장 간단한 예는 모평균 μ를 표본평균 $\overline{Z}$로 추정하는 것으로 시계열 모형의 모수 추정은 ACF를 SACF와 같게 놓고 이를 풀어서 모수의 추정량을 구하는 것이다.

1) AR(p) 모형

AR(1) 모형의 경우를 먼저 고려하자. 이 모형의 1차 ACF $\rho_1 = \phi_1$이므로 ϕ_1의 적률 추정량 $\widehat{\phi_1}$은 1차 SACF r_1, 즉

$$\widehat{\phi_1} = r_1 \qquad \textbf{(10.1.1)}$$

여기서 $r_1 = \sum_{t=2}^{n}(Z_t - \overline{Z})(Z_{t-1} - \overline{Z}) / \sum_{t=1}^{n}(Z_t - \overline{Z})^2$이다.

AR(2) 모형의 경우는 Yule-walker 방정식

$$\rho_1 = \phi_1 + \rho_1\phi_2,$$
$$\rho_2 = \rho_1\phi_1 + \phi_2$$

에서 ρ_1, ρ_2대신 SACF r_1, r_2를 대입하여 모수 ϕ_1과 ϕ_2에 대하여 풀면 다음과 같은 적률 추정량 $\widehat{\phi_1}$, $\widehat{\phi_2}$을 구할 수 있다.

$$\widehat{\phi_1} = \frac{r_1(1-r_2)}{1-r_1^2} \tag{10.1.2}$$

$$\widehat{\phi_2} = \frac{r_2 - r_1^2}{1-r_1^2}$$

일반적인 AR(p) 모형에서 적률 추정값을 구하려면 다음과 같은 Yule-walker 방정식에 ρ_k대신 r_k를 대입하여 ϕ_1, ϕ_2, $\cdots$, ϕ_p에 대하여 풀면 된다.

$$\begin{aligned} r_1 &= \widehat{\phi_1} + r_1\widehat{\phi_2} + \cdots + r_{p-1}\widehat{\phi_p} \\ r_2 &= r_1\widehat{\phi_1} + \widehat{\phi_2} + \cdots + r_{p-2}\widehat{\phi_p} \\ &\vdots \\ r_p &= r_{p-1}\widehat{\phi_1} + r_{p-2}\widehat{\phi_2} + \cdots + \widehat{\phi_p} \end{aligned} \tag{10.1.3}$$

2) MA(q) 모형

MA 모형에 대한 적률추정량은 쉽게 얻어지지도 않고 좋은 추정량도 아니다. MA(1) 모형의 1차 ACF를 고려하자.

$$\rho_1 = \frac{-\theta_1}{1+\theta_1^2} \tag{10.1.4}$$

식 (10.1.4)에 ACF ρ_1 대신에 SACF r_1을 대입하여 θ_1에 대해 풀면 $|r_1| < 0.5$일 때 두 개의 근

$$\frac{-1}{2r_1} \pm \sqrt{\frac{1}{4r_1^2} - 1}$$

을 얻을 수 있고, 이 중 가역조건 $|\theta_1| < 1$을 만족하는 다음과 같은 $\hat{\theta}$이 적률 추정량이 된다.

$$\hat{\theta_1} = \frac{-1 + \sqrt{1 - 4r_1^2}}{2r_1} \tag{10.1.5}$$

여기서 만약 $|r_1| > 0.5$이면 식 (10.1.4)의 실수근이 존재하지 않고 따라서 적률추정이 불가능해진다. q차 이동평균 모형, MA(q)에 대한 적률 추정은 더욱 복잡하고 좋지 않은 추정량을 제공하므로 실제로 거의 사용되지 않는다. 이론적으로는 ρ_k대신에 r_k를 대입하여 q개의 모수 $\theta_1, \theta_2, \cdots, \theta_q$에 대하여 풀면 구할 수 있고 컴퓨터에 의한 수치해석적으로 풀이가 가능하다.

3) ARMA(p,q) 모형

ARMA(1,1) 모형에 대한 적률추정은 다음과 같은 ACF로부터 구해진다.

$$\rho_k = \frac{(1 - \theta_1\phi_1)(\phi_1 - \theta_1)}{1 - 2\phi_1\theta_1 + \theta_1^2}\phi_1^{k-1} = \rho_1\phi_1^{k-1} \tag{10.1.6}$$

$k = 2$일 때 $\rho_2 = \rho_1\phi_1$가 되고 ρ_1과 ρ_2대신 SACF r_1과 r_2를 대입하여 풀면 모수 ϕ_1에 대한 적률추정량은 다음과 같이 쉽게 구해진다.

$$\hat{\phi_1} = \frac{r_2}{r_1} \tag{10.1.7}$$

한편 모수 θ_1에 대한 적률추정량을 구하기 위해서 식 (10.1.6)에 식 (10.1.7)을 대응하여 풀면 다음 식을 얻을 수 있다.

$$r_1 = \frac{(1 - \theta_1\hat{\phi_1})(\hat{\phi_1} - \theta_1)}{1 - 2\hat{\phi_1}\theta_1 + \theta_1^2} \tag{10.1.8}$$

식 (10.1.8)을 ϕ_1에 대하여 풀면 이차식이므로 두 개의 근이 구해지고 이 중 가역조건을 만족하는 근이 θ_1의 적률추정량이 된다. 일반적인 ARMA(p,q)에 대해서도 이제까지 설명한 수치해석적 방법으로 적률추정량을 구할 수 있으나 그리 효율적인 추정량이 되지 못하여 일반적으로 앞으로 다룰 최소제곱추정량이나 최우추정량의 초기값 정도로만 사용된다.

4) 백색잡음 분산의 추정

모수추정에서 마지막으로 추정해야 하는 모수는 백색잡음의 분산, σ_a^2이다. Z_t가 어떤 모형이더라도 $r_0 = Var(Z_t)$의 추정량은 표본분산, 즉

$$S^2 = \frac{\sum_{t=1}^{n}(Z_t - \overline{Z})^2}{n-1} \tag{10.1.9}$$

이다. 이 때 $\overline{Z}$는 표본평균으로 $\sum_{t=1}^{n} Z_t \,/\, n$이다. 백색잡음의 분산에 대한 적률 추정량은 위의 표본분산의 함수로 얻어지는데 AR(p) 모형의 경우는 식 (6.3.18)에서 백색잡음의 분산 적률추정량을 다음과 같이 구할 수 있다.

$$\hat{\sigma}_a^2 = (1 - \widehat{\phi}_1 r_1 - \widehat{\phi}_2 r_2 - \cdots - \widehat{\phi}_p r_p)S^2 \tag{10.1.10}$$

예를 들어 AR(1) 모형인 경우는 $\widehat{\phi_1} = r_1$이므로 $\sigma_a^2 = (1 - r_1^2)S^2$이 백색잡음의 분산 추정량이다.

마찬가지로 MA(q) 모형의 경우도 식 (6.4.19)에서 모분산 대신 표본분산을 대입하여 다음과 같은 백색잡음의 분산에 대한 적률추정량을 구할 수 있다.

$$\hat{\sigma}_a^2 = \frac{S^2}{1 + \widehat{\theta}_1^2 + \cdots + \widehat{\theta}_q^2} \tag{10.1.11}$$

또한 ARMA(1,1) 모형의 경우도 식 (6.5.19)에서 백색잡음의 분산추정량은 다음과 같이 구할 수 있다.

$$\hat{\sigma}_a^2 = \frac{(1-\widehat{\phi_1^2})S^2}{1-2\widehat{\theta}_1\widehat{\phi}_1+\widehat{\theta_1^2}} \quad (10.1.12)$$

10.1.2 최우추정법(Maximum Likelihood Method)

1) 조건부 최우추정법

시계열 $Z_1, Z_2, \cdots, Z_n$이 다음과 같은 정상 ARMA(p,q) 모형에 따른다고 하자.

$$Z_t = \phi_1 Z_{t-1} + \phi_2 Z_{t-2} + \cdots + \phi_p Z_{t-p} + a_t - \theta_1 a_{t-1} - \cdots - \theta_q a_{t-q} \quad (10.1.13)$$

그리고 백색잡음 $\underline{a} = (a_1, a_2, \cdots, a_n)'$의 결합밀도함수는 다음과 같이 정규분포 $N(0, \sigma_a^2)$에 따른다고 가정한다.

$$P(\underline{a} \mid \underline{\phi}, \mu, \underline{\theta}, \sigma_a^2) = (2\pi\sigma_a^2)^{-n/2} \exp\left[-\frac{1}{2\sigma_a^2}\sum_{t=1}^{n} a_t^2\right] \quad (10.1.14)$$

여기서 $\underline{Z} = (Z_1, Z_2, \cdots, Z_n)'$이라 하고 과거값들로 이루어진 $\underline{Z_*} = (Z_{1-p}, \cdots, Z_{-1}, Z_0)'$와 $\underline{a_*} = (a_{1-q}, \cdots, a_{-1}, a_0)'$를 가정한다. 그러면 조건부 로그우도함수는 다음과 같다.

$$\ln L_*(\underline{\phi}, \mu, \underline{\theta}, \sigma_a^2) = -\frac{n}{2} ln\, 2\pi\sigma_a^2 - \frac{S_*(\underline{\phi}, \mu, \underline{\theta})}{2\sigma_a^2} \quad (10.1.15)$$

여기서 조건부 제곱합함수 $S_*(\underline{\phi}, \mu, \underline{\theta})$는 다음과 같다.

$$S_*(\underline{\phi}, \mu, \underline{\theta}) = \sum_{t=1}^{n} a_t^2(\underline{\phi}, \mu, \underline{\theta} \mid \underline{Z_*}, \underline{a_*}, \underline{Z}) \quad (10.1.16)$$

조건부 우도함수를 최대로 하는 $\hat{\underline{\phi}}$, $\hat{\mu}$, $\hat{\underline{\theta}}$는 조건부 최우추정량이다. 따라서 조건부 최우추정량은 식 (10.1.15)를 모수에 대해 편미분하여 0으로 놓고 풀면 구할 수 있다. 조건부 최우추정법은 $\ln L_*(\underline{\phi}, \mu, \underline{\theta}, \sigma_a^2)$가 단지 $S_*(\underline{\phi}, \mu, \underline{\theta})$로 이루어진 함수이므로 조건부 제곱합인 $S_*(\underline{\phi}, \mu, \underline{\theta})$을 최소화하는 조건부 최소제곱추정법과 일치함을

알 수 있다.

조건 $\underline{Z}_*$와 $\underline{a}_*$에 대해서는 $a_p = a_{p-1} = a_{p+1-q} = 0$를 가정할 수 있고, (10.1.13)을 이용하여 $t \geqq (p+1)$에 대하여 a_t를 계산할 수 있다. 따라서 (10.1.16)에서의 조건부 제곱합 함수를 다음과 같이 얻을 수 있다.

$$S_*(\underline{\phi}, \mu, \underline{\theta}) = \sum_{t=p+1}^{n} a_t^2 (\underline{\phi}, \mu, \underline{\theta} \mid \underline{Z}) \tag{10.1.17}$$

조건부 최우추정량 $\hat{\underline{\phi}}, \hat{\mu}, \hat{\underline{\theta}}$를 얻은 후에는, σ_a^2의 추정치 $\widehat{\sigma_a^2}$는 다음과 같다.

$$\widehat{\sigma_a} = \frac{S_*(\hat{\underline{\phi}}, \hat{\mu}, \hat{\underline{\theta}})}{d.f.} \tag{10.1.18}$$

여기서 자유도($d.f.$)는 $S_*(\underline{\phi}, \mu, \underline{\theta})$의 합에서 사용된 항의 수에서 추정된 모수의 개수를 뺀 개수와 같다. 한편 식 (10.1.18)에서의 자유도는 $d.f. = (n-p) - (p+q+1) = n - (2p+q+1)$이다.

AR(1) 모형의 경우, 조건부 제곱합 함수는 다음과 같다.

$$S_*(\phi, \mu) = \sum_{t=2}^{n} a_t^2 = \sum_{t=2}^{n} (Z_t - \phi_1 Z_{t-1})^2$$

이 조건부 제곱합을 ϕ_1에 대하여 편미분하여 0으로 놓고 풀면 다음과 같은 자기회귀계수 ϕ_1에 대한 조건부 최우추정량을 구할 수 있다.

$$\widehat{\phi_1} = \frac{\sum_{t=2}^{n} Z_t Z_{t-1}}{\sum_{t=2}^{n} Z_{t-1}^2}$$

2) 비조건부 최우추정법

시계열 모형의 가장 중요한 기능중의 하나는 알려지지 않은 미래의 값을 예측하는 것이다. 자연스럽게 제곱합과 우도함수들의 계산에 필요한 알려지지 않은 $\underline{Z}_* = (Z_{1-p},$

$\cdots, Z_{-1}, Z_0)'$ 와 $\underline{a_*} = (a_1 - q, \cdots, q_{-1}, q_0)'$ 을 후향예측(back-forecast)을 할 수 있는지 궁금할 것이다. 실제로 ARMA 모형의 전향형태(forward form)는 다음과 같다.

$$(1 - \phi_1 B - \cdots - \phi_p B^p) Z_t = (1 - \theta_1 B - \cdots - \theta_q B^q) a_t \tag{10.1.19}$$

그리고 후향형태(backward form)로는 다음과 같이 나타낼 수 있다.

$$(1 - \phi_1 F - \cdots - \phi_p F^p) Z_t = (1 - \theta_1 F - \cdots - \theta_q F^q) e_t \tag{10.1.20}$$

여기서 $F^j Z_t = Z_{t+j}$이다. 정상성 때문에, (10.1.19)과 (10.1.20)은 같은 자기공분산 구조를 가져야 한다. 이것은 $\{e_t\}$가 평균이 0이고 분산이 σ_e^2인 백색잡음계열임을 의미한다. 그러기에, 우리가 실현값 $(Z_1, Z_2, \cdots, Z_n)$에 기초하여 $j > 0$에 대하여 알려지지 않은 미래의 값 Z_{n+j}를 예측하기 위하여 전향형태(forward form) 식을 이용하는 것과 같은 방법으로, 우리는 실현값$(Z_n, Z_{n-1}, \cdots, Z_1)$에 기초하여 $j \leqq 0$에 대하여 미지의 Z_j의 과거값을 역예측하고 또, a_j를 계산하기 위하여 후향형태인 식을 이용할 수 있다. 추정에서의 나은 개선을 위하여, Box-Jenkins(1976)는 다음과 같은 비조건부 로그우도함수(unconditional loglikelihood function)를 제안하였다.

$$\ln L(\underline{\phi}, \mu, \underline{\theta}, \sigma_a^2) = -\frac{n}{2} ln\, 2\pi\sigma_a^2 - \frac{S(\underline{\phi}, \mu, \underline{\theta})}{2\sigma_a^2} \tag{10.1.21}$$

여기서 $S(\underline{\phi}, \mu, \underline{\theta})$는 다음과 같다.

$$S(\underline{\phi}, \mu, \underline{\theta}) = \sum_{t=-\infty}^{n} [E(a_t | \underline{\phi}, \mu, \underline{\theta}, \underline{Z})]^2 \tag{10.1.22}$$

여기서 $S(\underline{\phi}, \mu, \underline{\theta})$는 비조건부 제곱합이고 $E(a_t | \underline{\phi}, \mu, \underline{\theta}, \underline{Z})$는 $\underline{\phi}, \mu, \underline{\theta}, \underline{Z}$에 의하여 주어진 a_t의 조건부 기대값이다. 식 (10.1.21)를 최대화하는 $\hat{\underline{\phi}}, \hat{\mu}, \hat{\underline{\theta}}$는 비조건부 최우추정량이다. 비조건부 최우추정량은 $S(\underline{\phi}, \mu, \underline{\theta})$를 최소화함으로써 얻어지는 비조건부 최소제곱추정량과 일치한다. 실제적으로 (10.1.22)은 유한개의 합으로 근사할 수 있다.

$$S(\underline{\phi}, \mu, \underline{\theta}) = \sum_{t=-M}^{n} [E(a_t | \underline{\phi}, \mu, \underline{\theta}, \underline{Z})]^2 \tag{10.1.23}$$

이때 $t \leqq -(M+1)$에서 대하여 $|E(Z_t | \underline{\phi}, \mu, \underline{\theta}, \underline{Z}) - E(Z_{t-1} | \underline{\phi}, \mu, \underline{\theta}, \underline{Z})| < \epsilon$ (ϵ은 임의의 작은 실수)을 만족하고, M은 충분히 큰 정수이다. 이것은 $E(Z_t | \underline{\phi}, \mu, \underline{\theta}, \underline{Z}) \simeq \mu$를 의미하고 그러므로 $t \leqq -(M+1)$에 대하여 $E(a_t | \underline{\phi}, \mu, \underline{\theta}, \underline{Z})$는 무시해도 좋다.

모수 추정값 $\hat{\underline{\phi}}$, $\hat{\mu}$, $\hat{\underline{\theta}}$를 얻은 후에 σ_a^2의 추정값 $\widehat{\sigma_a^2}$는 다음과 같이 얻을 수 있다.

$$\widehat{\sigma_a}^2 = \frac{S(\hat{\underline{\phi}}, \hat{\mu}, \hat{\underline{\theta}})}{n} \tag{10.1.24}$$

모수추정을 위한 후향예측의 사용은 계절모형이나 비정상성에 가까운 모형 그리고 특히 상대적으로 짧은 시계열에 대하여 중요하다. 대부분의 컴퓨터 프로그램은 이런 선택사양을 구현한다.

10.1.3 최소제곱추정법(Ordinary Least Squares Estimation)

최소제곱추정법(ordinary least squares estimation: OLS)은 통계적 자료분석에서 가장 많이 사용되는 기법으로 조건부 최우추정법에서와 마찬가지로 초기값들이 주어지는 조건으로 추정하는 조건부 최소제곱추정법과 후향 예측값을 구하여 추정하는 비조건부 최소제곱추정법으로 나눌 수 있다. 최소제곱추정법을 이용하면 Gauss-Markov의 성격 즉, 가장 좋은 선형 추정량을 얻을 수 있다.

1) 조건부 최소제곱추정법

(1) AR(p) 모형

먼저 AR(1) 모형에서 조건부 최소제곱추정량을 구하는 문제를 고려해보자.

$$Z_t = \phi_1 Z_{t-1} + a_t \tag{10.1.25}$$

여기서 $\{a_t\}$는 평균 0 분산 σ_a^2를 갖는 백색잡음이다. 식 (10.1.25)은 Z_{t-1}를 독립변수로 Z_t를 종속변수로 생각하면 단순 회귀 모형(ordinary simple regression model)

이 되므로 최소제곱추정량은 오차의 제곱합 $\sum_{t=1}^{n} a_t^2$을 최소로 하는 추정량이 된다.

식 (10.1.25)는 백색잡음 a_t의 식으로 표현하면 다음과 같다.

$$a_t = Z_t - \phi_1 Z_{t-1} \tag{10.1.26}$$

이제 시계열 $Z_1, Z_2, \cdots, Z_n$이 주어졌을 때 백색잡음 a_t의 제곱합은 다음과 같이 나타낼 수 있다.

$$S(\phi, \mu) = \sum_{t=1}^{n} a_t^2 = \sum_{t=1}^{n} (Z_t - \phi_1 Z_{t-1})^2 \tag{10.1.27}$$

여기서 관찰된 자료는 $Z_1, Z_2, \cdots, Z_n$이므로 Z_0를 위한 조건이 필요한데 이는 $a_1 = 0$인 조건이 주어지면 충분하다. 따라서 조건부 제곱합은 다음과 같다.

$$S^*(\phi, \mu) = \sum_{t=2}^{n} a_t^2 = \sum_{t=2}^{n} (Z_t - \phi_1 Z_{t-1})^2 \tag{10.1.28}$$

식 (10.1.28)의 조건부 제곱합을 ϕ_1에 대하여 편미분하여 0으로 놓고 풀면 다음과 같은 자기회귀계수 ϕ_1에 대한 조건부 최소제곱추정량을 얻는다.

$$\widehat{\phi_1} = \frac{\sum_{t=2}^{n} Z_t Z_{t-1}}{\sum_{t=2}^{n} Z_{t-1}^2} \tag{10.1.29}$$

그러나, 평균이 0가 아닌, 즉 상수항이 있는 모형($Z_t - \mu = \phi_1 (Z_{t-1} - \mu) + a_t$)인 경우에는 다음과 같이 된다.

$$\widehat{\phi_1} = \frac{\sum_{t=2}^{n} (Z_t - \overline{Z})(Z_{t-1} - \overline{Z})}{\sum_{t=2}^{n} (Z_{t-1} - \overline{Z})^2}$$

이 조건부최소제곱 추정량은 적률추정량, 즉 r_1에 분모의 끝 값 $(Z_n - \overline{Z})^2$이 빠진 것과 같다. 그러나 역시 시계열 자료수 n이 크면 끝 값의 영향이 상대적으로 작으므로 우리는 AR(1) 모형의 계수 ϕ_1의 최소제곱추정량으로는 일차 SACF r_1을 근사값으로 사용한다.

일반 AR(p) 모형의 p개의 자기회귀계수의 최소제곱추정량들도 AR(1) 모형에서와 같이 모두 적률추정량과 근사적으로 같다.

(2) MA(q) 모형

먼저 MA(1) 모형에서 최소제곱추정량을 구하는 문제를 고려하자.

$$Z_t = a_t - \theta_1 a_{t-1} \tag{10.1.30}$$

이 모형은 $|\theta_1| < 1$일 때 가역성을 가지므로 다음과 같이 $AR(\infty)$ 형태로 나타낼 수 있다.

$$Z_t = a_t + \theta_1 Z_{t-1} + \theta_1^2 Z_{t-2} + \cdots \tag{10.1.31}$$

그러므로 θ_1의 최소제곱추정량은 다음과 같은 제곱합을 최소화함으로써 얻을 수 있다.

$$\begin{aligned} S(\theta_1) &= \sum_{t=1}^{n} a^2 t \\ &= \sum_{t=1}^{n} (Z_t - \theta_1 Z_{t-1} - {\theta_1}^2 Z_{t-2} - \cdots)^2 \end{aligned} \tag{10.1.32}$$

이 제곱합 함수는 θ_1에 대하여 비선형이므로 백색잡음의 초기값에 대하여 $a_0 = 0$이라는 조건하에서 Gauss-Newton 알고리즘을 이용하여 최적해를 구할 수 있다. 즉 $a_1, a_2, \cdots, a_n$을 θ_1의 함수로써 $Z_1, Z_2, \ldots, Z_n$의 값으로 먼저 만든다.

$$\begin{aligned} a_1(\theta_1) &= Z_1 + \theta_1 a_0 = Z_1 \\ a_2(\theta_1) &= Z_2 + \theta_1 a_1 = Z_2 + \theta_1 Z_1 \\ a_3(\theta_1) &= Z_2 + \theta_1 a_2 = Z_3 + \theta_1 (Z_2 + \theta_1 Z_1) \\ &\vdots \\ a_n(\theta_1) &= Z_n + \theta_1 a_{n-1} \end{aligned} \tag{10.1.33}$$

따라서 특별한 값 θ_1에 대하여 백색잡음의 초기값 조건 $a_0 = 0$하에서의 오차합

$S(\theta_1)=\sum_{t=1}^{n}a_t^2$을 구할 수 있다. 그런 다음 $a_t(\theta_1)$을 초기값 θ_1에 관한 선형으로 근사시키기 위해 다음과 같이 1차 Taylor전개를 이용한다.

$$a_t(\theta_1) \approx a_t(\theta_1^*) + (\theta_1 - \theta_1^*)\frac{da_t(\theta_1^*)}{d\theta_1} \tag{10.1.34}$$

여기서 $a_t(\theta_1)=Z_t+\theta_1 a_{t-1}(\theta_1)$을 θ_1에 대하여 미분하면 다음과 같은 미분항을 얻을 수 있다.

$$\frac{da_t(\theta_1)}{d\theta_1} = \frac{\theta_1 da_{t-1}(\theta_1)}{d\theta_1} + a_{t-1}(\theta_1) \tag{10.1.35}$$

이 때 초기 추정값 θ_1^*는 임의로 정할 수도 있으나 적률추정값을 주로 사용한다.

식 (10.1.35)에서 미분항들의 초기값을 $\frac{da_t(\theta_1)}{d\theta_1}=0$으로 놓고 $t=1,2,\cdots,n$에 대해 축차적으로 계산하여 식 (10.1.34)에 대입하면 $\sum_{t=1}^{n}a_t^2(\theta_1)$은 θ_1에 대하여 이차식이 되므로 이 식을 최소화시키는 θ_1값을 찾을 수 있다. 이 θ_1값을 $\theta_1^{(1)}$이라 하고 식 (10.1.35)에서 $\theta_1^{(0)}$대신 $\theta_1^{(1)}$로 대치한다. 이러한 반복적인 방법을 거듭하면 최소의 오차제곱합을 찾아간다. 즉 θ_1의 값의 변화와 오차제곱합의 변화가 동시에 아주 작은 곳에서 계산을 중지하게 되고 그 때의 값이 최소제곱추정량이 되는 것이다. MA(q) 모형에 대한 조건부 최소제곱추정량도 마찬가지 방법으로 다음 식으로 부터 $a_t=a_t(\theta_1,\theta_2,\cdots,\theta_q)$를 축차적으로 계산한다.

$$a_t = Z_t + \theta_1 a_{t-1} + \theta_2 a_{t-2} + \cdots + \theta_q a_{t-q} \tag{10.1.36}$$

이 때 초기값 $a_0=a_{-1}=\cdots=a_{1-q}=0$이라 가정하고 다변량 Gauss-Newton 알고리즘을 사용하여 a_t의 제곱합을 최소화시키는 θ_1, θ_2, $\cdots$, θ_q를 구하면 그것들이 조건부 최소제곱추정량이 되는 것이다.

(3) ARMA 모형

먼저 다음과 같은 ARMA(1,1) 모형에서 조건부최소제곱 추정량을 구하여 보자.

$$Z_t = \theta_1 Z_{t-1} + a_t - \theta_1 a_{t-1} \tag{10.1.37}$$

제곱합 $S(\phi_1, \theta_1) = \sum_{t=1}^{n} a_t^2$을 최소화하기 위하여 먼저 $a_t(\phi_1, \theta_1)$를 구한다.

$$a_t(\phi_1, \theta_1) = Z_t - \phi_1 Z_{t-1} + \theta_1 a_{t-1} \tag{10.1.38}$$

이 식에서 첫 항 $a_1(\phi_1, \theta_1)$을 구하기 위해서 초기값 a_0와 Z_0를 가정하기도 하고 또는 제곱합을 $\sum_{t=2}^{n} a_t^2$로 정의하여 첫 항을 제외시키기도 한다. 이 오차제곱합을 최소화하기 위해서는 $a_t(\phi_1, \theta_1)$을 초기값 $\phi_1^{(0)}$와 $\theta_1^{(0)}$에 대해 Tayler전개를 이용한다. 이에 대한 방법은 MA 모형에서 설명한 바와 같다.

일반적인 ARMA(p,q) 모형에 대해서 초기값을 $a_p = a_{p-1} = \cdots = a_{p-q} = 0$으로 가정하고 $\sum_{t=p+1}^{n} a_t^2$을 최소화하는 $(\phi_1, \cdots, \phi_p, \theta_1, \cdots, \theta_q)$를 다변량 Gauss-Newton 방법을 이용하여 구할 수 있다.

2) 비조건부 최소제곱추정법

비조건부 최소제곱추정법(unconditional least square estimation)은 후향예측값을 이용하고, 조건부 최소제곱추정법과는 달리 $a_p = a_{p-1} = \cdots = a_{p-q} = 0$을 가정하지 않고 아래와 같은 비조건부 제곱합 (10.1.39)를 최소화하는 방법이다. 그러나 이 추정방법은 AR(1) 모형인 경우 비조건부 제곱합 $S(\underline{\phi}, \mu)$에 $(1-\phi_1^2)(Z_1 - \mu)^2$항이 포함되어 있어서 $\partial S / \partial \phi_1 = 0$, $\partial S / \partial \mu = 0$과 같은 방정식을 풀 때 비선형이 된다. 따라서 $S(\underline{\phi}, \mu)$를 최소화하기 위해서는 수치적 반복법을 사용해야 한다.

일반적으로 ARMA(p,q) 모형의 비조건부 제곱합은 다음과 같다.

$$S(\underline{\phi}, \theta, \underline{\mu}) = \sum_{t=-\infty}^{n} \hat{a}_t^2 \tag{10.1.39}$$

여기서 $\hat{a_t} = E(a_t \mid Z_1, Z_2, \cdots, Z_n)$으로 시점 t가 0보다 작거나 같은 경우의 $\hat{a_t}$값은 $Z_1, Z_2, \cdots, Z_n$이 주어졌을 때 이것들로부터 계산될 수 있는데 이를 후향예측값(backward forecast 또는 backcast)이라 한다. ARMA(p,q) 모형에 있어서 비조건부 최

소제곱 추정량은 식 (10.1.39)과 같은 비조건부 제곱합을 최소로 하는 모수 $\hat{\phi}$, $\hat{\theta}$, $\hat{\mu}$값들이다. 그러나 실제 계산할 때 $t = -\infty$까지 제곱합을 구하는 것은 불가능하므로 다음과 같은 유한 제곱합을 고려하게 된다.

$$S^*(\phi, \theta, \mu) = \sum_{t=-N}^{n} \hat{a}_t^2 \qquad \textbf{(10.1.40)}$$

여기서 N은 충분히 큰 정수로써 어떤 임의의 작은 실수 $\epsilon > 0$에 대하여 $|\hat{a}_N - \hat{a}_{N-1}| < \epsilon$를 만족하는 값이다. 한편 백색잡음의 분산에 대한 최소제곱 추정량은 다음과 같이 추정된 제곱합 함수를 n으로 나눈 값으로 주어진다.

$$\hat{\sigma}_a^2 = \frac{S(\hat{\phi}, \hat{\theta}, \hat{\mu})}{n} \qquad \textbf{(10.1.41)}$$

10.2 모형의 진단

일단 ARIMA 모형의 계수에 대한 정밀한 추정값을 구하고 나면, 우리가 가지고 있는 자료가 이 모형에 잘 적합되는지 즉, 모형진단의 단계를 거쳐야 한다.

이 단계에서는 추정된 모형이 통계적으로 적합한가의 여부를 결정한다. 모형진단단계는 식별단계와 연관되어 있다. 모형진단에서 모형이 부적합하다고 판명되면, 우리는 다른 모형을 선택하기 위하여 식별단계로 되돌아간다. ARIMA 모형의 통계적 적합성을 진단하는 가장 중요한 검정은 잔차들이 독립이라는 가정에 대한 검정이다. 이 장에서는 먼저 이 가정을 만족하느냐의 여부를 검정하기 위하여 잔차의 자기상관함수(ACF)에 관하여 논의한 다음, 여러 가지 모형진단기법들에 관하여 고찰해 보기로 한다.

10.2.1 잔차의 독립성에 대한 진단

관측된 실제값과 적합된 모형으로부터 얻어진 적합된 값(fitted value)과의 차이를 잔차(residuals)이라 한다. 즉 잔차, $\hat{a_t} = Z_t - \hat{Z}_{t-1}$, $t = 1, 2. \cdots, n$이다. 통계적으로 적합한 모형은 잔차들이 서로 독립이 된다. 이 말은 잔차가 서로 자기상관관계에 있지 않다는 사실을 의미한다. 실제로 백색잡음 a_t를 관찰할 수 없으므로 추정된 백색잡음인 $\hat{a}_t$를 관찰한다. 모형진단단계에서는 잔차들의 독립성에 관한 가설을 검정하기 위하여 추정된 모형으로부터 얻어진 이 관찰된 잔차에 대한 분석을 실시한다.

백색잡음은 우리가 모형구축을 하는 변수인 Z_t의 요소이다. 그러므로 만약 백색잡음이 연속적으로 서로 상관관계에 있으면, 모형의 AR이나 MA 부분에 의하여 설명되지 않는 Z_t 상에 자기상관관계가 존재하게 된다. ARIMA 모형구축의 전반적인 아이디어는 Z_t에 포함된 모든 형태의 자기상관관계를 AR이나 MA 부분을 이용하여 가장 간결한 모형을 구축하는 것이다. 만약 잔차가 자기상관관계에 있으면, 잔차는 백색잡음이 아니므로 우리는 독립성 가설에 부합하는 잔차를 가진 다른 모형을 찾아야만 한다. 잔차가 자기상관관계에 있을 때는 추정된 ARIMA 모형을 어떻게 재형성할 것인가를 고려해야 한다. 이것은 초기의 추정된 자기상관함수와 편자기상관함수를 재검토해야 한다는 사실을 의미한다.

1) 잔차 자기상관함수(ACF)

모형진단 단계의 가장 기본적인 분석 도구는 잔차의 자기상관함수(ACF)이다. 잔차의 ACF는 근본적으로 다른 추정된 ACF와 동일하다. 유일한 차이점이라면 자기상관계수를 계산하기 위하여 관찰값인 Z_t를 사용하는 대신에 추정된 모형에서의 잔차인 $\hat{a}_t$를 사용한다는 점이다. 잔차들의 ACF는 앞 장들에서 정의한 바와 같이 다음과 같이 주어진다.

$$r_k(\hat{a}_t) = \frac{\sum_{t=1}^{n-k}(\hat{a}_t - \bar{a})(\hat{a}_{t+k} - \bar{a})}{\sum_{t=1}^{n}(\hat{a}_t - \bar{a})^2} \tag{10.2.1}$$

만약 추정된 모형이 적당하다면, 백색잡음 a_t는 서로 상관관계가 없어야 한다. 백색잡음이 서로 상관되어 있지 않으면, 추정된 잔차 $\hat{a}_t$도 역시 상관관계가 없다. 그러므로 적합하게 식별된 ARIMA 모형의 잔차의 ACF는 이상적으로 모두 통계적으로 0인 자기상관계수를 가질 것이다. 그러나 잔차는 추정된 ARIMA 계수를 사용하여 계산된 추정값이므로 설사 우리가 좋은 모형을 찾았다 할지라도 0이 아닌 잔차의 ACF가 있을 수 있을 것이다.

2) $t-$검정

잔차의 ACF가 유의적으로 0과 다른가를 검정하기 위하여 $t-$검정을 실시한다. 이 $t-$검정을 실시하기 위한 잔차의 자기상관계수의 표준오차는 다음과 같다.

$$S[r_k(\hat{a_t})] = [1 + 2\sum_{j=1}^{k-j} r_j(\hat{a_t})^2]^{1/2} n^{-1/2} \tag{10.2.2}$$

잔차 ACF의 추정된 표준오차를 계산한 다음 우리는 각 잔차 ACF에 대하여 다음과 같은 귀무가설 $H_0 : \rho_k(a) = 0$을 검정할 수 있다. 현실에서 우리는 ρ와 a값을 관찰할 수 없기 때문에 $\rho_k(a)$ 대신에 추정값인 $r_k(\hat{a})$를 사용한다. 얼마나 많은 ACF가 통계적으로 0과 다르냐를 검정하기 위해 우리는 일반적으로 t 값을 계산하여야 한다.

$$t = \frac{r_k(\hat{a}) - 0}{S[r_k(\hat{a})]} \tag{10.2.3}$$

일반적으로 잔차 ACF의 t절대값이 시차 1, 2, 3에서 대략 1.25보다 작고, 4이상의 시차에서 1.6보다 작으면, 백색잡음은 독립이라고 알려져 있다. 물론 이 결론은 틀릴 수도 있으며 표본의 정보에 근거한 모든 결정은 이 같은 위험을 항상 내포하고 있다. 만약, 잔차 ACF가 위에 제시한 기준치보다 큰 경우에는 우리는 잠정적으로 귀무가설을 기각하고 추정된 모형은 부적합할 수도 있을 것이라는 결론을 내린다. 그 다음 새로운 모형을 잠정적으로 식별하고 추정하여 이 결론이 정당한가를 검토하여야 할 것이다.

불행하게도 잔차 ACF의 표준오차를 계산하기 위하여 사용한 Bartlett 공식 (10.2.2)은 때때로 표준오차의 크기를 과대평가하는 경우가 있다. 이 심각한 문제는 특히 짧은 시차인 1, 2 혹은 3에서 가장 흔히 나타난다. 만약 표준오차가 과대평가되면 이 과대평가된 표준오차의 t값을 계산하는 대다수의 컴퓨터 프로그램은 이 Bartlett 공식을 사용하고 있으므로, t값을 사용할 때 특히 짧은 시차에서의 t값에 대해서는 특별한 주의를 기울여야 한다. 그래야만 우리가 제시한 기준이 일반적인 t값의 기준인 2임에도 불구하고 왜 시차 1, 2, 3에서는 1.25이고 나머지에서는 1.6인가를 이해할 수 있을 것이다.

3) 포트맨토우 검정(Portmanteau test)

잔차의 독립성을 검정하기 위해서는 먼저 모형의 식별과 추정이 올바르게 되어야 한다. 그러나 일반적으로 ARMA 모형의 경우 식별과 추정이 간단하지 않을 때가 많으므로 잔차의 독립성을 검정하는 보다 통계적이고 과학적인 방법이 필요하다. Box와 Pierce(1970)는 잔차들의 독립성을 검정하는 모수적인 방법으로 다음과 같은 포트맨토우 검정통계량(Portmanteau statistic)을 제시하였다. 즉, 다음과 같은 일련의 귀무가설에 대하여

$$H_0 : \rho_1 = \rho_2 = \cdots = \rho_K = 0$$

제안된 **포트맨토우 검정통계량**은 다음과 같다.

$$Q = n \sum_{k=1}^{K} r_k^2 \tag{10.2.4}$$

여기서 r_k는 시차 k인 잔차의 SACF로서

$$r_k = \frac{\sum_{t=1}^{n} \hat{a}_t \hat{a}_{t-k}}{\sum_{t=1}^{n} \hat{a}_t^2}$$

이며 이 Q통계량은 $(K-p-q)$를 자유도로 갖는 χ^2분포를 따른다고 주장하였다. 그러나 이 통계량은 그 후 많은 학자들에 의해 n이 작을 때 χ^2분포를 잘 따르지 않는 등 여러 가지 문제가 있음이 밝혀지자 Ljung과 Box(1978)는 **수정된 포트맨토우 검정통계량**(Modified portmanteau statistic)을 다음과 같이 제안하였고 SAS 등 대부분의 통계패키지는 수정된 포트맨토우 검정을 채택하고 있다.

$$Q^* = n(n+2) \sum_{k=1}^{K} \frac{r_k^2}{n-k} \tag{10.2.5}$$

이 수정된 포트맨토우 검정통계량 Q^*는 일반 ARMA(p,q) 모형에 대하여 좋은 모형진단을 내려주며 이 Q^*통계량은 $(K-p-q)$를 자유도로 가지는 χ^2분포에 잘 따르는 것이 증명되었다. 따라서 Q^*값이 χ^2분포표에 나타난 기준값과 비교하여 크다면 잔차의 ACF는 유의적으로 0과 다르며 추정된 모형의 백색잡음은 자기상관관계가 있고 우리는 모형을 재검토하고 새로운 모형을 고려해야 한다.

10.2.2 잔차그림 분석과 과다적합

t – 검정과 카이제곱검정을 이용한 잔차에 대한 분석이 모형진단 단계에서 가장 보편적으로 이용되는 기법이다. 여기서는 이 기법에 추가하여 모형의 진단에 이용되는 몇 가지 다른 기법을 언급하기로 한다.

첫 번째 기법은 **잔차그림**(residual plot)이다. 잔차그림에 대한 시각적 분석은 때때로 모형의 적합성에서의 문제점을 발견하는데 매우 유익하다. 예를 들어, 잔차는 시간의 경과에 따른 분산의 변동을 보여 주며, 이 때 원래 데이터의 그래프보다는 잔차의 그래프를 통하여 더 잘 발견할 수 있다. 원래의 실현값은 잔차 추정단계에서 식별될 어떤 유형의 패턴을 내포하고 있고, 이 패턴 때문에 분산의 변동을 쉽게 육안으로 식별해 내기가 어렵다. 그러므로 이 잔차그림에 대한 시각적 분석을 통하여 보다 쉽게 분산이 시간의 경과에 따라 체계적으로 변하고 있는지의 여부를 보다 분명히 알 수 있다.

잔차그림은 또한 데이터의 오류 혹은 시계열에 영향을 미치는 예외적 사건의 존재 여부를 감지하는 데도 유익하다. 그러므로 잔차에 대한 섬세한 조사는 보다 정확한 모형의 구축이나 시계열 상의 변동을 야기시키는 요인의 파악에 도움을 줄 수 있다.

두 번째는 **과다적합**(overfitting) 분석이다. 이 분석은 모수절약의 원칙을 위배하여 계수 하나를 일정한 규칙이나 임의적으로 부가하여 그 결과가 더 적합한가의 여부를 분석하는 것이다. 과다적합 방법은 처음에 추정된 ACF와 PACF가 명확한 특성을 나타내지 않을 경우에 유용하다.

예를 들면, 추정된 ACF가 0으로 수렴하고 PACF에서는 시차 1에서 유의한 돌출이 존재하는 경우 우리는 AR(1)을 잠정적 모형으로 선택할 것이다. 그러나 이 경우에 PACF가 시차 2에서 통계적으로 유의하지는 않지만 상당히 큰 t-값을 가지는 경우는 AR(2) 모형의 가능성도 고려해 봐야 할 것이다. 모수절약의 원칙에 의거하여 AR(1) 모형을 잠정적으로 선택은 하겠지만, 과다적합화 전략에 따라 AR(2) 모형의 적합여부에 대한 분석도 필요하다.

10.3 모형의 재형성

이상에서 논의한 모형진단방법을 통하여 다음과 같은 경우에 우리는 모형이 통계적으로 부적합하리라는 잠정적인 결론을 내릴 것이다. 즉 잔차 ACF의 t 값이 경고 범위를 넘어서는 경우, 혹은 잔차 ACF에 대한 카이제곱 통계량이 너무 큰 경우이다. 이런 경우가 발생하면 우리는 Box-Jenkins 방법에 의거하여 다시 식별단계로 환원하여 새로운 잠정적인 모형을 선택하여야 한다. 물론 우리가 보다 나은 모형을 선택하리라는 보장은 없다. 왜냐하면 원래 모형에서의 잔차 ACF가 단지 표준오차에 의하여 커질 수 있기 때문이다. 분명히 부적합한 모형을 재형성하는 한 가지 방법은 원래 실현값에서 계산된 SACF와 SPACF를 재검토하는 것이다. 예를 들면, 추정된 ACF와 PACF는 0으로 수렴하거나 혹은 0으로 절단한다는 두 가지의 해석이 가능한 패턴을 가질 수 있고, 이 두가지의 해석은 AR 모형 혹은 MA 모형으로 식별될 수 있다. 원래의 ACF와 PACF를 재검토해 봄으로써 초기에는 분명하지 않게 보였던 대안적인 모형을 식별해 낼 수 있을 것이다.

모형을 재형성하는 또 다른 방법은 잔차 ACF에서 실마리를 찾는 것이다. 예를 들면, 추정된 ACF와 PACF를 검토한 결과 ACF가 0으로 급격히 수렴하여 AR(1)을 최초의 모형으로 선택하였다고 하자.

$$(1-\phi_1 B)Z_t = b_t \tag{10.3.1}$$

여기서 b_t는 자기상관관계에 있는 잔차를 나타낸다. b_t에 대한 잔차분석의 결과 잔차 ACF는 시차 1에 유의한 돌출이 있었다고 가정한다면, 이 잔차는 MA(1) 모형을 형성할 것이다.

$$b_t = (1-\theta_1 B)a_t \tag{10.3.2}$$

여기서 a_t는 자기상관관계가 없는 잔차이다. 식 (10.3.2)의 식을 (10.3.1)에 대입하면 그 결과는 원래의 시계열Z_t에 대한 ARMA(1,1) 모형을 형성할 수 있을 것이다.

$$(1-\phi_1 B)Z_t = (1-\theta_1 B)a_t \tag{10.3.3}$$

10.4 모형의 확정: 좋은 모형의 기준

지금까지 우리들은 관측된 계열들을 가장 잘 적합시킬 수 있는 ARIMA 모형의 식별과 추정과정에 대하여, 즉 좋은 ARIMA 모형을 추정하는 과정을 설명했다. 여기서는 Alan Pankrafz(1983)가 제시한 좋은 ARIMA 모형에 관하여 기술하기로 한다.

그런데, 우리들은 먼저 모형과 과정(model and process) 간에는 차이가 있다는 것을 기억 할 필요가 있다. 실재의 자료분석에서 우리들은 어떠한 ARIMA 과정이 주어진 실현값을 생성했는지는 결코 알 수 없으므로, 시행착오의 과정을 거쳐야 한다. 물론 관측값에서부터 계산된 추정된 ACF와 PACF는 이와 같은 시행의 절차에 도움을 준다. 우리들은 관측된 자료들에 잘 적합하기를 바라면서 임의의 가설적 ARIMA 생성장치, 즉 AR(1) 혹은 MA(1)과 같은 장치를 선택한다. 이와 같은 가능한 혹은 시행적 장치를 모형이라고 한다.

모형은 과정과는 다르다. 과정은 실현값을 생성한 진실한 그러나 미지의 장치를 의미하는 반면에, 모형은 과정의 모방이나 대리일 뿐이다. 과정은 알려져 있지 않기 때문에 우리들은 설령 기본적으로 진실한 생성과정과 동일한 모형을 선택했을지라도 결코 알 수는 없다.

따라서 우리들이 할 수 있는 것은 관측된 자료의 관점에서 적절해 보이는 모형을 선택하는 것이다. 모형이 좋은지를 어떻게 결정할 것인가의 기준은 다음과 같다.

1) 모형의 모수가 적을수록 좋은 모형이다.

박스와 젠킨스는 모형설정의 기본원리로 모형 속에 포함된 모수의 수는 작을 수록 좋다는 모수 절약의 원리(principle of parsimony)를 제안했다. 왜냐하면, 절약적 모형은 불필요한 계수들을 사용하지 않고 관측된 자료를 잘 적합할 수 있기 때문이다. 예를 들면 AR(1) 모형과 AR(2) 모형이 다른 면에서는 근본적으로 동일하다면, 우리들은 AR(1)모형이 추정해야 할 계수가 하나 더 작으므로 AR(1) 모형을 선택한다. 또한 실증분석에서도 일반적으로 절약적 모형이 더 좋은 예측을 할 수 있다.

특히 우리들은 실재 분석에서 관측된 실현값들을 생성시킨 진실한 과정(true process)을 찾으려고 하는 것이 아니고, 다만 그러한 과정에 근사하는 모형을 추정하고자 하기 때문에 절약의 원리는 중요하다.

2) 좋은 AR 모형은 정상적이어야 한다.

관측되 자료가 정상적이라는 전제하에 우리들은 ARIMA 모형을 적합시킨다. 따라서 우리들이 선택하는 모든 모형은 반드시 정상적이어야 한다. 즉, 앞에서 설명된 것처럼 AR(1) 모형에서는 계수가 $|\phi_1| < 1$하고, AR(2) 모형에서는 계수들이 $|\phi_2| < 1, \phi_2 + \phi_1 < 1,$ $\phi_2 - \phi_1 < 1, \cdots$이어야 한다.

3) 좋은 MA 모형은 가역적이어야 한다.

가역성은 대수적으로는 정상성과 동일하며, 모든 ARIMA 모형은 가역적이어야 한다. 즉, 앞에서 설명된 것처럼 MA(1) 모형에서는 계수가 $|\theta_1| < 1$하고, MA(2) 모형에서는 계수들이 $|\theta_2| < 1, \theta_2 + \theta_1 < 1, \theta_2 - \theta_1 < 1, \cdots$ 한다.

4) 좋은 모형은 추정단계에서 고질의 추정된 계수를 갖는다.

모형의 추정된 계수 $\hat{\phi}, \hat{\theta}$는 통계적으로 유의해야만 한다. 즉, 유의수준 5%(혹은 1%)로 추정된 계수들은 0와 유의적으로 달라야 한다. 또한 추정된 ϕ와 θ 계수들은 서로 지나치게 상관되지 말아야 한다. 만약 서로 상관된다면, 추정된 계수들이 유의적일지라도 비정상적이 되는 경향을 갖는다.

5) 좋은 모형은 추정단계에서 통계적으로 독립적인 잔차들을 갖는다.

ARIMA 모형의 중요한 가정은 확률충격항 a_t는 독립적인 과정이다는 것이다. 그런데 우리들은 확률충격항을 관측할 수는 없고 다만 그들의 추정값인 잔차인 $\hat{a}_t$를 사용하여 확률충격항의 독립성을 검정한다. 즉, 잔차의 자기상관계수에 대한 $t-$검정과 카이제곱검정을 실시한다. 만약 잔차가 통계적으로 독립이라면 추정된 모형은 더 이상 AR 혹은 MA 항을 추가시켜서 개선시킬 필요가 없다는 중요한 증거가 될 수 있다.

6) 좋은 모형은 추정단계에서 관측된 자료에 잘 적합한다.

어떠한 모형도 자료에는 확률충격항의 요소가 있기 때문에 완전하게 자료를 적합시킬 수는 없다. 우리들은 RMSE, MAPE 등의 측도를 사용하여 자료에 대한 적합성을 평가할 수 있다.

7) 좋은 모형은 충분히 작은 예측오차를 갖는다.

좋은 예측모형은 항상 과거의 자료에는 잘 적합하지만 더욱 중요한 것은 미래를 만족스럽게 예측하는 것이다. 그러나 예측오차에 대한 평가는 예측기간이 지난 후에만 가능하므로 사후적 평가를 해야 한다.

10.5 모형의 모수 추정, 진단 및 확정 예제

이 절에서는 앞의 6, 7, 8장에서 컴퓨터로 생성한 자료들에 대해서 9장에서의 모형식별을 기반으로 모형의 모수추정, 진단 및 확정과정을 기술하기로 한다.

예제 10.1 〈제6장의 예제 자료에 대한 추정 및 진단〉

1) [예제 6.3의 자료]: AR(1) 과정

9.4절의 모형의 식별 예제에서 우리들은 [예제 6.3의 자료]에 대하여 다음과 같은 AR(1) 모형으로 잠정적인 식별을 했다.

$$(1-\phi_1 B)Z_t = a_t$$

또는

$$Z_t = \phi_1 Z_{t-1} + a_t$$

이제 SAS/ETS를 활용하여 모수 ϕ_1을 추정하면 [표 10.1]과 같이 나타난다. 즉, ϕ_1의 추정값은 0.83814이고 t값도 매우 유의하게 나타난다. 따라서, 추정된 모형은 다음과 같다.

$$(1-0.838141B)Z_t = a_t$$

또는

$$Z_t = 0.83814Z_{t-1} + a_t$$

그리고 백색잡음의 분산 추정치는 $\hat{\sigma}^2 = 1.037684$, 그리고 통계량 AIC는 575.9712, SBC는 579.2695로 계측된다.

[표 10.1] 상수항이 없는 AR(1) 모형의 추정 및 진단

Conditional Least Squares Estimation

Parameter	Estimate	Standard Error	t Value	Approx Pr > |t|	Lag
AR1,1	0.83814	0.03868	21.67	<.0001	1

Variance Estimate	1.037684
Std Error Estimate	1.018668
AIC	575.9712
SBC	579.2695
Number of Residuals	200

Autocorrelation Check of Residuals

To Lag	Chi-Square	DF	Pr > ChiSq	Autocorrelations					
6	2.91	5	0.7131	-0.078	0.088	-0.001	-0.009	-0.022	-0.003
12	14.97	11	0.1837	0.157	-0.069	0.121	-0.100	-0.035	-0.043
18	19.48	17	0.3017	-0.089	0.027	0.050	0.050	-0.078	0.030
24	24.95	23	0.3527	-0.088	-0.036	-0.010	-0.079	0.089	-0.031
30	29.00	29	0.4651	0.074	-0.042	-0.025	-0.036	-0.087	-0.025

그런데 만약 이 모형을 AR(2) 모형으로 식별하여 추정하면 다음과 같이 된다. 즉, 추정된 AR(2)의 계수는 유의하지 않으며, 또한 통계량 AIC, SBC의 값도 AR(1)의 경우 보다 크게 나타난다.

[표 10.2] 상수항이 없는 AR(2) 모형에 대한 조건부 최소제곱추정 결과

Conditional Least Squares Estimation

Parameter	Estimate	Standard Error	t Value	Approx Pr > |t|	Lag
AR1,1	0.76039	0.07079	10.74	<.0001	1
AR1,2	0.09276	0.07079	1.31	0.1916	2

Variance Estimate	1.033958
Std Error Estimate	1.016837
AIC	576.2442
SBC	582.8409
Number of Residuals	200

이제 추정된 모형의 적합성 진단을 위하여 [표 10.1]의 수정된 포토맨토우 검정결과를 분석해야 한다. 수정된 포토맨토우 검정결과에 따른 검정결과(시차가 6인 경우)의 해석은 다음과 같다.

<가설> $H_0 : \rho_1 = \rho_2 = \cdots = \rho_6 = 0$

H_1 : 최소한 하나의 k에 대하여, $\rho_k \neq 0$

<$P-$값>검정통계량의 값($\chi_0^2 = 2.91$)에 대응하는 $p-$값 $= 0.7131$

<결론> $p-$값이 0.1보다 훨씬 크기 때문에 H_0를 기각할 수 없다. 즉, 자기상관이 존재하지 않은 것으로 판단한다.

시차가 12, 18, 등에서도 같은 결론을 내릴 수 있다. 따라서, 추정된 모형은 적합한 모형으로 최종 확정하고 다음 단계인 예측을 실시한다.

2) [예제 6.6의 자료]: MA(2) 과정

9.4절의 모형의 식별 예제에서 우리들은 [예제 6.6의 자료]에 대하여 다음과 같은 MA(2) 모형으로 잠정적인 식별을 했다.

$$Z_t = a_t - \theta_1 a_{t-1} - \theta_2 a_{t-2}$$

이제 SAS를 활용하여 모수들을 추정한 결과를 [표 10.3] 에서 보면, θ_1, θ_2의 추정값은 각각 1.204, −0.399이고 둘 다 t값도 매우 유의하게 나타난다. 따라서 추정된 모형은 다음과 같다.

$$Z_t = a_t - 1.204a_{t-1} + 0.399a_{t-2}$$

그리고 백색잡음의 분산 추정치는 $\widehat{\sigma^2} = 11.0418$, 그리고 통계량 AIC는 579.455, SBC는 586.051가 된다.

[표 10.3] 상수항이 없는 MA(2) 모형에 대한 추정 및 진단

Maximum Likelihood Estimation

Parameter	Estimate	Standard Error	t Value	Approx Pr > |t|	Lag
MA1,1	1.20425	0.06522	18.47	<.0001	1
MA1,2	-0.39914	0.06520	-6.12	<.0001	2

Variance Estimate	1.041813
Std Error Estimate	1.020692
AIC	579.4551
SBC	586.0517
Number of Residuals	200

Autocorrelation Check of Residuals

To Lag	Chi-Square	DF	Pr > ChiSq	Autocorrelations					
6	2.23	4	0.6933	-0.026	0.078	-0.025	-0.038	-0.044	-0.010
12	13.50	10	0.1971	0.152	-0.052	0.121	-0.093	-0.043	-0.051
18	18.16	16	0.3145	-0.084	0.037	0.065	0.062	-0.067	0.021
24	24.41	22	0.3262	-0.100	-0.056	-0.026	-0.078	0.086	-0.023
30	29.36	28	0.3946	0.074	-0.038	-0.033	-0.049	-0.097	-0.035

이제 추정된 모형의 적합성 진단을 위하여 수정된 포토맨토우 검정결과를 분석해 보면, 시차 $k=6$일 때는 $p-$값$=0.6933(\chi_0^2=2.23)$, 시차 $k=12$일 때는 $p-$값$=0.1971(\chi_0^2=13.50)$, 시차 $k=18$일 때는 $p-$값$=0.3145(\chi_0^2=18.16)$ 등으로 나타나 있다. 모든 시차에서 자기상관이 존재하지 않는다는 귀무가설을 기각할 수 없다는 결론

을 내릴 수 있다. 즉, 추정된 모형은 적합하다. 따라서, 추정된 모형은 적합한 모형으로 최종 확정하고 다음 단계계인 예측을 실시한다.

3) [예제 6.7의 자료]:ARMA(1,1) 과정

9.4절의 모형의 식별 예제에서 우리들은 [예제 6.7의 자료]에 대하여 다음과 같은 ARMA(1,1) 모형으로 잠정적인 식별을 했다.

$$Z_t = \phi_1 Z_{t-1} + a_t - \theta_1 a_{t-1}$$

이제 SAS를 활용하여 모수들을 추정하면, [표 10.4] 에서 볼 수 있듯이 ϕ_1, θ_1의 추정값은 각각 0.4189, 0.8008이고 둘 다 t값도 매우 유의하게 나타난다. 따라서 추정된 모형은 다음과 같다.

$$Z_t = 0.4189 Z_{t-1} + a_t - 0.8008 a_{t-1}$$

그리고 백색잡음의 분산 추정치는 $\widehat{\sigma^2} = 1.0894$, 그리고 통계량 AIC는 587.092, SBC는 593.688가 된다.

[표 10.4] 상수항이 없는 ARMA(1,1) 모형에 대한 추정 및 진단

Maximum Likelihood Estimation

Parameter	Estimate	Standard Error	t Value	Approx Pr > |t|	Lag
MA1,1	0.41895	0.11300	3.71	0.0002	1
AR1,1	0.80089	0.07387	10.84	<.0001	1

Variance Estimate	1.089401
Std Error Estimate	1.043744
AIC	587.092
SBC	593.6887
Number of Residuals	200

Autocorrelation Check of Residuals

To Lag	Chi-Square	DF	Pr > ChiSq	Autocorrelations					
6	4.35	4	0.3612	-0.024	0.008	0.121	-0.056	-0.043	0.029
12	7.19	10	0.7073	-0.086	0.062	0.003	0.006	-0.046	-0.011
18	14.04	16	0.5960	0.031	-0.056	-0.127	-0.012	-0.104	-0.005
24	20.68	22	0.5408	-0.067	0.057	-0.065	0.119	-0.042	0.038
30	26.41	28	0.5505	-0.016	-0.090	0.038	-0.039	-0.027	0.110

수정된 포토맨토우 검정결과에 따른 검정결과에서는 시차 $k=6$일 때는 $p-$값= 0.3612($\chi_0^2 = 4.35$), 시차 $k=12$일 때는 $p-$값 = 0.7073($\chi_0^2 = 7.19$), 시차 $k=18$일 때는 $p-$값 = 0.5960 ($\chi_0^2 = 14.04$) 등으로 나타나고 있어 모든 시차에서 자기상관이 존재하지

않는다는 귀무가설을 기각할 수 없다는 결론을 내릴 수 있다. 따라서, 추정된 모형은 적합한 모형으로 최종 확정한다.

예제 10.2 〈제7장의 예제 자료에 대한 추정 및 진단〉

1) [예제 7.2의 자료]: ARIMA(1,1,1) 과정

9.4절의 모형의 식별 예제에서 우리들은 [예제 7.2의 자료]에 대하여 일차 차분한 계열에 대하여 2가지 대안적 모형, 즉 ARIMA(1,1,1) 모형과 ARIMA(0,1,2) 모형으로 식별했다. 이제 두 모형의 추정 및 진단을 통해서 최종 모형을 확정하기로 한다.
먼저 ARIMA(1,1,1) 모형으로의 추정결과는 [표 10.5] 에서 볼 수 있듯이 ϕ_1, θ_1의 추정값은 각각 0.8293, 0.5135이고 둘 다 t값도 매우 유의하게 나타난다. 추정된 모형은 다음과 같다.

$$Z_t = 1.8293 Z_{t-1} - 0.8293 Z_{t-2} + a_t - 5135 a_{t-1}$$

그리고 백색잡음의 분산 추정치는 $\hat{\sigma}^2 = 1.0301$, 그리고 통계량 AIC는 859.388, SBC는 866.788이 된다. 또한, 수정된 포토맨토우 검정결과에서는 시차 $k=6$일 때는 $p-$값$=0.7817(\chi_0^2 = 1.75)$, 시차 $k=12$일 때는 $p-$값$=0.4236(\chi_0^2 = 10.19)$, 시차 $k=18$일 때는 $p-$값$=0.5853(\chi_0^2 = 14.18)$ 등으로 나타나고 있어 모든 시차에서 자기상관이 존재하지 않는다는 귀무가설을 기각할 수 없으므로 추정된 모형은 적합하다는 결론을 내릴 수 있다.

[표 10.5] 상수항이 없는 ARIMA(1,1,1) 모형에 대한 추정 및 진단

Conditional Least Squares Estimation

Parameter	Estimate	Standard Error	t Value	Approx Pr > |t|	Lag
MA1,1	0.51356	0.09071	5.66	<.0001	1
AR1,1	0.82933	0.05909	14.03	<.0001	1

Variance Estimate	1.030108
Std Error Estimate	1.014942
AIC	859.388
SBC	866.7889
Number of Residuals	299

Autocorrelation Check of Residuals

To Lag	Chi-Square	DF	Pr > ChiSq	Autocorrelations					
6	1.75	4	0.7817	-0.020	0.052	-0.013	-0.030	-0.003	-0.039
12	10.19	10	0.4236	0.098	-0.006	0.083	-0.024	-0.072	-0.070
18	14.18	16	0.5853	-0.061	0.027	0.021	0.044	-0.063	0.042
24	23.43	22	0.3777	-0.086	0.002	-0.011	-0.106	0.097	0.020
30	31.56	28	0.2930	0.085	-0.031	-0.063	-0.060	-0.094	-0.008

다음으로 ARIMA(0,1,2) 모형으로의 추정결과는 [표 10.6] 에서 θ_1, θ_2의 추정값은 각각 −0.2989, −0.2611이고 둘 다 t값도 매우 유의하게 나타나며, 추정된 모형은 다음과 같다.

$$Z_t = Z_{t-1} + a_t + 0.2989a_{t-1} + 0.2611a_{t-2}$$

그러나, 수정된 포토맨토우 검정결과에서는 시차 $k=6$일 때는 $p-$값<0.0001 ($\chi_0^2=24.49$), 시차 $k=12$일 때는 $p-$값$=0.0001$($\chi_0^2=34.71$) 등으로 나타나고 있어 모든 시차에서 자기상관이 존재하지 않는다는 귀무가설을 기각하게 된다. 즉, 잔차에 아직도 어떠한 패턴을 가지고 있다고 해석할 수 있다. 따라서, 추정된 ARIMA(0,1,2) 모형은 적합한 모형이 아니다. 또한, AIC와 SBC도 ARIMA(1,1,1) 모형의 경우보다 더 크게 나타난다. 따라서, ARIMA(1,1,1) 모형을 적합한 모형으로 최종 확정한다.

[표 10.6] 상수항이 없는 ARIMA(0,1,2) 모형에 대한 추정 및 진단

Conditional Least Squares Estimation

Parameter	Estimate	Standard Error	t Value	Approx Pr > |t|	Lag
MA1,1	-0.29895	0.05603	-5.34	<.0001	1
MA1,2	-0.26114	0.05606	-4.66	<.0001	2

Variance Estimate	1.100235
Std Error Estimate	1.048921
AIC	879.08
SBC	886.4809
Number of Residuals	299

Autocorrelation Check of Residuals

To Lag	Chi-Square	DF	Pr > ChiSq	Autocorrelations					
6	24.49	4	<.0001	0.047	0.080	0.221	0.118	0.076	0.058
12	34.71	10	0.0001	0.144	0.028	0.097	0.018	-0.032	-0.027
18	36.76	16	0.0023	-0.037	0.016	0.013	0.011	-0.060	0.031
24	44.61	22	0.0030	-0.088	0.006	-0.009	-0.113	0.061	-0.005
30	49.61	28	0.0071	0.034	-0.044	-0.058	-0.042	-0.080	-0.023

예제 10.3 〈제8장의 예제 자료에 대한 추정 및 진단〉

1) [예제 8.3의 자료]: $SARMA(0,1)(1,0)_4$ 과정

9.4절의 모형의 식별 예제에서 우리들은 [예제 8.1의 자료]에 대하여 3가지 대안적 모형, $SARMA(1,1)(1,0)_4$, $SARMA(1,0)(1,0)_4$, $SARMA(0,1)(1,0)_4$ 모형으로 식별했다. 3가지 모형에 대하여 추정 및 진단결과를 요약([표 10.7] 참조)하면 다음과 같다.

첫째, 추정된 계수: $SARMA(1,1)(1,0)_4$ 모형의 추정에서 $\hat{\theta}_1$에 대한 유의확률이 0.4158로 유의하지 않고 다른 두 모형에서는 추정된 계수들이 모두 유의하다.

둘째, 잔차에 대한 자기상관검정(수정된 포트맨토우 검정): 추정된 3 모형의 잔차검정에서 모든 기간에서 자기상관이 존재하지 않는다는 귀무가설을 기각시키지 못한다. 즉 추정된 3 모형 모두 적합한 것으로 판단된다.

셋째, 검정통계량 AIC 및 SBC: AIC 기준으로는 추정된 $SARMA(1,0)(1,0)_4$ 모형이 가장 작고 그 다음이 $SARMA(1,1)(1,0)_4$ 모형이고, SBC 기준으로는 추정된 $SARMA(1,0)(1,0)_4$ 모형이 가장 작고 그 다음이 $SARMA(0,1)(1,0)_4$ 모형으로 나타난다.

따라서 최종적으로 추정된 $SARMA(1,0)(1,0)_4$ 모형을 선택한다.

$$(1+0.4231B)(1+0.5791B^4)(1-B^4)Z_t = a_t$$

혹은, $Z_t = -0.4231Z_{t-1} + 0.4209Z_{t-4} + 0.0.1781Z_{t-5} + 0.5791Z_{t-8} + a_t$

[표 10.7] 모형의 추정 및 진단 결과

<$SARIMA(1,1)(1,0)_4$ 모형>

Parameter	Estimate	Standard Error	t Value	Approx Pr > |t|	Lag
MA1,1	0.13412	0.16447	0.82	0.4158	1
AR1,1	-0.31401	0.15727	-2.00	0.0473	1
AR2,1	0.58114	0.05910	9.83	<.0001	4

Variance Estimate	1.07023
AIC	584.1274
SBC	594.0224

Autocorrelation Check of Residuals

To Lag	Chi-Square	DF	Pr > ChiSq	Autocorrelations					
6	0.38	3	0.9442	-0.001	0.003	0.027	0.017	-0.018	0.021
12	9.38	9	0.4028	0.157	-0.021	0.099	-0.077	-0.034	-0.029
18	14.01	15	0.5250	-0.088	0.013	0.084	0.037	-0.068	0.009
24	17.90	21	0.6556	-0.073	-0.037	-0.019	-0.080	0.060	0.005

<$SARIMA(1,0)(1,0)_4$ 모형>

Parameter	Estimate	Standard Error	t Value	Approx Pr > |t|	Lag
AR1,1	-0.42316	0.06454	-6.56	<.0001	1
AR2,1	0.57917	0.05885	9.84	<.0001	4

Variance Estimate	1.068688
AIC	582.8517
SBC	589.4483

Autocorrelation Check of Residuals

To Lag	Chi-Square	DF	Pr > ChiSq	Autocorrelations					
6	1.25	4	0.8703	-0.026	-0.047	0.043	0.016	-0.027	0.020
12	9.66	10	0.4707	0.153	-0.025	0.095	-0.075	-0.033	-0.019
18	14.67	16	0.5492	-0.091	0.012	0.091	0.034	-0.070	0.014
24	18.34	22	0.6859	-0.069	-0.031	-0.016	-0.081	0.060	0.008

<$SARIMA(0,1)(1,0)_4$ 모형>

Parameter	Estimate	Standard Error	t Value	Approx Pr > |t|	Lag
MA1,1	0.39477	0.06618	5.97	<.0001	1
AR1,1	0.58384	0.05927	9.85	<.0001	4

Variance Estimate	1.085163
AIC	585.9113
SBC	592.5079

Autocorrelation Check of Residuals

To Lag	Chi-Square	DF	Pr > ChiSq	Autocorrelations					
6	4.16	4	0.3844	-0.056	0.123	0.028	0.033	0.004	0.014
12	15.17	10	0.1259	0.166	-0.045	0.118	-0.086	-0.024	-0.029
18	18.95	16	0.2711	-0.081	0.013	0.062	0.036	-0.072	0.016
24	23.54	22	0.3719	-0.080	-0.040	-0.014	-0.086	0.066	-0.018

2) [예제 8.4의 자료]: $SARIMA(0,1,0)(0,1,1)_4$ 과정

9.4절의 모형의 식별 예제에서 우리들은 [예제 8.4의 자료]에 대하여 $SARIMA(0,1,0)(0,1,1)_4$ 모형으로 식별하였다. 이 모형을 추정하면 다음과 같다.

$$(1-B)(1-B^4)Z_t = (1-0.5116B^4)a_t$$

혹은,

$$Z_t = Z_{t-1} + Z_{t-4} - Z_{t-5} + a_t - 0.51164a_{t-4}$$

모형의 추정 및 잔단 결과는 [표 10.8]에 나타나 있다. 이 경우에도 수정된 포토맨토우 검정결과에서는 시차 $k=6$일 때는 $p-$값$=0.5885(\chi_0^2=3.73)$, 시차 $k=12$일 때는 $p-$값$=0.2450(\chi_0^2=13.79)$ 등으로 나타나고 있다. 즉 모든 시차에서 자기상관이 존재하지 않는다는 귀무가설을 기각할 수 없다는 결론을 내릴 수 있다. 따라서, 추정된 모형은 적합한 모형으로 선택한다. 여기서 대안적 모형으로 $SARIMA(0,1,0)(0,1,2)_4$ 모형과 상수항이 있는 $SARIMA(0,1,0)(0,1,1)_4$ 모형을 추정해 서 요약한 [표 10.8]에서 분석결과를 다음과 같이 해석할 수 있다.

먼저, $SARIMA(0,1,0)(0,1,2)_4$ 모형의 경우는 잔차검정은 적합한 것으로 나타나지만, 추정된 계수 중에서 $\hat{\Theta}_2$가 유의하지 않으며 또한 AIC 및 SBC 통계량의 값도 $SARIMA(0,1,0)(0,1,1)_4$ 모형의 경우보다 더 크므로 적합한 추정식이 되지 못한다.

다음으로, 상수항이 있는 $SARIMA(0,1,0)(0,1,1)_4$ 모형의 경우는 모평균이 0이라는 귀무가설($H_0: \mu=0$)이 유의수준을 10%로 할 때 기각시킬 수 있고, 또 추정된 계수, 잔차검정 및 AIC 기준 등이 적합한 것으로 나타나기 때문에 상수항을 포함하는 모형을 선택할 수도 있다.

[표 10.8] 모형의 추정 및 진단 결과

< 상수항이 없는 $SARIMA(0,1,0)(0,1,1)_4$ 모형>

Parameter	Estimate	Standard Error	t Value	Approx Pr > |t|	Lag
MA1,1	0.51161	0.06250	8.19	<.0001	4

Variance Estimate	1.05582
Std Error Estimate	1.027531
AIC	564.9755
SBC	568.2485

Autocorrelation Check of Residuals

To Lag	Chi-Square	DF	Pr > ChiSq	Autocorrelations					
6	3.73	5	0.5885	-0.029	0.125	0.022	0.031	-0.004	0.029
12	13.79	11	0.2450	0.150	-0.046	0.123	-0.075	-0.045	-0.039
18	18.49	17	0.3588	-0.090	0.049	0.024	0.057	-0.077	0.043
24	24.45	23	0.3794	-0.083	-0.047	-0.003	-0.070	0.099	-0.054

<상수항이 없는 $SARIMA(0,1,0)(0,1,2)_4$ 모형>

Parameter	Estimate	Standard Error	t Value	Approx Pr > |t|	Lag
MA1,1	0.47951	0.07304	6.57	<.0001	4
MA1,2	0.06261	0.07371	0.85	0.3967	8

Variance Estimate	1.057254
Std Error Estimate	1.028229
AIC	566.2324
SBC	572.7784

Autocorrelation Check of Residuals

To Lag	Chi-Square	DF	Pr > ChiSq	Autocorrelations					
6	3.18	4	0.5284	-0.021	0.118	0.016	0.000	-0.008	0.036
12	12.73	10	0.2389	0.151	-0.000	0.125	-0.069	-0.053	-0.021
18	17.77	16	0.3373	-0.092	0.051	0.042	0.068	-0.068	0.039
24	23.74	22	0.3612	-0.088	-0.041	-0.010	-0.069	0.105	-0.041

<상수항이 있는 $SARIMA(0,1,0)(0,1,1)_4$ 모형>

Parameter	Estimate	Standard Error	t Value	Approx Pr > |t|	Lag
MU	0.06430	0.03411	1.89	0.0609	0
MA1,1	0.54331	0.06122	8.87	<.0001	4

Constant Estimate	0.0643
Variance Estimate	1.043364
Std Error Estimate	1.021452
AIC	563.6535
SBC	570.1995

Autocorrelation Check of Residuals

To Lag	Chi-Square	DF	Pr > ChiSq	Autocorrelations					
6	3.43	5	0.6342	-0.045	0.112	0.006	0.043	-0.020	0.017
12	12.54	11	0.3244	0.134	-0.048	0.102	-0.088	-0.059	-0.049
18	17.63	17	0.4124	-0.107	0.032	0.008	0.043	-0.094	0.026
24	24.94	23	0.3536	-0.097	-0.061	-0.021	-0.088	0.083	-0.069

연습문제

1. 관찰된 시계열($n=100$)이 다음과 같은 MA(1) 모형으로 적합되었다고 하자.

$$Z_t = a_t + 0.4a_{t-1}$$

이로부터 잔차의 SACF 및 SPACF를 계산한 결과는 다음과 같다.

시 차	1	2	3	4	5	6
SACF	0.799	0.412	0.025	−0.228	−0.316	−0.287
SPACF	0.799	−0.625	−0.044	0.038	−0.020	−0.077

주어진 시계열이 MA(1) 모형에 적합하다고 할 수 있는가?

2. 100개의 관찰된 시계열 자료를 AR(2) 모형으로 추정한 결과 $\hat{\phi}_1 = 1.1$, $\hat{\phi}_2 = -0.8$을 얻었고 잔차의 SACF는 다음과 같았다.

$$\hat{\rho}_1 = 0.13, \hat{\rho}_2 = 0.13, \hat{\rho}_3 = 0.12$$

이로부터 AR(2) 모형이 적합하다고 할 수 있는가?

3. 다음은 시계열 Z_t에 대한 SAS 분석 결과이다.

1) 모형의 추정된 식을 나타내시오.

2) 추정된 개별 계수에 대한 가설검정(가설설정 및 검정결과)을 하시오.

3) lag=6(K=6)인 경우의 잔차분석에 대한 가설설정 및 검정결과를 설명하시오.

---

a) Period(s) of Differencing = 1.

Parameter	Estimate	t Value	Pr>|t|	Lag
AR1,1	0.20	4.89	< 0.0001	1

Autocorrelation Check of Residuals

To Lag	Chi-Square	DF	Pr> ChiSq	Autocorrelations					
6	7.90	5	0.1618	0.004	-0.013	-0.029	-0.010	-0.093	-0.057
12	12.34	11	0.3385	-0.019	0.021	0.064	0.039	-0.025	-0.013
18	16.42	17	0.4942	0.013	0.047	0.055	-0.032	0.003	-0.015

b) Period(s) of Differencing = 1.

Parameter	Estimate	Standard Error	t Value	Pr>|t|	Lag
MA1,1	-0.852	0.149	-5.70	<.0001	1
AR1,1	-0.387	0.234	-1.65	-0.0991	1

Autocorrelation Check of Residuals

To Lag	Chi-Square	DF	Pr> ChiSq	Autocorrelations					
6	3.25	4	0.5172	-0.048	-0.118	-0.007	0.012	0.214	0.072
12	8.54	10	0.5766	-0.150	-0.034	0.001	0.258	0.023	0.065
18	10.62	16	0.8322	-0.080	0.103	0.042	-0.057	0.023	-0.088

4. 8장의 연습문제 6의 수입물가지수(im.dat) 자료에 대하여 잔차검정을 하여라.

5. 9장의 연습문제 5의 생산자물가지수(ppi.dat) 자료에 대하여 잔차검정을 하여라.

6. 9장의 연습문제 6의 월별 화재발생건수(fire.dat)에 대하여 잔차검정을 하여라.

7. 다음 자료(wr10.dat)에 대하여 ARIMA 모형을 추정하고 잔차검정을 하시오.

100.4	105.1	109.4	110.5	116.9	118.2	122.9	126.5	125.8	130.7	131.7	131.7	134.8	136.1	137.8
142.8	144.5	144.4	150.5	152.2	155.2	157.2	157.4	161.9	165	164	168.2	170.8	169.9	169.7
173.3	173.8	175.8	177.8	179.9	180	182	184.2	187.7	187.4	186.5	188.3	190.6	190.8	196.4
199.1	203.8	205.7	215.9	216.3	219.5	219.6	222.8	226.3	230.8	235.2	235.8	241	235.9	241.4
249.6	248.6	251.4	250.2	249.5	248.7	251.1	250.1	247.6	251.3	244.2				

제 11 장 시계열 예측

시계열 모형을 수립하는 중요한 목적중의 하나는 미래시점의 시계열값을 예측하는 것이다. 또한 우리는 이들 예측값들의 정확도를 평가하기를 원한다. 이번 장에서는 예측에 대한 문제들을 고려하고 ARIMA 모형에 대한 예측에 대하여 설명한다.

이번 장의 시계열 예측에서는 주어진 모형은 모든 모수에 대해 정확하게 알려져 있다고 가정한다. 이것이 실제적으로는 사실이 아니라 할지라도 표본의 크기가 큰 경우에는 모수 대신 그것의 추정값을 사용해도 예측에 심각하게 영향을 주지 않는다. 따라서 우리는 모수값이 알려져 있다고 가정하고 예측에 대하여 설명한다. 실제 여러분이 시계열을 예측할 때는 제10장에서 얻은 모수의 추정값을 사용하여 예측값을 구하면 된다.

11.1 최소평균제곱오차 예측

예측오차의 최소평균제곱을 최소로 하는 예측값인 최소평균제곱오차(minimum mean square error: *MMSE*) 예측은 다음과 같이 조건부 기댓값으로 구해 질 수 있다.

$$Z_t(l) = E(Z_{t+l} \mid Z_t, Z_{t-1}, \cdots, Z_1) \tag{11.1.1}$$

이와 같은 사실을 ARIMA(p,d,q) 모형을 통하여 유도해 보기로 한다.

ARIMA(p,d,q) 모형 $\phi_p(B)(1-B)^d Z_t = \theta_q(B)\, a_t$를 자기회귀 모형으로 나타내면,

$$Z_t = \pi_1 Z_{t-1} + \pi_2 Z_{t-2} + \cdots + a_t \tag{11.1.2}$$

와 같다. 여기서 가중값 π_j는 $1 - \pi_1 B - \pi_2 B^2 - \cdots = \dfrac{\phi(B)(1-B)^d}{\theta(B)}$에서 주어진다.

또, 이동평균으로 나타내면 다음과 같이 된다.

$$Z_t = a_t + \psi_1 a_{t-1} + \psi_2 a_{t-2} + \cdots \tag{11.1.3}$$

여기서 가중값 ψ_j는 $1 + \psi_1 B + \psi_2 B^2 + \cdots = \dfrac{\theta(B)}{\phi(B)(1-B)^d}$에서 주어진다.

현재 시점을 n이라고 할 때, $n+l$ 시점의 값 Z_{n+l}은 (11.1.3)에서 다음과 같이 나타낼 수 있다.

$$\begin{aligned} Z_{n+l} = & a_{n+l} + \psi_1 a_{n+l-1} + \psi_2 a_{n+l-2} + \cdots \\ & + \psi_{l-1} a_{n+1} + \psi_l a_n + \psi_{l+1} a_{n-1} + \cdots \end{aligned} \tag{11.1.4}$$

또, $n+l$ 시점의 값 Z_{n+l}의 예측값을 $Z_n(l)$로 나타내면, $Z_n(l)$은 다음과 같이 $a_n, a_{n-1}, \cdots$들의 선형결합으로 나타낼 수 있다.

$$Z_n(l) = \xi_0 a_n + \xi_1 a_{n-1} + \xi_2 a_{n-2} + \cdots \tag{11.1.5}$$

따라서, 예측값 $Z_n(l)$의 평균제곱오차는 다음과 같이 된다.

$$\begin{aligned} MSE(Z_n(l)) &= E[Z_{n+l} - Z_n(l)]^2 \\ &= E[a_{n+l} + \psi_1 a_{n+l-1} + \psi_2 a_{n+l-2} + \cdots \\ &\quad + \psi_{l-1} a_{n+1} + (\psi_l - \xi_0) a_n + (\psi_{l+1} - \xi_1) a_{n-1} \cdots]^2 \\ &= (1 + \psi_1^2 + \cdots + \psi_{l-1}^2)\sigma^2 + \sum_{j=0}^{\infty} (\psi_{l+j} - \xi_j)^2 \sigma^2 \end{aligned}$$

이 때, $MSE(Z_n(l))$은 $\xi_j = \psi_{l+j}\ (j = 0, 1, 2, \cdots)$일 때 최소가 된다.

그러므로, Z_{n+l}의 최소평균제곱오차(minimum mean square error: *MMSE*) 예측은 다음과 같이 된다.

$$Z_n(l) = \psi_l a_n + \psi_{l+1} a_{n-1} + \psi_{l+2} a_{n-2} + \cdots$$

그런데 $Z_n, Z_{n-1}, \cdots$이 주어졌을 때 a_{n+j}의 조건부 기댓값은

$$E(a_{n+j} | Z_n, Z_{n-1}, \cdots) = \begin{cases} a_{n+j}, & j \le 0 \\ 0, & j \ge 1 \end{cases}$$

와 같이 된다. 따라서, *MMSE* 예측값은 다음과 같이 조건부 기댓값과 같아진다.

$$Z_t(l) = E(Z_{t+l} \mid Z_t, Z_{t-1}, \cdots, Z_1)$$

$$= E[a_{t+l} + \psi_1 a_{t+l-1} + \psi_2 a_{t+l-2} + \cdots + \psi_{l-1} a_{t+1} + \psi_l a_t + \cdots \mid Z_t, Z_{t-1}, \cdots]$$
$$= \psi_t a_t + \psi_{t+1} a_{t-1} + \psi_{l+2} a_{t-2} + \cdots$$

즉, $Z_1, Z_2, \cdots, Z_t$의 값을 가지고 l시점 이후의 값 Z_{t+l}을 예측할 때 예측값과 실제 값의 평균제곱오차가 최소가 되는 것은 다음과 같은 조건부 기대값을 예측값으로 취할 때이다.

$$Z_t(l) = E(Z_{t+l} \mid Z_t, Z_{t-1}, \ldots, Z_1) \tag{11.1.6}$$

11.2 AR(p) 모형의 예측

다음과 같이 평균이 0이 아닌 단순 AR(1) 모형을 고려하자.

$$Z_t - \mu = \phi_1 (Z_{t-1} - \mu) + a_t \tag{11.2.1}$$

이 모형은 다음과 같이 상수항이 포함된 모형으로 고려될 수도 있다.

$$Z_t = \mu + \phi_1 Z_{t-1} - \phi_1 \mu + a_t = \theta_0 + \phi_1 Z_{t-1} + a_t$$

먼저 미래 1시점 후에 대한 예측문제, 즉 $Z_t(1)$를 구하는 문제를 고려하면, 식 (11.2.1)에서 t를 $(t+1)$시점으로 바꾸면 다음을 얻는다.

$$Z_{t+1} - \mu = \phi_1 (Z_t - \mu) + a_{t+1}$$

주어진 $Z_t, Z_{t-1}, \cdots, Z_1$에 대하여 위 식의 양변에 조건부 기대값을 취하면 다음이 얻어진다.

$$Z_t(1) - \mu = \phi_1 [E(Z_t \mid Z_t, Z_{t-1}, \cdots, Z_1) - \mu] + E(a_{t+1} \mid Z_t, Z_{t-1}, \cdots, Z_1) \tag{11.2.2}$$

조건부기대값의 성질로부터

$$E(Z_t \mid Z_t, Z_{t-1}, \ldots, Z_1) = Z_t$$

이 되고, 또한 a_{t+1}이 $Z_t, Z_{t-1}, \cdots, Z_1$와 독립이기 때문에 다음을 얻는다.

$$E(a_{t+1} \mid Z_t, Z_{t-1}, \ldots, Z_1) = E(a_{t+1}) = 0$$

그러므로 식 (11.2.2)는 다음과 같이 표현될 수 있다.

$$Z_t(1) = \mu + \phi_1(Z_t - \mu) \tag{11.2.3}$$

다시 말해서 모평균으로부터 현재 편차의 비율 ϕ_1은 다음 예측값을 구하기 위하여 모평균에 추가된다.

이제 일반적인 미래시점 l을 고려하자. 식 (11.2.1)에서 t를 $(t+l)$로 바꾸고 양변에 조건부 기대값을 취하면 다음을 얻는다.

$$Z_t(l) = \mu + \phi_1[Z_t(l-1) - \mu], \quad l \geq 1 \tag{11.2.4}$$

여기서 $Z_t(l-1) = E(Z_{t+l-1} | Z_t, Z_{t-1}, \cdots, Z_1)$이고 $l \geqq 1$에 대하여 a_{t+l}은 $Z_t, Z_{t-1}, \cdots, Z_1$와 독립이다. l에 대하여 반복되는 식 (11.2.4)는 어떤 미래시점 l에 대한 예측값이 식 (11.2.3)을 사용하여 계산된 초기 예측값 $Z_t(1)$을 초기값으로하여 보다 짧은 미래시점에 대한 예측값으로부터 어떻게 예측할 수 있는가를 보여준다. 예측값 $Z_t(2)$가 $Z_t(2) = \mu + \phi_1[Z_t(1) - \mu]$로부터 얻어지고 그런 다음 $Z_t(2)$로부터 $Z_t(3)$이 얻어진다. 이런 식으로 요구하는 $Z_t(l)$이 얻어질 때까지 반복된다. 식 (11.2.4)와 다른 ARIMA 모형에 대한 일반화는 실제적으로 예측을 계산하는데 가장 편리하다. 식 (11.2.4)는 때때로 예측에 대한 차분방정식 형태(difference equation form)를 가진다.

그러나 식 (11.2.4)는 관측된 이전 시계열의 형태로 예측에 대한 보다 명확한 표현을 얻기 위해 사용될 수 있다. 식 (11.2.4)에서 l에 대한 후진법을 반복함으로서 다음의 결과를 얻는다.

$$\begin{aligned} Z_t(l) &= \phi_1[Z_t(l-1) - \mu] + \mu \\ &= \phi_1(\phi_1[Z_t(l-2) - \mu]) + \mu \\ &\vdots \\ &= \phi_1^{l-1}[Z_t(1) - \mu] + \mu \end{aligned}$$

또는

$$Z_t(l) = \mu + \phi_1^l (Z_t - \mu), \quad l \geq 1 \tag{11.2.5}$$

평균으로부터의 현재의 편차는 그 크기가 증가하는 미래시점 l과 함께 감소해가는 ϕ_1^l에 의해 줄어든다. 줄어든 편차는 미래 l시점의 예측을 하기 위해 모형에 추가 된다.

수치적인 예제로서, $\phi_1 = 0.7$과 $\mu = 10.2$를 가진 AR(1) 모형을 가정하고 현재 관측값은 10.6이라고 가정하자. 그러면 다음 미래 1시점에 대한 예측값은

$$\begin{aligned} Z_t(1) &= 10.2 + 0.7(10.6 - 10.2) \\ &= 10.2 + 0.28 \\ &= 10.48 \end{aligned}$$

이고, 2시점 미래에 대해서는 식 (11.2.4)로부터

$$\begin{aligned} Z_t(2) &= 10.2 + 0.7(10.48 - 10.2) \\ &= 10.2 + 0.196 \\ &= 10.396 \end{aligned}$$

이 된다. 반면에 식 (11.2.5)를 사용해도 식 (11.2.4)와 같은 예측값을 얻을 수 있다.

$$Z_t(2) = 10.2 + (0.7)^2(10.6 - 10.2) = 10.396$$

따라서 5시점 미래에 대한 예측값은

$$Z_t(5) = 10.2 + (0.7)^5(10.6 - 10.2) = 10.267228$$

이 되고, 10시점 미래에 대한 예측값은

$$Z_t(10) = 10.21129901$$

이 되어 평균 μ에 거의 가까워지게 된다.

일반적으로 $|\phi_1| < 1$이기 때문에 큰 l에 대하여 단순히 다음의 결과를 얻는다.

$$Z_t(l) \approx \mu \tag{11.2.6}$$

다음은 식 (11.2.6)이 모든 정상 ARMA 모형에 대하여 적용되는 것을 보인 것이다. 먼저 1단계 예측오차를 고려하자. 식 (11.2.3)으로부터

$$\begin{aligned} a_t(1) &= Z_{t+1} - Z_t(1) \\ &= \phi_1(Z_t - \mu) + \mu + a_{t+1} - [\phi_1(Z_t - \mu) + \mu] \end{aligned}$$

따라서

$$a_t(1) = a_{t+1} \tag{11.2.7}$$

의 결과를 얻을 수 있다. 백색잡음 $\{a_t\}$는 1단계 이후의 예측오차로서 재해석될 수 있다. 식 (11.2.7)은 일반적인 ARIMA 모형에 대해서도 성립한다. 식 (11.2.7)은 예측오차 $a_t(1)$이 t시점까지의 이전의 자료 $Z_t, Z_{t-1}, \cdots$와 독립이라는 것을 의미한다. 만약 독립이 아니면 종속성은 예측을 향상시키기 위해 이용될 수 있다.

식 (11.2.7)은 또한 1단계 예측오차분산이 다음과 같이 주어진다는 것을 의미한다.

$$Var[a_t(1)] = \sigma_a^2$$

장기간의 미래에 대한 예측오차의 성질을 조사하기 위하여 일반적인 선형 모형을 AR(1) 또는 MA(∞)의 형태로 나타내는 것이 편리하다. 즉, 제6장으로부터

$$Z_t = \mu + a_t + \phi a_{t-1} + \phi^2 a_{t-2} + \cdots \tag{11.2.8}$$

이 되고 식 (11.2.5)과 식 (11.2.8)로부터 다음의 결과를 얻는다.

$$\begin{aligned} a_t(l) &= Z_{t+l} - \mu - \phi^l(Z_t - \mu) \\ &= a_{t+l} + \phi a_{t+l-1} + \cdots + \phi^{l-1} a_{t+1} + \phi^l a_t + \phi^{l+1} a_{t-1} \\ &\quad + \cdots - \phi^l(a_t + \phi a_{t-1} + \cdots) \end{aligned}$$

또는 위의 식을 정리하면

$$a_t(l) \;=\; a_{t+l} + \phi a_{t+l-1} + \phi^2 a_{t+l-2} + \cdots + \phi^{l-1} a_{t+1}$$

으로 표현할 수 있다. 다시 일반항을 사용해서 다음과 같이 나타낼 수 있고, 이 식은 모든 ARIMA 모형에 적용된다.

$$a_t(l) = \sum_{j=0}^{l-1} \psi_j a_{t+l-j} \tag{11.2.9}$$

여기서 $E[a_t(l)] = 0$이므로 예측은 불편(unbiased)이 되고, 더욱이 식 (11.2.9)로부터 예측오차의 분산은 다음과 같이 얻을 수 있다.

$$Var[a_t(l)] \;=\; \sigma_a^2 \sum_{j=0}^{l-1} \psi_j^2 \tag{11.2.10}$$

이것으로부터 시점 l이 증가함에 따라 예측오차분산이 증가한다는 것을 알 수 있다. 특히 AR(1)의 경우 예측오차의 분산은

$$Var[a_t(l)] \;=\; \sigma_a^2 \frac{1-\phi^{2l}}{1-\phi^2}$$

이 되어 무한 기하수열을 합함으로써 얻어질 수 있다. 큰 l시점에 대해서 예측오차의 분산은

$$Var[a_t(l)] \;\approx\; \frac{\sigma_a^2}{1-\phi^2}$$

이 되고 이 식은 다음과 같은 근사값을 갖게 된다.

$$Var[a_t(l)] \approx Var(Z_t) = \gamma_0$$

이 근사식은 모든 정상 ARMA 과정들에 대하여 성립된다.

예제 11.1 〈AR1 계열(wr1.dat)〉

다음은 제6장에서 생성한 AR(1) 모형에 따르는 자료인 wr1.dat에 대하여 AR1 모형을 추정하여 미래의 구간인 201번째에서 220번째까지 20개의 예측값을 구한 결과들이다([표 11.1], <프로그램 11.1> 참조). [그림 11.1]에는 실제 관측값은 181번째부터 200번째까지의 자료이고, 201번째부터 220번째까지는 예측값이고, 또 스타로 표시된 값들이 95% 신뢰구간의 값이다.

[표 11.1] 예측원점 $n=201$에서 미래 20시점까지의 AR(1) 모형에 의한 예측결과

Obs	Forecast	Std Error	Lower 95%	Upper 95%
201	0.30208	1.01867	-1.69447	2.29863
202	0.25319	1.32915	-2.35189	2.85826
203	0.21220	1.50953	-2.74643	3.17084
204	0.17786	1.62432	-3.00575	3.36146
205	0.14907	1.70032	-3.18350	3.48164
206	0.12494	1.75174	-3.30841	3.55829
207	0.10472	1.78698	-3.39770	3.60713
208	0.08777	1.81132	-3.46236	3.63789
209	0.07356	1.82823	-3.50970	3.65682
210	0.06165	1.84001	-3.54470	3.66801
211	0.05167	1.84824	-3.57082	3.67417
212	0.04331	1.85400	-3.59047	3.67709
213	0.03630	1.85804	-3.60539	3.67799
214	0.03042	1.86087	-3.61682	3.67767
215	0.02550	1.86286	-3.62563	3.67663
216	0.02137	1.86425	-3.63249	3.67524
217	0.01791	1.86523	-3.63787	3.67370
218	0.01501	1.86592	-3.64212	3.67214
219	0.01258	1.86640	-3.64549	3.67066
220	0.01055	1.86674	-3.64819	3.66928

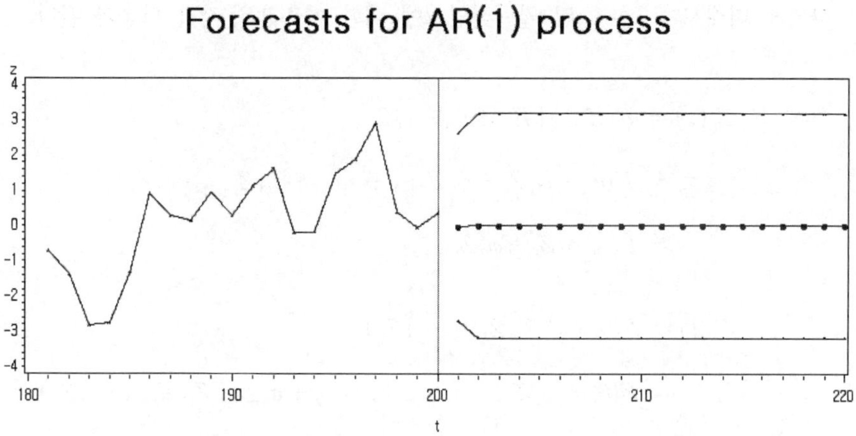

[그림 11.1] 예측원점 n=201에서 미래 20시점까지의 AR(1) 모형에 의한 예측

〈프로그램 11.1〉 ARF.SAS

```
TITLE 'AR(1) 예측' ;
DATA wr1;
  INFILE'e:\wr1.dat'
  INPUT z;
  t=_N_;
RUN;
SYMBOL1 C=black  I=join V=dot  Line=1 H=0.2;
SYMBOL2 C=blue   I=join V=dot         H=0.6;
SYMBOL1 C=black  I=join V=star Line=1 H=0.2;
SYMBOL1 C=black  I=join V=star Line=1 H=0.2;

TITLE 'Forecasts for AR(1) process';
PROC ARIMA ;
    IDENTIFY VAR=z  NLAG=12;
    ESTIMATE P=1 noconstant ;
    FORECAST LEAD=20 ID=t OUT=pred; RUN;

   DATA lee;
    SET pred;
    IF t>200 THEN pred=forecast;
        IF t<= 200 THEN L95=.;
        IF t<= 200 THEN U95=.;
RUN;
PROC GPLOT DATA=lee(firstobs=181);
 PLOT (z forecast L95 U95)*t/overlayhref=200;
RUN;
```

다음으로 AR(2) 모형에 대한 예측값을 구하는 문제를 고려하자.

먼저 상수항이 포함된 AR(2) 모형을 고려하면 다음과 같다.

$$Z_t = \theta_0 + \phi_1 Z_{t-1} + \phi_2 Z_{t-2} + a_t$$

따라서 미래시차 $l=1$ 및 일반적인 l에 대한 예측값은 각각 다음과 같다.

$$\begin{aligned} Z_t(1) &= E(Z_{t+1} \mid Z_t, Z_{t-1}, \cdots, Z_1) \\ &= E(\theta_0 + \phi_1 Z_t + \phi_2 Z_{t-1} + a_{t+1} \mid Z_t, Z_{t-1}, \cdots, Z_1) \\ &= \theta_0 + \phi_1 Z_t + \phi_2 Z_{t-1}, \end{aligned}$$

$$\begin{aligned} Z_t(l) &= E(Z_{t+l} \mid Z_t, Z_{t-1}, \cdots, Z_1) \\ &= E(\theta_0 + \phi_1 Z_{t+l-1} + \phi_2 Z_{t+l-2} + a_{t+1} \mid Z_t, Z_{t-1}, \cdots, Z_1) \\ &= \theta_0 + \phi_1 Z_t(l-1) + \phi_2 Z_t(l-2) \end{aligned}$$

그러므로 일반적인 AR(p) 모형의 모형식과 미래시차 $l=1,2,\cdots$에 대한 예측값은 다음과 같이 확장시킬 수 있다.

$$\begin{aligned} Z_t &= \theta_0 + \phi_1 Z_{t-1} + \phi_2 Z_{t-2} + \cdots + \phi_p Z_{t-p} + a_t, \\ Z_t(1) &= \theta_0 + \phi_1 Z_t + \phi_2 Z_{t-1} + \cdots + \phi_p Z_{t-p+1}, \\ Z_t(2) &= \theta_0 + \phi_1 Z_t(1) + \phi_2 Z_t + \cdots + \phi_p Z_{t-p+2}, \\ &\vdots \qquad\qquad\qquad \vdots \\ Z_t(l) &= \theta_0 + \phi_1 Z_t(l-1) + \phi_2 Z_t(l-2) + \cdots + \phi_p Z_t \end{aligned}$$

11.3 MA(q) 모형의 예측

이동평균 모형의 예측을 설명하기 위하여 먼저 평균이 0이 아닌 다음과 같은 MA(1) 모형을 고려하자.

$$Z_t = \mu + a_t - \theta_1 a_{t-1}$$

시점 t를 시점 $(t+1)$로 대치하고 양변에 조건부 기대값을 취하면, 미래시차 $l=1$인 예측값 $Z_t(1)$은 다음과 같이 된다.

$$\begin{aligned} Z_t(1) &= E(Z_{t+1} \mid Z_t, Z_{t-1}, \ldots, Z_1) \\ &= \mu - \theta_1 E(a_t \mid Z_t, Z_{t-1}, \ldots, Z_1) \end{aligned} \quad \textbf{(11.3.1)}$$

여기서 가역 모형에 대한 MA 모형은 a_t가 $Z_t, Z_{t-1}, \cdots$의 함수이고, 따라서 조건부 기대값의 성질을 이용하면 다음과 같은 근사값을 얻을 수 있다.

$$E(a_t \mid Z_t, Z_{t-1}, \cdots, Z_1) = a_t \quad \textbf{(11.3.2)}$$

사실 이 근사는 $Z_t, Z_{t-1}, \cdots, Z_1$에 대한 조건이고 모형의 무한한 이전값, 즉 $Z_0, Z_{-1}, Z_{-2}, \cdots$에 대한 조건이 아니기 때문에 이 방정식이 성립한다. 그러나 만약 t가 크고 모형이 가역적이라면 근사에 포함된 오차는 매우 작게 되는 반면, 모형이 가역적이 아니거나 예를 들어 만약 너무 적은 자료를 가지고 있다면 식 (11.3.2)는 근사적으로 타당하지 않게 된다.

따라서 식 (11.3.11)에서 식 (11.3.12)를 이용하여 가역적인 MA(1) 모형에 대한 1차 미래 예측값을 다음과 같이 얻는다.

$$Z_t(1) = \mu - \theta_1 a_t \tag{11.3.3}$$

여기서 a_t의 값은 모든 $Z_1, Z_2, \cdots, Z_t$에 의존하므로 우리는 a_t 대신 실제로는 $\widetilde{a_t}$를 사용하는데 $t \le 0$이면 $\widetilde{a_t}$는 0이고 $t > 0$일 때 $\widetilde{a_t} = Z_t - \theta\ \widetilde{a}_{t-1}$의 값으로 $\widetilde{a_0}, \widetilde{a_1}, \cdots, \widetilde{a_t}$를 순차적으로 구하게 된다. 일반적으로 t가 적당히 크면 $\widetilde{a_t}$는 a_t의 좋은 근사값이 됨이 알려져 있다.

미래시차 $l = 1$의 예측오차는 다음과 같다.

$$\begin{aligned} a_t(1) &= Z_{t+1} - Z_t(1) \\ &= \mu + a_{t+1} - \theta_1 a_t - (\mu - \theta_1 a_t) \\ &= a_{t+1} \end{aligned}$$

또한 보다 장기간에 대한 예측값은 다음과 같다.

$$\begin{aligned} Z_t(l) = \mu &+ E(a_{t+l} \mid Z_t, Z_{t-1}, \ldots, Z_1) \\ &- \theta_1 E(a_{t+l-1} \mid Z_t, Z_{t-1}, \ldots, Z_1) \end{aligned}$$

그러나 $l > 1$에 대하여 a_{t+l}과 a_{t+l-1}은 $Z_t, Z_{t-1}, \cdots, Z_1$과 독립이다. 결론적으로 이들의 조건부 기대값은 0이 되고, 다음의 결과를 얻는다.

$$Z_t(l) = \mu \tag{11.3.4}$$

앞에서 설명한 식 (11.2.6)은 MA(1) 모형에 대하여 $l > 1$인 경우에 정확하게 성립한다. 모든 모형에 대하여 $\psi_1 = -\theta_1$과 $j > 1$에 대하여 $\psi_j = 0$이 되고, 식 (11.2.9)와 식 (11.2.10) 또한 성립한다.

예제 11.2 〈MA1 계열(wr3.dat)〉

다음은 제6장에서 생성한 MA(1) 모형에 따르는 자료인 wr3.dat에 대하여 MA1 모형을 추정하여 미래의 구간인 201번째에서 220번째까지 20개의 예측값을 구한 결과([표 11.2] 참조)이다. [그림 11.2]에는 실제 관측값은 181번째부터 200번째까지의 자료이며 201번째부터 220번째까지는 예측값이고, 또 스타로 표시된 값들이 95% 신뢰구간의 값이다. 이와 같이 MA(1) 모형은 미래시차가 1인 경우 외에는 모두 평균으로 예측되고 있음을 알 수 있다.

[표 11.2] 예측원점 n=201에서 미래 20시점까지의 MA(1) 모형에 의한 예측결과

Obs	Forecast	Std Error	Lower 95%	Upper 95%
201	0.54188	0.91183	-1.24527	2.32902
202	0.00000	1.15511	-2.26398	2.26398
203	0.00000	1.15511	-2.26398	2.26398
		...		
219	0.00000	1.15511	-2.26398	2.26398
220	0.00000	1.15511	-2.26398	2.26398

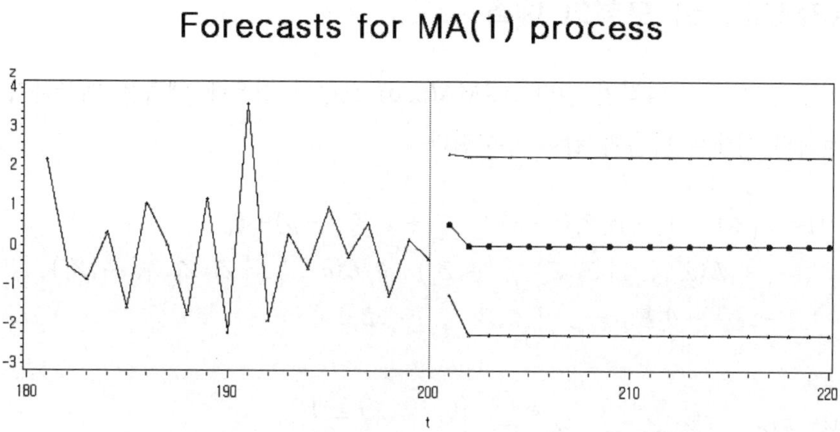

[그림 11.2] 예측원점 n=201에서 미래 20시점까지의 MA(1) 모형에 의한 예측

한편 상수항이 있는 MA(2) 모형과 미래시차 $l=1,\ 2,\ \cdots$에 대한 예측값은 다음과 같이 구할 수 있다.

$$Z_t = \theta_0 + a_t - \theta_1 a_{t-1} - \theta_2 a_{t-2}$$

$$Z_t(1) = E(\theta_0 + a_{t+1} - \theta_1 a_t - \theta_2 a_{t-1} \mid Z_t, Z_{t-1}, ldtos, Z_1)$$

$$= \theta_0 - \theta_1 a_t - \theta_2 a_{t-1}$$

$$Z_t(2) = E(\theta_0 + a_{t+2} - \theta - 1 a_{t+1} - \theta_2 a_t \mid Z_t,\ Z_{t-1},\ \cdots,\ Z_1)$$

$$= \theta_0 - \theta_2 a_t$$

$$Z_t(l) = \theta_0, \quad l \geq 3$$

그러므로 상수항이 있는 $MA(q)$ 모형과 미래시차 $l=1,\ 2,\ \cdots$에 대한 예측값은 다음과 같이 주어진다.

$$\begin{aligned}
Z_t \quad &= \theta_0 + a_t - \theta_1 a_{t-1} - \cdots - \theta_q a_{t-q}, \\
Z_t(1) &= \theta_0 - \theta_1 a_t - \cdots - \theta_q a_{t-q+1}, \\
Z_t(2) &= \theta_0 - \theta_2 a_t - \cdots - \theta_q a_{t-q+2}, \\
&\vdots \qquad\qquad \vdots \\
Z_t(l) &= \begin{cases} \theta_0 - \theta_l a_t - \cdots - \theta_q a_{t-q+l}, & l \le q, \\ \theta_0, & l \ge q+1. \end{cases}
\end{aligned}$$

11.4 ARMA(p, q) 모형의 예측

정상성을 갖고 가역적인 일반 ARMA(p, q) 모형의 경우에 예측을 계산하기 위한 차분방정식의 형태는 다음과 같이 주어진다.

$$\begin{aligned}
Z_t(l) = &\ \phi_1 Z_t(l-1) + \phi_2 Z_t(l-2) + \ \cdots \ + \phi_p Z_t(l-p) + \theta_0 \\
&- \theta_1 E(a_{t+l-1} \mid Z_t, Z_{t-1}, \ \cdots, Z_1) - \theta_2 E(a_{t+l-2} \mid Z_t, Z_{t-1}, \ \cdots, Z_1) \\
&- \ \cdots \ - \theta_q E(a_{t+l-q} \mid Z_t, Z_{t-1}, \ \cdots \ , Z_1)
\end{aligned} \tag{11.4.1}$$

여기서, $E(a_{t+j} \mid Z_t, Z_{t-1}, \ldots, Z_1) \ = \ \begin{cases} 0, & j \ge 1 \\ a_{t+j}, & j \le 0 \end{cases}$ **(11.4.2)**

설명을 위하여 다음과 같은 ARMA(1,1) 모형을 고려해보자.

$$Z_t = \theta_0 + \phi_1 Z_{t-1} + a_t - \theta_1 a_{t-1}$$

미래시차 $l=1,2$일 때의 예측값은 다음과 같이 구해진다.

$$\begin{aligned}
Z_t(1) &= E(Z_{t+1} | Z_t, Z_{t-1}, \cdots, Z_1) \\
&= E(\theta_0 + \phi_1 Z_{t-1} + a_{t+1} - \theta_1 a_t | Z_t, Z_{t-1}, \cdots, Z_1) \\
&= \phi_1 Z_t + \theta_0 - \theta a_t, \qquad \theta_0 = (1-\phi_1)\mu
\end{aligned} \tag{11.4.3}$$

$$
\begin{aligned}
Z_t(2) &= E(Z_{t+2}|Z_t, Z_{t-1}, \cdots, Z_1) \\
&= E(\theta_0 + \phi_1 Z_t + a_{t+2} - \theta_1 a_{t+1}|Z_t, Z_{t-1}, \cdots, Z_1) \\
&= \phi_1 Z_t(1) + \theta_0
\end{aligned}
$$

그러므로 미래시차 l에 대한 일반적인 형태는 다음과 같다.

$$Z_t(l) = \ \phi_1 Z_t(l-1) + \theta_0, \quad l \ge 2 \tag{11.4.4}$$

또, 식 (11.4.3)에서 1=2인 경우 다음과 같이 나타낼 수 있으므로,

$$Z_t(2) = \mu + \phi_1^2 (Z_t - \mu) - \phi_1 \theta_1 a_t$$

식 (11.4.4)는 다음과 같이 나타낼 수 있다.

$$Z_t(l) = \ \mu + \phi_1^l (Z_t - \mu) - \phi_1^{l-1} \theta_1 a_t, \quad l \ge 1 \tag{11.4.5}$$

식 (11.4.1)과 식 (11.4.2)가 나타내는 것과 같이 백색잡음항 a_t, a_{t-1}, $\cdots$, $a_{t-(q-1)}$는 미래 시점 $l = 1,\ 2,\ \cdots, q$에 대한 예측을 계산하는데 직접적으로 나타난다. 그러나 $l > q$에 대하여 차분방정식은 다음과 같이 된다.

$$Z_t(l) = \ \phi_1 Z_t(l-1) + \phi_2 Z_t(l-2) + \cdots + \phi_p Z_t(l-p) + \theta_0, \ l > q \tag{11.4.6}$$

그러므로 장기 미래시점에 대한 예측의 일반적인 성질은 자기회귀모수 $\phi_1, \phi_2, \cdots, \phi_p$ 그리고 모형의 평균에 관계된 상수항 θ_0에 의해 결정된다.

우리는 상수항이 $\theta_0 = \mu(1 - \phi_1 - \phi_2 - \cdots - \phi_p)$이고 μ로부터의 편차의 형태로 식 (11.4.6)을 다시 표현할 수 있다.

$$
\begin{aligned}
Z_t(l) - \mu = \ & \phi_1 [Z_t(l-1) - \mu] + \phi_2 [Z_t(l-2) - \mu] \\
& + \cdots + \phi_p [Z_t(l-p) - \mu], \quad l > q
\end{aligned} \tag{11.4.7}
$$

미래 l시점의 함수로써 $Z_t(l) - \mu$는 과정의 자기상관함수 ρ_k와 같이 동일한 반복적인 관계를 만족한다. 그러므로 제6장에서와 같이 AR 특성방정식의 근은 $l > q$에 대한

$Z_t(l)-\mu$의 일반적인 형태를 결정한다. 특히 $Z_t(l)-\mu$는 l에서 지수적으로 감소하는 선형결합의 형태로 표현할 수 있고 사인함수의 형태로 꺾인다. 그러므로 어떤 정상적인 ARMA 모형에 대하여 $Z_t(l)-\mu$는 l이 증가함에 따라 0으로 감소한다. 그리고 장기미래예측은 단순히 식 (11.2.6)에서 주어진 것처럼 모평균 μ가 된다. 이것은 상식과도 일치한다. 왜냐하면 정상적인 ARMA 모형에 대하여 관측값들 간의 시간 간격이 증가함에 따라 종속성이 사라지기 때문이며 이러한 종속성은 단지 μ만을 단독으로 사용하여 원시적인 예측을 하는데 도움을 줄 수 있다.

일반적인 ARMA 모형에 대하여 식 (11.4.1)을 1단계 예측오차를 계산하기 위해 사용하면 다음과 같은 예측오차를 구할 수 있다.

$$\begin{aligned} a_t(1) &= Z_{t+1} - Z_t(1) \\ &= \phi_1 Z_t + \phi_2 Z_{t-1} + \cdots + \phi_p Z_{t-p+1} + \theta_0 + a_{t+1} - \theta_1 a_t - \cdots \\ &\quad - \theta_q a_{t-q+1} - (\phi_1 Z_t + \phi_2 Z_{t-1} + \cdots + \phi_p Z_{t-p+1} + \theta_0 - \theta_1 a_t \\ &\quad - \theta_2 a_{t-1} - \cdots - \theta_q a_{t-q+1}) \\ &= a_{t+1} \end{aligned}$$

11.5 비정상 ARIMA 모형의 예측

11.5.1 경향을 가진 확률보행의 예측

비정상 ARIMA 모형에 대한 예측을 설명하기 위하여 경향(상수항)을 가진 확률보행을 다음과 같이 정의하자.

$$Z_t = Z_{t-1} + \theta_0 + a_t$$

그러면 최소평균제곱오차를 갖는 미래시차 1인 예측값은 다음과 같고

$$Z_t(1) = E(Z_t \mid Z_t, Z_{t-1}, \cdots, Z_1) + \theta_0 + E(a_{t+1} \mid Z_t, Z_{t-1}, \cdots, Z_1)$$

따라서 다음과 같이 된다.

$$Z_t(1) = Z_t + \theta_0$$

비슷하게 미래 l시점에 대한 예측값에 대한 차분방정식의 형태는 다음과 같다.

$$Z_t(l) = Z_t(l-1) + \theta_0, \quad l \geq 1$$

l에 대한 후진법을 반복하면 다음의 관계식을 얻는다.

$$Z_t(l) = Z_t + l\theta_0, \quad l \geq 1$$

식 (11.2.6)과 비교하여 만약 $\theta_0 \neq 0$이면 예측은 긴 시점 l에 대하여 수렴하지 않지만 모든 l에 대한 기울기 θ_0를 가진 직선에 따르게 된다.

상수항 θ_0의 존재 또는 부재는 예측을 유의하게 다르게 변화시킨다. 이것은 차분된 시계열의 평균이 0으로부터 유의하게 다르지 않다는 증거가 명확하지 않은 한 상수항이 비정상 ARIMA 모형에 포함되지 않아야만 하는 이유가 된다. 표본평균의 분산에 대한 식은 이 유의성을 평가하는데 도움이 된다.

그러나 AR(1)과 MA(1)의 경우에서와 같이 1단계 예측오차는 다음과 같다.

$$a_t(l) = Z_{t+1} - Z_t(1) = a_{t+1}$$

또는,

$$\begin{aligned} a_t(l) &= Z_{t+l} - Z_t(l) \\ &= (Z_t + l\theta_0 + a_{t+1} + \cdots + a_{t+l}) - (Z_t + l\theta_0) \\ &= \sum_{j=0}^{l-1} a_{t+l-j} \end{aligned}$$

이 되고 이것은 모든 j에 대하여 $\psi = 1$인 모형이기 때문에 식 (11.2.9)와 일치한다. 그러므로 식 (11.2.10)으로부터 다음의 분산값을 얻는다.

$$\begin{aligned} Var[a_t(l)] &= \sigma_a^2 \sum_{j=0}^{l-1} 1^2 \\ &= l\sigma_a^2, \quad l \geq 1 \end{aligned}$$

정상시계열의 경우와 비교하여 $Var[a_t(l)]$은 예측 미래시점 l이 증가함에 따라 무한히 증가한다. 이 성질은 모든 비정상 ARIMA 과정에 대한 예측오차분산의 특성이다.

11.5.2 비정상 ARIMA 모형의 예측

확률보행에서 보인 것처럼, 비정상 ARIMA 모형에 대한 예측값은 정상 ARMA 모형에 대한 예측과 매우 비슷하지만 큰 차이가 있다. 제7장에서 설명한 바와 같이 ARIMA(p,1,q) 모형은 비정상 ARMA(p+1,q) 모형으로 표현할 수 있다. 즉,

$$\begin{aligned} Z_t &= \varphi_1 Z_{t-1} + \varphi_2 Z_{t-2} + \cdots + \varphi_{p+1} Z_{t-p-1} + \theta_0 + a_t \\ &\quad - \theta_1 a_{t-1} - \theta_2 a_{t-2} - \cdots - \theta_q a_{t-q} \end{aligned} \tag{11.5.1}$$

여기서 φ계수는 AR(p) 모형의 ϕ_j계수로 나타내면,

$$\begin{aligned} \varphi_1 &= 1 + \phi_1 \\ \varphi_j &= \phi_j - \phi_{j-1}, \qquad j = 2,3,\cdots,p \\ \varphi_{p+1} &= -\phi_p \end{aligned} \tag{11.5.2}$$

와 같이 되고, 일반 차분차수 d에 대하여 $p+d$개의 φ계수를 가진다. 이 표현으로부터 즉시 식 (11.4.1)과 (11.4.2)의 p를 $p+d$로 ϕ_j를 φ_j로 변경함으로써 비정상 경우를 포함하기 위해 확장할 수 있다.

예를 들어 다음과 같은 ARIMA(1,1,1) 모형의 경우를 고려하자. 이 모형은 다음과 같고

$$Z_t - Z_{t-1} = \phi(Z_{t-1} - Z_{t-2}) + \theta_0 + a_t - \theta a_{t-1}$$

위 식은 다음과 같이 쓸 수 있다.

$$Z_t = (1+\phi) Z_{t-1} - \phi Z_{t-2} + \theta_0 + a_t - \theta a_{t-1}$$

그러므로 미래시차 l에 대한 예측값은 비정상 ARIMA(1,1,1) 모형인 경우 다음과 같이 주어진다.

$$Z_t(1) = (1+\phi)Z_t - \phi Z_{t-1} + \theta_0 - \theta a_t. \quad (11.5.3)$$

$$Z_t(2) = (1+\phi)\widehat{Z}_t(1) - \phi Z_t + \theta_0,$$

$$Z_t(l) = (1+\phi)\widehat{Z}_t(l-1) - \phi\widehat{Z}_t(l-2) + \theta_0, l > 2.$$

한편 비정상 ARIMA 모형의 예측오차는 다음과 같고 그 기대값과 분산은 아래와 같이 주어진다.

$$a_t(l) = \sum_{j=0}^{l-1}\psi_j a_{t+l-j}, \quad l \geqq 1 \quad (11.5.4)$$

$$E[a_t(l)] = 0, \quad l \geqq 1 \quad (11.5.5)$$

$$Var[a_t(l)] = \sigma_a^2\sum_{j=0}^{l-1}\psi_j^2, \quad l \geqq 1\, E[a_t(l)] = 0, \quad l \geqq 1 \quad (11.5.6)$$

그러나 비정상 모형에 대하여 ϕ_j가중치는 j가 증가함에 따라 0으로 감소하지 않는다. 예를 들어 확률보행 모형의 경우에 모든 j에 대하여 $\psi_j = 1$이고 IMA(1,1) 모형에 대하여 $\psi_j = 1-\theta_1,\ \ j \geq 1$이고 IMA(2,2)의 경우에는 $\psi_j = 1+\theta_2+(1-\theta_1-\theta_2)j$ $(j \geqq 1)$이고 ARI(1,1) 모형의 경우에는 $\psi_j = (1-\phi_1^{j+1})/(1-\phi_1)$가 된다.

그러므로 어떤 비정상 모형에 대하여 식 (11.5.6)은 예측오차분산이 미래시점 l이 증가함에 따라 증가한다는 것을 보여준다. 이 사실은 비정상시계열을 가진 먼 미래가 매우 불확실하기 때문에 놀랄만한 사실이 아니다.

예제 11.3 〈ARIMA(1,1,1) 계열〉

다음은 제6장에서 생성한 ARIMA(1,1,1) 과정을 따르는 자료인 wr6.dat에 대하여 ARIMA(1,1,1) 모형을 추정하여 미래의 구간인 301번째에서 320번째까지 20개의 예측값을 구한 결과들이다([표 11.3], <프로그램 11.2> 참조). [그림 11.3]에는 실제 관측값은 281번째부터 300번째까지의 자료이고, 301번째부터 320번째까지는 예측값이고, 또 스타로 표시된 값들이 95% 신뢰구간의 값이다.

[표 11.3] 예측원점 n = 301에서 미래 20시점까지의 ARIMA(1,1,1) 모형에 의한 예측결과

Obs	Forecast	Std Error	Lower 95%	Upper 95%
301	72.3974	1.0149	70.4081	74.3866
302	72.2676	1.6773	68.9801	75.5551
303	72.1599	2.3189	67.6150	76.7049
304	72.0707	2.9488	66.2911	77.8503
305	71.9966	3.5656	65.0082	78.9851
306	71.9352	4.1668	63.7686	80.1019
307	71.8843	4.7506	62.5733	81.1953
308	71.8421	5.3161	61.4226	82.2615
309	71.8071	5.8630	60.3158	83.2983
310	71.7780	6.3912	59.2515	84.3046
311	71.7539	6.9012	58.2278	85.2801
312	71.7340	7.3936	57.2428	86.2251
313	71.7174	7.8691	56.2943	87.1405
314	71.7037	8.3285	55.3801	88.0272
315	71.6923	8.7726	54.4982	88.8863
316	71.6828	9.2024	53.6465	89.7191
317	71.6750	9.6185	52.8230	90.5269
318	71.6685	10.0219	52.0259	91.3110
319	71.6631	10.4133	51.2535	92.0727
320	71.6586	10.7933	50.5041	92.8132

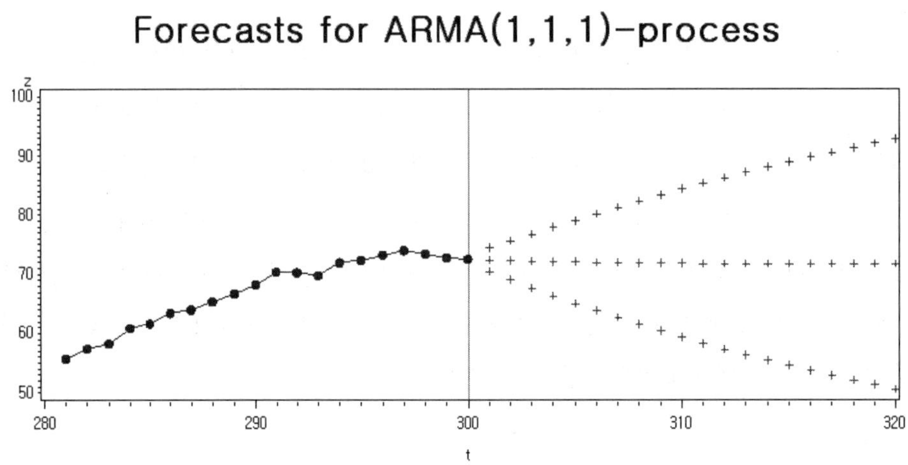

[그림 11.3] 예측원점 n=301에서 미래 20시점까지의 ARIMA(1,1,1) 모형에 의한 예측

〈프로그램 11.2〉 ARIMAF.SAS

```
TITLE 'ARIMA(1,1,1) 예측';
DATA wr;
   INFILE'e:\wr6.dat';
   INPUT z;
   t=_N_;
RUN;

SYMBOL C=blue I=join V=dot  Line=1;
TITLE"Forecasts for ARMA(1,1,1)-process";
PROC ARIMA;
  IDENTIFY VAR =z(1);
  ESTIMATE p=1 q=1 noconstant;
  FORECAST LEAD=20 ID=t OUT=pred;
RUN;
  DATA lee;
  SET pred;
  IF t>300 THEN pred=forecast;
  IF t<= 300 THEN L95=.;
  IF t<= 300 THEN U95=.;
RUN;
PROC GPLOT DATA=lee(firstobs=281);
 PLOT (z pred L95 U95)*t/overlay href=300;
RUN;
```

연습문제

1. $Z_t = 12.0$, $\phi = -0.5$, $\mu = 10.8$인 AR(1) 모형의 경우에 $Z_t(1)$을 구하여라.

2. 어떤 연도별 시계열이 다음과 같은 AR(2) 모형을 따른다.

$$Z_t = 5 + 1.1Z_{t-1} - 0.5Z_{t-2} + a_t,\ \sigma_a^2 = 2$$

이 모형에서 $Z_{84} = 11, Z_{85} = 9$일 때, Z_{86}, Z_{87}을 예측하여라.

3. 다음 모형에서 $a_{10} = 0.8$, $Z_{10} = 10, Z_9 = 9.5, \mu = 9$ 일 때 예측값 $Z_t(l), l = 1, 2, 3$를 구하여라.

1) $Z_t = 9 + a_t - 0.4a_{t-1}$

2) $(1 - 0.5_1 B - 0.06B^2)(Z_t - \mu) = a_t$

3) $Z_t = 0.5Z_{t-1} + a_t - 0.2a_{t-1}$

4. 다음의 시계열 모형을 생각하자.

$$Z_t = \beta_0 + \beta_1 t + X_t, \quad X_t = \phi X_{t-1} + a_t$$

여기서 β_0, β_1, ϕ는 알려져 있다고 가정할 때 Z_t의 최소평균제곱오차 예측값은 다음과 같음을 보여라.

$$Z_t(l) = \beta_0 + \beta_1(t+1) + \phi^t(Z_t - \beta_0 - \beta_1 t)$$

5. 10장의 연습문제 4의 월별 수입물가지수(im.dat) 자료에 대하여 SAS를 이용하여 미래시점 20개를 예측하여라.

6. 10장의 연습문제 5의 생산자물가지수(ppi.dat) 자료에 대하여 SAS를 이용하여 미래시점 20개를 예측하여라.

7. 10장의 연습문제 6의 월별 화재발생건수(fire.dat) 자료에 대하여 SAS를 이용하여 미래시점 20개를 예측하여라.

제 12 장 실증적 분석 사례

이 장에서는 국내의 실제 자료들을 사용한 시계열 분석 사례를 기술하고자 한다. 여기에서 사용된 자료들은 도서출판 탐진의 홈페이지[www.tamjin.co.kr]에서 열람 혹은 다운로드 받아서 사용할 수 있다. 실증적인 자료의 분석에서는 SACF나 SPACF를 활용하는 모형의 식별과정이 적절하지 않을 수도 있다. 이러한 경우에는 어느 정도의 시행착오를 거치면서 추정된 계수의 유의확률, 모형의 식별을 위한 통계량들 그리고 잔차검정 등을 점검하여 좋은 모형을 선택해야 한다. 추정 및 진단 결과에서 최적 모형으로 선택된 모형을 통하여 미래의 값을 예측한다.

여기서 사용된 자료와 출처는 다음과 같다.

절	시 계 열	기 간	자 료 출 처
12.1	한국의 연도별 총저축률 (save.dat)	1971 – 2012	한국은행 경제통계시스템
12.2	한국의 일별 주식거래량 (stockq.dat)	2013.01.31 – 07.31	한국거래소
12.3	한국의 월별 대미 환율 (exm.dat)	1990.03 – 2013.07	한국은행 경제통계시스템
12.4	한국의 월별 건축허가면적 (bcp.dat)	1999.01 – 2013.4	통계청 국가통계포털
12.5	한국의 분기별 전산업생산지수 (aip.dat)	2001.1/4 – 2013.2/4	통계청 국가통계포털
12.6	한국의 월별 내국인 출국자수 (out.dat)	1995.01 – 2013.06	통계청 국가통계포털

12.1 ARIMA 모형을 이용한 한국의 연간 저축률 계열의 분석

(1) 자료

국민순생산에 대외순수취경상이전을 더한 국민총가처분소득(GNDI: Gross National Disposal Income) 중에서 소비되지 않고 남는 부분을 저축이라 하며 이를 국민총가처분소득으로 나눈 값을 백분율로 나타낸 값을 저축률(Ratio of saving)이라고 한다. 한국은행에서 작성되는 국민계정 통계의 한 항목(한국은행 경제통계시스템 > 국민계정 > 총저축률)으로 작성 발표되고 있다. 이 사례분석에서는 1971년부터 2012년까지(42년)의 우리나라의 연도별 저축률 시계열(save.dat)을 분석한다. 이 계열을 그림으로 나타내면 [그림 12.1]과 같다.

[그림 12.1] 한국의 연도별 저축률 시계열(1970–2012)

지난 42년간의 평균 저축률은 30.895%이며, 70년대 초에는 20% 전후의 낮은 수준이었으나 90년대에는 평균을 훨씬 상회하는 수준이었으며, 그 이후로는 거의 30%를 조금 상회하는 수준을 보이고 있다. 이 계열은 분산과 평균이 정상적이지 않은 것으로 해석할 수 있다.

(2) 모형의 식별

먼저, 분산과 평균을 정상화시키기 위하여 원계열을 대수변환을 시키고 그 다음에 1차 차이계산을 한다. 이와 같이 대수변환 및 차이계산을 해준 계열을 그림으로 나타내면 [그림 12.2]와 같다. 이제 이 계열에 적합한 모형을 식별하기 위하여 대수변환 및 차이계산된 계열에 대한 SACF와 SPACF를 구하면 [그림 12.3]과 같이 된다. SACF는 시차 1, 2에서 유의적인 값을 가지는 것으로 혹은 지수적으로 감소하는 것으로 해석할 수 있고 SPACF는 지수적으로 감소하는 패턴이 있는 것으로 판단할 수 있다. 따라서, 다음과 같은 2 가지의 모형으로 식별할 수 있다.

모형1: ARIMA(0,1,2) 모형, 혹은 $(1-B)Z_t = a_t - \theta_1 a_{t-1} - \theta_2 a_{t-2}$

모형2: ARIMA(1,1,1) 모형, 혹은 $(1-\phi_1 B)(1-B)Z_t = a_t - \theta_1 a_{t-1}$

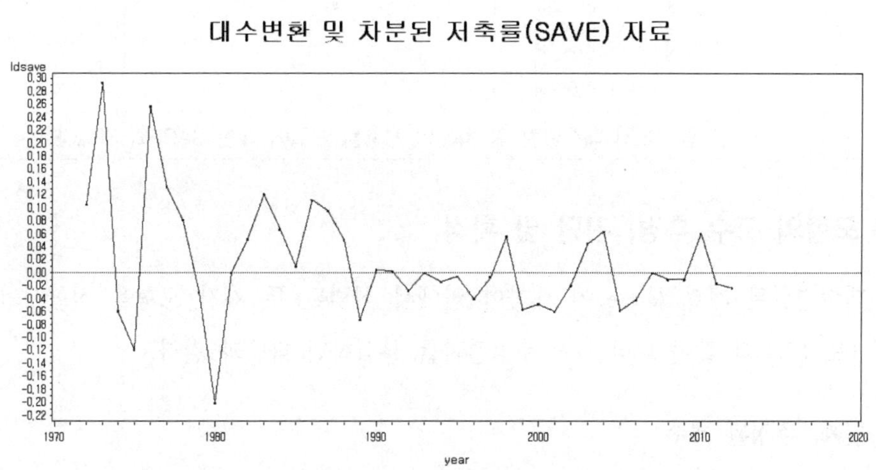

[그림 12.2] 대수변환 및 차분된 저축률 시계열(1970-2012)

```
                                 Autocorrelations

Lag   Covariance   Correlation   -1 9 8 7 6 5 4 3 2 1 0 1 2 3 4 5 6 7 8 9 1     Std Error

  0    0.0077162      1.00000    |                    |********************|            0
  1    0.0014299      0.18531    |             .      |****  .             |     0.156174
  2   -0.0020978      -.27187    |              .*****|      .             |     0.161447
  3   -0.0002678      -.03470    |             .     *|       .            |     0.172252
  4   0.00021233      0.02752    |             .      |*      .            |     0.172423
  5    0.0019475      0.25240    |             .      |*****  .            |     0.172530
  6   0.00062244      0.08067    |             .      |**     .            |     0.181312
  7   -0.0012545      -.16258    |             .   ***|       .            |     0.182186
  8   -0.0009465      -.12266    |             .    **|       .            |     0.185690
  9   0.00044980      0.05829    |            .       |*       .           |     0.187656
 10    0.0018321      0.23743    |            .       |*****   .           |     0.188097
 11   0.00090780      0.11765    |            .       |**      .           |     0.195271
 12   -0.0000281      -.00364    |            .       |        .           |     0.196992

                           Partial Autocorrelations

              Lag   Correlation   -1 9 8 7 6 5 4 3 2 1 0 1 2 3 4 5 6 7 8 9 1

                1     0.18531     |              .     |****  .             |
                2    -0.31710     |              ******|      .             |
                3     0.10410     |              .     |**    .             |
                4    -0.08762     |              .   **|      .             |
                5     0.33163     |              .     |*******             |
                6    -0.11837     |              .   **|      .             |
                7     0.03408     |              .     |*     .             |
                8    -0.16467     |              .  ***|      .             |
                9     0.14546     |              .     |***   .             |
               10     0.07394     |              .     |*     .             |
               11     0.11149     |              .     |**    .             |
               12     0.08264     |              .     |**    .             |
```

[그림 12.3] 대수변환 및 차분된 저축률 계열에 대한 SACF와 SPACF

(3) 모형의 모수 추정, 진단 및 확정

대수변환된 계열 $lsave_t$에 대하여 앞에서 식별된 두 가지 모형을 적합시켜 추정하면 [표 12.1]과 같이 나타난다. 추정결과를 분석하면 다음과 같다.

첫째, 추정된 계수

ARIMA(0,1,2) 모형에서 추정된 계수는 모두 유의수준 5%로 유의하다. 그러나, ARIMA(1,1,1) 모형에서는 MA 계수인 θ_1의 추정값은 유의적이나 AR 계수인 ϕ_1의 추정값은 유의적이지 않다. 이 경우에 유의수준을 12%로 하는 경우에는 유의적이라고 판단할 수 있다.

둘째, 통계량 AIC 및 SBC 기준

두 기준 모두 추정된 ARIMA(0,1,2) 모형이 더 작은 값을 가진다.

셋째, 잔차검정

추정된 두 모형 모두 자기상관이 존재하지 않는 것으로, 즉 잘 적합시키고 있다. 따라서 우리들은 최종 추정된 모형으로 ARIMA(0,1,2) 모형으로 확정할 수 있다. 최종적으로 추정된 모형은 다음과 같다.

$$(1-B)lsave_t = a_t + 0.4295_1 a_{t-1} - 0.3186 a_{t-2}$$

(4) 예측

현재 시점인 2012년을 기준으로 미래 시점인 2013년에서 2017년까지의 5년 간을 예측하면 [표 12.2]와 같이 되고, 또 이를 그림으로 나타내면 [그림 12.4]와 같이 된다. 이 표에서 FORECAST는 대수변환된 값이고 fore가 역대수변환한 값, 즉 원계열에 대한 예측값이 된다. 분석에 필요한 SAS 프로그램은 <프로그램 12.1>을 참조하면 된다.

[표 12.1] 대수변환 저축률 계열에 대한 모수 추정 및 진단

<ARIMA(0,1,2) 모형의 추정결과>

Parameter	Estimate	Standard Error	t Value	Approx Pr > |t|	Lag
MA1,1	-0.42953	0.15307	-2.81	0.0078	1
MA1,2	0.31863	0.15723	2.03	0.0496	2

Variance Estimate	0.006612
Std Error Estimate	0.081314
AIC	-87.471
SBC	-84.0438

Autocorrelation Check of Residuals

To Lag	Chi-Square	DF	Pr > ChiSq	Autocorrelations					
6	2.76	4	0.5988	-0.014	0.002	0.043	0.007	0.225	0.061
12	8.26	10	0.6031	-0.107	-0.001	0.004	0.269	0.028	0.111
18	10.38	16	0.8461	-0.063	0.107	0.042	-0.057	0.025	-0.096
24	13.27	22	0.9255	-0.020	0.012	-0.003	0.025	-0.137	-0.095

<ARIMA(1,1,1) 모형의 추정결과>

```
                              Standard                  Approx
Parameter      Estimate          Error    t Value    Pr > |t|      Lag

MA1,1          -0.85233        0.14947      -5.70      <.0001        1
AR1,1          -0.38701        0.23499      -1.65      0.1076        1

                 Variance Estimate       0.006729
                 Std Error Estimate      0.082033
                 AIC                     -86.7497
                 SBC                     -83.3225
                 Number of Residuals           41

                 Autocorrelation Check of Residuals
 To        Chi-            Pr >
Lag      Square    DF     ChiSq    -------------------Autocorrelations--------------------

  6        3.25     4    0.5172   -0.048   -0.118   -0.007    0.012    0.214    0.072
 12        8.54    10    0.5766   -0.150   -0.034    0.001    0.258    0.023    0.065
 18       10.62    16    0.8322   -0.080    0.103    0.042   -0.057    0.023   -0.088
 24       13.72    22    0.9111   -0.022    0.022    0.020    0.036   -0.138   -0.098
```

[표 12.2] 저축률 시계열에 대한 예측

YEAR	lsave	FORECAST	STD	L95	U95	RESIDUAL	fore
2012	3.43076	3.40630	0.08131	3.24692	3.56567	0.02446	30.1533
2013	.	3.45867	0.08131	3.29929	3.61804	.	31.7746
2014	.	3.45087	0.14186	3.17283	3.72891	.	31.5279
2015	.	3.45087	0.16818	3.12125	3.78050	.	31.5279
2016	.	3.45087	0.19090	3.07671	3.82504	.	31.5279
2017	.	3.45087	0.21120	3.03694	3.86481	.	31.5279

연도별 저축률(SAVE) 자료

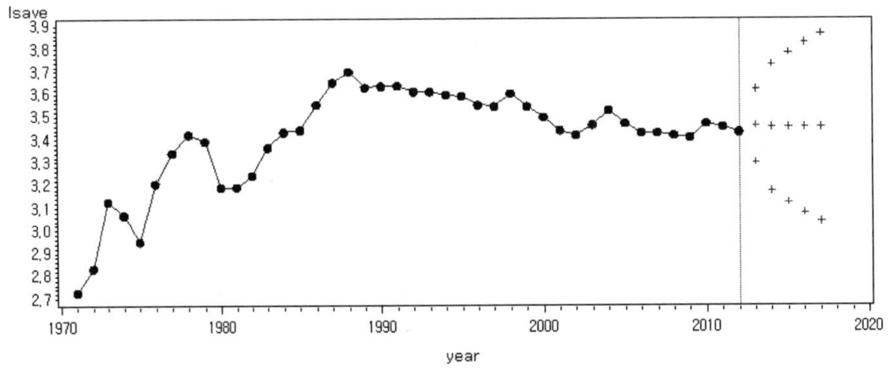

[그림 12.4] 저축률 시계열에 대한 예측

〈프로그램 12.1〉 SAVE.SAS

```
TITLE '연도별 저축률(SAVE) 자료' ;
DATA save;
  INFILE'e:\save.dat';
    INPUT year save;
   lsave=LOG(save);
 RUN;

SYMBOL C=blue  I=join V=dot Line=1;
PROC GPLOT;
 PLOT save*year/vref=30.895;
RUN;

PROC ARIMA ;
   IDENTIFY VAR=lsave  NLAG=12;
   IDENTIFY VAR=lsave(1) NLAG=12;
RUN;
PROC ARIMA ;
    IDENTIFY VAR=lsave(1) NLAG=12
    ESTIMATE P=1 Q=1 noconstant ;
    ESTIMATE Q=2 noconstant ;
     FORECAST LEAD=5 ID=year OUT=pred;
RUN;
DATA lee;
 MERGE save  pred;
  IF year>2012 THEN pred=forecast;
  IF year<= 2012 THEN L95=.;
  IF year<= 2012 THEN U95=.;
  fore=EXP(forecast); RUN ;
PROC GPLOT DATA=lee;
 PLOT (lsave pred L95 U95)*year/overlay href=2012;
RUN;
```

12.2 ARIMA 모형을 이용한 한국의 일별 주식거래량 계열의 분석

(1) 자료

일별 주식거래량은 증권거래소에서 종합주가지수 등과 함께 제공(한국거래소 > 주식 > 주식통계)하고 있다. 분석에 사용한 자료는 2013년 1월 31일부터 2013년 7월 31일까지 125개의 일별 주식거래량 시계열(stockq.dat)이다. 기간 중 평균 거래량은 334,356.69이고 최소거래량은 219,757, 최대거래량은 598,377이다. 이 계열을 그림으로 나타내면 [그림 12.5]와 같이 나타난다.

이 그림을 보면 어떤 추세가 보이므로 정상성을 만족하지 않음을 알 수 있다. 따라서, 이 자료를 분석하기 위하여 1차 차분을 해야 한다. 그러나 분산의 변화는 거의 없는 것으로 보이므로 대수변환은 필요치 않은 것으로 판단된다.

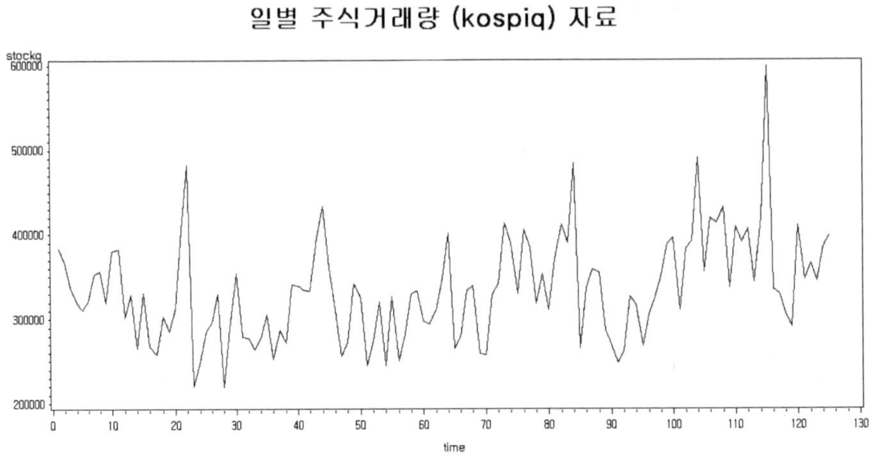

[그림 12.5] 한국의 일별 주식거래량 시계열의 그림

(2) 모형의 식별

주식거래량에 대한 ARIMA 모형의 식별을 위해 일차 차분한 계열에 대해 SACF와 SPACF를 나타내면 [그림 12.6]과 같이 된다. [그림 12.6]에서 SACF는 시차 1 혹은 2 이후 절단하는 것으로 혹은 지수적으로 감소하는 것으로 해석할 수 있고, SPACF는 지수적으로 감소하는 형태를 보이고 있는 것으로 판단할 수 있다. 따라서, 우리들은 이 시계열 자료가 ARIMA(0,1,1) 모형 또는 ARIMA(0,1,2) 모형 혹은 둘 다 지수적으로 감소하는 것으로 해석하여 ARIMA(1,1,1) 모형으로 식별할 수 있다.

```
                         Autocorrelations

Lag Correlation    -1 9 8 7 6 5 4 3 2 1 0 1 2 3 4 5 6 7 8 9 1

  0     1.00000    |                    |********************|
  1     -.35415    |             *******|    .               |
  2     -.13146    |                .***|    .               |
  3     -.03739    |                .  *|    .               |
  4     -.01064    |                .   |    .               |
  5     0.18744    |                .   |****                |
  6     -.11140    |                . **|    .               |
  7     -.06899    |                .  *|    .               |
  8     -.02892    |                .  *|    .               |
  9     0.06113    |                .   |*   .               |
 10     0.01344    |                .   |    .               |
 11     0.07269    |                .   |*   .               |
 12     -.06472    |                .  *|    .               |
```

```
                     Partial Autocorrelations

Lag Correlation    -1 9 8 7 6 5 4 3 2 1 0 1 2 3 4 5 6 7 8 9 1

  1    -0.35415    |             *******|    .               |
  2    -0.29372    |              ******|    .               |
  3    -0.25234    |               *****|    .               |
  4    -0.23218    |               *****|    .               |
  5     0.04329    |                .   |*   .               |
  6    -0.04641    |                .  *|    .               |
  7    -0.09501    |                . **|    .               |
  8    -0.14577    |                .***|    .               |
  9    -0.08996    |                . **|    .               |
 10    -0.11017    |                . **|    .               |
 11     0.05687    |                .   |*   .               |
 12     0.02993    |                .   |*   .               |
```

[그림 12.6] 한국의 일별 주식거래량(1차 차분) 계열의 SACF와 SPACF

(3) 모형의 모수 추정, 진단 및 확정

한국의 일별 주식거래량 계열(stockq.dat)에 적합한 모형으로 식별된 ARIMA(0,1,2), ARIMA(1,1,1) 모형을 추정 및 진단 결과를 나타내면 [표 12.3]과 같다. 앞에서 식별된 ARIMA(0,1,1) 모형은 ARIMA(0,1,2) 모형의 추정된 계수 $\hat{\theta}_2$가 유의하지 않으면 다시 고려하면 된다. 두 모형의 추정된 결과를 요약하면 다음과 같이 된다.

첫째, 추정된 계수들은 두 모형에서 모두 유의수준 1%로 유의하다.

둘째, 통계량 AIC와 SBC는 ARIMA(0,1,2) 모형에서는 각각 3,064.928, 3,070.568이고 ARIMA(1,1,1) 모형에서는 각각 3,064.655, 3,070.296로 나타난다. 두 기준으로는 ARIMA(1,1,1) 모형이 더 적합하다.

셋째, 모형의 진단 결과에서는 두 모형 다 적합한 것으로 나타난다. 즉, 모든 시차에서 자기상관이 존재하지 않는다는 귀무가설을 기각시키지 않는다.

따라서, ARIMA(1,1,1) 모형이 최종적으로 한국의 일별 주식거래량 시계열에 적합한 모형으로 선택하고, ARIMA(1,1,1) 모형의 추정결과는 다음과 같이 된다.

$$Z_t = 0.2787Z_{t-1} + a_t - 0.9256a_{t-4}$$

[표 12.3] 한국의 일별 주식거래량 계열에 대한 추정결과

< ARIMA(0,1,2) 모형 >

Maximum Likelihood Estimation

Parameter	Estimate	Standard Error	t Value	Approx Pr > |t|	Lag
MA1,1	0.65073	0.08803	7.39	<.0001	1
MA1,2	0.22894	0.08790	2.60	0.0092	2

Variance Estimate	3.0929E9
Std Error Estimate	55613.69
AIC	3064.928
SBC	3070.568
Number of Residuals	124

Autocorrelation Check of Residuals

To Lag	Chi-Square	DF	Pr > ChiSq	Autocorrelations					
6	4.84	4	0.3039	0.007	0.038	0.016	0.041	0.159	-0.091
12	7.99	10	0.6298	-0.088	-0.055	0.039	0.022	0.032	-0.096
18	13.49	16	0.6367	-0.104	-0.047	-0.044	-0.048	-0.144	0.009
24	18.81	22	0.6568	-0.064	0.108	-0.047	0.083	0.053	0.085

< ARIMA(1,1,1) 모형 >--

```
                          Maximum Likelihood Estimation

                                    Standard                 Approx
        Parameter      Estimate        Error    t Value    Pr > |t|     Lag

        MA1,1           0.92561      0.04217      21.95      <.0001       1
        AR1,1           0.27869      0.09959       2.80      0.0051       1

                            Variance Estimate      3.0843E9
                            Std Error Estimate     55536.11
                            AIC                    3064.655
                            SBC                    3070.296
                            Number of Residuals         124

                          Autocorrelation Check of Residuals

 To        Chi-              Pr >
Lag      Square     DF      ChiSq     --------------------Autocorrelations--------------------

  6        5.29      4     0.2590     -0.000    -0.018     0.018     0.053     0.174    -0.081
 12        8.40     10     0.5902     -0.089    -0.042     0.050     0.036     0.043    -0.087
 18       12.73     16     0.6923     -0.096    -0.031    -0.023    -0.040    -0.133     0.011
 24       17.74     22     0.7210     -0.050     0.106    -0.046     0.073     0.063     0.087
```

(4) 예측

현재 시점인 2013년 7월 31일(OBS = 125)을 기준으로 10일 간의 미래 시점에 대한 예측(<프로그램 12.2> 참조)을 하면 [표 12.4]와 같이 된다.

[표 12.4] 주식거래량 시계열에 대한 예측

OBS	stockq	FORECAST	STD	L95	U95	RESIDUAL
125	398374	374540.14	55536.11	265691.37	483388.92	23833.86
126	.	380014.38	55536.11	271165.60	488863.16	.
127	.	374897.74	58896.15	259463.41	490332.07	.
128	.	373471.79	59672.76	256515.32	490428.25	.
129	.	373074.39	60059.58	255359.77	490789.01	.
130	.	372963.64	60361.32	254657.62	491269.65	.
131	.	372932.77	60640.40	254079.77	491785.77	.
132	.	372924.17	60912.47	253537.92	492310.42	.
133	.	372921.77	61181.75	253007.74	492835.80	.
134	.	372921.10	61449.42	252482.46	493359.75	.
135	.	372920.92	61715.80	251960.18	493881.66	.

〈프로그램 12.2〉 KOSPIQ.SAS

```
TITLE '일별 주식거래량 (kospiq) 자료'
 DATA kospi;
    INFILE'e:\stock.txt';
    INPUT stockp md stockq;
    time=_N_;
RUN ;

 SYMBOL  I=JOIN V=NONE L=1 c=blue;
 PROC GPLOT;
    PLOT stockq*time;
RUN;

PROC ARIMA
   IDENTIFY VAR=stockq NLAG=24;
   IDENTIFY VAR=stockq(1) NLAG=24;
 RUN;

PROC ARIMA ;
    IDENTIFY VAR=stockq(1) NLAG=24;
     ESTIMATE Q=2  NOCONSTANT ML;/* ARIMA(0,1,2) */
     ESTIMATE P=(1) Q=(1) NOCONSTANT ML;/* ARIMA(1,1,1) */
     FORECAST LEAD=10 OUT=fore; RUN;
PROC PRINT DATA=fore; RUN;
```

12.3 ARIMA 모형을 이용한 월별 대미환율 계열의 분석

(1) 자료

우리나라는 1990년 3월 2일부터 일정한 범위 내에서 외환시장에서의 외환수급에 의하여 환율이 결정되는 시장평균환율제를 채택하여 사용하였으나, 외환위기를 직면하면서 1997년 12월 16일부터 환율의 일일변동폭을 완전히 철폐하는 자유변동환율제를 채택하고 있다. 환율 시계열은 한국은행 경제통계시스템(국제수지 · 외채 · 환율 > 환율 > 일일환율)에서 제공하고 있다.

여기서 사용된 자료는 시장평균환율제를 도입한 1990년 3월부터 2013년 7월까지의 281개의 월별 대미환율 시계열(exm.dat)이다. 이 계열을 그림으로 나타내면 [그림 12.7] 과 같이 나타난다.

이 그림을 보면 시간이 흐름에 따라 변동의 폭이 달라지고 있고 또 지속적으로 증가하는 추세가 나타난다. 따라서, 이 자료를 정상화시키기 위해서는 대수변환과 차분이 필요함을 알 수 있다.

월별 대미환율(EX) 자료

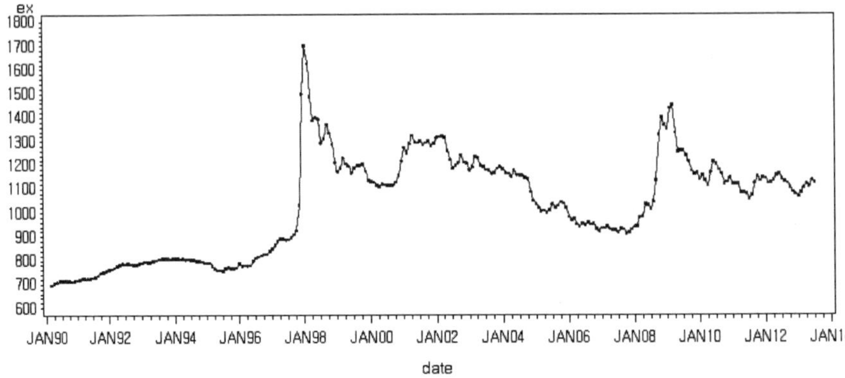

[그림 12.7] 월별 대미환율 시계열 그림

(2) 모형의 식별

대미환율 계열에 대한 ARIMA 모형의 식별을 위해 대수변환 및 일차 차분한 계열에 대한 SACF와 SPACF를 나타내면 [그림 12.8]와 같이 된다. [그림 12.8]에서 SACF는 시차 1 이후 절단하는 것으로 혹은 지수적으로 감소하는 것으로, 또 SPACF는 시차 2 이후 절단하는 것으로 혹은 지수적으로 감소하는 형태를 보이고 있는 것으로 해석할 수 있다.

따라서, 우리들은 이 시계열 자료가 ARIMA(0,1,1) 모형 또는 ARIMA(2,1,0) 모형 혹은 둘 다 지수적으로 감소하는 것으로 해석하여 ARIMA(1,1,1) 모형으로 식별할 수 있다.

```
                    Autocorrelations

Lag Correlation  -1 9 8 7 6 5 4 3 2 1 0 1 2 3 4 5 6 7 8 9 1

  0  1.00000  |                    |********************|
  1  0.45018  |                  . |*********           |
  2  -.03432  |                 . *| .                  |
  3  -.10828  |                 .**| .                  |
  4  -.04140  |                 . *| .                  |
  5  0.03811  |                  . |* .                 |
  6  -.03320  |                 . *| .                  |
  7  -.12554  |                 ***| .                  |
  8  0.02043  |                  . | .                  |
  9  0.12932  |                  . |***                 |
 10  0.01533  |                  . | .                  |
 11  -.07863  |                 .**| .                  |
 12  -.13406  |                 ***| .                  |
```

```
                 Partial Autocorrelations

Lag Correlation  -1 9 8 7 6 5 4 3 2 1 0 1 2 3 4 5 6 7 8 9 1

  1   0.45018  |                  . |*********           |
  2  -0.29721  |              ******| .                  |
  3   0.06268  |                  . |*.                  |
  4  -0.02185  |                  . | .                  |
  5   0.05336  |                  . |*.                  |
  6  -0.11950  |                  **| .                  |
  7  -0.05579  |                  .*| .                  |
  8   0.15664  |                  . |***                 |
  9   0.00796  |                  . | .                  |
 10  -0.09880  |                  **| .                  |
 11   0.00017  |                  . | .                  |
 12  -0.09180  |                  **| .                  |
```

[그림 12.8] 대수변환 및 1차 차분한 대미환율 계열의 SACF와 SPACF

(3) 모형의 모수 추정, 진단 및 확정

대미환율 계열에 적합한 모형으로 식별된 다음의 모형들을 추정 및 진단 결과를 나타내면 [표 12.5]과 같다.

모형1: ARIMA(0,1,1) 모형

모형2: ARIMA(2,1,0) 모형

모형3: ARIMA(1,1,1) 모형

[표 12.5] 월별대미환율 계열에 대한 추정 및 진단 결과비교

<table>
<tr><th></th><th colspan="2">추정결과(Maximum Likelihood Estimation)</th><th>수정 포토맨토우 검정</th></tr>
<tr><td>모형1</td><td>Parameter Estimate t-Value Approx Pr > |t| Lag
MA1,1 -0.58431 -11.94 <.0001 1</td><td>Variance Estimate 0.000803
Std Error Estimate 0.028332
AIC -1200.1
SBC -1196.46
Number of Residuals 280</td><td>To Lag Chi-Square DF Pr > ChiSq
6 3.68 5 0.5957
12 17.74 11 0.0877
18 22.67 17 0.1601
24 28.27 23 0.2056</td></tr>
<tr><td>모형2</td><td>Parameter Estimate t-Value Approx Pr > |t| Lag
AR1,1 0.58632 10.23 <.0001 1
AR1,2 -0.29744 -5.19 <.0001 2</td><td>Variance Estimate 0.000803
Std Error Estimate 0.028342
AIC -1198.92
SBC -1191.65
Number of Residuals 280</td><td>To Lag Chi-Square DF Pr > ChiSq
6 3.21 4 0.5236
12 18.79 10 0.0430
18 24.14 16 0.0866
24 27.52 22 0.1920</td></tr>
<tr><td>모형3</td><td>Parameter Estimate t-Value Approx Pr > |t| Lag
MA1,1 -0.53494 -6.14 <.0001 1
AR1,1 0.07801 0.76 0.4461 1</td><td>Variance Estimate 0.000804
Std Error Estimate 0.028351
AIC -1198.73
SBC -1191.46
Number of Residuals 280</td><td>To Lag Chi-Square DF Pr > ChiSq
6 3.34 4 0.5025
12 18.08 10 0.0536
18 23.21 16 0.1081
24 28.35 22 0.1643</td></tr>
</table>

[표 12.5]의 추정결과를 분석하면 다음과 같다.

첫째, 모형3의 AR1 계수를 제외한 모든 계수들은 유의수준 1%로 유의하다.

둘째, 통계량 AIC와 SBC는 모형1이 각각 -1200.1, -1196.46으로 가장 작고, 모형2와 3은 비슷한 수준이다.

셋째, 모형의 진단 결과에서는 모형1과 3은 유의수준 5%로 자기상관이 존재하지 않는다는 귀무가설을 기각시키지 못하므로 적합한 것으로 해석할 수 있지만 모형2는 문제가 있는 것으로 나타난다.

따라서, ARIMA(0,1,1) 모형이 최종적으로 월별 대미환율 시계열에 적합한 모형으로 선택한다. 추정결과는 다음과 같이 된다.

$$Lex_t = Lex_{t-1} + a_t + 0.5843a_{t-1}$$

(4) 예측

현재 시점인 2013년 7월을 기준으로 1년간의 미래 시점에 대해 예측(<프로그램 12.3> 참조)을 하면 [표 12.6]과 같고 그림으로 나타내면 [그림 12.9]와 같다. 여기서 FORECAST는 대수변환 계열인 LEX에 대한 예측이고, 원계열 EX에 대한 예측값은 EXFORE이다.

[표 12.6] 주식거래량 시계열에 대한 예측

MY	EX	LEX	FORECAST	STD	L95	U95	RESIDUAL	EXFORE
JUL13	1126.15	7.02656	7.05398	0.02833	.	.	-0.027423	1157.46
AUG13	.	.	7.01054	0.02833	6.95501	7.06607	.	1108.25
SEP13	.	.	7.01054	0.05308	6.90650	7.11457	.	1108.25
OCT13	.	.	7.01054	0.06952	6.87429	7.14678	.	1108.25
NOV13	.	.	7.01054	0.08275	6.84835	7.17272	.	1108.25
DEC13	.	.	7.01054	0.09414	6.82603	7.19505	.	1108.25
JAN14	.	.	7.01054	0.10429	6.80613	7.21495	.	1108.25
FEB14	.	.	7.01054	0.11354	6.78800	7.23308	.	1108.25
MAR14	.	.	7.01054	0.12209	6.77124	7.24983	.	1108.25
APR14	.	.	7.01054	0.13008	6.75558	7.26549	.	1108.25
MAY14	.	.	7.01054	0.13761	6.74083	7.28025	.	1108.25
JUN14	.	.	7.01054	0.14475	6.72684	7.29423	.	1108.25
JUL14	.	.	7.01054	0.15155	6.71351	7.30756	.	1108.25

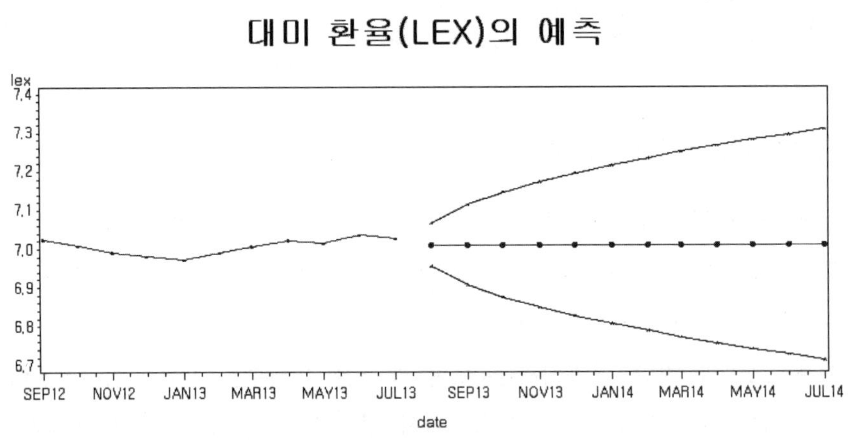

[그림 12.9] 대미환율 시계열(LEX)에 대한 예측

〈프로그램 12.3〉 EX.SAS

```
TITLE ' 월별 대미환률(EX) 자료' ;
  DATA ex;
    INFILE'e:exm.dat'
    INPUT md ex ;
    date = INTNX( 'MONTH', '03MAR90'D, _N_-1 );
    FORMAT date MONYY.
   lex=LOG(ex);
   t=_N_;
 RUN;
 SYMBOL1 C=blue  I=join V=dot Line=1 H=0.2;
SYMBOL2 C=blue  I=join V=dot  H=0.6;
SYMBOL3 C=black  I=join V=star Line=1 H=0.2;
SYMBOL4 C=black  I=join V=star Line=1 H=0.2;

PROC GPLOT;
 PLOT ex*date;
RUN;

PROC ARIMA ;
   IDENTIFY VAR=lex  NLAG=12;
   IDENTIFY VAR=lex(1) NLAG=12;
   RUN;

PROC ARIMA ;
    IDENTIFY VAR=lex(1) NLAG=12;
     ESTIMATE P=1 Q=1 noconstant ;
     ESTIMATE P=2 noconstant ;
     ESTIMATE Q=1 noconstant ;
   FORECAST LEAD=12 ID=t OUT=lee1;
RUN;

   DATA lee;
    MERGE ex lee1;
    date = INTNX( 'MONTH', '03MAR90'D, _N_-1 );
    FORMAT date MONYY.;
    IF date>'07JUL13'D THEN fore=forecast;
       IF date<='07JUL13'D THEN L95=.;
       IF date<= '07JUL13'D THEN U95=.;
    exfore=EXP(forecast);
 RUN;
TITLE '대미 환율(LEX)의 예측';
PROC GPLOT DATA=lee(firstobs=271);
 PLOT (lex fore L95 U95)*date/overlay href=281 ;
RUN;
PROC PRINT DATA=lee(firstobs=271); RUN;
```

12.4 계절 ARIMA 모형을 이용한 한국의 월별 건축허가면적 계열의 분석

(1) 자료

월별 건축허가면적(bcp.dat)은 시 · 군에서 작성해서 국토교통부에 보고하여 작성되는 보고통계로 통계청의 국가통계포털(건설 · 주택 · 토지 > 건설 > 건설허가 및 착공통계 > 연도별건축허가현황)를 통하여 매월 발표되고 있다.

여기에서 사용되는 자료는 1999년 1월부터 2013년 4월까지의 한국의 월별 건축허가면적 시계열이다. 이 계열의 그림을 나타낸 [그림 8.1]에서 우리들은 이 계열은 시간이 지남에 따라 변동의 폭이 커짐과 동시에 점차적으로 상승하는 추세를 나타내고, 또 1년을 주기로 하는 계절성을 띠고 있음을 알 수 있다. 이 계열을 대수변환한 계열을 나타낸 것이 [그림 12.10]이다. 분산이 정상화된 이 계열에서도 역시 대체로 매년 1, 2월이 낮고 4, 5월은 상대적으로 높은 값이 반복되는 계절성을 지니고 있고 또 점차적으로 증가하는 추세성을 가지고 있음을 알 수 있다.

또한 [그림 12.11]의 대수변환 및 1차 차분한 건축허가면적계열($(1-B)LBCP_t$)의 ACF에서도 시차 12, 24 등에서 높은 자기상관을 보이므로 계절성을 갖고 있는 계열임을 확인할 수 있다.

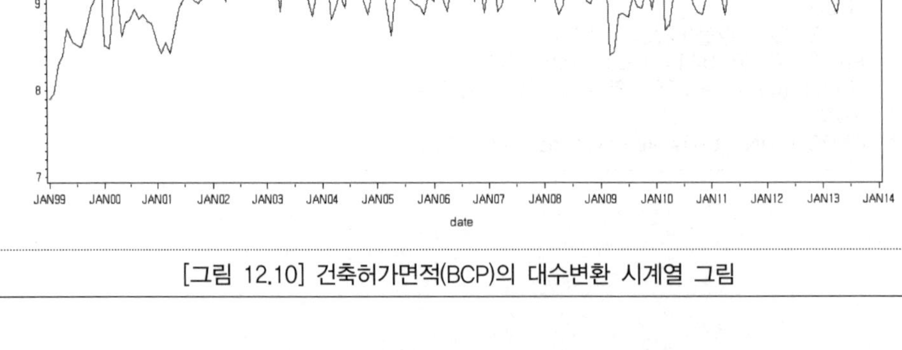

[그림 12.10] 건축허가면적(BCP)의 대수변환 시계열 그림

원계열($LBCP_t$)	1차 차분한 계열($(1-B)LBCP_t$)

원계열($LBCP_t$)

```
                     Autocorrelations

Lag Correlation -1 9 8 7 6 5 4 3 2 1 0 1 2 3 4 5 6 7 8 9 1

  0 1.00000  |                    |********************|
  1 0.47173  |                  . |*********           |
  2 0.23615  |                 .  |*****               |
  3 0.25704  |                 .  |*****               |
  4 0.23240  |                 .  |*****               |
  5 0.34428  |                 .  |*******             |
  6 0.34905  |                 .  |*******             |
  7 0.26197  |                .   |*****               |
  8 0.16728  |                .   |***  .              |
  9 0.09359  |                .   |**   .              |
 10 0.02086  |                .   |     .              |
 11 0.16968  |                .   |***  .              |
 12 0.39859  |                .   |********            |
 13 0.16029  |                .   |***  .              |
 14 0.03835  |                .   |*    .              |
 15 0.02124  |                .   |     .              |
 16 0.09925  |                .   |**   .              |
 17 0.13986  |                .   |***  .              |
 18 0.11514  |                .   |**   .              |
 19 0.13295  |                .   |***  .              |
 20 0.04138  |                .   |*    .              |
 21 0.00568  |                .   |     .              |
 22 -.02217  |                .   |     .              |
 23 0.06015  |                .   |*    .              |
 24 0.24099  |                .   |*****               |
```

1차 차분한 계열($(1-B)LBCP_t$)

```
                     Autocorrelations

Lag Correlation -1 9 8 7 6 5 4 3 2 1 0 1 2 3 4 5 6 7 8 9 1

 0   1.00000  |                    |********************|
 1   -.29187  |              ******|  .                 |
 2   -.24102  |               *****|  .                 |
 3   0.05097  |                 .  |* .                 |
 4   -.12283  |                 .**|  .                 |
 5   0.10119  |                 .  |**.                 |
 6   0.09030  |                .   |**  .               |
 7   0.00580  |                .   |    .               |
 8   -.01201  |                .   |    .               |
 9   0.01336  |                .   |    .               |
10   -.21768  |                ****|    .               |
11   -.05225  |                . * |    .               |
12   0.41421  |                .   |********            |
13   -.12050  |                . **|    .               |
14   -.07635  |                . **|    .               |
15   -.08995  |                . **|    .               |
16   0.00857  |                .   |    .               |
16   0.13983  |                .   |***                 |
17  -0.10201  |                 .**|  .                 |
18  -0.02498  |                 .  |  .                 |
19   0.06402  |                 .  |* .                 |
20  -0.05274  |                . * |  .                 |
21   0.01681  |                 .  |  .                 |
22  -0.01206  |                 .  |  .                 |
23   0.03400  |                 .  |* .                 |
24   0.09926  |                 .  |**.                 |
```

[그림 12.11] 대수변환된 건축허가면적 계열(LBCP)의 SACF

(2) 모형의 식별

[그림 12.11]의 대수변환된 계열($LBCP_t$)의 SACF를 보면 매우 서서히 감소하고 있어 추세를 갖고 있는 계열의 특성을 나타내고 있고, 대수변환 및 1차 차분된 계열($(1-B)LBCP_t$)의 SACF는 시차 12, 24 등에서 유의적으로 큰 값을 가지는 것을 볼 수 있다.

[그림 12.12]의 대수 변환 및 (1, 12)차 차분된 계열($(1-B)(1-B^{12})LBCP_t$)의 SACF는 $k=12$에서는 유의적인 값을 가지나 24, 36 등에서는 유의적인 값을 갖지 않고, SPACF는 $k=12$, 24, 36 등에서 유의적이면서 지수적으로 감소하는 경향을 나타내므로 계절 ARMA 차수는 P = 1, Q = 0으로 식별할 수 있다. 또 비계절 ARMA 차수는 $k=1$, 2, 3, 등에서는 둘 다 지수적으로 감소하는, 혹은 SPACF는 지수적으로 감소하고 SACF는 $k=4$까지 유의적인 값을 갖는 것으로, 혹은 SACF는 지수적으로 감소하고 SPACF는 $k=2$까지 유의적인 값을 갖는 것으로 해석할 수 있으므로 비계절 차수 p,q는 (1,1) 혹은 (4,0) 혹은 (0,2) 등으로 식별할 수 있다. 따라서, 이 계열에 적합한 모형은 $SARIMA(1,1,1)(0,1,1)_{12}$, $SARIMA(4,1,0)(0,1,1)_{12}$, 혹은 $SARIMA(0,1,2)(0,1,1)_{12}$로 식별할 수 있다.

```
                Autocorrelations(대수 변환된 계열)

Lag Correlation  -1 9 8 7 6 5 4 3 2 1 0 1 2 3 4 5 6 7 8 9 1

  0   1.00000     |                    |********************|
  1   0.47173     |                  . |*********           |
  2   0.23615     |                 .  |*****               |
  3   0.25704     |                 .  |*****               |
  4   0.23240     |                 .  |*****               |
  5   0.34428     |                 .  |*******             |
  6   0.34905     |                 .  |*******             |
  7   0.26197     |                .   |*****               |
  8   0.16728     |                .   |***  .              |
  9   0.09359     |                .   |**   .              |
 10   0.02086     |                .   |     .              |
 11   0.16968     |                .   |***  .              |
 12   0.39859     |                .   |********            |
 13   0.16029     |                .   |***  .              |
 14   0.03835     |                .   |*    .              |
 15   0.02124     |                .   |     .              |
 16   0.09925     |                .   |**   .              |
```

```
        Autocorrelations(대수 변환 및 1차 차분된 계열)

Lag Correlation  -1 9 8 7 6 5 4 3 2 1 0 1 2 3 4 5 6 7 8 9 1

  0   1.00000     |                    |********************|
  1   -.29187     |              ******|  .                 |
  2   -.24102     |               *****|  .                 |
  3   0.05097     |                  . |* .                 |
  4   -.12283     |                 .**|  .                 |
  5   0.10119     |                  . |**.                 |
  6   0.09030     |                 .  |** .                |
  7   0.00580     |                 .  |   .                |
  8   -.01201     |                 .  |   .                |
  9   0.01336     |                 .  |   .                |
 10   -.21768     |                ****|   .                |
 11   -.05225     |                 . *|   .                |
 12   0.41421     |                 .  |********            |
 13   -.12050     |                . **|   .                |
 14   -.07635     |                . **|   .                |
 15   -.08995     |                . **|   .                |
 16   0.00857     |                 .  |   .                |
```

[그림 12.12] 변환된 계열들의 SACF

```
                    Autocorrelations

Lag Correlation -1 9 8 7 6 5 4 3 2 1 0 1 2 3 4 5 6 7 8 9 1

  0   1.00000    |                    |********************|
  1   -.36617    |             *******|  .                 |
  2   -.15412    |                .***|   .                |
  3   0.16227    |                .   |***.                |
  4   -.25360    |               *****|   .                |
  5   0.14400    |                .   |***.                |
  6   0.11956    |                .   |**  .               |
  7   -.20594    |                ****|   .                |
  8   0.15358    |                .   |***.                |
  9   -.02694    |                .  *|   .                |
 10   -.07406    |                .  *|   .                |
 11   0.25474    |                .   |*****               |
 12   -.40497    |            ********|   .                |
 13   0.07242    |               .    |*    .              |
 14   0.11378    |               .    |**   .              |
 15   -.12854    |               . ***|    .              |
 16   0.21213    |               .    |****.              |
 17   -.05830    |               .   *|    .              |
 18   -.16080    |               . ***|    .              |
 19   0.14925    |               .    |***  .              |
 20   -.04901    |               .   *|    .              |
 21   -.08485    |               .  **|    .              |
 22   0.15906    |               .    |***  .              |
 23   -.00691    |               .    |     .              |
 24   -.14681    |               . ***|     .              |
 25   0.10899    |               .    |**   .              |
 26   0.01173    |               .    |     .              |
 27   -.03507    |               .   *|     .              |
 28   -.02674    |               .   *|     .              |
 29   -.04613    |               .   *|     .              |
 30   0.04016    |               .    |*    .              |
 31   0.10889    |               .    |**   .              |
 32   -.08648    |               .  **|     .              |
 33   0.03745    |               .    |*    .              |
 34   -.08893    |               .  **|     .              |
 35   -.09785    |               .  **|     .              |
 36   0.17995    |               .    |****.               |
```

```
                 Partial Autocorrelations

Lag Correlation -1 9 8 7 6 5 4 3 2 1 0 1 2 3 4 5 6 7 8 9 1

  1   -0.36617   |             *******|  .                 |
  2   -0.33283   |             *******|  .                 |
  3   -0.04522   |                 . *|  .                 |
  4   -0.31652   |              ******|  .                 |
  5   -0.08505   |                 .**|  .                 |
  6   0.04073    |                 .  |* .                 |
  7   -0.10577   |                 .**|  .                 |
  8   0.03434    |                 .  |* .                 |
  9   0.01846    |                 .  |  .                 |
 10   0.01922    |                 .  |  .                 |
 11   0.24341    |                 .  |*****               |
 12   -0.26282   |               *****|  .                 |
 13   -0.13185   |                 ***|  .                 |
 14   -0.18833   |                ****|  .                 |
 15   -0.14078   |                 ***|  .                 |
 16   -0.02048   |                 .  |  .                 |
 17   -0.02494   |                 .  |  .                 |
 18   -0.02185   |                 .  |  .                 |
 19   -0.00876   |                 .  |  .                 |
 20   0.05525    |                 .  |* .                 |
 21   -0.06189   |                 . *|  .                 |
 22   0.00265    |                 .  |  .                 |
 23   0.25809    |                 .  |*****               |
 24   -0.22422   |                ****|  .                 |
 25   -0.09451   |                 .**|  .                 |
 26   -0.01423   |                 .  |  .                 |
 27   -0.08259   |                 .**|  .                 |
 28   -0.09047   |                 .**|  .                 |
 29   -0.13131   |                 ***|  .                 |
 30   -0.08061   |                 .**|  .                 |
 31   0.09715    |                 .  |**.                 |
 32   0.00721    |                 .  |  .                 |
 33   0.05378    |                 .  |* .                 |
 34   -0.09056   |                 .**|  .                 |
 35   -0.03026   |                 . *|  .                 |
 36   -0.17901   |                ****|  .                 |
```

[그림 12.13] 대수 변환 및 (1, 12)차 차분한 계열의 SACF와 SPACF

(3) 모형의 모수 추정, 진단 및 확정

대수변환된 한국 월별 건축허가면적 계열에 적합한 모형으로 다음과 같은 대안적 모형으로 식별했다.

모형1: $SARIMA(4,1,0)(0,1,1)_{12}$

모형2: $SARIMA(1,1,1)(0,1,1)_{12}$

모형3: $SARIMA(0,1,2)(0,1,1)_{12}$

이 모형들을 추정 및 진단한 결과를 [표 12.7]에 수록했다. 이 결과를 요약하면 다음과 같다.

첫째, 추정된 계수들은 3가지 모형에서 모두에서 유의수준 5%로 유의하다.

둘째, 통계량 AIC를 기준으로 하면 모형1이 가장 적합하고, 통계량 SBC를 기준으로 하면 모형3이 가장 적합한 것으로 나타난다.

셋째, 모형의 진단 결과에서는 유의수준을 5%로 했을 때 모형1은 적합한 것으로 나타나지만 모형2와 3은 적합하지 않는 것으로 나타난다.

따라서, 모형1 : $SARIMA(4,1,0)(0,1,1)_{12}$이 최종적으로 한국의 월별 건축허가면적 계열에 적합한 모형으로 선택되며, 이 때 추정결과는 다음과 같이 된다.

$$(1+0.493B+0.523B^2+0.257B^3+0.291B^4)(1-B)(1-B^{12})LBCP_t$$
$$=(1-0.676B^{12})a_t$$

그런데 지금까지 고려하지 않았던 모형4와 같은, 즉 비계절 MA 계수 θ_1이 0이 되는 $SARIMA(1,1,2)(0,1,1)_{12}$인 모형을 고려하면 [표 12.5]에서 보는 것과 같이 모형4의 AIC와 SBC 값이 가장 작고 또 수정 포트맨토우 검정에서도 유의수준 5%로 자기상관이 존재하지 않는 것으로 진단되므로 가장 적합한 모형으로 선택할 수 있다. 따라서 최종적으로 선택된 추정 모형은 다음과 같이 된다.

$$(1-0.538B)(1-B)(1-B^{12})LBCP_t=(1-0.564B^2)(1-0.679B^{12})a_t$$

[표 12.7] 월별 건축허가면적 계열에 대한 추정 및 진단 결과 비교

	추정결과(Maximum Likelihood Estimation)		수정 포토맨토우 검정
모형1	Parameter Estimate t-Value Approx Pr > |t| Lag MA1,1 0.67641 9.97 <.0001 12 AR1,1 -0.49316 -6.63 <.0001 1 AR1,2 -0.52377 -6.46 <.0001 2 AR1,3 -0.25704 -3.19 0.0014 3 AR1,4 -0.29168 -3.93 <.0001 4	Variance Estimate 0.075689 Std Error Estimate 0.275116 AIC 54.44701 SBC 69.85403 Number of Residuals 161	To Lag Chi-Square DF Pr > ChiSq 6 2.74 1 0.0981 12 7.15 7 0.4134 18 10.63 13 0.6415 24 14.53 19 0.7523
모형2	Parameter Estimate t-Value Approx Pr > |t| Lag MA1,1 0.82490 12.08 <.0001 1 MA2,1 0.67065 9.99 <.0001 12 AR1,1 0.24776 2.34 0.0195 1	Variance Estimate 0.077683 Std Error Estimate 0.278717 AIC 56.54938 SBC 65.7936 Number of Residuals 161	To Lag Chi-Square DF Pr > ChiSq 6 11.49 3 0.0093 12 17.04 9 0.0481 18 22.23 15 0.1019 24 26.46 21 0.1894
모형3	Parameter Estimate t-Value Approx Pr > |t| Lag MA1,1 0.51768 6.78 <.0001 1 MA1,2 0.24898 3.21 0.0013 2 MA2,1 0.68492 10.26 <.0001 12	Variance Estimate 0.076465 Std Error Estimate 0.276523 AIC 54.4545 SBC 63.69872 Number of Residuals 161	To Lag Chi-Square DF Pr > ChiSq 6 9.86 3 0.0198 12 15.63 9 0.0749 18 21.06 15 0.1348 24 25.16 21 0.2404
모형4	Parameter Estimate t-Value Approx Pr > |t| Lag MA1,1 0.56433 7.29 <.0001 2 MA2,1 0.67964 10.12 <.0001 12 AR1,1 -0.53815 -7.13 <.0001 1	Variance Estimate 0.075591 Std Error Estimate 0.274938 AIC 52.37705 SBC 61.62126 Number of Residuals 161	To Lag Chi-Square DF Pr > ChiSq 6 6.85 3 0.0767 12 11.91 9 0.2186 18 15.73 15 0.4005 24 19.10 21 0.5787

(4) 예측

현재 시점인 2013년 4월을 기준으로 1년 간의 미래 시점에 대한 예측(<프로그램 12.4> 참조)을 실행하면 [표 12.8]과 같이 되고, 그림으로 나타내면 [그림 12.14]와 같이 나타난다. 여기서 FORECAST는 LBCP의 예측값이고, BCPFORE는 FORECAST의 역대수값, 즉 BCP의 예측값이다.

[표 12.8] 건축허가면적 시계열에 대한 예측

MonYear	LBCP	FORECAST	STD	L95	U95	RESIDUAL	BCPFORE
201304	9.18574	9.35057	0.27494	.	.	-0.16483	11505.34
201305	.	9.28920	0.27494	8.75033	9.8281	.	10820.57
201306	.	9.30062	0.30284	8.70706	9.8942	.	10944.82
201307	.	9.22150	0.30718	8.61943	9.8236	.	10112.23
201308	.	9.18065	0.32069	8.55211	9.8092	.	9707.45
201309	.	9.19396	0.32829	8.55053	9.8374	.	9837.55
201310	.	9.24591	0.33837	8.58271	9.9091	.	10362.13
201311	.	9.27995	0.34673	8.60037	9.9595	.	10720.88
201312	.	9.78834	0.35563	9.09132	10.4854	.	17824.70
201401	.	8.97687	0.36392	8.26360	9.6901	.	7917.82
201402	.	8.87716	0.37223	8.14760	9.6067	.	7166.40
201403	.	9.21849	0.38025	8.47321	9.9638	.	10081.81
201404	.	9.25633	0.38816	8.49554	10.0171	.	10470.64

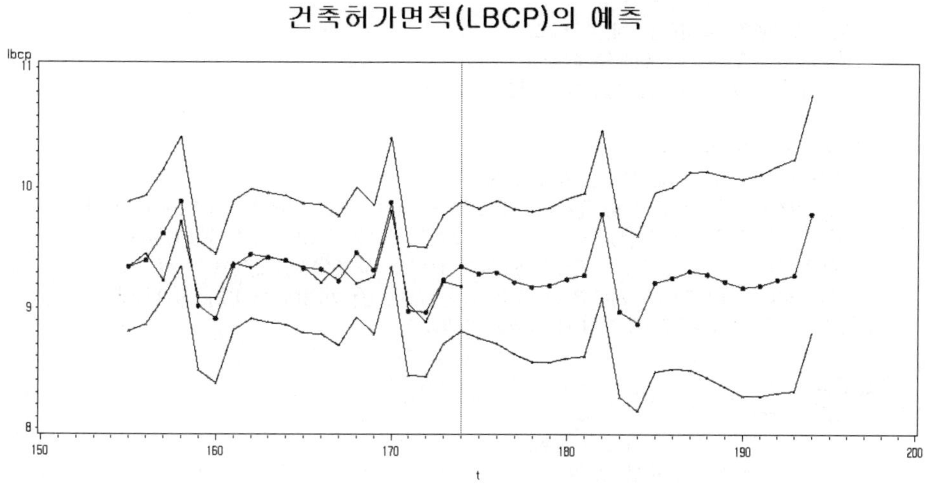

[그림 12.14] 건축허가면적 계열의 예측

〈프로그램 12.4〉 BCPSARIMA.SAS

```
TITLE '건축허가면적(BCP) 자료';
DATA bcp;
   INFILE'e:\bcp9913.dat';
   INPUT ym  bcp;
  date = INTNX( 'MONTH', '01JAN99'D, _N_-1 );
   FORMAT date MONYY.;
lbcp=LOG(bcp);
t=_N_;
RUN;proc print; run;
SYMBOL1 C=black  I=join V=dot Line=1 H=0.2;
SYMBOL2 C=blue  I=join V=dot  H=0.6;
SYMBOL3 C=black  I=join V=star Line=1 H=0.2;
SYMBOL4 C=black  I=join V=star Line=1 H=0.2;

PROC GPLOT ;
   PLOT bcp*date=1/HMINOR=1 HAXIS='01JAN99'D TO '01JAN14'D BY YEAR;
RUN;
TITLE '대수건축허가면적(LBCP) 자료';
PROC GPLOT ;
   PLOT lbcp*date=2/HMINOR=1 HAXIS='01JAN99'D TO '01JAN14'D BY YEAR;
RUN;
```

```
PROC ARIMA DATA=bcp;
  IDENTIFY VAR=lbcp  NLAG=24;
  IDENTIFY VAR=lbcp(1) NLAG=36;
  IDENTIFY VAR=lbcp(1,12) NLAG=36; RUN;

PROC ARIMA DATA=bcp;
   IDENTIFY VAR=lbcp(1,12) NLAG=36;
   ESTIMATE P=(1 2 3 4) Q=(12) NOCONSTANT ML;/* ARIMA(4,1,0)(0,1,1) */
   ESTIMATE P=(1) Q=(1)(12) NOCONSTANT ML;/* ARIMA(1,1,1)(0,1,1) */
   ESTIMATE Q=(1 2)(12) NOCONSTANT ML;/* ARIMA(0,1,2)(0,1,1) */
   ESTIMATE P=(1) Q=(2)(12) NOCONSTANT ML;/* ARIMA(1,1,2)(0,1,1) */
FORECAST LEAD=20 ID=t OUT=pred; RUN;

DATA lee;
   SET pred;
      IF t>174 THEN pred=forecast;
      IF t<= 174 THEN L95=.;
      IF t<= 174 THEN U95=.;
      bcpfore=EXP(forecast);
RUN;
TITLE '건축허가면적(LBCP)의 예측';
PROC GPLOT DATA=pred(firstobs=155);
   PLOT (lbcp forecast L95 U95)*t/overlay ;
RUN;
```

12.5 계절 ARIMA 모형을 이용한 한국의 분기별 전산업생산지수 계열의 분석

(1) 자료

전산업생산지수(Indices of All Industry Product: AIP)는 우리나라 경제전체의 모든 산업을 대상으로 재화와 용역에 대한 생산활동의 흐름과 변화를 월별로 집계하여 지수로 나타낸 경제지표로 통계청에서 작성 발표(통계청 > 국가통계포털 > 경기 · 기업경영(사업체) > 경기 > 전산업생산지수)하고 있다.

이 분석에서 사용된 자료는 2001년 1/4분기부터 2013년 2/4분기까지 총 54개의 분기별 자료이다. 이 계열을 그림으로 나타내면 [그림 12.15]와 같이 나타난다.

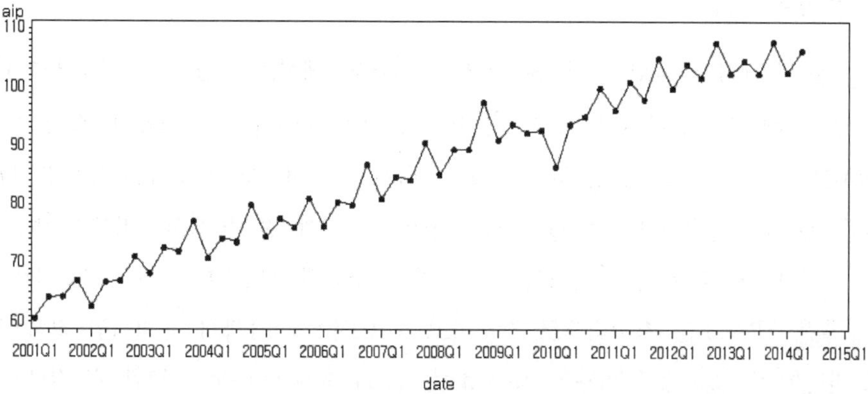

[그림 12.15] 전산업생산지수(AIP) 시계열 그림

[그림 12.15]의 분기별 전산업생산지수(AIP) 계열에서 우리들은 이 계열은 시간이 지남에 따라 점차적으로 상승하는 추세를 나타내고 있고, 또 1년을 주기로 하는 분기별 계절성을 띠고 있으며, 또한 변동의 크기가 시간의 흐름에 따라 변화하고 있음을 알 수 있다. 따라서, 분산의 정상화를 위하여 대수변환이 필요하고, 또 추세성과 계절성을 제거하기 위해 적절한 차이계산이 필요함을 알 수 있다.

또한, [그림 12.16]에서 대수변환된 전산업생산지수 계열의 SACF가 서서히 감소하고 있으므로 추세성이 있음을 확인 할 수 있고, 그리고 1차 차분한 대수변환한 전산업생산지수 계열($(1-B)LAIP_t$)의 SACF에서는 시차 4, 8, 12 등에서 높은 자기상관을 보이므로 계절성의 길이가 4인 계절성을 갖고 있는 계열임을 확인할 수 있다.

대수변환한 계열($LAIP_t$)

```
                       Autocorrelations

Lag Correlation -1 9 8 7 6 5 4 3 2 1 0 1 2 3 4 5 6 7 8 9 1

  0  1.00000   |                    |********************|
  1  0.89383   |                  . |******************  |
  2  0.87451   |                .   |*****************   |
  3  0.78558   |              .     |****************    |
  4  0.78329   |            .       |****************    |
  5  0.67694   |           .        |**************      |
  6  0.65479   |          .         |*************  .    |
  7  0.56470   |         .          |***********     .   |
  8  0.56030   |         .          |***********     .   |
  9  0.46329   |        .           |*********        .  |
 10  0.44630   |        .           |*********        .  |
 11  0.36403   |       .            |*******           . |
 12  0.36841   |       .            |*******           . |
```

대수변환 및 1차 차분한 계열($(1-B)LAIP_t$)

```
                       Autocorrelations

Lag Correlation -1 9 8 7 6 5 4 3 2 1 0 1 2 3 4 5 6 7 8 9 1

  0  1.00000   |                    |********************|
  1  -.75565   |     ***************|   .                |
  2  0.61586   |              .     |************        |
  3  -.76181   |     ***************|      .             |
  4  0.85217   |           .        |*****************   |
  5  -.73385   |     ***************|        .           |
  6  0.60019   |         .          |************ .      |
  7  -.69887   |      .*************|          .         |
  8  0.80116   |        .           |****************    |
  9  -.65667   |       .*************|           .       |
 10  0.54790   |       .            |***********      .  |
 11  -.66121   |       .*************|            .      |
 12  0.70062   |      .             |**************    . |
```

[그림 12.16] 대수변환한 전산업생산지수 계열의 SACF

(2) 모형의 식별

[그림 12.17]의 대수 변환 및 (1,4)차 차분된 계열($(1-B)(1-B^4)LAIP_t$)의 SACF는 $k=4$에서는 유의적인 값을 가지나 8, 12 등에서는 유의적인 값을 갖지 않고, SPACF는 $k=4$, 8, 12 등에서 유의적이면서 지수적으로 감소하는 경향을 나타내므로 계절 ARMA 차수는 P = 0, Q = 1로 식별할 수 있다. 또 비계절 ARMA 차수는 계절성의 길이가 4인 경우에는 식별이 힘들지만, SACF와 SPACF 둘 다 지수적으로 감소하는, 혹은 SPACF는 지수적으로 감소하고 SACF는 $k=1$까지 유의적인 값을 갖는 것으로 판단할 수 있으므로 비계절 차수 p,q는 (1,1) 혹은 (1,0)로 식별할 수 있다. 그러나 추정과정에서 AR1 계수가 유의하지 않아 (0,0)도 추가 식별했다. 따라서, 이 계열에 적합한 모형은 $SARIMA(1,1,1)(0,1,1)_4$, $SARIMA(1,1,0)(0,1,1)_4$, 혹은 $SARIMA(0,1,0)(0,1,1)_4$로 식별한다.

```
                         Autocorrelations

Lag Correlation  -1 9 8 7 6 5 4 3 2 1 0 1 2 3 4 5 6 7 8 9 1

  0   1.00000   |                    |********************|
  1   0.27701   |              .     |******              |
  2   -.11137   |              .   **|     .              |
  3   -.17425   |              .  ***|     .              |
  4   -.50211   |          **********|     .              |
  5   -.31801   |            . ******|       .            |
  6   0.10861   |            .       |**     .            |
  7   0.20354   |            .       |****   .            |
  8   0.07423   |            .       |*      .            |
  9   0.09067   |            .       |**     .            |
 10   -.05530   |            .      *|       .            |
 11   -.16561   |            .    ***|       .            |
 12   -.14476   |            .    ***|       .            |
 13   -.07549   |            .     **|       .            |
 14   0.08896   |            .       |**     .            |
 15   0.14251   |            .       |***    .            |
 16   0.20191   |           .        |****    .           |
```

```
                     Partial Autocorrelations

Lag Correlation  -1 9 8 7 6 5 4 3 2 1 0 1 2 3 4 5 6 7 8 9 1

  1   0.27701   |              .     |******              |
  2  -0.20373   |              . ****|     .              |
  3  -0.09117   |              .   **|     .              |
  4  -0.50285   |          **********|     .              |
  5  -0.12437   |              .   **|     .              |
  6   0.05562   |              .     |*    .              |
  7   0.02343   |              .     |     .              |
  8  -0.28536   |              ******|     .              |
  9  -0.07357   |              .    *|     .              |
 10  -0.08491   |              .   **|     .              |
 11  -0.02261   |              .     |     .              |
 12  -0.30611   |              ******|     .              |
 13  -0.22085   |              . ****|     .              |
 14  -0.02223   |              .     |     .              |
 15  -0.03273   |              .    *|     .              |
 16  -0.05200   |              .    *|     .              |
```

[그림 12.17] 대수변환 및 (1,4)차 차분한 전산업생산지수 계열($(1-B)(1-B^4)LAIP_t$)의 SACF와 SPACF

(3) 모형의 모수 추정, 진단 및 확정

대수변환된 전산업생산지수 계열에 적합한 모형으로 다음과 같은 대안적 모형으로 식별하여 추정한다.

모형1 : $SARIMA(1,1,1)(0,1,1)_4$

모형2 : $SARIMA(1,1,0)(0,1,1)_4$

모형3 : $SARIMA(0,1,0)(0,1,1)_4$

이 모형들을 추정 및 진단한 결과를 [표 12.9]에 수록했다. 이 결과를 요약하면 다음과 같다.

첫째, 추정된 계수들은 모형1에서는 MA1 계수와 AR1 계수가 유의수준 10%로도 유의하지 않고, 모형2에서도 AR1 계수가 유의하지 않다. 모형3의 추정된 계수는 유의수준 1%로 유의하다.

둘째, 통계량 AIC 기준 및 SBC 기준에서 모두 모형3이 가장 적합한 것으로 나타난다.

셋째, 모형의 진단 결과에서는 유의수준을 5%로 했을 때 3 모형이 모두 적합한 것으로 나타나지만, 유의수준을 10%로 했을 때는 모형3만 적합한 것으로 나타난다.

따라서, 모형3: $SARIMA(0,1,0)(0,1,1)_4$이 최종적으로 한국의 분기별 전산업생산지수 시계열에 계열에 적합한 모형으로 선택되며, 이 때 추정결과는 다음과 같이 된다.

$$(1-B)(1-B^{12})LAIP_t = (1-0.8073B^4)a_t$$

[표 12.9] 대수변환된 전산업생산지수 계열에 대한 추정 및 진단 결과 비교

	추정결과(Maximum Likelihood Estimation)		수정 포토맨토우 검정
모형1	Parameter Estimate t-Value Approx Pr > |t| Lag MA1,1 -0.48107 -0.72 0.4703 1 MA2,1 0.75542 4.99 <.0001 4 AR1,1 -0.29892 -0.42 0.6755 1	Variance Estimate 0.000296 Std Error Estimate 0.017213 AIC -252.629 SBC -246.954 Number of Residuals 49	To Lag / Chi-Square / DF / Pr > ChiSq 6 7.17 3 0.0667 12 9.49 9 0.3933 18 13.40 15 0.5716 24 18.92 21 0.5906
모형2	Parameter Estimate t-Value Approx Pr > |t| Lag MA1,1 0.78709 5.38 <.0001 4 AR1,1 0.10784 0.76 0.4467 1	Variance Estimate 0.000294 Std Error Estimate 0.017142 AIC -253.609 SBC -249.825 Number of Residuals 49	To Lag / Chi-Square / DF / Pr > ChiSq 6 8.47 4 0.0758 12 11.50 10 0.3200 18 15.66 16 0.4770 24 20.56 22 0.5483
모형3	Parameter Estimate t-Value Approx Pr > |t| Lag MA1,1 0.80736 5.30 <.0001 4	Variance Estimate 0.000289 Std Error Estimate 0.017001 AIC -255.05 SBC -253.158 Number of Residuals 49	To Lag / Chi-Square / DF / Pr > ChiSq 6 8.63 5 0.1249 12 11.71 11 0.3858 18 16.85 17 0.4649 24 21.69 23 0.5392

(4) 예측

현재 시점인 2013년 2분기를 기준으로 1년 간의 미래 시점에 대한 예측(<프로그램 12.5> 참조)을 실행하면 [표 12.10]과 같이 되고, 그림으로 나타내면 [그림 12.18]과 같이 나타난다. 여기서 FORECAST는 LAIP의 예측값이고, AIPFORE는 FORECAST의 역대수값, 즉 AIP의 예측값이다.

[표 12.10] 전산업생산지수 시계열에 대한 예측

QTR	LAIP	FORECAST	STD	L95	U95	RESIDUAL	AIPFORE
2013Q2	4.66627	4.67551	0.017148	.	.	-0.009246	107.287
2013Q3	.	4.65149	0.017142	4.61789	4.68508	.	104.741
2013Q4	.	4.70861	0.025582	4.65847	4.75875	.	110.898
2014Q1	.	4.65351	0.031980	4.59083	4.71619	.	104.953
2014Q2	.	4.69560	0.037306	4.62248	4.76872	.	109.465

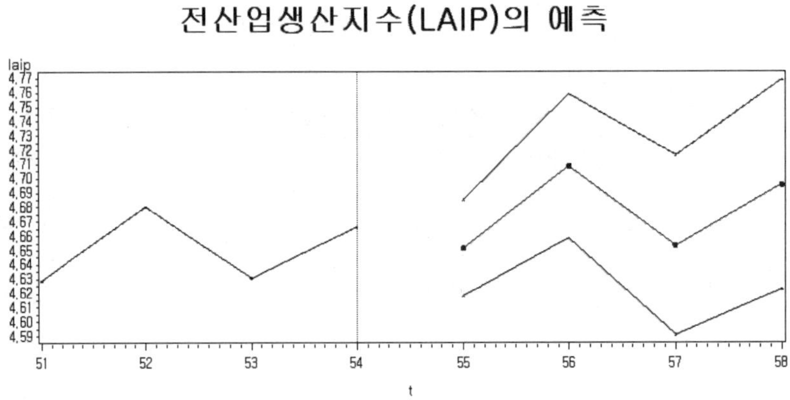

[그림 12.18] 전산업생산지수 계열의 예측

〈프로그램 12.5〉 AIPSARIMA.SAS

```
 TITLE '전산업생산지수(AIP) 계열'
 DATA aip;
    INFILE'e:\aip.dat'
    INPUT t aip;
   date = INTNX( 'QTR', '01JAN01'D, _N_-1 );
    FORMAT date YYQ.;
    laip=LOG(aip);
    t=_N_;
 RUN;

SYMBOL1 C=black  I=join V=dot Line=1 H=0.2;
SYMBOL2 C=blue   I=join V=dot  H=0.6;
SYMBOL3 C=black  I=join V=star Line=1 H=0.2;
SYMBOL4 C=black  I=join V=star Line=1 H=0.2;

 PROC GPLOT DATA=aip;
    PLOT aip*date;
RUN;

PROC ARIMA DATA=aip;
   IDENTIFY VAR=laip  NLAG=12;
   IDENTIFY VAR=laip(1) NLAG=12;
   IDENTIFY VAR=laip(1,4) NLAG=12 RUN;

PROC ARIMA DATA=aip;
    IDENTIFY VAR=laip(1,4) NLAG=24;
     ESTIMATE Q=(4) NOCONSTANT ML;/* ARIMA(0,1,0)(0,1,1) */
     ESTIMATE P=(1) Q=(1)(4) NOCONSTANT ML;/* ARIMA(1,1,1)(0,1,1) */
     ESTIMATE P=(1) Q=(4) NOCONSTANT ML;/* ARIMA(1,1,0)(0,1,1) */
     FORECAST LEAD=4 ID=t OUT=pred; RUN;

   DATA lee;
    SET pred;
    IF t>54 THEN pred=forecast;
         IF t<= 54 THEN L95=.;
         IF t<= 54 THEN U95=.;
    aipfore=EXP(forecast);
 RUN; PROC PRINT RUN;
TITLE '전산업생산지수(LAIP)의 예측';
PROC GPLOT DATA=lee(firstobs=51);
 PLOT (laip forecast L95 U95)*t/overlay ;
RUN;
```

12.6 계절 ARIMA 모형을 이용한 월별 내국인 출국자수 계열의 분석

(1) 자료

내국인 출국자수는 관광수지 및 관광목적의 외래객입국과 내국인출국현황을 파악, 분석하여 관광정책수립의 기초자료로 활용할 목적으로 작성되는 한국관광통계의 일환으로 작성되고 있으며, 한국관광공사에서 작성한다. 통계청에서는 국가통계포털(교육 · 문화 · 과학 > 문화 > 관광 > 한국관광통계 > 내국인 출국)을 통하여 이 자료를 제공해 주고 있다.

이 분석에서 사용된 자료는 1995년 1월부터 2013년 6월까지의 총 222개의 월별 자료이다. 이 계열을 그림으로 나타내면 [그림 12.19]와 같이 나타난다.

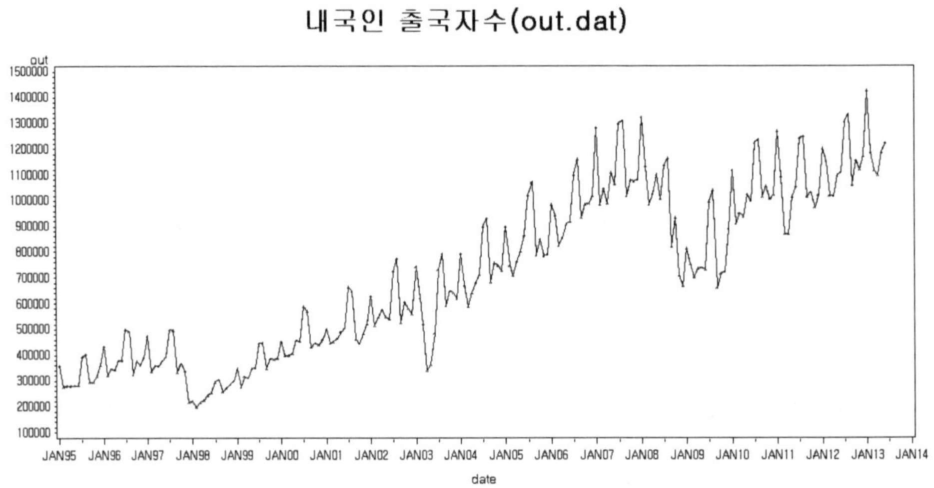

[그림 12.19] 내국인 출국자수(OUT) 시계열 그림

[그림 12.19]의 내국인 출국자수(OUT) 계열에서 우리들은 이 계열은 시간이 지남에 따라 점차적으로 상승하는 추세를 나타내고 있고, 또 1년을 주기로 하는 월별 계절성을 띠고 있으며, 또한 변동의 크기가 시간의 흐름에 따라 커지고 있음을 알 수 있다. 따라서, 분산의 정상화를 위하여 대수변환이 필요하고, 또 추세성과 계절성을 제거하기 위해 적절한 차이계산이 필요함을 알 수 있다.

또한, [그림 12.20]에서 대수변환된 내국인 출국자수 계열의 SACF가 서서히 감소하고 있으므로 추세성이 있음을 확인 할 수 있다. 그리고 1차 차분한 대수변환한 내국인 출국자수 계열($(1-B)LOUT_t$)의 SACF에서는 시차 12, 24 등에서 높은 자기상관을 보이므로 계절성의 길이가 12인 계절성을 갖고 있는 계열임을 확인할 수 있다.

대수변환한 계열($LOUT_t$)	
Autocorrelations	
Lag	Correlation
0	1.00000
1	0.94379
2	0.89830
3	0.87776
4	0.85714
5	0.86312
6	0.85852
7	0.83190
8	0.79675
9	0.78639
10	0.77527
11	0.77799
12	0.79585
13	0.74793
14	0.71232
15	0.69802
16	0.67979
17	0.68954
18	0.69269
19	0.67269
20	0.64321
21	0.63720
22	0.63023
23	0.63762
24	0.65917

대수변환 및 1차 차분한 계열($(1-B)LOUT_t$)	
Autocorrelations	
Lag	Correlation
0	1.00000
1	-.13417
2	-.24294
3	-.00239
4	-.27810
5	0.08318
6	0.28050
7	0.09372
8	-.28962
9	0.01686
10	-.16160
11	-.13898
12	**0.70470**
13	-.15620
14	-.20040
15	0.03687
16	-.28814
17	0.06060
18	0.28184
19	0.09904
20	-.28920
21	0.02637
22	-.17602
23	-.13581
24	**0.64669**

[그림 12.20] 대수변환한 내국인 출국자수 계열($(1-B)LOUT_t$)의 SACF

(2) 모형의 식별

Autocorrelations

Lag	Correlation	-1 9 8 7 6 5 4 3 2 1 0 1 2 3 4 5 6 7 8 9 1
0	1.00000	********************
1	0.06231	*
2	-.18885	****
3	-.10754	**
4	0.06953	*
5	0.00393	
6	-.03181	*
7	0.01044	
8	-.00693	
9	0.03242	*
10	0.18330	****
11	-.01654	
12	**-.46601**	*********
13	-.04754	*
14	0.05570	*
15	0.02046	
16	-.07523	**
17	0.02402	
18	0.04165	*
19	-.00514	
20	-.07996	**
21	0.00302	
22	-.06125	*
23	0.05357	*
24	**-.07032**	*
25	-.02056	
26	-.03800	*
27	0.08359	**
28	-.00045	
29	-.02202	
30	-.01632	
31	0.05133	*
32	0.10154	**
33	-.04288	*
34	-.06770	*
35	-.03203	*
36	**0.11307**	**

Partial Autocorrelations

Lag	Correlation	-1 9 8 7 6 5 4 3 2 1 0 1 2 3 4 5 6 7 8 9 1
1	0.06231	*
2	-0.19349	****
3	-0.08493	**
4	0.04801	*
5	-0.04117	*
6	-0.01849	
7	0.01959	
8	-0.02662	*
9	0.03926	*
10	0.18968	****
11	-0.03631	*
12	**-0.42788**	*********
13	0.04002	*
14	-0.11940	**
15	-0.08460	**
16	-0.01536	
17	-0.00001	
18	-0.01679	
19	0.02050	
20	-0.11145	**
21	0.02620	*
22	0.06491	*
23	0.04199	*
24	**-0.35668**	*******
25	0.02761	*
26	-0.14206	***
27	0.01556	
28	-0.09106	**
29	0.01696	
30	-0.01906	
31	0.09588	**
32	0.00548	
33	-0.05330	*
34	-0.01487	
35	0.05134	*
36	**-0.19275**	****

[그림 12.21] (1,12)차 차분한 내국인 출국자수 계열($(1-B)(1-B^{12})LOUT_t$)의 SACF와 SPACF

[그림 12.21]의 대수변환 및 (1,12)차 차분된 계열($(1-B)(1-B^{12})LOUT_t$)의 SACF는 $k=12$에서는 유의적인 값을 가지나 24, 36 등에서는 유의적인 값을 갖지 않고, SPACF는 $k=12$, 24, 36 등에서 유의적이면서 지수적으로 감소하는 경향을 나타내므로 계절 ARMA 차수는 P = 0, Q = 1로 식별할 수 있다. 또 비계절 ARMA 차수는 SACF와 SPACF 둘 다 지수적으로 감소하는, 혹은 SPACF는 지수적으로 감소하고 SACF는 $k=2$까지 유의적인 값을 갖는, 혹은 SACF는 지수적으로 감소하고 SPACF는 $k=2$까지 유의적인 값을 갖는 것으로 판단할 수 있다. 그러나 SACF와 SPACF에서, $k=1$에서는 유의하지 않고 $k=2$에서만 유의적인 값을 가지고 있음을 유염해야 한다. 일단 비계절 차수 p,q는 (1,1) 혹은 (2,0) 혹은 (0,2)로 식별할 수 있다. 따라서, 이 계열에 적합한 모형은 $SARIMA(1,1,1)(0,1,1)_{12}$ $SARIMA(2,1,0)(0,1,1)_{12}$, 혹은 $SARIMA(0,1,2)(0,1,1)_{12}$로 식별한다.

(3) 모형의 모수 추정, 진단 및 확정

대수변환된 내국인 출국자수 계열에 적합한 모형으로 다음과 같은 모형으로 식별하여 추정한다.

모형1: $SARIMA(1,1,1)(0,1,1)_{12}$,

모형2: $SARIMA(2,1,0)(0,1,1)_{12}$

모형3: $SARIMA(0,1,2)(0,1,1)_{12}$

이 모형들을 추정 및 진단한 결과를 요약하면 다음과 같다.

첫째, 모형1: $SARIMA(1,1,1)(0,1,1)_{12}$

추정된 계수들은 비계절 MA1 계수와 AR1 계수가 유의수준 10%로도 유의하지 않고, 잔차분석에서도 자기상관이 존재하는 것으로 나타나며, AIC와 SBC는 각각 -419.505, -409.478로 계측된다.

둘째, 모형2: $SARIMA(2,1,0)(0,1,1)_{12}$

추정된 계수들 중에서 비계절 AR1 계수가 유의수준 10%로도 유의하지 않으나, 잔차분석에서는 자기상관이 존재하지 않는 것으로 나타나 적합한 것으로 판단되며, AIC와 SBC는 각각 -426.183, -416.156로 계측된다.

셋째, 모형3: $SARIMA(0,1,2)(0,1,1)_{12}$

추정된 계수들 중에서 비계절 MA1 계수가 유의수준 10%로도 유의하지 않으나, 잔차분석에서는 자기상관이 존재하지 않는 것으로 나타나 적합한 것으로 판단되며, AIC와 SBC는 각각 -424.551, -414.524로 계측된다.

식별한 3가지 모형 중에서는 모형2가 잔차분석결과도 적합한 것으로 나타나고, AIC와 SBC도 가장 낮게 계측되므로 좋은 모형으로 판단되지만, 비계절 AR1 계수가 유의하지 않다.

이제 모형2에서 유의하지 않은 비계절 AR1항을 제외한 다음과 같은 모형을 고려한다.

$$(1-\phi_2 B^2)(1-B)(1-B^{12})LOUT_t = (1-\Theta_1 B^{12})a_t$$

이 모형을 추정하면 [표 12.9]에서 보듯이 추정된 계수들도 모두 유의하고, 잔차분석 결과도 적합하며, AIC와 SBC도 −427.074, −420.389로 가장 낮게 계측된다. 따라서, 최종적으로 가장 적합한 모형으로 선택한다.

[표 12.11] 대수변환된 내국인 출국자수 계열에 대한 추정 및 진단 결과

모형: $(1-\phi_2 B^2)(1-B)(1-B^{12})LOUT_t = (1-\Theta_1 B^{12})a_t$

Parameter	Estimate	Standard Error	t Value	Approx Pr > |t|	Lag
MA1,1	0.86824	0.05875	14.78	<.0001	12
AR1,1	-0.19398	0.06589	-2.94	0.0032	2

Variance Estimate	0.006934
Std Error Estimate	0.083269
AIC	-427.074
SBC	-420.389
Number of Residuals	209

Autocorrelation Check of Residuals

To Lag	Chi-Square	DF	Pr > ChiSq	Autocorrelations					
6	5.38	4	0.2508	0.047	0.006	-0.143	0.018	0.004	-0.045
12	7.53	10	0.6744	0.039	0.015	-0.043	0.072	0.028	-0.013
18	10.35	16	0.8478	-0.046	-0.084	-0.031	-0.045	0.016	-0.006
24	14.56	22	0.8805	0.032	-0.043	-0.036	-0.074	0.052	-0.074
30	17.24	28	0.9436	-0.028	-0.082	0.045	0.015	-0.036	0.010
36	21.20	34	0.9575	0.019	0.090	-0.056	-0.021	-0.032	0.052

(4) 예측

현재 시점인 2013년 6월을 기준으로 1년간의 미래 시점에 대한 예측(<프로그램 12.6> 참조)을 실행하면 [표 12.12]와 같이 되고, 그림으로 나타내면 [그림 12.23]과 같이 나타난다. 여기서 FORECAST는 LOUT의 예측값이고, OUTFORE는 FORECAST의 역대수값, 즉 OUT의 예측값이다.

[표 12.12] 내국인 출국자수 시계열에 대한 예측

MONYear	LOUT	FORECAST	STD	L95	U95	RESIDUAL	OUTFORE
2012.06	14.0156	14.0021	0.08333	.	.	0.01345	1205176.37
2012.07	.	14.2302	0.08327	14.0670	14.3934	.	1513869.73
2012.08	.	14.2502	0.11776	14.0194	14.4810	.	1544505.67
2012.09	.	13.9648	0.13554	13.6991	14.2305	.	1161017.71
2012.10	.	14.0356	0.15125	13.7392	14.3320	.	1246187.43
2012.11	.	13.9939	0.16677	13.6670	14.3208	.	1195298.09
2012.12	.	14.0193	0.18096	13.6647	14.3740	.	1226088.62
2013.01	.	14.2162	0.19390	13.8362	14.5963	.	1492926.40
2013.02	.	14.0590	0.20603	13.6552	14.4628	.	1275726.57
2013.03	.	13.9961	0.21752	13.5697	14.4224	.	1197876.68
2013.04	.	13.9928	0.22843	13.5451	14.4405	.	1193943.13
2013.05	.	14.0670	0.23884	13.5989	14.5351	.	1285978.10
2013.06	.	14.0831	0.24881	13.5954	14.5708	.	1306810.22

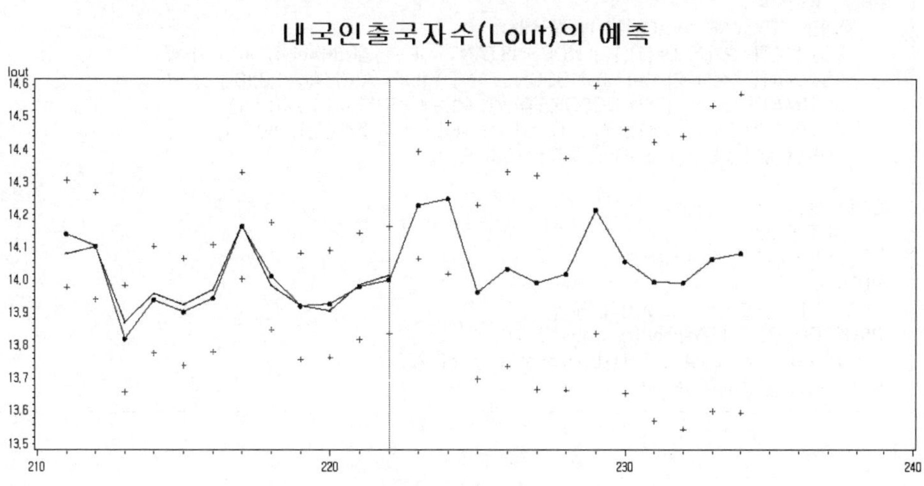

[그림 12.22] 내국인 출국자수 계열의 예측

〈프로그램 12.6〉 OUTSARIMA.SAS

```
TITLE1 '내국인 출국자수(out.dat)';
DATA inout;
   INFILE'e:\out.dat';
   INPUT ym out;
   date = INTNX('MONTH', '01JAN95'D, _N_-1 );
    FORMAT date MONYY.;
    lout=LOG(out);
    t=_N_;
RUN;

 SYMBOL1 C=black  I=join V=dot Line=1 H=0.2;
 SYMBOL2 C=blue   I=join V=dot  H=0.6;
 SYMBOL3 C=black  I=join V=star Line=1 H=0.2;
 SYMBOL4 C=black  I=join V=star Line=1 H=0.2;

PROC GPLOT ;
    PLOT out*date=1/HMINOR=1 HAXIS='01JAN95'D TO '01JAN14'D BY YEAR;
RUN;
TITLE '대수변환된 내국인출국자수';
 PROC GPLOT ;
    PLOT lout*date=2/HMINOR=1 HAXIS='01JAN95'D TO '01JAN14'D BY YEAR;
RUN;

PROC ARIMA ;
   IDENTIFY VAR=lout  NLAG=24;
   IDENTIFY VAR=lout(1) NLAG=36;
   IDENTIFY VAR=lout(1,12) NLAG=36;
RUN;
PROC ARIMA ;
    IDENTIFY VAR=lout(1,12) NLAG=36;
    ESTIMATE P=(1) Q=(1)(12) NOCONSTANT ML;/* ARIMA(1,1,1)(0,1,1) */
    ESTIMATE P=(1 2) Q=(12) NOCONSTANT ML;/* ARIMA(2,1,0)(0,1,1) */
    ESTIMATE Q=(1 2)(12) NOCONSTANT ML;/* ARIMA(0,1,2)(0,1,1) */
    ESTIMATE P=(2) Q=(12) NOCONSTANT ML;/* ARIMA(2,1,0)(0,1,1) */
    FORECAST LEAD=12 ID=t OUT=pred; RUN;

DATA lee;
    SET pred;
    outfore=EXP(forecast);
RUN;
TITLE '내국인출국자수(Lout)의 예측';
PROC GPLOT DATA=pred(firstobs=211);
 PLOT (lout forecast L95 U95)*t/overlay href=222 ;
RUN; PROC PRINT; RUN;
```

제3편

ARIMA 모형의 확장 및 예측을 위한 다른 방법들

학·습·목·표

제2편에서는 단일변량 ARIMA 모형에 의한 시계열분석과 예측방법에 대해 기술했고 제3편에서는 단일변량분석의 원리를 다변량분석으로 확장시킨 다변량시계열분석 방법인 전이함수 모형에 의한 분석과 개입분석에 관해 기술한다. 또한 예측을 위한 다른 방법들인 결합예측방법과 질적예측방법에 관해 기술한다. 질적예측방법은 전문가들의 견해와 주관적 판단을 근거로 행해지는 예측방법으로 주로 수량적 자료가 충분치 않아서 기존의 예측방법이 적용될 수 없는 경우에 활용되고, 결합예측방법은 두 개 이상의 다른 방법으로 예측된 값을 가중평균하여 새로운 예측값을 생성시키는 방법이다.

제 13 장 전이함수 모형

13.1 전이함수 모형이란

지금까지의 시계열모형의 분석에서는 하나의 시계열에 대한, 즉 단일변량에 대한 시계열분석과 예측이 고려되었다. 이 장에서는 다변량 시계열분석의 한 방법인 산출변수가 하나 또는 두 개 이상의 투입변수와 연관되는 전이함수 모형(transfer function model)에 관하여 기술한다. 예를 들어서, 종합주가지수를 예측하기 위해서 고객예탁금과 같은 외생변수의 영향을 고려하는 모형을 설정하여 분석하거나, 일별 전력소비량을 예측하기 위하여 일별 온도와 상대습도와 같은 기후변수들의 영향을 고려하는 모형을 설정하여 분석하는 방법이다.

따라서 **전이함수 모형에 의한 예측방법**은 단일변량 ARIMA 모형과 중회귀 모형의 특성을 결합시킨, 즉 시계열방법과 인과적 방법을 결합시킨 예측방법으로 생각할 수 있다. 그러나 전이함수 모형의 주목적은 변수들 간의 관련성의 설명이 아니고, 산출변수의 선행지수(leading indicator)인 투입변수들과 산출변수간의 동적 관련성을 분석하여 단일변량 모형의 예측값을 개선시키고자 하는데 있다(Makridakis & Whilright, 1983, p.373).

k개의 투입변수를 포함하는 전이함수 모형은 다음과 같다.

$$
\begin{aligned}
& Y_t - \delta_1 Y_{t-1} - \delta_2 Y_{t-2} - \cdots - \delta_r Y_{t-r} \\
&= \omega_{10} X_{t-b} - \omega_{11} X_{t-b-1} - \cdots - \omega_{1s_1} X_{t-b-s} \\
&\quad + \omega_{20} Z_{t-b_2} - \omega_{2s_2} Z_{t-b_2-1} - \cdots - \omega_{ks_k} Z_{t-b_2-s_2} \\
&\qquad \vdots \\
&\quad + \omega_{k0} W_{t-b_k} - \omega_{k1} W_{t-b_k-1} - \cdots - \omega_k W_{t-b_k-s_k} + a_t
\end{aligned} \tag{13.1.1}
$$

여기서 산출변수 Y_t와 k개의 투입변수 X_t, Z_t, $\cdots$, W_t는 적절히 변환되어진 정상계열임을 가정한다. 즉, 산출변수 Y_t는 Y_t의 사전 값들과 하나 이상의 투입변수들의 사전 값들의 함수가 된다.

전이함수 모형에 의한 예측의 절차는 단일변량의 경우와 매우 흡사하다. 그러나 전이함수 모형에서의 시계열과정은 단일변량모형에서 사용된 시계열과정처럼 명확하지는 않기 때문에 모형의 식별에는 상당한 어려움이 따르게 된다. 여기에서는 주로 하나의 투입변수만을 고려하는 단일 투입변수 전이함수 모형에 관해서 서술하기로 한다.

13.2 단일 투입변수 전이함수 모형

전이함수 모형의 가장 단순한 형태인 투입변수가 하나인 경우, 즉 모형 (13.1.1)에서 $k=1$인 경우를 고려하기로 한다. Y_t와 X_t를 적절히 변환된 정상계열이라고 가정하면 전이함수 모형은 다음과 같이 된다.

$$Y_t - \delta_1 Y_{t-1} - \delta_2 Y_{t-2} - \cdots - \delta_r Y_{t-r} = \omega_0 X_{t-b} - \omega_1 X_{t-b-1} - \cdots - \omega_s X_{t-b-s} + a_t \qquad \textbf{(13.1.2)}$$

혹은,

$$(1-\delta_1 B - \delta_2 B^2 - \cdots - \delta_r B^r)\, Y_t = (\omega_0 B^b - \omega_1 B^{b+1} - \cdots - \omega_s B^{b+s}) X_t + a_t$$

또, 모형 (13.1.2)는 다음과 같이 나타낼 수도 있다.

$$Y_t = \frac{\omega_s(B) B^b}{\delta_r(B)} X_t + \eta_t \qquad \textbf{(13.1.3)}$$

여기서, $\omega(B) = \omega_0 - \omega_1 B^1 - \cdots - \omega_s B^s$, $\delta(B) = 1 - \delta_1 B - \delta_2 B^2 - \cdots - \delta_r B^r$이고, b는 투입변수의 충격이 산출변수에 영향을 미치게 되는 시차(time lag)를 나타내는 **지연 모수**(delay parameter)이다. 또 우리들은 안정적인 체계를 위하여 $\delta_r(B)=0$의 근들이 단위원 밖에 존재하는 것으로 가정한다.

또, Y_t는 예측하고자 하는 변수로써 산출변수가 되고, X_t는 투입변수 또는 시차 b 만큼 산출변수를 선행하기 때문에 선행지수라고도 한다. 이 때 만약 $b>0$면 X_t는 선행지수가 되므로 Y_t는 X_t를 활용하여 예측할 수 있지만, $b \le 0$일 때는 X_t를 Y_t의 예측에 활용할 수 없게 된다.

또, 투입변수 X_t는 산출변수 Y_t에 선형종속관계가 있으므로 모형 (13.1.3)은 다음과 같이 나타낼 수 있다.

$$Y_t = \nu_0 X_t + \nu_1 X_{t-1} + \cdots + \eta_t \qquad (13.1.4)$$
$$= \nu(B) X_t + \eta_t$$

여기서 $\nu(B) = \nu_0 + \nu_1 B + \nu_2 B^2 + \cdots$는 **전이함수**, 혹은 충격반응함수(impulse response function)라고 하며 ν_j를 충격반응가중치라고 한다.

이 때 충격반응함수는 다음과 같은 관계가 성립된다.

$$\nu(B) = \frac{\omega_s(B)B^b}{\delta_r(B)} \qquad (13.1.5)$$

그런데 모형 (13.1.3)에서 노이즈 계열 η_t는 일반적으로 백색잡음(white-noise)이 되지 않으므로 다음과 같은 ARMA(p, q) 모형으로 나타낼 수 있다.

$$\phi(B)\eta_t = \theta(B) a_t \qquad (13.1.6)$$

여기서 a_t는 백색잡음이다. 따라서 식 (13.1.3)의 전이함수 모형은 다음과 같이 나타낼 수 있다.

$$Y_t = \frac{\omega_s(B)B^b}{\delta_r(B)} X_t + \frac{\theta(B)}{\phi(B)} a_t \qquad (13.1.7)$$

이 모형을 우리들은 **전이함수-노이즈 모형** 혹은 그냥 전이함수 모형이라고 부른다. 또 이 모형은 ARMAX 모형으로도 알려져 있다.

이와 같은 관계를 그림으로 나타내면 [그림 13.1]과 같이 된다.

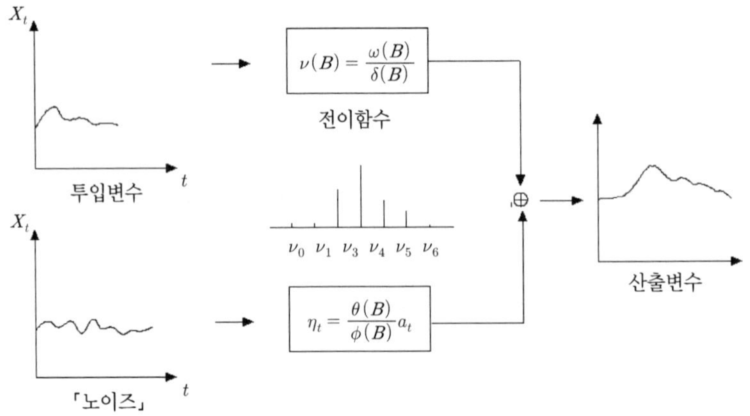

[그림 13.1] 동적 전이함수 체계

식 (13.1.5)에서 만약, $\omega_s(B)$, $\delta_r(B)$, 그리고 b가 결정된다면 충격반응가중치 ν_j는 다음 식에서 양변의 B^j의 계수는 동일하게 된다는 사실을 이용하여 유도할 수 있다.

$$\delta_r(B)\nu(B) = \omega_s(B)B^b$$

혹은,

$$(1-\delta_1 B-\delta_2 B^2- \cdots -\delta_r B^r)(\nu_0+\nu_1 B+\nu_2 B^2+\cdots) = (\omega_0-\omega_1 B- \cdots -\omega_s B^s)B^b \quad \textbf{(13.1.8)}$$

예를 들어, $r=2$, $s=1$, $b=3$인 경우는 다음과 같이 된다.

$$(1-\delta_1 B-\delta_2 B^2)(\nu_0+\nu_1 B+\nu_2 B^2+\cdots) = \omega_0 B^3-\omega_1 B^4$$

따라서, 충격반응가중치 ν_j는 다음과 같이 된다.

$j<3$인 경우, $\nu_0=0$, $\nu_1=0$, $\nu_2=0$

$j=3$인 경우, $\nu_3=\omega_0$

$j=4$인 경우, $\nu_4=-\omega_1+\delta_1\omega_0$

$j>4$인 경우, $\nu_j=\delta_1\nu_{j-1}+\delta_2\nu_{j-2}$

r, s, b의 여러 값들에 대한 ν_j의 값들은 Box-Jenkins(1976, pp.350-352)를 참조할 수 있다.

13.3 교체상관함수와 전이함수 모형

(1) 교체상관함수

단일변량 시계열분석에서 ACF는 시계열의 특성을 파악하고, 또 적절한 ARMA 모형을 식별하는데 중요한 역할을 했다. 마찬가지로 전이함수 모형을 이용하는 시계열분석에서도 ACF의 개념을 확장시킨 **교체상관함수**(cross-correlation function)를 이용하여 모형의 식별을 할 수 있다.

교체상관함수는 두 개의 확률변수들 간의 관련성의 정도와 방향에 대한 유용한 척도가 된다. 만약 두 개의 확률과정 X_t와 $Y_t(t = 0, \pm1, \pm2, \cdots)$가 둘 다 단일변량 정상확률과정이고, X_t와 Y_{t+k} 간의 교체공분산(cross-covriance) $Cov(X_t, Y_{t+k})$이 시차 k만의 함수인 경우에, 우리들은 확률과정 X_t와 Y_t는 결합 정상적(jointly stationary)이라고 한다.

이 때, X_t와 Y_t 간의 교체공분산은 $k=0, \pm1, \pm2, \cdots$에 대하여 다음과 같이 정의된다.

$$\gamma_{XY}(k) = E[(X_t - \mu_X)(Y_{t+k} - \mu_Y)] \quad \textbf{(13.1.9)}$$

그리고 교체상관함수(cross-correlation function: *CCF*)는 다음과 같이 된다.

$$\rho_{XY}(k) = \frac{\gamma_{XY}(k)}{\sigma_X \sigma_Y}, \quad k=0, \pm1, \pm2, \ldots. \quad \textbf{(13.1.10)}$$

여기서 σ_X와 σ_Y는 X_t와 Y_t의 표준편차이며, 교체공분산함수 $\gamma_{XY}(k)$와 교체상관함수 $\rho_{XY}(k)$는 $\gamma_{XX}(k) = \gamma_X(k)$, $\rho_{XX}(k) = \rho_X(k)$가 되므로 자기공분산함수와 ACF의 일반형이 됨을 알 수 있다. 그러나 ACF는 원점에 대하여 대칭, 즉 $\rho_X(k) = \rho_X(-k)$이지만 교체상관함수는 그렇지 않다. 즉, $\rho_{XY}(k) \neq \rho_{XY}(-k)$가 된다. 그러나 $\gamma_{XY}(k) = E[(X_t - \mu_X)(Y_{t+k} - \mu_Y)] = E[(Y_{t+k} - \mu_Y) \times (X_t - \mu_X)] = \gamma_{YX}(-k)$가 성립되므로 $\rho_{XY}(k) = \rho_{YX}(-k)$가 된다.

예제 13.1

다음과 같은 AR(1) 모형에서 a_t와 Z_t 간의 교체상관함수(CCF)를 구해보자.

$$(1-\phi B)Z_t = a_t$$

시점 $t+k$에 대하여 이 모형을 나타내면 다음과 같다.

$$Z_{t+k} = \frac{1}{1-\phi B}a_{t+k} = a_{t+k} + \phi a_{t+k-1} + \phi^2 a_{t+k-2} + \cdots$$

이 때, a_t와 Z_t 간의 교체공분산함수는 다음과 같이 나타낼 수 있다.

$$\gamma_{aZ}(k) = E(a_t Z_{t+k}) = \phi^k \sigma_a^2, \quad k \geqq 0$$

$$\gamma_{aZ}(k) = 0, \qquad k < 0$$

그러므로 CCF는 $\sigma_Z^2 = \sigma^2/(1-\phi^2)$이므로 다음과 같이 된다.

$$\rho_{aZ}(k) = \phi^k \sqrt{1-\phi^2}, \qquad k \geqq 0$$

$$\rho_{aZ}(k) = 0, \qquad k < 0$$

그런데 단일변량 ARMA 모형 $\phi(B)Z_t = \theta(B)a_t$는

$$Z_t = \frac{\theta_q(B)}{\phi_p(B)}a_t$$

와 같이 나타낼 수 있다. 즉 단일변량 ARMA 모형은 노이즈 항이 없는 전이함수 모형의 한 특수한 경우로 생각할 수 있다. 이 경우에 단일변량 시계열 Z_t는 산출변수가 되고, 백색잡음 a_t는 투입변수, 그리고 전이함수는 $\nu(B) = \theta_q(B)/\phi_p(B)$가 된다.

(2) 표본 교체상관함수

관측된 두 시계열 X_t와 Y_t 간의 시차 k에서의 교체상관함수 $\rho_{XY}(k)$는 다음과 같은 **표본 교체상관함수**(sample cross-correlation function) $r_{XY}(k)$로 추정할 수 있다.

$$r_{XY}(k) = \frac{C_{XY}(k)}{S_x S_Y} \qquad \textbf{(13.1.11)}$$

여기서 표본 공분산함수 $C_{XY}(k)$와, X_t와 Y_t의 표준편차 S_X와 S_Y는 다음과 같다.

$$C_{XY}(k) = \frac{1}{n-1}\sum_{t=1}^{n-k}(X_t - \overline{X})(Y_{t+k} - \overline{Y}), \quad k \geq 0 \tag{13.1.12}$$

$$= \frac{1}{n-1}\sum_{t=1-k}^{n}(X_t - \overline{X})(Y_{t+k} - \overline{Y}), \quad k < 0$$

$$S_X = \sqrt{C_{XX}(0)}, \quad S_Y = \sqrt{C_{YY}(0)}$$

이 때 만약 X_t가 Y_t의 시차 k를 갖는 선행지수라면 X_t와 Y_{t+k} 간에는 유의적인 상관관계가 존재하게 될 것이다. 바트렛(Bartlett, 1955)은 정규성 가정하에 표본교체상관함수 $r_{XY}(k)$의 분산은 근사적으로 다음과 같음을 보였다.

$$V[r_{XY}(k)] \simeq \frac{1}{n-k} \tag{13.1.13}$$

따라서 단일변량 시계열분석에서의 ACF의 분석과 유사한 방법으로 교체상관함수의 분석을 통하여 계열 X_t와 Y_t가 정상적인가를 검정할 수 있게 된다.

예제 13.2

다음 [표 13.1]의 자료에서 $k=0$, 1일 때의 표본교체상관계수를 구하여 보자.

먼저 $k=0$ 일 때, 표본교체공분산 $C_{XY}(0)$는 식 (13.1.12)에서

$$C_{XY}(0) = \frac{1}{10-1}\sum_{t=1}^{10}(X_t - \overline{X})(Y_t - \overline{Y}) = \frac{152.28}{9}$$

가 되고, 또 다음과 같이 된다.

$$S_X = \sqrt{\sum(X_t - \overline{X})^2/(n-1)} = \sqrt{182.90/9}$$

$$S_Y = \sqrt{\sum(Y_t - \overline{Y})^2/(n-1)} = \sqrt{530.40/9}$$

[표 13.1] 가상적 자료 X_t와 Y_{t+k} 간의 교체상관함수의 계산

기간	X_t	Y_t	$(X_t-\overline{X})^2$	$(Y_t-\overline{Y})^2$	$(X_t-\overline{X})(Y_t-\overline{Y})$	$(X_t-\overline{X})(Y_{t+1}-\overline{Y})$
1	6.0	16.0	1.21	40.96	−7.04	16.56
2	5.0	0.0	4.41	92.16	20.16	−11.34
3	3.0	15.0	16.81	29.16	−22.14	22.96
4	11.0	4.0	15.21	31.36	−21.84	−37.44
5	0.0	0.0	50.41	92.16	68.1	46.86
6	3.0	3.0	16.81	43.56	27.06	−5.74
7	13.0	11.0	34.81	1.96	8.26	79.06
8	13.0	23.0	34.81	179.56	79.06	2.36
9	10.0	10.0	8.41	0.16	1.16	12.76
10	7.0	14.0	0.01	19.36	0.44	0.0
계	71.0	96.0	182.90	530.40	152.28	120.04

따라서, 표본교체상관계수 $r_{XY}(0)$는 다음과 같이 계산된다.

$$r_{XY}(0)=\frac{152.28}{\sqrt{182.90\times 530.40}}=0.489$$

또, $k=1$일 때는, 표본교체공분산 $C_{XY}(1)$은

$$C_{XY}(1)=\frac{1}{10-1}\sum_{t=1}^{9}(X_t-\overline{X})(Y_{t+1}-\overline{Y})=\frac{120.04}{9}$$

가 되고, 표본교체상관계수는 다음과 같이 계산된다.

$$r_{XY}(1)=\frac{120.04}{\sqrt{182.90\times 530.40}}=0.385$$

---

(3) 교체상관함수와 전이함수 모형의 관계

시점 $t+k$에서 전이함수 모형 (13.1.2)는 다음과 같이 나타난다.

$$Y_{t+k}=\nu_0 X_{t+k}+\nu_1 X_{t+k-1}+\nu_2 X_{t+k-2}+\cdots+\eta_{t+k}$$

이 식에서 양변에 X_t를 곱하고 기대값을 구하면 $\gamma_{X\eta}=0$이므로

$$\gamma_{XY}(k)=\nu_0\gamma_{XY}(k)+\nu_1\gamma_{XY}(k-1)+\nu_2\gamma_{XY}(k-2)+\cdots$$

와 같이 되므로 시차가 k인 교체상관함수는 다음과 같이 나타낼 수 있다.

$$\rho_{XY}(k) = \frac{\sigma_X}{\sigma_Y}[\nu_0\rho_X(k) + \nu_1\rho_X(k-1) + \nu_2\rho_X(k-2) + \cdots] \tag{13.1.14}$$

즉, 교체상관함수 $\rho_{XY}(k)$와 충격반응가중치 ν_j 간의 관계는 투입계열 X_t의 자기상관 구조에 의해서 결정된다. 만약, 투입계열이 백색잡음인 경우, 즉 $\rho_X(k) = 0$(단, $k \neq 0$)인 경우에는 다음과 같이 된다.

$$\rho_{XY}(k) = \frac{\sigma_X}{\sigma_Y}\nu_k$$

혹은,

$$\nu_k = \frac{\sigma_Y}{\sigma_X}\rho_{XY}(k)$$

그러므로 충격반응가중치 ν_k는 교체상관함수 $\rho_{XY}(k)$에 비례하게 되고, 또 표본교체상관함수 $r_{XY}(k)$를 이용하여 충격반응가중치는 다음과 같이 추정될 수 있게 된다.

$$\hat{\nu}_k = \frac{s_Y}{s_X}r_{XY}(k) \tag{13.1.15}$$

13.4 전이함수 모형의 식별

교체상관함수의 분석은 전이함수 모형의 식별 및 모형의 모수들의 초기 추정값을 구하는 데 중요한 역할을 한다. 따라서 모형을 설정하기 위해서는 먼저 관측된 계열의 표본교체상관함수를 구해야 한다. 여기에서는 표본교체상관함수를 이용한 단일-투입변수 전이함수 모형의 식별과정을 기술하기로 한다. Box-Jenkins가 제안한 모형의 식별 및 확립과정은 [그림 13.1]에서 요약된 것처럼 투입계열과 산출계열의 사전순화, 전이함수 및 백색잡음 모형의 식별, 모형의 모수추정 및 검정, 그리고 모형의 확정 및 응용 단계를 거치게 된다.

(1) 투입 및 산출계열의 사전순화

단일 투입변수 전이함수 모형을 다음과 같이 나타내면 Y_t는 자신의 과거값들과 X_t

의 과거값들 간의 가중합으로 표현된다.

$$\begin{aligned} Y_t &= \delta_1 Y_{t-1} + \delta_2 Y_{t-2} + \cdots + \delta_r Y_{t-r} \\ &\quad + \omega_0 X_{t-b} - \omega_1 X_{t-b-1} - \cdots - \omega_s X_{t-b-s} + a_t \end{aligned} \tag{13.1.16}$$

그런데, Y_t와 X_t는 단일변량 시계열이므로 각각 단일변량 ARMA 과정을 따르게 될 것이므로 다음과 같이 나타낼 수 있다.

$$Y_t = \phi_1 Y_{t-1} + \phi_2 Y_{t-2} + \cdots + \phi_p Y_{t-p} + a_t - \theta_1 a_{t-1} - \cdots - \theta_q a_{t-q}$$
$$X_t = \phi_1' X_{t-1} + \phi_2' X_{t-2} + \cdots + \phi_p' X_{t-p} + a_t - \theta_1' a_{t-1} - \cdots - \theta_q' a_{t-q}$$

이 때 두 식에서 차수와 모수들의 값은 동일할 필요는 없지만 X_t가 Y_t의 좋은 선행지수라면 두 식은 유사하게 될 것이다.

예를 들어 모형 (13.1.16)에서 $r=1$, $s=1$, $b=3$인 경우에는 다음과 같이 된다.

$$Y_t = \delta_1 Y_{t-1} + \omega_0 X_{t-3} - \omega_1 X_{t-4} + a_t \tag{13.1.17}$$

여기서 만약 X_t와 Y_t가 각각 AR(2) 과정을 따르고, 또 X_t가 Y_t의 좋은 선행지수라면 $\phi_1 = \phi_1'$, $\phi_2 = \phi_2'$라고 간주할 수 있으므로 단일변량 생성과정은 다음과 같이 나타낼 수 있다.

$$X_t = \phi_1 X_{t-1} + \phi_2 X_{t-2} + \alpha_t \tag{13.1.18}$$

$$Y_t = \phi_1 Y_{t-1} + \phi_2 Y_{t-2} + \beta_t \tag{13.1.19}$$

따라서 이 두 식을 모형 (13.1.17)에 대입하면 다음과 같이 된다.

$$\begin{aligned} Y_t = {} & \delta_1(\phi_1 Y_{t-2} + \phi_2 Y_{t-3} + \beta_{t-1}) + \omega_0(\phi_1 X_{t-4} + \phi_2 X_{t-5} + \alpha_{t-3}) \\ & - \omega_1(\phi_1 X_{t-5} + \phi_2 X_{t-6} + \alpha_{t-4}) + a_t \end{aligned} \tag{13.1.20}$$

즉, 모형이 (13.1.17)과 같을 때 Y_t는 식 (13.1.20)에 의해서 생성되고 X_t는 식 (13.1.18)에 의해서 생성되게 된다. 그러므로 X_t는 자신의 ARMA 생성과정에 의한 변동만 포함하지만, Y_t는 세 가지 유형의 변동, 즉 자신의 생성과정에서 야기되는 변동,

X_t의 생성과정에서 야기되는 변동, 그리고 Y_t와 X_{t-b}의 사전 값들에 의하여 결합적으로 야기되는 변동들이 포함된다. 그런데 Y_t와 X_t의 결합관계는 Y_t변동과 X_t변동 내에서 교락되므로 Y_t와 X_t 간의 변동을 제외한 다른 변동들을 제거하지 않고는 발견할 수가 없게 된다. 따라서 두 변량간의 관련성을 발견하기 위해서는 Y_t와 X_t내의 변동을 먼저 제거해야 하는데, 이러한 과정을 **사전순화**(prewhitening)라고 한다. 즉, 전이함수의 식별은 각 변량들을 사전 순화시킨 후에 이루어져야 한다.

앞의 예에서 사전 순화된 계열은 다음과 같이 추정된다.

$$\alpha_t = X_t - \hat{\phi}_1 X_{t-1} - \hat{\phi}_2 X_{t-2}$$

$$\beta_t = Y_t - \hat{\phi}_1 Y_{t-1} - \hat{\phi}_2 Y_{t-2}$$

여기서 α_t는 추정된 X_t의 사전 순화된 계열, β_t는 Y_t의 사전 순화된 계열을 나타낸다.

(2) 전이함수-노이즈 모형의 식별

1) 전이함수의 식별

먼저 단일 투입변수 전이함수의 모수와 교체상관함수와의 관계를 살펴보기로 한다. 모형 (13.1.1)에서 $r=1$, $s=0$, 그리고 $b=0$인 경우를 가정하면 다음과 같이 된다.

$$Y_t = \delta_1 Y_{t-1} + \omega_0 X_t$$

여기서 $\omega_0 = 1$이라고 하면($\omega_0 \neq 1$인 경우도 마찬가지가 된다), 다음과 같이 된다.

$$Y_t = \delta_1 Y_{t-1} + X_t$$

X_t가 사전 순화되었다면 백색잡음이 되므로 이 모형은 다음과 같이 나타낼 수 있다.

$$Y_t = \delta_1 Y_{t-1} + a_t$$

즉, 단순 AR(1) 과정이 된다. 따라서 이 모형의 ACF는 AR(1) 모형의 ACF의 특성인 지수적으로 감소하는 형태가 될 것이다. 그러므로 $s=0$, $b=0$이고 β_t와 α_t가 사전 순화된 계열인 경우에는 ACF와 교체상관함수는 같게 되고 이 때의 모형은 AR(r) 과정이 된다.

만약 $r=1$, $s=0$, 그리고 $b=1$인 경우에는 다음과 같이 된다.

$$Y_t = \delta_1 Y_{t-1} + \omega_0 X_{t-1}$$

혹은,

$$\beta_t = \delta_1 \beta_{t-1} + \omega_0 a_{t-1} \tag{13.1.21}$$

이 때, ACF와 교체상관함수는 시차가 0인 경우에는 0이 되지만, 시차가 1인 경우에는 0과 유의적으로 다르게 된다. 마찬가지로 $b=3$인 경우에는 시차가 $0, 1, 2$에서는 0이 되고 3인 경우에는 0과 유의적으로 다르게 된다. 따라서 시차가 $b-1$보다 작을 때는 SACF 또는 표본교체상관함수는 유의하지 않게 될 것이다.

이번에는 교체상관함수에서 s의 영향을 알아보기 위해 모형 (13.1.16)에서 $r=1$, $s=1$, 그리고 $b=3$인 경우를 살펴보자. 사전 순화된 계열을 사용하여 나타내면 다음과 같이 된다.

$$\beta_t = \delta_1 \beta_{t-1} + \omega_0 \alpha_{t-3} - \omega_1 \alpha_{t-4} \tag{13.1.22}$$

이 모형과 모형 (13.1.21)을 비교하면 마지막 항인 $\omega_1 \alpha_{t-4}$이 더 포함되어 있음을 알 수 있다. 이 항은 정규적인 AR(1) 과정의 특성을 한 기간 지연시키는 역할을 하게 된다. 즉, AR(1) 과정의 특성은 $(b+1)$ 기간(일반적으로 $(b+s)$)까지는 나타나지 않게 된다.

이들을 요약하면 다음과 같다.

첫째, 시차 k(단, $k<b$)에 대하여 교체상관함수는 유의적으로 0과 다르지 않게 된다. 즉, b는 최초로 유의적인 표본교체상관함수에 대응하는 시차로 식별될 수 있다.

둘째, 시차 s에 대하여 교체상관함수는 유의적일 수는 있지만 어떠한 패턴을 보여주지는 않는다. 따라서 s의 값은 표본교체상관함수의 패턴을 명확히 나타내는 시차 $(b+s)$와 b값의 차이값으로 알 수 있다.

셋째, r의 값은 시차 $(b+\mathrm{s})$ 후의 표본교체상관함수의 패턴을 조사함으로서 식별할 수 있다. 즉, 교체상관함수는 $r=0$일 때는 시차가 b에서 $(b+s)$까지만 값을 가지고, $r=1$인 경우에는 $k=b+s$부터 지수적으로 감소한다. 또, $r=2$인 경우에는 $(k=b+s)$에서부터 지수적으로 혹은 사인곡선의 형태로 감소한다.

실증적인 분석에서는 일반적으로 r과 s는 2를 초과하는 경우는 거의 없다. 그런데 전이함수 $\nu(B)$의 추정된 계수 $\hat{\nu}_k$는 사전 순화된 계열 β_t, α_t간의 표본교체상관함수를 이용하면 다음과 같이 추정할 수 있다.

$$\hat{\nu}_t = \frac{S_\beta}{S_\alpha}\gamma_{\alpha\beta}(k) \tag{13.1.23}$$

따라서, 사전적으로 식별된 b, s 그리고 r에 대하여 모수 δ_1, δ_2, $\cdots$, ω_0, ω_1, ω_2, $\cdots$는 다음의 관계식에서 추정할 수 있다.

$$\hat{\nu}(B) = \frac{\hat{\omega}_s(B)}{\hat{\delta}_r(B)}B^b \tag{13.1.24}$$

2) 노이즈 모형의 식별

전이함수가 사전적으로 추정되면 노이즈 시계열 ν_t도 다음과 같이 추정된다.

$$\hat{\eta}_t = Y_t - \hat{\nu}(B)X_t \tag{13.1.25}$$

$$= Y_t - \frac{\hat{\omega}_s(B)}{\hat{\delta}_r(B)}B^b X_t$$

이 때 노이즈에 대한 적절한 모형은 SACF와 SPACF를 분석하는 단일변량 시계열 모형의 식별방법을 이용하여 다음과 같은 모형을 설정한다.

$$\phi(B)\hat{\eta}_t = \theta(B)a_t$$

그러므로 사전적으로 식별된 전이함수와 노이즈 모형을 결합시킨 다음과 같은 전이함수-노이즈 모형이 된다. 일반적으로 이와 같은 전이함수-노이즈 모형을 전이함수 모형이라고 부른다.

$$Y_t = \frac{\omega_s(B)}{\delta_r(B)}X_{t-b} + \frac{\theta(B)}{\phi(B)}a_t \tag{13.1.26}$$

그런데, 이러한 모형의 설정에서 변수 Y_t, X_t, 그리고 η_t는 모두 정상적이라고 가정하고 있다. 따라서 비정상 시계열에 대해서는 먼저 분산 및 평균에 대한 정상화를 위한 변환이 필요하다.

13.5 전이함수 모형의 추정과 검진

(1) 전이함수 모형의 추정

전이함수-노이즈 모형이 식 (13.1.26)과 같이 식별되면 우리들은 모수인 $\underline{\delta} = (\delta_1, \delta_2, \cdots, \delta_r)$, $\underline{\omega} = (\omega_0, \omega_1, \cdots, \omega_s)$, $\underline{\phi} = (\phi_1, \phi_2, \cdots, \phi_p)$, $\underline{\theta} = (\theta_1, \theta_2, \cdots, \ , \theta_q)$, 그리고 σ_a^2를 자료 (X_t, Y_t), $t = 1, 2, \cdots, n$으로부터 추정해야 한다. 모형 (13.1.26)을 다시 나타내면 다음과 같이 된다.

$$\delta(B)\phi(B)Y_t = \phi(B)\omega(B)X_{t-b} + \delta(B)\theta(B)a_t \tag{13.1.27}$$

혹은,

$$c(B)Y_t = d(B)X_{t-b} + e(B)a_t \tag{13.1.28}$$

여기서,

$$\begin{aligned} c(B) &= (1 - \delta_1 B - \delta_2 B^2 - \cdots - \delta_r B^r)(1 - \phi_1 B - \cdots - \phi_p B^p) \\ &= (1 - c_1 B - c_2 B^2 - \cdots - c_{p+r} B^{p+r}) \end{aligned}$$

$$\begin{aligned} d(B) &= (1 - \phi_1 B - \cdots - \phi_p B^p)(\omega_0 - \omega_1 B - \cdots - \omega_s B^s) \\ &= (d_{0-d_1} B - d_2 B^2 - \cdots - d_{p+s} B^{p+s}). \end{aligned}$$

그리고,

$$\begin{aligned} e(B) &= (1 - \delta_1 B - \delta_2 B^2 - \cdots - \delta_r B^r)(1 - \theta_1 B - \cdots - \theta_q B^q) \\ &= (1 - e_1 B - e_2 B^2 - \cdots - e_{r+q} B^{r+q}) \end{aligned}$$

를 나타낸다. 따라서 a_t는 다음과 같이 된다.

$$a_t = Y_t - c_1 Y_{t-1} - \cdots - c_{p+r} Y_{t-p-r} - d_0 X_{t-b} + d_1 X_{t-b-1} + \cdots \\ + d_{p+s} X_{t-b-p-s} + e_1 a_{t-1} + \cdots + e_{r+q} a_{t-r-q} \tag{13.1.29}$$

이 때 c_i, d_j, e_k는 δ_i, ω_j, ϕ_k, θ_l의 함수가 된다. 따라서 오차항 $a_t(t=1,2,\cdots,n)$를 정규확률변수로 가정하면 우리들은 다음과 같은 조건부 우도함수를 얻을 수 있다.

$$L(\underline{\delta}, \underline{\omega}, \underline{\phi}, \underline{\theta}, \sigma_a^2 \mid b, \underline{X}, \underline{Y}, \underline{X_0}, \underline{Y_0}, \underline{a_0}) = (2\pi\sigma_a^2)^{-n/2} \exp[-\frac{1}{2\sigma^2}\sum_{t=1}^{n} a_t^2] \tag{13.1.30}$$

여기서 $\underline{X_0}$, $\underline{Y_0}$, $\underline{a_0}$는 단일변량 모형의 추정에서와 같이 식 (13.1.29)에서 a_t를 계산하기 위한 사전값들이다. 그리고 모수 $\underline{\delta}$, $\underline{\omega}$, $\underline{\phi}$, $\underline{\theta}$, σ_a^2을 추정하기 위한 방법들은 단일변량의 경우와 유사하며 관심 있는 독자들은 Box－Jenkins(1976)을 참고 할 수 있다.

(2) 전이함수 모형의 적합성 검진

모형이 식별되고 모수들이 추정되면 우리들은 추정된 모형이 예측을 위하여 사용되기 전에 먼저 모형의 적합성을 검진해야 한다. 전이함수 모형에서 우리들은 a_t는 백색잡음이고 투입계열 X_t와 독립이라는 가정을 했으므로 사전 순화된 투입계열 α_t와도 독립이라는 가정이 성립된다.

따라서 전이함수 모형의 적합성 검진을 위하여 우리들은 투입변수의 사전 순화된 계열 α_t 뿐만 아니라 백색잡음 모형에서의 잔차 $\hat{a}_t$를 통하여 가정이 성립되는지를 검진해야만 한다.

(3) 교체상관분석

교체상관분석을 통하여 백색잡음 계열 a_t와 투입계열 X_t가 서로 독립인가를 검정한다. 식별된 모형이 적절한 경우에는 $\hat{a}_t$와 α_t 간의 표본교체상관함수 $r_{\alpha\hat{a}}(k)$는 아무런 패턴을 나타내지 않고 또 표준오차의 2배 범위, 즉 $2(n-k)^{-1/2}$ 이내에 존재해야만 한다. 또는 다음과 같은 포트맨토우 검정을 사용할 수도 있다.

$$Q_0 = m(m+2)\sum_{j=0}^{k}(m-j)^{-1}\widehat{\rho^2_{\alpha\hat{a}}}(j) \tag{13.1.31}$$

이 때 Q_0는 자유도가 $(k+1-m)$인 χ^2- 분포에 근사하게 된다. 여기서 $(m=n-t_0+1)$은 계산된 잔차 $\hat{a}_t$의 개수이고, M은 전이함수 $\nu(B)=\omega(B)/\delta(B)$에서 추정된 모수의 개수를 나타낸다.

(4) 자기상관분석

자기상관분석을 통하여 우리들은 백색잡음 모형이 적절한가를 분석할 수 있다. 즉, 모형이 적절하다면 $\hat{a}_t$의 SACF와 SPACF에 아무런 패턴이 나타나지 않아야 한다. 이 경우에도 다음과 같은 포트맨토우 검정통계량을 사용하여 검정할 수 있다.

$$Q_1 = m(m+2)\sum_{j=1}^{k}(m-j)^{-1}\widehat{\rho_{\hat{a}}^2}(j) \tag{13.1.32}$$

이 때 Q_1은 자유도 (k-p-q) 인 χ^2-분포에 근사하게 된다.

13.6 예측

관측된 자료를 이용하여 전이함수 모형이 추정되고 또 추정된 모형이 적합한 것으로 나타나면 산출변수 Y_t의 미래의 값을 예측하게 된다. 이 때 최소평균제곱오차 방법에 의한 예측은 다음과 같이 이루어진다. 즉, Y_t와 X_t가 정상적이고 다음과 같은 전이함수 모형으로 나타낼 수 있다고 가정한다.

$$Y_t = \frac{\omega(B)}{\delta(B)}B^b X_t + \frac{\theta(B)}{\phi(B)}a_t \tag{13.1.33}$$

그리고

$$\phi_X(B)X_t = \theta_X(B)\alpha_t \tag{13.1.34}$$

여기서 $\omega(B)$, $\delta(B)$, $\theta(B)$, $\phi(B)$, $\phi_X(B)$, $\theta_X(B)$는 B의 유한차수 다항식이고, 또 $\delta(B)=0, \theta(B)=0$, $\phi(B)=0$, $\phi_X(B)=0$, $\theta_X(B)=0$의 모든 근들은 단위원 밖에 존재하고, a_t와 α_t는 각각 분산이 σ_a^2, σ_α^2이고 평균이 0인 백색잡음 시계열이다.

모형 (13.1.33)과 (13.1.34)에서 계수들을 다음과 같이 나타내면,

$$u(B)=\frac{\omega(B)B^b\theta_X(B)}{\delta(B)\phi_X(B)}=u_0+u_1B+u_2B^2+\cdots \qquad \textbf{(13.1.35)}$$

그리고,

$$\psi(B)=\frac{\theta(B)}{\phi(B)}=1+\psi_1B+\psi_2B^2+\cdots \qquad \textbf{(13.1.36)}$$

모형 (13.1.33)은 다음과 같이 나타낼 수 있다.

$$\begin{aligned} Y_t &= u(B)\alpha_t+\psi(B)a_t \qquad \textbf{(13.1.37)} \\ &= \sum_{j=0}^{\infty}u_j\alpha_{t-j}+\sum_{j=0}^{\infty}\psi_j a_{t-j} \end{aligned}$$

여기서 $\psi_0=1$. (n+l) 시점에서의 Y는 $Y_{n+l}=\sum_{j=0}^{\infty}u_j\alpha_{n+l-j}+\sum_{j=0}^{\infty}\psi_j a_{n+l-j}$와 같게 된다.

우리들은 현재시점 n에서 현재 및 과거시점에서의 관측값 Y_n, Y_{n-1}, …과 X_n, X_{n-1}, …들을 사용하여 l 시점 후의 관측값인 Y_{n+l}을 예측해야 한다. 현재 시점이 n인 경우에 l 시점 후의 예측값을 $Y_n(l)$로 표기하면 $Y_n(l)$은 다음과 같이 나타낼 수 있다.

$$Y_n(l)=\zeta_0^{(1)}Y_n+\zeta_1^{(1)}Y_{n-1}+\cdots+\zeta_0^{(2)}X_n+\zeta_1^{(2)}X_{n-1}+\cdots \qquad \textbf{(13.1.38)}$$

혹은 과거의 오차항 a_t와 α_t의 선형결합으로 나타내면 다음과 같이 나타낼 수 있다.

$$Y_n(l)=\xi_0^{(1)}a_n+\xi_1^{(1)}a_{n-1}+\cdots+\xi_0^{(2)}\alpha_n+\xi_1^{(2)}\alpha_{n-1}+\cdots \qquad \textbf{(13.1.39)}$$

여기서 ζ_k와 ξ_k는 평균제곱오차 $E[Y_{n+l}-Y_n(l)]^2$을 최소로 하는 값으로 결정할 수 있다. 즉, 평균제곱오차는

$$E[Y_{n+l} - Y_n(l)]^2 = E[u_0\alpha_{n+l} + a_{n+l} + u_1\alpha_{n+l-1} + \psi_1 a_{n+l-1} + \cdots + \quad \textbf{(13.1.40)}$$

$$u_{l-1}\alpha_{n+1+\psi_{l-1}}a_{n+1+(u_l} - \xi_0^{(2)})\alpha_n + (u_{l+1} - \xi_1^{(2)})\alpha_{n-1}$$

$$+ \cdots + (\psi_{l-\xi_0^{(1)}})a_{n+(\psi_{l+1}} - \xi_1^{(1)})a_{n-1} + \cdots]^2.$$

와 같이 $\xi_k^{(1)}$과 $\xi_k^{(2)}$의 함수가 되고, 또 $\xi_k^{(1)} = \psi_{l+k}$ 및 $\xi_k^{(2)} = u_{l+k}$, $(k = 0, 1, 2, \cdots)$일 때 최소가 된다.

이와 같은 예측이 제11장에서 기술된 최소평균제곱오차예측(minimum mean square error forecast: MMSE 예측)이 된다. 따라서 MMSE 예측은 식에서 $\xi_k^{(1)} = \psi_{l+k}$ 및 $\xi_k^{(2)} = u_{l+k}(k = 0,\ 1,\ 2,\ \cdots)$를 대입하면 다음과 같이 된다.

$$Y_n(l) = u_l\alpha_n + u_{l+1}\alpha_{n-1} + \cdots + \psi_l a_n + \psi_{l+1}a_{n-1} + \cdots \quad \textbf{(13.1.41)}$$

이 때 예측오차는

$$\begin{aligned} e_n(l) &= Y_{n+l} - Y_n(l) \quad \textbf{(13.1.42)} \\ &= u_0\alpha_{n+l} + u_1\alpha_{n+l-1} + \cdots + u_{l-1}\alpha_{n+1} + a_{n+l} + \psi_1 a_{n+l-1} \\ &\quad + \cdots + \psi_{l-1}a_{n+1} \end{aligned}$$

와 같고, 또 예측오차의 분산은 다음과 같이 된다.

$$V[e_{n+l}] = \sum_{j=0}^{l-1}(u_j^2\sigma_\alpha^2 + \psi_j^2\sigma^2) \quad \textbf{(13.1.43)}$$

또 MMSE 예측은 다음과 같이 Y_{n+l}의 조건부 기대값으로 나타낼 수 있다.

$$Y_n(l) = E[Y_{n+l} \mid Y_n, Y_{n-1}, \cdots, X_n, X_{n-1}, \cdots] \quad \textbf{(13.1.44)}$$

예제 13.3

다음과 같은 모형에서 MMSE 예측을 하고, 예측오차 및 예측오차의 분산을 나타내 보자.

$$y_t = \frac{\omega_0}{(1-\delta B)} x_t + (1-\theta B) a_t, \quad x_t = (1-\theta_x B)\alpha_t$$

여기서 $y_t = (1-B)Y_t$, $x_t = (1-B)X_t$를 나타낸다.

이 모형은 다음과 같이 나타낼 수 있다.

$$(1-B)(1-\delta B)Y_t = (1-B)\omega_0 X_t + (1-\theta B)(1-\delta B)a_t$$

따라서 $n+1$ 시점에서는 다음과 같이 된다.

$$\begin{aligned} Y_{n+l} &= (1+\delta)Y_{n+l-1} - \delta Y_{n+l-1} + \omega_0 X_{n+l} - \omega_0 X_{n+l-1} \\ &\quad + a_{n+l} - (\delta+\theta)a_{n+l-1} + \delta\theta a_{n+l-2} \end{aligned}$$

따라서 한 기간 후의 예측은 다음과 같이 된다.

$$\begin{aligned} Y_n(1) &= E[Y_{n+1} \mid Y_n, Y_{n-1}, \cdots, X_n, X_{n-1}, \cdots] \\ &= (1+\delta)Y_n - \delta Y_{n-1} + \omega_0[X_n(1) - X_n] - (\delta+\theta)a_n + \delta\theta a_{n-1} \end{aligned}$$

이것은 $j > 0$일 때 $E[a_{n+j} \mid \cdot\,] = 0$, $E[X_{n+j} \mid \cdot\,] = X_n(j)$가 성립하기 때문이며, $E[\mid \cdot\,]$은 조건부 기대값을 나타내고, $X_n(1)$은 X_{n+1}의 MMSE 예측을 의미한다.
마찬가지로 $Y_n(2)$는 다음과 같이 된다.

$$Y_n(2) = E[Y_{n+2} \mid \cdot\,] = (1+\delta)Y_n(1) - \delta Y_n + \omega_0[X_n(2) - X_n(1)] + \delta\theta a_n$$

그리고

$$Y_n(l) = E[Y_{n+l} \mid \cdot\,] = (1+\delta)Y_n(l-1) - \delta Y_n(l-2) + \omega_0[X_n(l) - X_n(l-1)]$$

예측오차의 분산은 식 (13.1.43)을 이용하기 위해 먼저 u_j와 ψ_j를 구해야 한다. 식 (13.1.35)와 식 (13.1.36)에서 다음이 성립한다.

$$(1-B)(1-\delta B)(u_0 + u_1 B + u_2 B^2 + \cdots) = \omega_0(1-\theta_n B)$$

$$(1-B)(1+\psi_1 B + \psi_2 B + \cdots) = 1 - \theta B$$

여기에서 $u_0 = \omega_0$, $u_1 = (1+\delta-\theta_X)\omega_0$, $u_j = (1+\delta)u_{j-1} - \delta u_{j-2}$, $(j \ge 2)$가 되고, 또

$\psi_0 = 1$, $\psi_j = 1-\theta\,(j \geq 1)$이 된다. 따라서 예측오차의 분산은 다음과 같이 된다.

$$V[e_{n+1}] = u_0^2\sigma_\alpha^2 + \sigma^2 = \omega_0^2\sigma_\alpha^2 + \sigma^2$$

$$V[e_{n+2}] = (u_0^2 + u_1^2)\sigma_\alpha^2 + (1+\psi_1^2)\sigma^2$$

$$= [1+(1+\delta-\theta_X)^2]\omega_0^2\sigma_\alpha^2 + [1+(1-\theta)^2]\sigma^2$$

$$\vdots$$

13.7 사례분석: 전이함수 모형에 의한 판매액의 예측

(1) 자료

웨이(Wei, 1990)가 인용한 리디아 핀햄의 야채복합물의 광고비 및 판매액 자료(1907년 ~ 1960년)를 이용하여 전이함수 모형을 활용하는 과정을 살펴보자.

리디아 핀햄(Lydia Pinkham)의 광고비 및 판매액에 대한 자료는 탐진 홈페이지(www.tamjin.co.kr)에서 다운받을 수 있으며 이들의 분석 및 예측을 위해서는 SAS/ETS를 사용한다.

먼저 이 두 계열의 관련성을 조사하기 위하여 이들을 그래프로 나타내면 [그림 13.2]와 같다. 이 때 두 계열은 유사한 패턴을 나타내고 있으므로 판매액 계열(Y_t)을 예측하기 위하여 광고비 계열(X_t)을 투입변수로 사용할 수 있다.

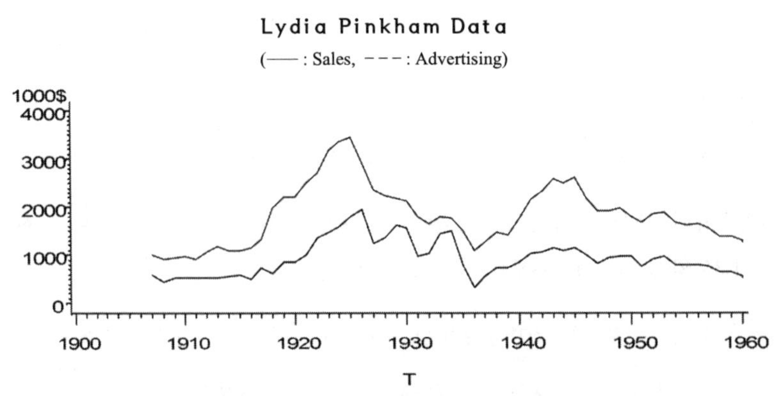

[그림 13.2] 리디아 핀햄의 연간 광고비와 판매액 계열(1907–1960)

앞에서 기술된 절차에 따라서 모형을 식별 및 추정하고 또 추정된 모형을 검진한 후에 예측(<프로그램 13.1> 참조)을 한다.

(2) 모형의 추정

1) 사전순화

전이함수 모형을 추정하기 위한 첫 번째 단계는 투입계열인 광고비 계열을 사전 순화하는 과정이다. 광고비 계열(X_t)에 적합한 모형은 ARIMA (2, 1, 0) 모형으로 식별되므로 X_t에 ARIMA(2,1,0) 모형을 적합시키면 [표 13.2]와 같이 된다. 물론 이 때 ARIMA 모형을 식별하기 위해서는 앞에서 논의된 과정들을 거쳐야 한다. 적합된 모형을 정리하면 다음과 같다.

$$(1-0.071B+0.411B^2)x_t=\alpha_t,\quad x_t=(1-B)X_t$$

또, 이 모형을 Y_t에 적용시키면

$$(1-0.071B+0.411B^2)y_t=\beta_t,\quad y_t=(1-B)Y_t$$

와 같이 된다.

[표 13.2] 광고비 계열(X_t)에 대한 ARIMA 모형의 추정결과

```
                 ARIMA Procedure

        Conditional Least Squares Estimation

                               Approx.
Parameter   Estimate       Std Error   T Ratio  Lag
AR1,1        0.07096         0.13670     0.52    1
AR1,2       -0.41100         0.13675    -3.01    2

Variance  Estimate = 46548.7894
Std Error Estimate = 215.751685
AIC                = 640.504467*
SBC                = 644.204762*
Number of Residuals=         47
```

2) 모형의 식별

① 전이함수의 식별

전이함수의 식별을 위하여 먼저 사전순화된 투입계열과 산출계열에 대한 표본교체상관함수[$r_{\alpha\beta(k)}$]를 구하면 [표 13.3]과 같이 나타난다. 이와 같은 표본교체상관함수에서 우리들은 b, r, s 등을 개략적으로 식별해야 한다. 그러나 대부분의 경우에 식별을 위한 명확한 특징들이 나타나지는 않는다. 여기에서는 최초로 유의적인 교체상관계수는 $k=0[r_{\alpha\beta(0)}=0.509]$에서 나타나므로 b는 0로 식별할 수 있다. 또, 표본교체상관함수가 $k=0$에서부터 지수적으로 감소하고 있으므로 $s=0$, $r=1$로 식별할 수 있다. 따라서 $b=0$, $r=1$, $s=0$를 선택하여 전이함수를 추정하면 [표 13.4]와 같이 되고, 이를 다시 나타내면 추정된 전이함수는 다음과 같이 된다.

$$\hat{\nu}(B)x_t = \frac{0.635}{(1-0.327B)}x_t, \quad x_t = (1-B)X_t$$

[표 13.3] 사전순화된 계열에 대한 표본교체상관힘수

```
                 TRANSFER FUNCTION MODEL

                Correlation of Y and X
                Variable X has been differenced.
                Period(s) of Differencing = 1.
                Both series have been prewhitened.
                Variance of transformed series = 69591.14 and 44521.74
                Number of observations =       47

                               Crosscorrelations

Lag Covariance Correlation -1 9 8 7 6 5 4 3 2 1 0 1 2 3 4 5 6 7 8 9 1
 -6  -5904.815    -0.10608  |                .     **|     .               |
 -5  13676.414     0.24570  |                .       |*****.               |
 -4   8880.656     0.15954  |                .       |***  .               |
 -3  14813.543     0.26613  |                .       |*****.               |
 -2   7020.218     0.12612  |                .       |***  .               |
 -1  24788.933     0.44534  |                .       |*********            |
  0  28305.021     0.50851  |                .       |**********           |
  1  17816.408     0.32008  |                .       |******               |
  2   5921.569     0.10638  |                .       |**   .               |
  3  -2792.292    -0.05016  |                .      *|     .               |
  4    737.173     0.01324  |                .       |     .               |
  5 -14765.776    -0.26527  |                .*****  |     .               |
  6 -14121.052    -0.25369  |                .*****  |     .               |

                 Crosscorrelation Check Between Series

   To    Chi                        Crosscorrelations
  Lag  Square DF   Prob
   5    20.93  6  0.002  0.509  0.320  0.106 -0.050  0.013 -0.265
  11    31.54 12  0.002 -0.254 -0.287 -0.152 -0.087 -0.219 -0.018
```

[표 13.4] 전이함수의 추정결과

```
                     TRANSFER FUNCTION MODEL

               Conditional Least Squares Estimation

                                          Approx.
Parameter   Estimate     Std Error    T Ratio  Lag  Variable Shift
NUM1         0.63477      0.12389       5.12    0   X            0
DEN1,1       0.32663      0.17198       1.90    1   X            0

Variance  Estimate =  39806.339    Std Error Estimate =  199.51526
AIC                = 619.719511    SBC                = 623.376794
Number of Residuals=          46

            Autocorrelation Check of Residuals

 To   Chi                      Autocorrelations
Lag  Square DF   Prob
  6    2.82  6  0.832  0.184  0.126  0.054  0.027  0.057 -0.004
 12   14.71 12  0.258 -0.082 -0.243 -0.259 -0.132 -0.215 -0.031
 18   20.40 18  0.311 -0.108 -0.145 -0.149 -0.123  0.058  0.080
 24   31.80 24  0.132  0.117  0.241  0.047  0.165  0.007  0.161

            Crosscorrelation Check of Residuals with Input X

 To   Chi                      Crosscorrelations
Lag  Square DF   Prob
  5    6.88  4  0.142  0.009  0.025 -0.011 -0.070 -0.136 -0.354
 11   11.27 10  0.337 -0.196 -0.191 -0.089 -0.087 -0.064  0.030
 17   13.15 16  0.662  0.059 -0.074 -0.037  0.150  0.083  0.034
 23   19.18 22  0.634  0.067  0.326  0.040  0.030 -0.093  0.095
```

② 노이즈 모형의 식별

잠정적으로 추정된 전이함수에 의해서 추정된 노이즈 계열은 다음과 같이 된다.

$$\hat{\eta} = y_t - \frac{0.635}{(1-0.327B)} x_t, \quad x_t = (1-B)X_t, \ y_t = (1-B)Y_t$$

추정된 노이즈 계열에 적합한 모형을 식별하기 위한 SACF는 [표 13.4]에 나타나 있다. 그런데 이들 패턴은 백색잡음의 특성을 나타내고 있다. 그러나 잠정적으로 다음과 같은 AR(1) 모형으로 식별하고, AR 계수에 대해서는 전이함수-노이즈 모형을 추정하면서 검정할 수 있다.

$$(1-\phi_1 B)\eta_t = a_t$$

3) 전이함수-노이즈 모형의 추정 및 검진

잠정적으로 식별된 전이함수와 노이즈 모형을 결합시키면 다음과 같은 전이함수-

노이즈 모형이 식별된다.

$$(1-B)Y_t = \frac{\omega_0}{1-\delta_1 B}(1-B)X_t + \frac{1}{(1-\phi_1 B)}a_t$$

이 모형을 추정하면 [표 13.5]와 같이 된다.
즉, 추정된 모형은 다음과 같이 된다.

$$(1-B)Y_t = \frac{0.541}{1-0.333B}(1-B)X_t + \frac{1}{(1-0.238B)}a_t$$

그리고 $(1-0.071B+0.411B^2)x_t = \alpha_t$, $x_t = (1-B)X_t$

그런데 잠정적으로 제안된 모형의 최종적인 선택은 잔차의 분석을 통하여, 즉 a_t가 백색잡음인가, 또 사전 순화된 투입계열 α_t와 독립인가를 검토한 후에 결정한다. 그러므로 잔차 $\hat{a}_t$의 SACF와 α_t와 $\hat{a}_t$ 간의 표본교체상관함수 SCCF를 구하면 [표 13.5]와 같다. 그런데, 추정된 ACF와 CCF는 모두 0과 유의적으로 다르지 않고 또한 특별한 패턴을 나타내지 않고 있다. 또 잔차에 대한 포트맨토우 검정결과에서도 유의확률이 모두 0.1보다 크므로 잔차들 간에 자기상관이 존재하지 않는 것으로 분석된다. 그리고 추정된 계수들도 유의수준 10%로 모두 유의하므로 추정된 모형은 적합한 것으로 판정된다.

[표 13.5] 전이함수-노이즈 모형의 추정 및 검진

```
                    TRANSFER FUNCTION MODEL

              Conditional Least Squares Estimation

                                 Approx.
    Parameter    Estimate     Std Error    T Ratio  Lag  Variable Shift
    AR1,1         0.23841      0.16923       1.41    1   Y            0
    NUM1          0.54110      0.14163       3.82    0   X            0
    DEN1,1        0.33320      0.21631       1.54    1   X            0

   Variance  Estimate = 38948.2669
   Std Error Estimate = 197.353153
   AIC                = 619.659566*
   SBC                =  625.14549*
   Number of Residuals=         46

              Autocorrelation Check of Residuals

    To    Chi                        Autocorrelations
   Lag  Square DF    Prob
     6    0.72  5   0.982 -0.023  0.091  0.027 -0.009  0.065 -0.011
    12    7.49 11   0.758 -0.037 -0.185 -0.204 -0.012 -0.183  0.036
    18   10.90 17   0.862 -0.116 -0.120 -0.081 -0.103  0.050  0.033
    24   21.60 23   0.545  0.079  0.238 -0.037  0.169 -0.063  0.150

              Crosscorrelation Check of Residuals with Input X

    To    Chi                        Crosscorrelations
   Lag  Square DF    Prob
     5    5.63  4   0.229 -0.010  0.035 -0.043 -0.086 -0.084 -0.324
    11    8.25 10   0.605 -0.147 -0.157 -0.033 -0.048 -0.071  0.045
    17   10.37 16   0.846  0.041 -0.103 -0.044  0.170  0.053  0.015
    23   16.87 22   0.771  0.058  0.334 -0.013  0.015 -0.111  0.117
```

4) 예측

최종적으로 채택된 모형을 다시 나타내면 다음과 같이 된다.

$$Y_t = 1.571\,Y_{t-1} - 0.640\,Y_{t-2} + 0.079\,Y_{t-3} + 0.541X_t$$
$$- 0.670X_{t-1} + 0.129X_{t-2} + a_t - 0.333a_{t-1}$$

그리고

$$X_t = 1.071X_{t-1} - 0.482X_{t-2} + 0.411X_{t-3} + \alpha_t$$

따라서 현재 시점이 $n=48$일 때 한 시점 후의 예측값 (F_{48+1})은 다음과 같이 계산된다.

$$F_{48+1} = 1.571\,Y_{48} - 0.640\,Y_{47} + 0.079\,Y_{46} + 0.541\hat{X}_{48+1}$$
$$- 0.670X_{t-1} + 0.129X_{t-2} + a_t - 0.333a_{t-1}$$

여기서, $\hat{X}_{48+1}$은 X_{49}의 추정값으로 다음과 같이 구해진다.

$$\hat{X}_{48+1} = 1.071X_{48} - 0.482X_{47} + 0.411X_{46}$$

이와 같이 현재 시점 48에서 미래시점인 49에서 54까지의 예측값을 구하면 다음과 같이 된다.

[표 13.6] 전이함수 모형에 의한 판매액의 예측결과

TRANSFER FUNCTION MODEL

Forecasts for variable Y

Obs	Forecast	Std Error	Lower 95%	Upper 95%	Observed
49	1611.1907	229.2970	1161.7769	2060.6046	1633
50	1623.0610	373.0707	891.8557	2354.2662	1657
51	1636.5545	471.1845	713.0499	2560.0592	1569
52	1628.3281	549.4914	551.3448	2705.3114	1390
53	1621.1097	620.8155	404.3338	2837.8856	1387
54	1623.6981	686.4566	278.2679	2969.1283	1289

〈프로그램 13.1〉 TRANS.SAS

```
TITLE'TRANSFER FUNCTION MODEL';
OPTIONS NODATE PS=60;
DATA LYDIA;
  INFILE'A:lydia.dat';
  INPUT T X Y;
RUN;
PROC ARIMA;
  IDENTIFY VAR=X(1) NLAG=12;
  ESTIMATE p=2 NOCONSTANT;
  IDENTIFY VAR=Y(1) CROSSCOR=(X(1));
  ESTIMATE INPUT=(/(1)X) NOCONSTANT PLOT;
  ESTIMATE p=1 INPUT=(/(1)X) NOCONSTANT PLOT;
  FORECAST LEAD=6;
RUN;
```

제14장 개입분석과 특이값

14.1 서론

시계열자료는 가끔 공휴일, 파업, 석유파동, 정책변화 등과 같은 특정 외부사건에 영향을 받아서 급격한 변화를 나타내곤 한다. 우리들은 이와 같은 외부사건(external events)을 개입(interventions)이라고 부르고, 이 외부사건의 효과를 평가하는 방법을 **개입시계열 분석**(intervention analysis)이라고 부른다. 개입시계열 분석을 사용하여 이러한 외부사건의 효과를 분석한 실증적 사례로는 Box & Tiao(1975), Montgomery & Weatherby (1980), Izenman & Zabel(1981) 등의 연구들이 있다.

14.2 개입 시계열분석

개입시계열 분석은 시점 T에서 개입이 일어났을 때 시계열 자료의 변화가 일어났는지, 또 일어났다면 그 변화의 형태는 어떤 것인지를 분석하는 방법이다. 이러한 개입시계열을 분석하기 위해서는 먼저 다음과 같은 가정을 한다.

첫째, 외부사건이 개입된 시점을 알고 있다.

둘째, 개입시점 T에서 발생한 동태 모형의 형태를 알고 있다. 즉 개입의 속성과 크기를 알고 있다.

셋째, 개입시점 이전과 후의 잡음항의 모형은 동일하다.

이와 같은 가정하에, 시점 T에서 외부사건이 발생한 경우에 개입 모형은 다음과 같이 나타낼 수 있다.

$$Z_t = f(\underline{\delta}, \underline{\omega}, I_t^{(T)}) + \eta_t \quad t = 1, 2, \cdots, T, T+1, \cdots, n$$

여기서, T는 개입시점을, $\underline{\delta}$, $\underline{\omega}$는 개입의 효과를 나타내는 모수벡터를 나타내고 또 $I_t^{(T)}$는 개입변수로 0 또는 1을 갖는 지시변수(indicator variable)이다. 따라서 개입시계열 모형은 입력계열이 개입변수인 전이함수 모형으로 간주할 수 있다. 이 때 개입시점

T에서 발생한 동태 모형 $f_t(\cdot)$은 알고 있는 것으로 간주하므로 이 모형의 형태에 따라서 다양한 개입 모형이 설정될 수 있다.

또, 개입시계열 모형에서는 일반적으로 잡음항 η_t가 승법 ARIMA 모형을 따르는 것으로 간주하므로 개입시계열 모형은 다음과 같이 나타낼 수 있다.

$$Z_t = \frac{\omega(B)B^b}{\delta(B)} I_t^{(T)} + \frac{\theta(B)}{\phi(B)} a_t$$

여기서 $\omega(B) = \omega_0 - \omega_1 B - \cdots - \omega_s B^s$, $\delta(B) = \delta_0 - \delta_1 B - \cdots - \delta_s B^r$는 B의 다항식이고, b는 개입효과에 대한 지연시간을 나타낸다.

14.3 개입변수의 유형

개입변수에는 시점 T에서 개입이 발생하고 그 효과가 지속되는 경우와 발생효과가 시점 T에서만 나타나는 두 가지 유형이 있다.

먼저, 시점 T에서 개입이 발생하고 그 효과가 지속되는 경우의 개입변수는 다음과 같은 **계단함수**(step function)로 나타난다.

$$I_t^{(T)} = S_t(T) = \begin{cases} 0, & t < T \\ 1, & t \geq T \end{cases}$$

또, 시점 T에서 개입이 발생하고 그 효과가 시점 T에서만 나타나는 경우의 개입변수는 다음과 같은 **간헐함수**(pulse function)로 나타난다.

$$I_t^{(T)} = P_t(T) = \begin{cases} 1, & t = T \\ 0, & t \neq T \end{cases}$$

그런데, 간헐함수 $P_t^{(T)}$와 계단함수 $S_t(T)$는 다음과 같은 관계가 성립한다.

$$P_t^{(T)} = S_t(T) - S_t(T-1) = (1-B)S_t(T)$$

따라서 개입시계열 모형은 계단함수로 혹은 간헐함수로도 나타낼 수 있다. 개입시계열 모형에서 설정할 수 있는 동태 모형은 여러 가지 유형들을 고려할 수 있으나 여기서는 대표적인 몇 가지를 설명하기로 한다.

$$「모형\ 1」 : Z_t = \omega B^b S_t^{(T)} + \frac{\theta(B)}{\phi(B)} a_t$$

개입시점 T에서 계단입력이 일어나고, b 기간 이후의 $(T+b)$ 시점부터 ω만큼의 영향을 미치는 경우이다. 이 모형에서 $b=1$인 경우를 그림으로 나타내면 [그림 14.1]과 같이 된다. 예를 들어서, 어느 강의 상류에서 댐이 생기면 이후 강하류의 특정 지점의 수위는 급격히 줄어들 것이며 「모형 1」은 이와 같은 현상을 분석하는 대 적용할 수 있다.

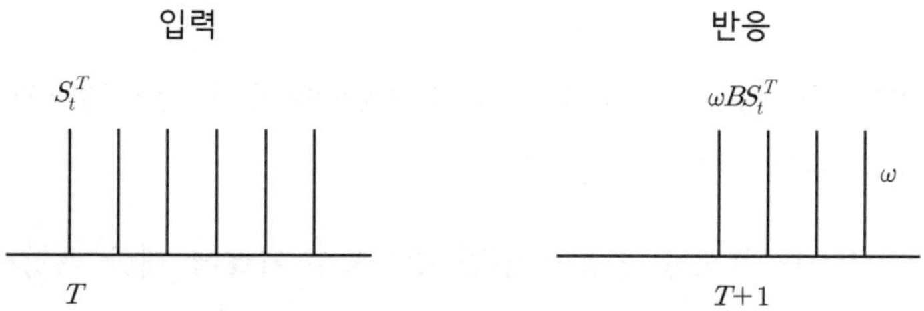

[그림 14.1] 개입시점이 T이고 T+1시점에서부터 ω 만큼의 영향을 미치는 경우

$$「모형\ 2」 : Z_t = \frac{\omega B^b}{(1-\delta B)} S_t^{(T)} + \frac{\theta(B)}{\phi(B)} a_t$$

개입시점 T에서 계단입력이 일어나고, b 기간 이후의 (T + b)시점부터 점진적인 영향을 미치는 경우이다. 이 모형에서 $b=1$이고 $0<\delta<1$인 경우를 그림으로 나타내면 [그림 14.2]와 같이 된다. 이 때 $0 \le \delta \le 1$이고, $\delta=0$인 경우에는 「모형 1」과 같아지고, $\delta=1$인 경우에는 개입효과는 한도가 없이 선형적으로 증가한다. 예를 들어서, 어떤 상품의 광고를 시작했을 때 상품의 판매량은 시간의 흐름에 따라서 점진적으로 증가할 것으로 생각할 수 있다. 이와 같은 광고의 효과를 분석하고자 할 때는 「모형 2」를 적용할 수 있다.

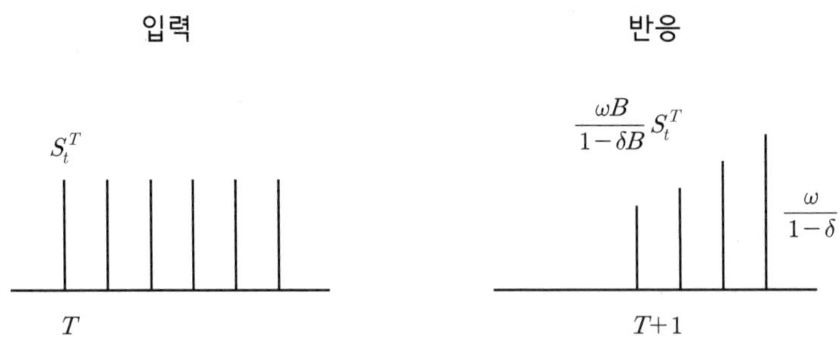

[그림 14.2] 개입시점이 T이고 T+1시점에서부터 점진적인 영향을 미치는 경우

14.4 사례분석 : 중국정부의 홍콩에 대한 주권행사에 관한 안의 발표가 홍콩의 주가지수에 미치는 영향 분석

웨이(Wei, 1990)가 분석한 홍콩의 일별 주가지수 자료에 대한 개입시계열 분석과정을 살펴보자. 이 자료는 홍콩 경제 및 연구 센터(Hong Kong Economic and Research Center)에서 발표된 1981년 7월 16일부터 1983년 9월 30일까지의 일별 주가지수 계열로 총 552개의 자료로 탐진 홈페이지(www.tamjin.co.kr)에서 다운받을 수 있다. 중국정부는 1982년 7월 16일 영국의 직할식민지인 홍콩의 전지역에 대해서 중국정부가 통치권과 행정권을 행사하겠다는 안을 발표하였다.

이러한 발표는 홍콩주민들과 홍콩에 투자하고 있는 투자자들을 불안하게 만들어 홍콩의 주가지수는 엄청나게 떨어졌다. 여기서는 개입시계열 분석을 이용하여 중국정부의 발표가 홍콩 주가지수의 흐름에 유의적인 영향을 미쳤는지를 분석하는 것이다.

홍콩 주가지수를 그림으로 나타내면 [그림 14.3]과 같이 나타난다. 이 때 총 자료의 개수는 $n = 552$이고, 개입시점은 $\mathrm{T} = 260$이다.

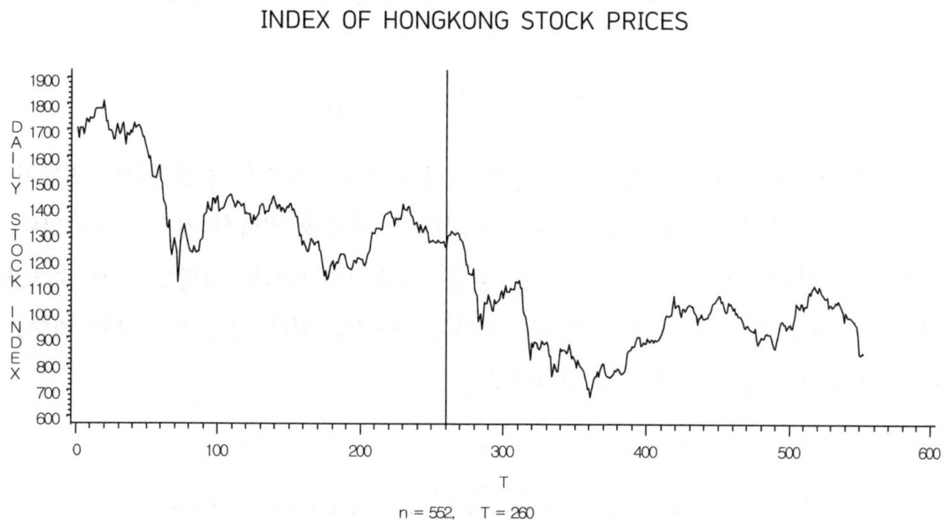

[그림 14.3] 홍콩 주가지수

먼저 개입을 받지 않은 기간인 259번째까지의 자료를 이용하여 잡음항의 모형을 식별한다. 원계열과 일차 차분계열에 대한 표본 ACF와 PACF를 구하면 분석결과 다음과 같이 나타난다(<프로그램 14.1> 참조).

일차 차분계열에 대한 SACF와 SPACF의 분석결과에서 우리들은 개입시점 이전까지의 원계열은 아래와 같은 확률보행과정을 따르는 것으로 판단할 수 있다.

$$(1-B)\eta_t = a_t$$

중국정부의 발표안의 홍콩주가에 대한 영향이 즉각적으로 주가에 반영된다면 다음과 같은 반응함수를 생각할 수 있다.

$$\omega_0 I_t$$

여기서 ω_0는 발표안의 충격을, 그리고 $I_t = 0,\ t < 260,\ I_t = 1,\ t \geq 260$를 나타낸다.

이 때 간섭시계열 모형은 다음과 같이 나타낼 수 있다.

$$Z_t = \omega_0 I_t + \frac{a_t}{(1-B)},\ \text{혹은}\ (1-B)(Z_t - \omega_0 B\, I_t) = a_t$$

이 모형을 추정하면 그림에서 $\omega_0 = -0.380$으로 추정되므로 다음과 같이 된다.

$$Z_t = -0.380 I_t + \frac{a_t}{(1-B)}$$

또, 잔차가 백색잡음과정을 따르는가를 검정하는 포트멘토우 검정에서도 귀무가설을 기각할 수 없으므로 추정된 모형은 주어진 시계열 자료에 적합한 것으로 나타난다.

즉, 중국정부의 발표안은 미미하지만 홍콩주가를 하락시키는 영향을 미친 것으로 나타난다. 하지만 추정량 ω_0에 대한 표준오차는 24.02로 매우 크므로 추정된 계수는 통계적으로 유의하지 않은 것으로 나타난다.

```
                              Autocorrelations
Lag Covariance Correlation -1 9 8 7 6 5 4 3 2 1 0 1 2 3 4 5 6 7 8 9 1
  0    638.211    1.00000  |                   |********************|
  1  48.999438    0.07678  |                .  |**                  |
  2 -44.555848   -0.06981  |                . *|  .                 |
  3  70.884934    0.11107  |                .  |**.                 |
  4  22.811347    0.03574  |                .  |* .                 |
  5  31.141110    0.04879  |                .  |* .                 |
  6 -95.052815   -0.14894  |                ***|  .                 |
  7  30.261815    0.04742  |                .  |* .                 |
  8   6.902098    0.01081  |                .  |  .                 |
  9   5.495919    0.00861  |                .  |  .                 |
 10  28.248481    0.04426  |                .  |* .                 |
 11 -63.768282   -0.09992  |                .**|  .                 |
 12  37.678721    0.05904  |                .  |* .                 |
 13   0.402961    0.00063  |                .  |  .                 |
 14  48.300001    0.07568  |                .  |**.                 |
 15  29.867834    0.04680  |                .  |* .                 |
 16  35.619385    0.05581  |                .  |* .                 |
 17  88.742178    0.13905  |                .  |***                 |
 18   6.503630    0.01019  |                .  |  .                 |
 19   3.479353    0.00545  |                .  |  .                 |
 20 -25.701582   -0.04027  |                . *|  .                 |
```

[그림 14.4] 홍콩 주가지수 계열의 SACF

```
                 Partial Autocorrelations

Lag Correlation -1 9 8 7 6 5 4 3 2 1 0 1 2 3 4 5 6 7 8 9 1
  1    0.07678   |                    . |**                |
  2   -0.07616   |                   **| .                 |
  3    0.12413   |                    . |**                |
  4    0.01023   |                    . | .                |
  5    0.06461   |                    . |*.                |
  6   -0.17436   |                  ***| .                 |
  7    0.08724   |                    . |**                |
  8   -0.04870   |                    .*| .                |
  9    0.06960   |                    . |*.                |
 10    0.01440   |                    . | .                |
 11   -0.08047   |                   **| .                 |
 12    0.04470   |                    . |*.                |
 13   -0.01728   |                    . | .                |
 14    0.11023   |                    . |**                |
 15    0.01580   |                    . | .                |
 16    0.09881   |                    . |**                |
 17    0.06415   |                    . |*.                |
 18    0.02592   |                    . |*.                |
 19   -0.02520   |                    .*| .                |
 20   -0.04004   |                    .*| .                |
```

[그림 14.5] 홍콩 주가지수 계열의 SPACF

[표 13.7] 모수추정 및 모형진단

Autocorrelation Check for White Noise

To Lag	Chi Square	DF	Prob	Autocorrelations					
6	12.93	6	0.044	0.077	-0.070	0.111	0.036	0.049	-0.149
12	17.78	12	0.123	0.047	0.011	0.009	0.044	-0.100	0.059
18	26.23	18	0.095	0.001	0.076	0.047	0.056	0.139	0.010
24	33.00	24	0.104	0.005	-0.040	-0.002	0.047	-0.099	-0.101

Unconditional Least Squares Estimation

Parameter	Estimate	Approx. Std Error	T Ratio	Lag	Variable	Shift
NUM1	-0.38000	24.01791	-0.02	0	X	0

```
Variance  Estimate = 576.859789    Std Error Estimate = 24.0179056
AIC                = 5067.70653    SBC                = 5072.01827
Number of Residuals=        551
```

Autocorrelation Check of Residuals

To Lag	Chi Square	DF	Prob	Autocorrelations					
6	15.86	6	0.015	0.070	-0.016	0.122	0.028	-0.003	-0.087
12	17.72	12	0.124	0.030	0.016	0.014	0.039	0.004	0.021
18	21.69	18	0.246	0.003	0.032	0.025	-0.001	0.072	-0.002
24	23.88	24	0.468	0.028	-0.015	-0.034	0.007	-0.024	-0.032
30	32.77	30	0.333	0.011	-0.048	-0.056	-0.092	0.009	0.035
36	41.47	36	0.244	-0.044	-0.006	0.071	0.053	-0.019	-0.068

〈프로그램 14.1〉 INTER.SAS

```
OPTIONS LINESIZE=72 PAGESIZE=60;
DATA HONG;
     INFILE'A:HONGKONG.DAT';
     INPUT T Z;
     X=(T>259);
     RUN;
PROC ARIMA DATA=HONG(OBS=259);
     IDENTIFY VAR=Z(1);
RUN;
PROC ARIMA DATA=HONG;
     IDENTIFY VAR=Z(1) CROSS=(X(1)) NOPRINT;
     ESTIMATE INPUT=(X) METHOD=ULS NOINT;
RUN;
```

14.5 시계열 특이값

시계열 관측값은 가끔 파업, 전쟁의 돌발, 갑작스러운 정치적 혹은 경제적 위기, 홍수, 한파 등과 같은 사건들에 의한 영향을 받게 된다. 이러한 돌출 사건의 결과는 다른 계열들과 일치성을 갖지 않는 자료들을 생성하게 되고 우리들은 이와 같은 관측값들을 특이값(outlier)이라고 칭한다. 그런데, 돌출 사건의 시기와 원인이 알려지는 경우에는 앞에서 다룬 개입분석을 사용해서 이들의 효과를 분석할 수 있다. 그러나 실제분석에서는 일반적으로 돌출사건의 시기는 알려지지 않는다. 자료분석에서 특이값이 포함되는 경우에는 분석결과가 전혀 달리 나타날 수 있으므로 그러한 특이값의 효과를 간파하고 제거하는 절차는 매우 중요하다. 시계열 특이값을 검색하는 방법은 Fox (1972)가 최초로 가법 모형과 혁신 모형(additive and innovation model)을 사용하는 방법을 제안했고, 그 외에 Abraham & Box(1979), Chang & Tiao(1983), Tsay(1986) 등의 연구들이 있다.

Z_t를 관측된 시계열 그리고 X_t를 특이값이 포함되지 않은 시계열이라고 하고, 또 두 계열은 모두 정상계열이라고 한다.

이 때, $\{X_t\}$를 다음과 같은 ARMA(p,q) 모형을 따른다고 하자.

$$\phi(B)X_t = \theta(B)a_t$$

여기서, $\phi(B)=1-\phi_1B-\cdots-\phi_pB^p$, $\theta(B)=1-\theta_1B-\cdots-\theta_qB^q$이고, $\{a_t\}$는 백색잡음

이고 독립적으로 동일한 분포 $N(0,\ \sigma_a^2)$를 따른다.

이 때 가법적 특이값(additive outlier: AO)은 다음과 같이 정의된다.

$$\begin{aligned} Z_t &= X_t + \omega I_t^{(T)} \\ &= \frac{\theta(B)}{\phi(B)} a_t + \omega I_t^{(T)} \end{aligned}$$

여기서, I_t는 시점 T에서의 특이값의 존재여부를 나타내는 지시변수로서 다음과 같다.

$$\begin{aligned} I_t^{(T)} &= 1,\ t = T, \\ &= 0,\ t \neq T \end{aligned}$$

또, 혁신적 특이값(innovational outlier: IO)을 갖는 모형은 다음과 같이 정의된다.

$$\begin{aligned} Z_t &= X_t + \frac{\theta(B)}{\phi(B)} \omega I_t^{(T)} \\ &= \frac{\theta(B)}{\phi(B)} (a_t + \omega I_t^{(T)}) \end{aligned}$$

따라서 가법적 특이값은 T-번째 관측값의 수준에만 영향을 미치지만, 혁신적 특이값은 시점 T 이후의 모든 관측값에 영향을 미친다. 이들 모형을 일반화 시켜서 나타내면, 즉 시계열이 k개의 특이값을 포함하는 경우에는 특이값을 포함하는 모형은 다음과 같이 나타낼 수 있다.

$$Z_t = \sum_{j=1}^{k} \omega_j \nu_j(B) I_t^{(T_j)} + X_t$$

여기서, $t = T_j$ 일 때, 가법적 특이값에 대해서는 $\nu_j(B) = 1$, 혁신적 특이값에 대해서는 $\nu_j(B) = \theta(B)/\phi(B)$를 나타낸다.

제 15 장 질적 예측방법

15.1 서론

앞에서 취급된 예측방법들은 양적인 예측방법들로서 관찰된 과거의 양적자료를 바탕으로 예측이 이루어졌다. 즉 과거의 관찰자료를 분석하여 일정한 규칙성이 발견되면, 이것을 바탕으로 미래의 사상에 대해 예측을 하게 된다. 그러나 이러한 예측이 항상 가능하지는 않다.

우선 과거의 자료가 충분치 않은 경우 우리는 앞에서 기술된 예측방법을 사용할 수 없게 되는데, 특히 예측해야 할 현상이 기름파동과 같이 자주 반복되지 않는 특수한 현상인 경우에는 자료자체가 충분히 없거나 수량화가 될 수 없다. 이러한 경우 앞에서 소개된 객관적인 통계적 예측방법으로는 예측이 불가능하다.

이와 같이 객관적인 통계적 예측방법이 적용될 수 없는 현상을 예측하려고 하면 비형식적이고, 또한 전문가들의 주관적인 전문지식을 소화시킬 수 있는 방법이 필요하게 된다.

이러한 방법 중 널리 알려진 「델파이」 방법, 「시나리오」 방법 그리고 「크로스-임팩트」 방법들을 간략하게 설명한다.

15.2 「델파이」 방법

예측을 하는 데는 한 전문가의 견해나 여러 전문가들의 견해를 참고로 할 수 있는데 「델파이」(Delphi) 방법이 바로 이러한 방법의 대표적인 예이다. 간단히 요약하면 「델파이」 방법은 선택된 전문위원회의 의원들이 미래에 관한 견해를 수립 정리한 후 가능한 일치되는 점을 찾아내어 이것을 예측에 사용하는 방법이다. 이 방법에서는 익명이 보장되어 있고 견해에 관한 설문이 여러 차례 반복되며 평균, 중위값과 같은 간단한 통계적 분석방법이 사용된다는 것이 그 특징이라 말할 수 있다.

1) 익명

「델파이」 방법이 시행되는 동안 위원회 회원들은 익명으로 있게 되므로 어떠한 견해를 갖고 있는가 밝혀지지 않는다. 따라서 여러 차례 질문이 시행되는 동안 전문위원이 자신의 견해를 변경하더라도 그것이 표면화되지 않는다. 이와 같이 익명이 보장되는 것은 특수한 사람의 견해가 다른 전문위원의 견해에 특별한 영향을 주는 것을 방지하기 위한 것이다.

2) 반복되는 정보교환

위원간의 상호관계는 설문에 대한 답변을 통해 이루어지는데 각 위원은 설문에 대한 답변을 위원회에 제시하게 되며 제시된 대다수 위원의 견해의 중요한 부분이 정리되어 다시 각 위원에게 전달된다. 제시된 다른 위원들의 견해를 바탕으로 각 위원은 자신의 견해를 재검토하여 위원회에 다시 보고하며 이러한 과정이 수차 반복된다.

3) 통계적 처리

위원회는 대다수의 견해, 즉 위원의 대다수가 일치하는 의견만을 보고하기도 하지만 경우에 따라서는 각 위원의 견해가 포함되는 평균값 또는 중위값을 보고할 수도 있다.

가능한 한 전문가들의 견해의 차이를 좁히기 위하여 설문조사가 수차 반복될 수 있지만 보통 비용관계로 3~4번만 실시한다.

특히 기술진보, 즉 미래에 발견에 관해 흔히 사용되는 「델파이」 방법은 1965년 「랜드」협회에서 최초로 시도되었으며 예측능력이 좋아 자주 사용되고 있으나 몇 개의 문제점을 갖고 있다.

우선 무엇보다도 문제가 될 수 있는 점은 누구를 전문위원으로 선택할 것인가 하는 점이며, 또 설문이 어떻게 작성되는가에 따라 예측결과가 다를 수 있다는 점이다. 그 외에도 문제로 지적되는 점은 「델파이」 방법에 참여하는 전문위원들이 설문에 관해 신중히 생각지 않고 이 방법을 장난삼아 하는 게임정도로 간주하는 경우가 흔히 있다는 점이다.

이 방법에 관해 관심이 있는 독자들은 Sackman(1975), Markridakis & Wheelwright (1978), George & Peter(1987)를 참고할 수 있다. 또 실증적 분석 사례로는 Ted & George(1985), Parente & Anderson(1984) 등이 있다.

15.3 「시나리오」 방법

「시나리오」(Scenario)란 현시점의 특수한 상태를 출발점으로 하여 어떠한 과정을 통해 가능한 한 미래의 상태에 도달할 수 있는가를 분석하는 방법을 말한다. 즉 예측과는 달리 「시나리오」는 미래의 가능성을 제시 하는데 사용된다.

「시나리오」의 한 예로서 다음과 같은 선진국의 노동시장의 발전가능성을 전개하여 보기로 한다. 앞으로 10년간에는 생산에 참여하는 여성노동자의 비율이 증가할 것이며 특히 주당 30시간 이상 노동하는 20세-60세 사이의 노동자들 중에서 여성의 비율이 커질 것이다. 전반적으로 노동력의 수는 증가할 것이며 정년퇴직의 법적 완화는 공급되는 총 노동 시간을 증가시킬 것이다.

한편 출생률의 감소는 학교를 떠나 노동에 적극 참여하는 노동력의 수를 매년 감소시킬 것이다. 또한 산업의 자동화는 새로운 직업을 창출함으로써 전체적인 노동력의 수요를 증가시킬 것이다. 동시에 노동자의 평균노동시간이 감소됨에 따라 고용주는 증가된 노동 수요를 충족시키기 위해 더 많은 노동자를 고용하게 될 것이다. 그 후 10년간에도 이러한 경향은 지속될 것이며 노동자의 건강상태가 일반적으로 좋아지고, 또 퇴직자의 사회보장 제도가 약화됨에 따라 늦게 퇴직하는 경향이 나타나게 될 것이다. 특히 사회보장제도의 재정문제는 심각해 질 것이며, 여성의 노동참여율의 증가는 이 문제를 더욱 심각하게 할 것이다.

위 예에서 알 수 있듯이 미래에 대한 예측이 아니고 여러 가능성 중에서 한 가능성을 중점적으로 제시하는 것이다. 물론 이러한 「시나리오」를 전개시키는 과정에서는 여러 가정을 전제해야 하는데 어떠한 가정을 하는가에 따라 상이한 「시나리오」가 전개될 수 있다.

다음과 같은 이유는 「시나리오」가 적절하고 효율적인 예측방법임을 보여준다. 첫째로 「시나리오」는 사용자로 하여금 중요한 사상들의 인과관계를 체계적으로 분석케 하고, 가능한 미래의 사상들 간의 논리적 모순을 검토하게 함으로써 미래의 가능성을 보여준다. 둘째로, 시나리오는 순수한 주관적 방법보다는 많은 관찰자료를 사용함으로써 어느 정도의 객관성을 갖고 있을 수 있으며 제한된 시간과 자료로도 「시나리오」를 작성할 수 있다는 장점이 있다.

그런데 이 방법에서의 문제점은 각 「시나리오」가 전개될 확률을 어떻게 결정해야 할 것인가 라는 것이다.

일반적으로 이러한 확률은 전문가들의 주관적인 평가, 혹은 델파이방법을 통해 각 가능한 시나리오에 대한 확률을 평가할 수 있다. 「시나리오」의 확률 결정과 관련된 연구로는 Sarin(1978,1979), De Kluyver's and Moskowitz(1984) 그리고 Brauers and Weber (1988) 등이 있다.

15.4 「크로스 임팩트」 분석

이 방법은 「델파이」 방법 및 「시나리오」 방법과 밀접한 관련성을 갖고 있는 예측방법으로 방법의 기초원리는 매우 간단하다. 「크로스 임팩트」 방법은 미래의 사상들이 어떻게 상호작용을 하며 이 상호작용은 어느 시점에서 어떠한 확률로 일어날 것인가 하는 것을 체계적으로 분석하여 예측하는 방법이다. 이때 분석에 사용되는 도구는 「크로스 임팩트」 행렬(Cross-Impact matrix)이다.

예를 들어서 문제가 되는 세 개의 사상을 각각 E_1, E_2, E_3라 하고 사상 E_i가 다른 사상들에게 영향을 주게 되는 시차를 t_i라 표시하며, 또 영향을 줄 확률을 $P(E_i)$라 한다면, 「크로스 임팩트」의 행렬은 다음과 같다.

<table>
<tr><td rowspan="2">사상</td><td rowspan="2">시점</td><td rowspan="2">확률</td><td colspan="3">사생 발생할 경우</td></tr>
<tr><td>E_1</td><td>E_2</td><td>E_3</td></tr>
<tr><td rowspan="3">E_1</td><td rowspan="3">t_1</td><td rowspan="3">$P(E_1)$</td><td rowspan="3"></td><td>증진</td><td>증진</td></tr>
<tr><td>10%</td><td>50%</td></tr>
<tr><td>즉시</td><td>7년</td></tr>
<tr><td rowspan="3">E_2</td><td rowspan="3">t_2</td><td rowspan="3">$P(E_2)$</td><td>억제</td><td rowspan="3"></td><td>증진</td></tr>
<tr><td>-20%</td><td>0%</td></tr>
<tr><td>5년</td><td>즉시</td></tr>
<tr><td rowspan="3">E_3</td><td rowspan="3">t_3</td><td rowspan="3">$P(E_3)$</td><td>억제</td><td>억제</td><td rowspan="3"></td></tr>
<tr><td>-10%</td><td>-70%</td></tr>
<tr><td>즉시</td><td>즉시</td></tr>
<tr><td colspan="3"></td><td colspan="3">사상 발생하지 않을 경우</td></tr>
</table>

[그림 16.1] 「크로스 임팩트」 행렬의 예

위의 행렬의 대각선 위쪽 부분은 사상들을 증신시키는 확률과 그 시차가 기록되고 반면에 대각선 아래쪽은 사상을 억제시키는 확률과 시간의 간격이 기록된다. 위의 예에서 E_1이 발생하게 되면 E_2의 발생 확률을 10% 증가시키게 하는 영향을 즉각적으로 미치게 하고, E_3에는 시점 t_3보다 7년 전에 영향을 미치고, 또 E_3가 발생할 확률을 50% 증가시키게 한다. 반면에 E_1이 발생하지 않으면 E_2가 발생할 확률을 20%감소시키는 영향을 미치고, 그러한 영향은 5년 동안 지연된다. 또 E_3에는 즉각적으로 E_3가 발생할 확률을 10% 감소시키는 영향을 미친다.

「크로스 임팩트」 행렬 작성방법을 좀 더 명확히 이해하기 위하여 한 가상적인 예를 계산해 보기로 하자.

한 도시의 미래의 연구실태를 분석 및 예측하고자 하는데 이 도시 인구수의 크기는 공무원직의 수에 좌우된다고 하자. 첫 가능한 사상 (E_1)은 정책에 따라 공무원직을 25% 감소하는 것이며, 이것이 1992년에 발생될 확률이 0.4로 기대된다. 또 다른 사상 E_2는 전국적인 추세에 따라 이 도시의 연간 인구증가율도 현재는 6%이지만 2002년에는 2%로 감소할 것이라는 것이며, 이렇게 될 확률은 0.5이다.

만약 공무원 감원정책이 실현되는 경우(즉, E_1이 발생할 경우) 사상 E_2가 발생할 확률은 60%가 증가하게 되고(원래 E_2가 발생할 확률이 50%이고 나머지 50%에 대한 60%의 증가가 되므로 80%로 된다) 시기도 일 년 당겨 2001년에 E_2가 발생하게 될 것이다. 반면에 E_1, 즉 공무원의 감원정책이 실천되지 않을 경우 E_2가 발생할 확률은 80%가 감소하고 발생하는 시점은 전과 동일하다.

우리는 이제 E_1이 발생하였을 경우의 E_2의 확률 $P(E_1 | E_1)$과 E_1가 발생하지 않았을 경우에 E_2가 발생할 확률 $P(E_1 | \overline{E_1})$을 다음과 같이 계산할 수 있다.

$$P(E_1 | E_1) = 0.5 + 0.6(1.0 - 0.5) = 0.8$$
$$P(E_1 | \overline{E_1}) = 0.5 - 0.8(1.0 - 0.5) = 0.1$$

상기의 예를 「크로스 임팩트」 행렬로 나타내면 아래와 같다.

사상		시간	확률	발생할 경우	
				E_1	E_2
E_1	25%의 공무원 감소	1992	0.4		증진 60% 1년
E_2	연간 인구증가율이 2%로 감소	2002	0.5	억제 - 80% 즉시	
				발생하지 않을 경우	

필요한 경우의 예에 E_2가 발생할 총 평균확률을 구할 수 있는데 이 확률은 E_1의 우도(likehood)를 가중함으로써 다음과 같이 산정될 수 있다.

$$P(E_2) = \frac{0.8(0.4) + 0.1(0.6)}{0.4 + 0.6} = 0.38$$

「크로스 임팩트」 예측방법은 여러 분야에 사용될 수 있으나 문제점은 「델파이」, 「시나리오」와 같은 다른 질적 예측방법의 경우와 같이 사상들 간의 상호연관성과 이들이 발생하는 확률을 구하기 어려운데 있다.

관심이 있는 독자들은 Jackson and Lawton(1976), Martino and Chen(1978), Brauers and Weber(1988) 등을 참고할 수 있다.

제 16 장 결합예측

16.1 결합예측이란?

미래를 알고자 하는 인간의 욕망은 항상 존재하고 있고, 그러한 욕망은 미래를 좀 더 합리적이고, 과학적으로 예측하고자 하는 노력으로 나타난다. 그러나 이러한 노력에도 불구하고 정확한 예측은 거의 불가능하다. 특히 사회 혹은 경제현상에 대한 예측은 자연현상과는 달리 그 구조의 복잡성과 자료의 특이성 때문에 예측력은 더욱 낮아지게 된다.

한 사상의 미래의 결과를 예측하고자 할 때, 우리들은 여러 가지의 예측모형을 사용할 수 있다. 이때 각 예측모형들은 서로 다른 이론적 배경과 기본가정을 가지게 되고, 또 각 모형에서 사용되는 변수들도 서로 다를 수 있다. 따라서 두 가지 이상의 상이한 모형에 의하여 한 사상의 미래의 결과가 예측될 때, 각 모형에 의하여 예측된 값들은 서로 다른 정보를 반영하게 됨으로 이들을 선형결합시킨 결합예측은 개별예측보다 더 많은 정보를 포함시킬 수 있게 된다. 이러한 기준으로 볼 때 결합예측방법은 개별예측방법보다 더 좋은 예측방법이 될 수 있다. 즉 결과예측방법은 최대정보사용의 기본원리(the axiom of maximal information usages)에서 출발된다(Bun, 1975, p. 362).

결합예측방법은 두 개의 계열예측값들 간의 가중평균(weighted average)에 의한 결합방법을 제시한 Bates와 Granger(1969)에 의하여 최초로 제안되었으며 Reid(1969), Newbold와 Granger(1974), Dickinson(1975)은 이 방법을 다수 개의 예측값들 간의 결합으로 확장시켰다.

결합예측의 가장 단순한 방법은 개열예측값들에 동일한 가중치를 주는 단순평균이고 Makridakis와 Winkler(1983), Clemen과 Winkler(1986)는 실증적 분석을 통하여 단순평균에 의한 결합예측이 개별예측보다 우월함을 보였다. 이 결합예측방법은 개별예측방법의 정확도(accuracy)를 고려하는 가중평균 결합방법보다 더 유효할 수는 없을 것이나, 개별예측방법의 정확도에 관한 사전정보가 전혀 없거나 사전적으로 동등한 예측력을 가정할 수 있을 때는 유용한 방법이 될 수도 있다.

Bates와 Granger(1969), Newbold와 Granger(1974) 등은 결합가중치의 결정에 있어

서 예측오차의 분산이 상대적으로 작은 예측방법들이 더 많은 정보를 가진다는 가정하에, 결합예측오차의 분산을 최소로 하는 가중치의 결정방법을 제안했다.

즉 시점 T에서 관측될 θ_T를 예측하고자 할 때, 서로 다른 두 가지 방법에 의하여 예측된 θ_T의 개별예측을 각각 f_{1T}, f_{2T}라 하고 이들 결합예측을 f_{CT}, 결합가중치를 W_1, W_2라 하면, f_{CT}는 다음과 같이 나타낼 수 있다.

$$f_{CT} = w_1 f_{1T} + w_2 f_{2T} \tag{16.1.1}$$

여기서 $E(f_{iT} - \theta_T) = 0 (i = 1,\ 2)$ 및 $w_1 + w_2 = 1$을 가정하면 $E(f_{cT} - \theta_T) = 0$이 성립되고, 또 이 식은 다음과 같이 된다.

$$f_{CT} = w f_{1T} + (1-w) f_{2T} \tag{16.1.2}$$

이때 결합예측오차 $(e_{CT} = f_{CT} - \theta_T)$의 분산을 최소로 하는 가중치에 의한 결합예측은 개별예측오차들의 분산보다 더 작은 오차분산을 갖게 되고, 또 결합예측값은 불편추정값이 된다. 그런데 일반적으로 미래의 한 시점 T에서 예측오차의 분산은 알려져 있지 않지만, 예측오차들의 분산이 정상적(stationary)인 경우에는 과거자료에 의하여 추정될 수 있다.

또 개별예측오차들이 정상적이고 과거의 자료가 주어지는 경우에는 제한최소제곱법(restricted least squares methods)을 사용하여 가중치 w를 추정할 수 있다. 이러한 방법은 Nelson(1972), Granger와 Ramanathan(1984), Mills와 Stephenson(1985), Clemen과 Winkler(1986) 등에 의해 고려되었다. 특히 Granger와 Ramanathan(1984)은 f_{CT}를 통상최소제곱법(ordinary least squares methods)에 의하여 추정할 것을 제안했다.

Morris(1977), Winkler(1981), Agnew(1985), Clemen과 Winkler(1986)등은 개별정보에 대한 「베이지안」 합치모형에 의한 방법을 비교하여 분석한 결과, 합치모형에 의한 결합예측이 상대적으로 더 우월함을 보였다.

이밖에 결합예측에 관한 실증적 연구로는 Anderson et al.(1982), Winkler와 Makridakis (1983), Figlewski(1983), Bopp(1985) 등이 있으며, 이들은 모두 개별예측보다는 결합예측이 더 우월함을 실증적으로 보여 주고 있다.

16.2 결합예측의 동기와 필요성

Bates와 Granger(1969)는 서로 다른 두 가지 예측 모형에 의하여 추정된 예측값들은 각기 다음과 같은 두 가지의 서로 독립된 정보를 포함함으로써 결합예측은 보다 많은 정보를 가질 수 있다고 지적했다.

첫째, 하나의 예측방법은 다른 예측방법에서 고려되지 않은 변수나 정보에 의하여 추정된다.

둘째, 두 예측 모형에서 변수들 간의 관련성의 형성은 서로 다른 기본가정에 의해서 이루어진다.

미지의 한 관측값을 예측하고자 할 때 서로 다른 두 가지 이상의 예측방법이 사용된다면 각 예측방법은 서로 다른 기본가정과 이론적 배경에 의하여 독립적으로 설정되므로, 각각 독립된 정보를 가질 수 있다. 따라서 개별예측들을 적절히 결합시킨다면, 결합예측은 개별예측보다 더 많은 정보를 포함시킬 수 있다. 즉, 각 예측방법이 갖고 있는 가능한 모든 정보를 결합시킴으로써 더 좋은 예측을 할 수 있게 된다. 따라서 주관적 방법과 객관적 방법에 의한 개별예측값들 간의 결합, 시계열 모형과 인과적 모형에 의한 개별예측값들 간의 결합, 혹은 계량경제 모형에서도 서로 전혀 다른 이론적 배경에 의해서 설정되는 모형들 간의 결합예측은 상대적으로 더 높은 예측력의 향상을 기대할 수 있게 된다. 그리고 개별예측값들 간의 결합은 가장 최근의 유용한 자료들의 사용을 가능하게 한다. 즉, 각 모형에서 포함시킬 수 있는 유용한 자료들의 시차들이 서로 다를 때 결합예측은 이들을 모두 포함시키게 된다. 따라서 최근의 자료를 더 많이 포함시킬 수 있으므로 더 좋은 예측결과를 기대할 수 있다(Bopp, 1985, p.1493).

또한 앞에서 지적된 바와 같이 개별예측을 할 때 자료의 정확성문제, 모형의 추정을 위한 가정들에 관한 문제 등에 의해서 좋은 이론적 특성을 갖는 예측을 할 수가 없게 된다. 그러므로 여러 가지 방법에 의하여 예측된 값들을 적절히 결합시킴으로써, 예측의 정확도를 높일 수 있게 된다.

일반적으로 예측을 행할 때 우리들은 비용과 정확도를 동시에 고려하게 된다. 결합예측은 정확도를 높일 수 있지만, 상대적으로 비용이 많이 든다. 그런데 예측을 위한 시간적 혹은 경제적 비용의 문제는 통계적 모형의 추정을 위한 「컴퓨터 프로그램 패키지」의 개발 및 보급의 지속적인 확대로 점차적으로 축소되겠지만, 정확한 예측에 대한 욕망은 오히려 더욱 커질 것이다. 따라서 개별예측값들의 결합을 통한 정확도(accuracy)의 제고는 더욱 강조될 것이다.

16.3 최소분산 기준에 의한 결합예측

미지의 한 사상에 대하여 두 개의 예측값들이 주어질 때, 최소의 결합예측오차의 분산을 가지는 가중치를 상이하여 결합예측을 하는 방법을 Bates와 Granger(1969)는 최초로 제안하였다.

또 Newbold와 Granger(1974), Dickinson(1975) 등은 이러한 방법을 다수개의 예측값들 간의 결합방법으로 확장시켰다.

서로 다른 P가지의 개별예측방법에 의하여 미래의 한 시점 T에서 관측될 θ_T를 예측하고자 할 때, θ_T의 추정량을 $f_{iT}(i=1,2,\cdots,p)$라 하면, 개별예측오차들은 다음과 같이 나타낼 수 있다. 단 이들 개별예측오차들의 기대치는 0이라고 가정한다.

$$e_{iT}=f_{iT}-\theta_T \quad (i=1,\ 2,\cdots,\ p)$$

여기서 결합예측을 개별예측들의 가중평균으로 정의하고, 가중치들의 합이 1이라고 가정하면, 결합예측 f_{CT}와 결합예측오차 e_{CT}는

$$\begin{aligned} f_{CT} &= \sum_{i=1}^{P} w_i\ f_{iT} \quad (\text{여기서}, \sum_{i=1}^{P} w_i = 1) \\ &= \sum_{i=1}^{P} w_i\ e_{iT} \\ e_{CT} &= f_{CT}-\theta_T \end{aligned} \tag{16.3.1}$$

와 같이 된다.

따라서 $E(e_{iT})=0(i\ =\ 1,\ 2,\cdots,\ p)$이면, $E(e_{CT})=0$가 된다. 즉 모든 f_{iT}가 $E(\theta_T)$의 불편추정량이면, f_{CT}도 $E(\theta_T)$의 불편추정량이 된다.

시점 T에서의 결합예측오차분산 σ^2_{CT}은 개별예측 오차들이 정상적(stationary)이라면 다음과 같이 나타난다.

$$V(e_C) = \underline{w}' \ V(\underline{e}) \ \underline{w} = \underline{w}' \sum \underline{w} \tag{16.3.2}$$

여기서, $\underline{e}' = [e_1,\ e_2,\ \cdots\cdots e_p]$, $\underline{W}' = [w_1,\ w_2,\ \cdots\cdots w_p]$,

$\sum$는 개별예측오차들의 공분산행렬.

따라서 최적결합비중 w_i는 $\sum_{i=1}^{P} w_i = 1$이라는 제한조건하에 식 (16.3.2)의 결합예측오차분산을 최소로 하는 $\underline{w}$가 된다. 이러한 $\underline{w}$를 구하기 위해서는 다음과 같이 「라그랑즈」 승수법을 이용할 수 있다.

$$\min_{\underline{w}} \ [\underline{w}'\textstyle\sum\underline{w} \ - \ 2\lambda(\underline{l}\ '\underline{w} \ - 1)] \tag{16.3.3}$$

여기서, $\underline{l}' = [1,\ 1, \cdots\cdots,\ 1]$, λ는 「라그랑즈」상수.

(16.3.3)式에서 $\underline{w}$는 다음과 같이 도출된다.

$$\underline{w} = (\textstyle\sum^{-1} \underline{l}) \ / \ (\underline{l}'\textstyle\sum^{-1}\underline{l}) \tag{16.3.4}$$

그러므로 이때의 결합예측오차의 분산은 다음과 같이 나타난다.

$$V(e_C) = \underline{w}'\textstyle\sum\underline{w} = (\underline{l}'\textstyle\sum^{-1} \underline{l})^{-1} \tag{16.3.5}$$

여기서 $p=2$인 경우를 생각하면, 식 (16.3.4)과 식 (16.3.5)에서

$$w_1 = (\sigma_2^2 - \sigma_{12})/(\sigma_1^2 + \sigma_2^2 - 2\sigma_{12}) \tag{16.3.6}$$

$$w_2 = 1 - w_1$$

$$= (\sigma_1^2 - \sigma_{12})/(\sigma_1^2 + \sigma_2^2 - 2\sigma_{12})$$

$$\sigma_C^2 = \sigma_1^2 \ \sigma_2^2(1-\rho_{12}^2)/(\sigma_1^2 + \sigma_2^2 - 2\rho_{12} \ \sigma_1 \ \sigma_2) \tag{16.3.7}$$

여기서, σ_1^2 , σ_2^2 은 개별예측오차의 분산.

σ_{12}는 개별예측오차들의 공분산.

ρ_{12}는 개별예측오차들의 상관계수.

이 된다.

따라서 개별예측에 대하여 불편성과 정상성을 가정하면, 항상 σ_C^2은 σ_1^2이나 σ_2^2 보다 같거나 작게 된다(Bates와 Granger, 1969, p.463～464). 단, 두 개별예측들의 상관계수 ρ_{12}가 σ_1/σ_2 (혹은 σ_2/σ_1)와 같을 때는 결합예측오차의 분산은 두 개별 오차분산 중에서 작은 쪽의 오차분산과 같게 된다. 즉 식 (16.3.4)에서 만약 $\rho_{12} < \sigma_2/\sigma_1$이면 $w < 0$이고, $\rho_{12} > \sigma_2/\sigma_1$이면 $w > 0$이고, $\rho_{12} = \sigma_2/\sigma_1$이면 $w = 0$가 된다.

그런데 식 (16.3.4)에서 개별예측오차의 공분산행렬 Σ는 알려져 있지 않고, 다만 개별예측오차에 대한 과거자료가 있는 경우에는 추정될 수 있다. 과거자료에서 표본공분산행렬을 이용하여 Σ를 추정할 경우에는 표본의 크기가 아주 크지 않는 이상 추정값 (Σ)는 매우 불안정적이 되고, 이러한 문제는 특히 개별예측들 간의 상관관계가 높을 때 민감하게 나타난다(Clemen과 Winkler, 1986, p.40). 따라서 이 경우에는 시점 T에 대응하는 공분산행렬 Σ_T가 추정되어져야 한다.

Bates와 Granger(1969)는 과거자료로부터 개별오차의 분산을 추정할 때 이들의 분산은 시간의 흐름에 따라 변동될 수 있고, 또 최근의 과거오차에 더 많은 비중이 주어져야 한다는 가정 아래 다음과 같은 결합가중치의 결정방법을 제안했다.

$$(1)\ \hat{w}_T = \frac{\sum_{t=T-v}^{T-1} e_{2t}^2}{\sum_{t=T-v}^{T-1} (e_{1t}^2 + e_{2t}^2)}$$

$$(2)\ \hat{w}_T = \alpha w_{T-1} + (1-\alpha)\frac{\sum_{t=T-v}^{T-1} e_{2t}^2}{\sum_{t=T-v}^{T-1} (e_{1t}^2 + e_{2t}^2)}$$

$$(3)\ \hat{w}_T = \frac{\sum_{t=1}^{T-1} \beta^t e_{2t}^2}{\sum_{t=1}^{T-1} \beta^t (e_{2t}^2 + e_{2t}^2)}$$

$$(4)\ \hat{w}_T = \frac{\sum_{t=1}^{T-1} \beta^t (e_{2t}^2 - e_{1t}\, e_{2t})}{\sum_{t=1}^{T-1} \beta^t (e_{2t}^2 + e_{2t}^2 - 2e_{1t}\, e_{2t})}$$

(5) $\hat{w}_T = \alpha \hat{w}_{T-1} + (1-\alpha) \dfrac{|e_{2,\ T-1}|}{|e_{1,T-1}| + |e_{2,T-1}|}$

여기서 α, β, ν는 적절히 선정되어져야 하는 값들이다. 방법(3), (4)는 가까운 과거오차들에 더 많은 비중을 주는 방법이며, 방법(1)은 개별예측오차들 간에 독립을 가정한 경우가 된다.

Newbold와 Granger(1974)는 2개의 개별예측방법에서의 Bates와 Granger(1969)의 방법들을 동일한 가정하에 확장하여 월별 시계열 경제자료의 예측에 응용했다. 이들의 분석에서도 시계열 모형들에 의해서 추정된 예측값들을 선형결합시킨 결합예측이 개별예측들보다, 우월함을(예측오차의 평균자승합을 기준으로) 보였고, 방법(1)에서 $\nu=12$인 경우가 상대적으로 더 우월한 결합방법임을 실증적으로 분석했다.

결합예측오차의 분산을 최소로 하는 결합가중치를 결정할 때, 만약 개별예측들이 불편성을 만족하지 못한다면 오히려 결합예측의 오차분산은 개별예측오차의 분산보다 더 클 수도 있다. 이 경우에는 결합예측오차의 평균제곱합을 최소로 하는 예측(minimum mean square error forecast)이 이루어져야 한다. 그러므로 개별예측오차들의 기대치가 $\underline{o}$가 되지 않을 경우에는 다음과 같은 수정이 필요하다.

시점 T에서의 편의(bias)된 크기를 d_i라 하면 개별예측오차들은 다음과 같이 나타낼 수 있다.

$$E(e_{iT}) = d_i \ \ (i=1,\ \cdots\cdots,\ p;\ d_i \neq 0)$$
$$\underline{e_t} \sim (\underline{d},\ \Sigma)$$

따라서 $E(\underline{e_t} - \underline{d}) = \underline{0}$, 즉 $\underline{f_T} + \underline{d}$는 $E(\underline{\theta_T})$의 불편추정량이 되고, 결합예측은 다음과 같이 된다.

$$f_{CT} = \underline{w}'(\underline{f_T} + \underline{d}) = \underline{w}'\underline{f_T} + \underline{w}'\underline{d} \tag{16.3.8}$$

즉, f_{iT}는 $E(\theta_T)$의 불편추정량이 아닐지라도 f_{CT}는 $E(\theta_T)$의 불편추정량이 되므로, $\underline{w}'\underline{l} = 1$의 조건하에 $V(e_c)$를 최소로 하는 $\underline{w}$는 식 (16.3.4)와 동일하게 된다. 따라서 사전정보 혹은 개별예측오차들의 과거자료들에 의해서 $\underline{d}$를 추정하여 개별예측값들을 수정한 후, 가중평균에 의한 결합예측을 하면 불편추정값을 구할 수 있으므로 더 유효하게 된다.

16.4 회귀방법에 의한 결합예측

16.4.1 통상최소제곱법에 의한 결합가중치의 추정

개별예측오차들이 정상적(stationary) 계열인 경우, 결합가중치는 회귀추정에 의하여 구해질 수 있다. 개별예측값들에 대한 가중치를 w_1, w_2(단, $w_1 + w_2 = 1$)이라 하면 결합예측 $f_{cT} = w_1 f_{1T} + w_{2F_{2T}}$는 다음과 같이 나타낼 수 있다.

$$\theta_T - f_{2T} = w\ (f_{1T} - f_{2T}) + e_{CT} \tag{16.4.1}$$

식 (16.4.1)에서 w는 예측오차들이 정상적이면 과거의 자료에 의하여 다음과 같이 제한 최소제곱법에 의하여 추정될 수 있다.

$$\hat{w} = \frac{\sum_{t=1}^{n}(f_{1t} - f_{2t})(\theta_t - f_{2t})}{\sum_{t=1}^{n}(f_{1t} - f_{2t})^2},\ \text{여기서}\ n < T,\ e_{it} = f - \theta_t\ (i = 1,\ 2)$$

이때 개별예측오차 $e_{it}(i = 1, 2)$들의 平均이 0이라면, $\hat{w}$는 최소분산기준에 의한 가중치를 과거자료에 의하여 추정하는 경우와 같게 된다. 이러한 회귀방법에 의한 추정은 Nelson(1972)이 처음 적용한 이후, Granger와 Ramanathan(1984), Clemen과 Winkler(1986), Trencler와 Liski(1986) 등에 의하여 연구·분석되었다. 특히, Granger와 Ramanathan (1984)은 잔차의 제곱합(sum of squared residuals: SSR)이라는 기준에서 제한조건이 없는 회귀추정방법이 상대적으로 더 좋은 결합예측 방법이므로 더 이상 예측값들의 결합에 있어서 제한조건을 고수하지 말 것을 제안했다. 즉, Granger와 Ramanathan(1984)은 θ_T에 대한 조건이 없는 평균(unconditional mean) m을 원 모형에 포함시킨 다음과 같은 결합예측 모형을 제안했다.

$$f_{ct} = w_1 f_{1T} + w_2 f_{2T} + w_3 m \tag{16.4.2}$$

여기서 $m = E(\theta_T)$, $w_1 + w_2 + w_3 = 1$을 가정하면, 개별예측값들이 불편추정값이면 f_{CT}도 불편성을 만족할 수 있게 된다.

식 (16.4.2)는 다음과 같이 나타낼 수 있다.

$$\theta_T = w_1 f_{1T} + w_2 f_{2T} + w_0 + e^*_{CT} \tag{16.4.3}$$

여기서 $w_0(= w_3 \cdot m)$는 상수이고, w_1, w_2는 제한조건이 없는 회귀계수가 되며, f_{CT}는 $E(\theta_T)$의 불편추정량이 된다. 즉, 식 (16.4.3)은 제한조건이 없는 통상회귀모형이 된다. 그러나 Mills와 Stephenson(1985), Clemen과 Winkler(1986) 등은 실증적 분석에서 제한조건이 있는 회귀방법이 더 유효함을 보였다. 그런데 결합예측의 목적은 표본기간 내에서 적합된 자료의 잔차의 자승합을 최소화시키고자 하는 것이 아니고, 표본기간 이후의 예측력을 높이고자 하는 것이므로, 추정량의 유효성이 더욱 중요시 되어야 할 것이다. 따라서 좋은 예측의 기준은 평균제곱오차(mean square error: MSE)가 되어야 한다. 여기서는 먼저 제한조건이 없는 회귀 모형에서 추정된 예측값들의 특성을 살펴보고, 제한 회귀가중치에 의해서 추정되는 예측값들의 특성을 제한조건이 없는 경우와 비교・분석한다. 또 「로버스트」 회귀에서 제한조건을 갖는 방법과 혼합추정(mixed estimation) 방법을 결합예측을 위하여 사용하고자 한다.

먼저, 식 (16.4.3)과 같은 제한조건이 없는 모형을 생각한다.

여기서 최소제곱법에 의하여 결합예측을 하기 위하여 다음과 같은 행렬표기를 사용한다.

$$\underline{\theta} = \begin{pmatrix} \theta_1 \\ \vdots \\ \vdots \\ \vdots \\ \theta_n \end{pmatrix}, \quad X = \begin{pmatrix} 1 & f_{11} & \cdots\cdots & f_{p1} \\ 1 & \vdots & & \vdots \\ \vdots & \vdots & & \vdots \\ \vdots & \vdots & & \vdots \\ 1 & f_{1n} & & f_{pn} \end{pmatrix}, \quad \underline{w} = \begin{pmatrix} w_0 \\ w_1 \\ \vdots \\ \vdots \\ w_p \end{pmatrix}$$

따라서 이 모형을 행렬로 표시하면 다음과 같다.

$$\theta_t = \underline{f_t}' \underline{w} + \epsilon_t \tag{16.4.4}$$

$\underline{w}$의 최소제곱추정량과 이때의 잔차제곱합은,

$$\underline{w} = (X'X)^{-1} X' \underline{\theta} \tag{16.4.5}$$

$$SSE = \underline{\theta}' \underline{\theta} - \underline{\theta}' X \underline{w}$$

가 된다. 따라서, f_T가 주어졌을 때 θ_T의 결합예측은

$$\theta_T = \underline{f_T}'\underline{w} = \underline{f_T}'(X'X)^{-1}X'\underline{\theta} \quad \textbf{(16.4.6)}$$

가 된다.

또 추정량 $\hat{\theta}_T$ 의 기대값과 분산 및 평균제곱오차는 다음과 같이 된다.

$$E(\hat{\theta}_T) = \theta_T V(\hat{\theta}_T) = \underline{f_T}(X\ 'X\ )^{-1}\underline{f_t}'\sigma^2 \quad \textbf{(16.4.7)}$$

$$MSE(\hat{\theta}_T) = E[\theta_T - \hat{\theta}_T]^2 = \sigma^2[\ \underline{f_T}(X'X)^{-1}\underline{f_T}' + 1\ ] \quad \textbf{(16.4.8)}$$

그런데 식 (16.4.5)의 잔차제곱합은 어떠한 제한조건이 첨가되는 회귀보다 당연히 더 작은 값을 갖게 된다.

16.4.2 제한최소제곱법에 의한 결합가중치의 추정

만약 개별예측들이 불편추정량이라면 가중치들의 合이 1이 되어야 결합예측도 불편추정량이 될 수 있다.

따라서 모형 (16.4.4)에서 제한조건$(w_0 = 0,\ \sum_{i=1}^{p} w_i = 1)$을 부과하는 제한회귀추정(restricted regression estimation)에서, 이러한 가중치를 추정할 수 있다. 즉, (16.4.4)의 모형에서 $w_0 = 0,\ \sum_{i=1}^{p} w_i = 1$이라는 조건을 행렬로 표시하면 다음과 같다.

$$R\underline{w} \ = \ \underline{r}$$

$$\text{여기서,} \quad R = \begin{pmatrix} 1\,0\,0 \cdots\cdots 0 \\ 0\,1\,1 \cdots\cdots 1 \end{pmatrix}, \quad \underline{r} = \begin{pmatrix} 0 \\ 1 \end{pmatrix}$$

따라서, 이와 같은 제한조건을 갖는 모형 식 (16.4.4)에서 제한된 최소제곱추정량 $\underset{\sim}{w}$는「라그랑즈」상수법을 이용하면, 다음을 만족하는 $\underline{w}$가 된다.

$$\min_{\underline{w}}\ [(\underline{\theta} - X\underline{w})'(\underline{\theta} - X\underline{w}) - 2\lambda(R\underline{w} - r)]$$

따라서,

$$\tilde{\underline{w}} = \hat{\underline{w}} - (X'X)^{-1}R'[R(X'X)^{-1}[R\hat{\underline{w}} - r] \quad (16.4.9)$$

이 된다. 여기서 $\hat{\underline{w}}$는 통상최소제곱추정량이다.

이때 (16.4.9)式의 추정량 $\hat{\underline{w}}$는 제한조건 $R\underline{w} = \underline{r}$이 진실인 경우, $\underline{w}$의 최량선형불편추정량(best linear unbiased estimator)이 되고 또 오차항에 정규성을 가정하면 점근적 유효성(asymtotical efficiency)을 갖는다. (Fomby et al., 1984, p.84)

또 결합예측 $\tilde{\theta}_T$와 $\tilde{\theta}_T$의 기댓값은 다음과 같다.

$$\tilde{\theta}_T = \underline{f}'_T \tilde{\underline{w}} = \underline{f}'_T[\hat{\underline{w}} - (X'X)^{-1} R'M(R\hat{\underline{w}} - \underline{r})] \quad (16.4.10)$$

$$E(\tilde{\theta}_T) = = \underline{f}'_T[\underline{w} - (X'X)^{-1} R'M(R\underline{w} - \underline{r})] \quad (16.4.11)$$

여기서, $M = [R(X'X)^{-1}R']^{-1}$.

그러므로 식 (16.4.10)에서 $R\hat{\underline{w}} = \underline{r}$(즉, $\hat{w}_0 = 0, \sum_{i=1}^{P}\hat{w}_i = 1$)이면, $\tilde{\underline{w}} = \hat{\underline{w}}$가 되고, 식 (16.4.11)에서 $R\hat{\underline{w}} = \underline{r}$(즉, $W_0 = 0, \sum_{i=1}^{P} w_i = 1$)이면 $\tilde{\theta}_T$는 $E(\theta_T)$의 불편추정량이 된다. 또, 제한회귀에 의한 결합예측인 추정량 $\tilde{\theta}_T$의 분산과 평균제곱오차(MSE)는 다음과 같이 도출된다.

$$V(\tilde{\theta}_T) = \sigma^2[\underline{f}_T[(X'X)^{-1} - (X'X)^{-1}R'MR(X'X)^{-1}]\underline{f}] \quad (16.4.12)$$

$$\begin{aligned} MSE(\tilde{\theta}_T) &= E(\theta_T - \tilde{\theta}_T)^2 \quad (16.4.13) \\ &= \sigma^2[\underline{f}_T[(X'X)^{-1} - (X'X)^{-1} \\ &\quad R'[I - \sigma^{-2}M(R\underline{w} - \underline{r})']MR(X'X)^{-1}]\underline{f}_T + 1] \end{aligned}$$

따라서, 식 (16.4.7), (16.4.8) 및 (16.4.12), (16.4.13)에서부터 다음의 정리가 성립된다.

정리 16.1

제한회귀 가중치에 의한 결합예측오차의 분산은 항상 통상 회귀가중치에 의한 예측 오차의 分散보다 같거나 작다. 또 평균제곱오차(MSE)는 $R\underline{w}=\underline{r}$이 성립되는 경우에는 제한 회귀가중치에 대한 결합예측오차가 더 작고, $R\underline{w}=\underline{r}$이 성립되지 않을 때는 개별예측값들의 특성에 의존하게 된다(Judge et al., 1985, p.54 참고).

[증명] 식 (16.4.7)과 식 (16.4.12)에서 다음이 성립된다.

$$V(\hat{\theta}_T)-V(\tilde{\theta}_T)=\sigma^2\underline{f}_T[(X'X)^{-1}R'MR(X'X)^{-1}]\underline{f}'_T \quad \textbf{(16.4.14)}$$

$$=\underline{f}_TV(\hat{\underline{w}})R'[RV(\hat{\underline{w}})R']^{-1}RV(\hat{\underline{w}})\underline{f}_T\geq 0)$$

또, 식 (16.4.8)과 식 (16.4.13)에서

$$MSE(\hat{\theta}_T)-MSE(\tilde{\theta}_T) \quad \textbf{(16.4.15)}$$

$$=\sigma^2\underline{f}_T\{(X'X)^{-1}R[I-\sigma^{-2}M(R\underline{w}-\underline{r})(R\underline{w}-\underline{r})'MR(X'X)^{-1}\underline{f}'_T)$$

여기서, $L=M-\sigma^{-2}M(R\underline{w}-\underline{r})(R\underline{w}-\underline{r})'M$이 양정치행렬(positive definite matrix)이면, $\tilde{\theta}_T$는 $\hat{\theta}_T$보다 더 작은 MSE를 갖게 되는데, $R\underline{w}=\underline{r}$ 이면 $L=M$이므로 $MSE(\tilde{\theta}_T)<MSE(\hat{\theta}_T)$가 된다. 그러나 $R\underline{w}\neq r$이면, 즉 개별예측들의 편의된 양이 크면 L은 음정치행렬(negative definite matrix)이 될 수도 있다.

따라서, 회귀가중치에 의한 예측값들의 선형결합은 개별예측들이 불편성을 만족하면(즉, $R\underline{w}=\underline{r}$이 성립되면) 제한조건이 있어야 하고, 또 편의되었을 때도 제한조건이 부과됨으로써 개선되는 유효성의 크기가 편의된 양보다 크다면 제한 회귀추정이 더 유효하게 된다. 즉 개별예측들이 불편이거나, 편의가 작을 때는 제한조건을 두는 회귀방법을 선택해야 한다. 그러므로 사전적으로 $R\underline{w}=\underline{r}$를 검정하여 결합방법을 결정한다면, 상대적으로 더 좋은 추정량을 구할 수 있게 될 것이다.

그런데 $R\underline{w}=\underline{r}$에 대한 가설검정은 제한조건이 있는 경우와 없는 경우의 우도함수의 비(the ratio of restricted and unrestricted liklihood functions)에 의해서 유도되는 다음과 같은 통계량을 이용할 수 있다(Judge et al., 1985, p.57).

$$\lambda=\frac{(R\hat{\underline{w}}-\underline{r})'[R(X'X)^{-1}R'J^{-1}(R\hat{\underline{w}}-\underline{r})}{J\hat{\sigma}^2}\sim F_{(J,n-p-1,\alpha)} \quad \textbf{(16.4.16)}$$

여기서 J는 행렬 R의 계수(rank)이므로 J = 2가 된다. 그런데 이 통계량의 분자는 제한회귀와 통상회귀의 잔차제곱 차가 된다.

즉,

$$\underline{\theta}-X\underline{\tilde{w}}=\underline{\theta}-X\underline{\hat{w}}-X(X'X)^{-1}R'[R(X'X)^{-1}R'J^{-1}(\underline{r}-R\underline{\hat{w}})$$

이고,

$$\begin{aligned}(\underline{\theta}-X\underline{\tilde{w}})'(\underline{\theta}-X\underline{\tilde{w}})\\ &=(\underline{\theta}-X\underline{\hat{w}})'(\underline{\theta}-X\underline{\hat{w}})+(\underline{r}-R\underline{\hat{w}})[R(X'X)^{-1}R']^{-1}(\underline{r}-R\underline{\hat{w}})\end{aligned}$$

이므로, 식 (16.4.16)의 분자는 다음과 같이 나타낼 수 있다.

$$(\underline{\theta}-X\underline{\tilde{w}})'(\underline{\theta}-X\underline{\tilde{w}})-(\underline{\theta}-X\underline{\hat{w}})'(\underline{\theta}-X\underline{\hat{w}})$$

즉,

$$\lambda=(\text{제한회귀의 잔차자승합} - \text{통상회귀의 잔차자승합})\,/\,J\hat{\sigma}^2$$

이 된다.

그러므로 가설 $R\underline{w}=\underline{r}$가 기각되지 않으면 제한조건이 있는 결합예측 $\tilde{\theta}$를 사용할 수 있을 것이다. 따라서 사전검정(preliminary test)을 통하여 결합방법을 결정할 수 있다.

정리 16.2

제한 회귀추정에 의한 결합예측은 다음과 같은 사전검정 추정량((pretest estimator)으로 나타낼 수 있다.

$$\tilde{\theta}^*_T=I_{(O,C)}(u)\hat{\theta}_T+I_{(C,\infty)}(u)\tilde{\theta}_T$$

여기서, $I_{(O,C)}(u)$와 $I_{(C,\infty)}(u)$는 지시함수(indicator function)이고,

$$\int_c^{\infty}dF_{(j,n-K-1)}=P_r[F_{(j,n-P-1)}\geq c]=\alpha$$

예측값들이 편의된 경우는 편의된 크기만큼 수정하는 다음과 같은 結合方法을 생각 할 수 있다.

$$\begin{aligned}f_{(CT)}&=w_1(f_{1T}+d_1)+w_2(f_{2T}+d_2)\\&=w_1f_{1T}+w_2f_{2T}+(w_1d_1+w_2d_2)(\text{단, } w_1+w_2=1)\end{aligned}$$

이 식은 개별예측들이 편의되어 졌을 때, 편의된 크기가 모형속에서 추정되는 결합예측 모형이 된다.

이를 P개의 개별예측들을 포함하는 회귀 모형으로 나타내면, $R\underline{w} = \underline{r}$ 인 제한조건을 갖는 다음과 같은 모형이 된다.

$$\begin{aligned}\theta_t &= \underline{w'}_1(\underline{f}_t + \underline{d}) + \epsilon_t \quad (16.4.17)\\ &= \underline{w'}_1\underline{f}_t + \underline{w'}_1\underline{d} + \epsilon_t\\ &= w_0 + \underline{w'}_1\underline{f}_t + \epsilon_t\end{aligned}$$

$$\text{제한조건 : } \underline{l'}\,\underline{w}_1 = 1 \quad (\text{혹은 } R\underline{w} = \underline{r})$$

$$\text{여기서} \quad \underline{w'} = [w_1, w_2, \cdots\cdots, w_P], w_0 = \underline{w'}_1\underline{d}$$

이때 $\underline{w}_1$과 w_0는 다음과 같이 추정될 수 있다.

$$\min_{\underline{w}_1} w_0[(\underline{\theta} - w_0\underline{l} - X\underline{w'}_1)'(\underline{\theta} - w_0\underline{l} - X\underline{w'}_1) - 2\lambda(\underline{l'}\,\underline{w}_1 - 1)]$$

여기서,

$$X = \begin{pmatrix} f_{11} & \cdots\cdots & f_{P1} \\ \vdots & & \vdots \\ \vdots & & \vdots \\ f_{1n} & \cdots\cdots & f_{Pn} \end{pmatrix}$$

따라서 w_0^*, w_1^*는 다음과 같이 유도된다.

$$\hat{\underline{w}}_1^* = [I - \frac{1}{n}(X'X)^{-1}(X'\underline{l} - \underline{l}\cdot b\cdot \underline{l'}X]^{-1}(X'X)^{-1}$$

$$[X'\underline{\theta} + \underline{l}(1-a)b - \frac{1}{n}(X'\underline{l} - \underline{l}\cdot c\cdot b\cdot \underline{l'}\,\underline{\theta})]$$

$$\hat{w}_0^* = \frac{1}{n}(\underline{l}'\underline{\theta} - \underline{l}'X\hat{w}_1^*)$$

여기서,

$$a = \underline{l}'(X'X)^{-1}X'\underline{\theta},\ b = [\underline{l}'(X'X)^{-1}\underline{l}]^{-1},\ c = \underline{l}'(X'X)^{-1}X'\underline{l}$$

이 때 w_0^*는 개별예측들의 편의된 크기의 합을 설명하게 된다.

연습문제 해답

[5장]

1. 생 략

2. 생 략

3. 국민계정 주요지표중에서 분기별 실질국민총생산과 지출, 총저축과 투자 등

4. 1) 102.86 2) 107.69 3) 105.23 4) 106.45 5) 107.32

5. 1) -0.5 2) 유의수준 5%로 귀무가설 기각 3) 30 4) 30.4

6. 1)

분기별 GDP

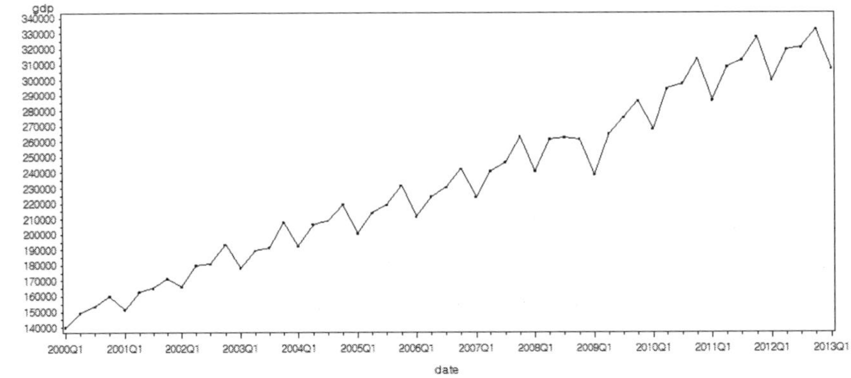

→ 지속적으로 상승하는 추세성과 일 년을 주기로 하는 계절성 및 불규칙성

2) 계절조정된 계열

D11 Final Seasonally Adjusted Series

Year	1st	2nd	3rd	4th	Total
2000	146815	148452	153725	153903	602896
2001	158666	162034	165540	164787	651027
2002	174094	179295	181005	185406	719799
2003	186987	188943	191542	198814	766286
2004	202077	205974	208461	209690	826202
2005	211180	213800	218092	221443	864515
2006	223503	224054	228530	232162	908249
2007	237466	240153	244089	252627	974335
2008	255745	260018	259602	251261	1026626
2009	253477	262815	272313	275440	1064044
2010	284546	291720	294324	302047	1172637
2011	303973	305683	309678	315518	1234852
2012	317022	317180	318183	319968	1272353
2013	324504	.	.	.	324504

3) 2013년 1분기의 예측값은 309,242.29, 실제 관측값은 306,753.4이므로 예측오차는 2,488.89이며, 또 관측값은 95% 구간예측 범위 안에 있다.

7. 평활상수 α=0.35일 때, 예측값은 3.005가 된다.

8. 1)

분기	분기별 월평균소득 (천원)	분기별 소비자물가지수	분기별 월평균소득 (천원, 2010년 기준 가격)
200314	3215913	80.291	4005321.89
200324	3168104	80.754	3923154.27
200334	3300195	80.973	4075673.37
200344	3317270	81.680	4061300.20
200414	3326594	82.898	4012876.06
200424	3253734	83.507	3896360.78
200434	3389027	84.482	4011537.37
200444	3335131	84.433	3950032.57
200514	3397140	85.593	3968946.06
200524	3299687	85.995	3837068.43
200534	3376922	86.455	3905988.09
200544	3385285	86.512	3913081.42
200614	3471810	87.373	3973550.18
200624	3373049	87.919	3836541.59
200634	3422020	88.637	3860712.79
200644	3547592	88.350	4015384.27
200714	3606656	89.125	4046738.85
200724	3413418	90.072	3789654.94
200734	3590420	90.676	3959614.45
200744	3556908	91.336	3894311.12
200814	3707278	92.513	4007304.92
200824	3473965	94.437	3678605.84
200834	3634259	95.700	3797553.81
200844	3532359	95.442	3701053.00
200914	3611980	96.131	3757351.95
200924	3396010	97.049	3499273.56
200934	3534749	97.595	3621854.60
200944	3617716	97.739	3701404.76
201014	3765610	99.0	3803646.46
201024	3559391	99.6	3573685.74
201034	3645641	100.4	3631116.53
201044	3588072	100.9	3556067.39
201114	3752555	102.8	3650345.33
201124	3584437	103.6	3459881.27
201134	3722645	104.7	3555534.86
201144	3701955	104.9	3529032.41
201214	3893790	105.9	3676855.52
201224	3715633	106.1	3502010.37
201234	3892725	106.4	3658576.13
201244	3835568	106.7	3594721.65
201314	3903685	107.4	3634716.01

2) 기하평균을 사용하면, 명목성장률 0.0049, 실질성장률 - 0.0024

[6장]

1. 생 략

2. 생 략

3. 1) $\rho_k = 0.5^k, \ k = 1, 2, 3, \cdots$

2) $\rho_1 = 0.857, \ \rho_2 = 0.629, \ \rho_3 = 0.412, \ \cdots$

3) $\rho_1 = -0.646, \ \rho_2 = 0.154, \ \rho_k = 0, \, k \geq 3$

4) $\rho_1 = 0.687, \ \rho_2 = 0.481, \ \rho_3 = 0.337, \ \cdots$

4. 1) ARMA(0,1) 모형, 가역적

2) ARMA(1,0) 모형, 정상적

3) ARMA(1,0) 모형, 비정상적

4) ARMA(1,1) 모형, 정상적이고 가역적임.

5. 1) 정상성 만족

2) 정상적이지 않음

3) 정상성과 가역성 만족

6. 1) 평균과 분산이 시점 t에 무관하고, 공분산도 시점 t에 무관하고 다만 시차 k에 따라 달라진다. 따라서 정상성을 만족한다.

2) 생 략: 확률보행 모형

7. <프로그램 6.3> AR2.SAS 참고

8. <프로그램 6.5> MA2.SAS 참고

9.

```
                              Simulated ARMA(2,1)-process

                                   Autocorrelations

Lag   Covariance    Correlation   -1 9 8 7 6 5 4 3 2 1 0 1 2 3 4 5 6 7 8 9 1      Std Error
  0     0.851379        1.00000   |                    |********************|             0
  1    -0.182356        -.21419   |                ****|  .                 |      0.070711
  2     0.127443        0.14969   |                  . |***                 |      0.073883
  3     0.027247        0.03200   |                  . |*  .                |      0.075385
  4    -0.033400        -.03923   |                  . *|  .                |      0.075453
  5     0.010532        0.01237   |                  . |   .                |      0.075554
  6   -0.0000780        -.00009   |                  . |   .                |      0.075565
  7     0.013753        0.01615   |                  . |   .                |      0.075565
  8     0.048682        0.05718   |                  . |*  .                |      0.075582
  9     0.011457        0.01346   |                  . |   .                |      0.075798
 10     0.055751        0.06548   |                  . |*  .                |      0.075810
 11   -0.0070117        -.00824   |                  . |   .                |      0.076092
 12     0.031550        0.03706   |                  . |*  .                |      0.076096
 13    -0.015252        -.01791   |                  . |   .                |      0.076187
 14     0.043858        0.05151   |                  . |*  .                |      0.076208
 15     0.017218        0.02022   |                  . |   .                |      0.076382
 16    0.0086133        0.01012   |                  . |   .                |      0.076408
```

```
                    Partial Autocorrelations

Lag    Correlation    -1 9 8 7 6 5 4 3 2 1 0 1 2 3 4 5 6 7 8 9 1
  1      -0.21419      |               ****|  .                   |
  2       0.10880      |                 . |**.                   |
  3       0.08897      |                 . |**.                   |
  4      -0.03484      |                 . *|  .                  |
  5      -0.02063      |                 . |  .                   |
  6       0.00667      |                 . |  .                   |
  7       0.02505      |                 . |* .                   |
  8       0.06649      |                 . |* .                   |
  9       0.03290      |                 . |* .                   |
 10       0.05893      |                 . |* .                   |
 11       0.00447      |                 . |  .                   |
 12       0.02310      |                 . |  .                   |
 13      -0.01101      |                 . |  .                   |
 14       0.04561      |                 . |* .                   |
 15       0.04086      |                 . |* .                   |
 16       0.00801      |                 . |  .                   |
```

[7장]

1. 생 략

2. 1) ARIMA(0,1,1) 모형, 가역적

2) ARIMA(1,1,0) 모형, 정상적

3) ARIMA(1,1,1) 모형, 정상적이고 가역적임.

4) ARIMA(0,2,1) 모형, 가역적

3. 1) 비정상 2) 비정상 3) 비정상 4) 비정상 5) 정상

4.

〈Z_t에 대한 ACF와 PACF 〉

```
                                  Autocorrelations

Lag   Covariance   Correlation   -1 9 8 7 6 5 4 3 2 1 0 1 2 3 4 5 6 7 8 9 1     Std Error

 0     174.435      1.00000      |                    |********************|          0
 1     172.641      0.98971      |                  . |********************|   0.070711
 2     170.594      0.97798      |                .   |********************|   0.121636
 3     168.447      0.96567      |               .    |******************* |   0.156076
 4     166.214      0.95287      |              .     |******************* |   0.183534
 5     163.875      0.93946      |             .      |******************* |   0.206796
 6     161.510      0.92590      |            .       |******************* |   0.227135
 7     159.150      0.91237      |           .        |******************  |   0.245282
 8     156.863      0.89926      |           .        |******************  |   0.261701
 9     154.496      0.88570      |          .         |******************  |   0.276720
10     152.091      0.87191      |         .          |*****************   |   0.290549
11     149.661      0.85797      |         .          |*****************   |   0.303350
12     147.227      0.84402      |        .           |*****************   |   0.315249
```

```
                    Partial Autocorrelations

Lag    Correlation    -1 9 8 7 6 5 4 3 2 1 0 1 2 3 4 5 6 7 8 9 1

  1       0.98971      |                 . |********************|
  2      -0.07603      |                 .**|  .                |
  3      -0.02896      |                 . *|  .                |
  4      -0.02719      |                 . *|  .                |
  5      -0.03266      |                 . *|  .                |
  6      -0.00935      |                 . |  .                 |
  7      -0.00341      |                 . |  .                 |
  8       0.01462      |                 . |  .                 |
  9      -0.03126      |                 . *|  .                |
 10      -0.01586      |                 . |  .                 |
 11      -0.01317      |                 . |  .                 |
 12      -0.00733      |                 . |  .                 |
```

〈$(1-B)Z_t$에 대한 ACF와 PACF 〉

```
                                   Autocorrelations

Lag   Covariance   Correlation   -1 9 8 7 6 5 4 3 2 1 0 1 2 3 4 5 6 7 8 9 1   Std Error

  0     1.092293       1.00000   |                    |********************|           0
  1     0.301863       0.27636   |                 .  |******              |    0.070888
  2     0.115740       0.10596   |                 .  |**.                 |    0.076110
  3     0.113765       0.10415   |                 .  |**.                 |    0.076847
  4     0.079835       0.07309   |                 .  |* .                 |    0.077554
  5    -0.026639       -.02439   |                 .  |  .                 |    0.077899
  6   -0.0091981       -.00842   |                 .  |  .                 |    0.077937
  7    -0.103085       -.09437   |                 .**|  .                 |    0.077942
  8    -0.102004       -.09339   |                 .**|  .                 |    0.078514
  9     0.029244       0.02677   |                 .  |* .                 |    0.079070
 10    -0.089318       -.08177   |                 .**|  .                 |    0.079116
 11    -0.018992       -.01739   |                 .  |  .                 |    0.079539
 12    -0.092695       -.08486   |                 .**|  .                 |    0.079558
```

```
                            Partial Autocorrelations

                 Lag   Correlation   -1 9 8 7 6 5 4 3 2 1 0 1 2 3 4 5 6 7 8 9 1

                   1       0.27636   |                 .  |******              |
                   2       0.03203   |                 .  |* .                 |
                   3       0.07257   |                 .  |* .                 |
                   4       0.02623   |                 .  |* .                 |
                   5      -0.06445   |                 . *|  .                 |
                   6       0.00345   |                 .  |  .                 |
                   7      -0.10412   |                 .**|  .                 |
                   8      -0.04213   |                 . *|  .                 |
                   9       0.08502   |                 .  |**.                 |
                  10      -0.10145   |                 .**|  .                 |
                  11       0.05047   |                 .  |* .                 |
                  12      -0.10458   |                 .**|  .                 |
```

5.

〈Z_t에 대한 ACF와 PACF 〉

```
                                   Autocorrelations

Lag   Covariance   Correlation   -1 9 8 7 6 5 4 3 2 1 0 1 2 3 4 5 6 7 8 9 1   Std Error

  0      174.798       1.00000   |                    |********************|           0
  1      171.104       0.97887   |                 .  |********************|    0.070711
  2      167.163       0.95632   |               .    |******************* |    0.120755
  3      163.318       0.93432   |              .     |******************* |    0.154037
  4      159.208       0.91081   |             .      |******************  |    0.180158
  5      154.710       0.88508   |            .       |******************  |    0.201873
  6      150.127       0.85886   |           .        |*****************   |    0.220423
  7      145.519       0.83250   |           .        |*****************   |    0.236565
  8      140.511       0.80385   |          .         |****************    |    0.250786
  9      135.331       0.77421   |         .          |***************     |    0.263354
 10      130.112       0.74436   |         .          |***************     |    0.274498
 11      124.999       0.71511   |         .          |**************      |    0.284411
 12      120.354       0.68853   |        .           |**************      |    0.293264
```

```
                            Partial Autocorrelations

                 Lag   Correlation   -1 9 8 7 6 5 4 3 2 1 0 1 2 3 4 5 6 7 8 9 1

                   1       0.97887   |                 .  |********************|
                   2      -0.04446   |                 . *|  .                 |
                   3       0.00269   |                 .  |  .                 |
                   4      -0.04855   |                 . *|  .                 |
                   5      -0.06300   |                 . *|  .                 |
                   6      -0.02316   |                 .  |  .                 |
                   7      -0.01732   |                 .  |  .                 |
                   8      -0.06610   |                 . *|  .                 |
                   9      -0.03365   |                 . *|  .                 |
                  10      -0.02162   |                 .  |  .                 |
                  11       0.00063   |                 .  |  .                 |
                  12       0.05317   |                 .  |* .                 |
```

〈$(1-B)Z_t$에 대한 ACF와 PACF 〉

```
                                   Autocorrelations

Lag    Covariance    Correlation    -1 9 8 7 6 5 4 3 2 1 0 1 2 3 4 5 6 7 8 9 1      Std Error

  0      1.646995      1.00000      |                    |********************|           0
  1      0.754469      0.45809      |                  . |*********           |    0.070888
  2      0.048888      0.02968      |                  . |* .                 |    0.084464
  3      0.042246      0.02565      |                  . |* .                 |    0.084516
  4    0.00028308      0.00017      |                  . |  .                 |    0.084555
  5     -0.049571      -.03010      |                  . *|  .                |    0.084555
  6      0.082784      0.05026      |                  . |* .                 |    0.084609
  7      0.210151      0.12760      |                  . |***                 |    0.084759
  8      0.122212      0.07420      |                  . |* .                 |    0.085719
  9      0.053468      0.03246      |                  . |* .                 |    0.086041
 10     -0.139450      -.08467      |                  .**|  .               |    0.086102
 11     -0.280013      -.17001      |                  ***|  .               |    0.086520
 12     -0.262957      -.15966      |                 .***|   .              |    0.088183

                          Partial Autocorrelations

                 Lag    Correlation    -1 9 8 7 6 5 4 3 2 1 0 1 2 3 4 5 6 7 8 9 1

                   1      0.45809      |                  . |*********           |
                   2     -0.22801      |               *****|  .                |
                   3      0.15139      |                  . |***                 |
                   4     -0.10274      |                 .**|  .                |
                   5      0.02679      |                  . |* .                 |
                   6      0.07519      |                  . |**.                 |
                   7      0.07636      |                  . |**.                 |
                   8     -0.02207      |                  . |  .                 |
                   9      0.03290      |                  . |* .                 |
                  10     -0.16301      |                 ***|  .                |
                  11     -0.05374      |                  . *|  .               |
                  12     -0.08335      |                  .**|  .               |
```

6. <프로그램 7.3> ARMA111.SAS 참조

7. <프로그램 6.6> ARMA11.SAS 참조

[8장]

1. 1) 계절성의 길이가 4인 계절 AR(1) 모형

2) $\rho_1 = 0,\ \rho_2 = 0,\ \rho_3 = 0,\ \rho_4 = 0.5$

2. 1) $SARIMA(1,1,0)(0,1,0)_{12}$

2) 정상적

3. 1) $SARIMA(0,1,1)(0,1,1)_{12}$

2) $Z_t = Z_t + Z_{t-12} - Z_{t-13} + a_t - 0.2a_{t-1} - 0.8a_{t-12} + 0.16a_{t-13}$

4. 1) $SARIMA(1,0,1)(0,1,0)_4$

2) $SARIMA(1,1,1)(0,1,0)_{12}$

5. 자료의 특성: 서서히 증가하는 추세성 및 계절성의 길이가 5인 계절성을 가지고 있으며, 또한 시간이 변함에 따라 변동이 점점 커지는 분산의 비정상성을 나타내고 있음.

〈판매액 자료의 ACF와 PACF〉

```
                                  Autocorrelations

Lag  Covariance  Correlation  -1 9 8 7 6 5 4 3 2 1 0 1 2 3 4 5 6 7 8 9 1     Std Error
 0    6826.848     1.00000    |                    |********************|            0
 1    -595.014     -.08716    |                . **|   .                |     0.100000
 2    -389.474     -.05705    |                .  *|   .                |     0.100757
 3    -469.360     -.06875    |                .  *|   .                |     0.101079
 4    -752.793     -.11027    |                . **|   .                |     0.101546
 5    6418.066     0.94012    |                .   |******************* |     0.102736
 6    -649.436     -.09513    |             .    **|      .             |     0.168022
 7    -303.372     -.04444    |             .     *|      .             |     0.168560
 8    -506.962     -.07426    |             .     *|      .             |     0.168677
 9    -729.960     -.10692    |             .    **|      .             |     0.169003
10    5876.738     0.86083    |             .      |*****************   |     0.169678
11    -749.660     -.10981    |            .     **|       .            |     0.208833
12    -230.417     -.03375    |            .      *|       .            |     0.209410
13    -602.845     -.08831    |            .     **|       .            |     0.209464
14    -680.072     -.09962    |            .     **|       .            |     0.209836
15    5264.833     0.77120    |            .       |***************     |     0.210308
16    -870.102     -.12745    |          .      ***|         .          |     0.236906
17    -150.433     -.02204    |          .         |         .          |     0.237591
18    -754.140     -.11047    |          .       **|         .          |     0.237611
19    -665.965     -.09755    |          .       **|         .          |     0.238124
20    4606.490     0.67476    |          .         |*************       |     0.238523
```

```
                          Partial Autocorrelations

              Lag  Correlation  -1 9 8 7 6 5 4 3 2 1 0 1 2 3 4 5 6 7 8 9 1
                1   -0.08716    |                . **|   .                |
                2   -0.06514    |                .  *|   .                |
                3   -0.08068    |                . **|   .                |
                4   -0.13057    |                .***|   .                |
                5    0.93861    |                .   |******************* |
                6   -0.24867    |               *****|   .                |
                7    0.07821    |                .   |** .                |
                8    0.01112    |                .   |   .                |
                9    0.20072    |                .   |****                |
               10   -0.34141    |             *******|   .                |
               11    0.13383    |                .   |***.                |
               12   -0.06771    |                .  *|   .                |
               13   -0.00765    |                .   |   .                |
               14   -0.09669    |                . **|   .                |
               15   -0.06905    |                .  *|   .                |
               16    0.01553    |                .   |   .                |
               17   -0.02317    |                .   |   .                |
               18   -0.08310    |                . **|   .                |
               19   -0.08013    |                . **|   .                |
               20   -0.05213    |                .  *|   .                |
```

6. 자료의 특성: 지속적으로 증가하는 추세성을 가지고 있으며, 또한 시간이 변함에 따라 변동이 점점 커지는 분산의 비정상성을 나타내고 있음.

〈수입물가지수 자료의 ACF와 PACF〉

```
                                  Autocorrelations

Lag  Covariance  Correlation  -1 9 8 7 6 5 4 3 2 1 0 1 2 3 4 5 6 7 8 9 1     Std Error

 0     459.191     1.00000    |                    |********************|            0
 1     453.275     0.98712    |                 .  |********************|     0.078567
 2     444.197     0.96735    |               .    |******************* |     0.134916
 3     433.323     0.94366    |             .      |******************* |     0.172496
 4     421.455     0.91782    |            .       |******************  |     0.201864
 5     409.291     0.89133    |           .        |******************  |     0.226161
 6     397.645     0.86597    |          .         |*****************   |     0.246895
 7     386.662     0.84205    |         .          |*****************   |     0.264981
 8     376.459     0.81983    |         .          |****************    |     0.281014
 9     367.230     0.79973    |        .           |****************    |     0.295409
10     358.732     0.78122    |        .           |****************    |     0.308484
11     350.802     0.76396    |       .            |***************     |     0.320464
12     342.822     0.74658    |       .            |***************     |     0.331516
```

```
                          Partial Autocorrelations

Lag    Correlation    -1 9 8 7 6 5 4 3 2 1 0 1 2 3 4 5 6 7 8 9 1

  1        0.98712    |                 .  |********************|
  2       -0.27547    |              ******|  .                 |
  3       -0.09883    |                 .**|  .                 |
  4       -0.03985    |                 . *|  .                 |
  5        0.00114    |                 .  |  .                 |
  6        0.04854    |                 .  |* .                 |
  7        0.02444    |                 .  |  .                 |
  8        0.02337    |                 .  |  .                 |
  9        0.03578    |                 .  |* .                 |
 10        0.00686    |                 .  |  .                 |
 11        0.00429    |                 .  |  .                 |
 12       -0.04269    |                 . *|  .                 |
```

[9장]

1. SACF가 지수적으로 감소하고 있으므로 MA 모형 혹은 ARMA 모형으로 식별할 수 있다.

2. SPACF가 $k=2$까지만 유의적인 값을 가지므로, SACF가 지수적으로 감소하는 경우에 AR(2) 모형으로 식별할 수 있다.

3. Z_t의 SACF가 서서히 감소하므로 추세성을 갖는 계열로 판단되므로 차이계산이 필요하고, ∇Z_t의 SACF는 $k=2$부터 유의적이지 않기 때문에 SPACF가 지수적으로 감소하는 경우에 MA(1) 모형으로 식별할 수 있다.

4. PACF의 95% 신뢰구간, 즉 $\phi_{kk}=0$를 기각할 수 없는 범위는 $(-0.22 \sim 0.22)$이므로 $k=2$까지만 유의적이다. 따라서, SACF가 지수적으로 감소할 때 AR(2) 모형으로 식별할 수 있다.

5. 1) $ARMA(2,0)$ 혹은 $ARMA(3,0)$으로 식별할 수 있다.

2) $ARMA(0,2)$로 식별할 수 있다.

3) $SARIMA(0,1,2)(0,1,1)_{12}$, $SARIMA(3,1,0)(0,1,1)_{12}$ 혹은 $SARIMA(1,1,1)(0,1,1)_{12}$

4) $SARIMA(0,1,1)(0,1,1)_4$ 혹은 $SARIMA(1,1,1)(0,1,1)_4$

6. 자료의 특성: 서서히 감소하는 추세성과 계절성을 나타내고 있다.

모형의 식별: $SARIMA(1,1,0)(1,1,0)_{12}$ 혹은 $SARIMA(1,1,0)(1,1,0)_{12}$모형

7. 자료의 특성: 서서히 증가하는 추세성을 나타내고 있다.

모형의 식별: $ARIMA(2,1,0)$, 혹은 $ARIMA(0,1,2)$, 혹은 $ARIMA(1,1,1)$모형으로 식별

8. 자료의 특성: 평균수준은 정상적이나 분산이 비정상적이라 대수변환이 필요하다.

모형의 식별: $ARIMA(2,1,0)$로 식별

[10장]

1. 유의수준 5%로 귀무가설($H_0: \rho_1 = \rho_2 = \cdots = \rho_6 = 0$)을 기각할 수 없다. 즉, 잔차들 간에 자기상관이 존재하지 않은 것으로 판단되므로, MA(1) 모형에 적합하다고 할 수 있다.

2. 유의수준 5%로 귀무가설($H_0: \rho_1 = \rho_2 = \rho_3 = 0$)을 기각할 수 없다. 즉, 자기상관이 존재하지 않은 것으로 판단되므로, AR(2) 모형이 적합하다고 할 수 있다.

3. a) 1) $(1-0.2B)(1-B)Z_t = a_t$

2) 유의수준 1%로 귀무가설 기각, 즉 추정된 계수는 유의하다.

3) 유의수준 10%로 귀무가설을 기각할 수 없다. 즉, 자기상관이 존재하지 않은 것으로 판단한다.

b) 1) $(1 + 0.387B)(1 - B)Z_t = (1 + 0.852B)a_4$

2) AR 계수는 유의수준 1%로 귀무가설 기각, 즉 추정된 계수는 유의하다.
MA 계수는 유의수준 10%로 귀무가설을 기각 즉 추정된 계수는 유의하다.

3) 유의수준 10%로 귀무가설을 기각할 수 없다. 즉, 자기상관이 존재하지 않은 것으로 판단한다.

4. 유의수준 10%로 H_0를 기각할 수 없다. 즉, 자기상관이 존재하지 않은 것으로 판단한다.

5. 유의수준 10%로 H_0를 기각할 수 없다. 즉, 자기상관이 존재하지 않은 것으로 판단한다.

6. 유의수준 10%로 H_0를 기각할 수 없다. 즉, 자기상관이 존재하지 않은 것으로 판단한다.

7. 유의수준 10%로 H_0를 기각할 수 없다. 즉, 자기상관이 존재하지 않은 것으로 판단한다.

[11장]

1. 9

2. 9.4, 10.84

3. 1) 8.68, 9.0

2) 9.53, 9.325

3) 4.84, 2.42

4. $Z_T(l) = E(Z_{t+l}|\underline{z}) = E(\beta_0 + \beta_1(t+l) + X_{t+l}|\underline{z})$

$= \beta_0 + \beta_1(t+l) + E(X_{t+l}|\underline{z})$

여기서 $E(X_{t+l}|\underline{z}) = E(\phi_1 X_{t+l-1} + a_t|\underline{z}) = \phi_1^l X_t = \phi_1^l(Z_t - \beta_0 - \beta_1 t)$

$\therefore\ Z_T(l) = \beta_0 + \beta_1(t+l) + \phi_1^l(Z_t - \beta_0 - \beta_1 t)$

5. 생 략

6. 생 략

7.

Forecasts for variable fire

Obs	Forecast	Std Error	95% Confidence Limits	
61	4045.4178	570.4360	2927.3838	5163.4517
62	4037.6053	609.6073	2842.7970	5232.4136
63	4154.1439	646.4092	2887.2052	5421.0826
64	4047.4261	681.2258	2712.2480	5382.6041
65	3110.6675	714.3476	1710.5720	4510.7629
66	2892.9764	746.0002	1430.8430	4355.1098
67	2246.5275	776.3633	724.8833	3768.1717
68	2202.8351	805.5829	623.9216	3781.7486
69	2170.4838	833.7791	536.3068	3804.6609
70	2670.1036	861.0525	982.4717	4357.7355
71	3091.3219	887.4882	1351.8771	4830.7667
72	3348.3485	913.1588	1558.5901	5138.1069
73	3620.4346	968.0980	1722.9974	5517.8718
74	3612.6221	1001.1528	1650.3987	5574.8455
75	3729.1607	1033.1506	1704.2228	5754.0986
76	3622.4428	1064.1867	1536.6753	5708.2104
77	2685.6842	1094.3429	540.8115	4830.5570
78	2467.9932	1123.6902	265.6009	4670.3855
79	1821.5443	1152.2903	-436.9031	4079.9917
80	1777.8519	1180.1974	-535.2926	4090.9964

참 고 문 헌

경제기획원(1987), 「계절변동 조정의 이론과 실제」, 경제기획원 조사통계국.

경제기획원(1990), 「한국경제지표」, 경제기획원 조사통계국.

오광우(1981), 「장기예측문제」, 통계학연구, 한국통계학회, 제10권, 158-163

이우리(1987), 「결합예측에 관한 실증적 연구」, 응용통계연구, 한국통계학회, 제1권 2호, 11-26.

오광우, 이우리(1995), "예측방법과 응용", 자유아카데미.

이성덕, 이우리(2000), "SAS를 이용한 시계열자료 분석", 도서출판 탐진.

조신섭, 손영숙(2013), "SAS/ETS를 이용한 시계열분석", 제3판, 율곡풀판사.

통계청(1997), "X-12-ARIMA의 계절조정방법", 통계청 통계연수원.

Abraham, B., and Ledolter, J. (1983), *Statistical Methods for Forecasting*, New York, John Wiley & Sons.

Akaike, H. (1973). "Information theory and an extension of the maximum likelihood principle," *Proc. 2nd International Symposium on Information Theory*, 267-281, Budapest, Akademiai Kiado.

Akaike, H. (1976). "Canonical Correlations analysis of time series and the use of an information criterion." *Advances and Case Studies in System Identification*, New York, Academic Press.

Anderson, O. D. (1977). *Time Series Analysis and Forecasting. The Box-Jenkins Approach*, London, Butterworths.

Bartlett, M. S. (1946). "On the Theoretical Specification of Sampling Properties of autocorrelated time sereies", J. Royal Stat. Soc., B8 27-41.

Beaumont, C., Mahmoud, E., and McGee, V. E. (1985), "Microcomputer Forecasting Software : A Survey." *Journal of Forecasting*, Vol. 3, 305-311.

Bowerman, B. L., and O'conell R. T. (1979), *Time Series and Forecasting, Massachusetts*, Duxbury Press.

Box, G. E. P. and Jenkins, G. M. (1976). Time series Analysis Forecasting and Control, 2nd ed., San Francisco, Holden-Day.

Box, G. E. P. and Tiao, G. C. (1977) *A Canonical analysis of multiple time series*, Biometrika, 64. 355-365.

Brown, R. G. (1962), *Smoothing, Forecasting and Prediction of Discrete Time Series*, Englewood Cliffs, Prentice-Hall.

Brown, R. G. (1963), *Smoothing, Forecasting and Prediction*. Englewood, Prentice-Hall.

Chatfield, C. (1980), *The Analysis of Time Series : An Introduction*, London, Chapman and Hall.

Clemens M. P. and Hendry D.F.(2000), *Forecasting Economic Time Series*, Cambridge, Cambridge University Press.

Dagum, E. B. (1975), "Seasonal Factor Forecasts from ARIMA Models", Paper Presented at the 40th Session of the International Statistical Institute, Warsaw.

Granger, C. W. J. (1982), *Forecasting in Business and Economics*, New York, Academic Press.

Hanke, J. E., and Reitsch, A. G. (1989), *Business Forecasting*, Boston, Allyn and Bacon.

Harrison, P. J., and Stevens, C. F. (1976). Bayesian forecasting(with discussion), *J. Roy. Stat. Soc.*, B38, 205-247.

Holt, C. C. (1957), "Forecasting Seasonal and Trends by Exponentially Weighted Moving Averages", Office of Naval Research, Research Memorandom, No. 52.

Judge, G. G., Griffiths, W. E., Hill, R. C., Lutkepohl, H., and Lee, T. C. (1985). *The Theory and Practice of Econometrics*, 2nd ed., New York, Wiley.

Kalman, R. E. (1960). "A new approach to linear filtering and prediction problems", *Trans. ASME. J. Basic Engrg.*, D83, 35-45.

Kwong, K. C. & Cheng. D. (1988), "A Prototype Microcomputer Forecasting Expert System", *Journal of Business Forecasting*, Spring, 21-26.

Krasker, W. W. (1980), "Estimation in Linear Regerssion Models with disparate data points", *Econometrika*, Vol. 48, 1333-1346.

Leamer, E. E. (1985), "Vector Autoregression of Casual Inference", *Carnegie-Rochester Conference Series*, 22, 255-304.

Liu, L. M. (1987), "Sales forecasting using multi-equation transfer function model", *Journal of Forecasting*, 6, 223-238.

Ljung, G. M., and Box, G. E. P. (1979). "The likelihood function of stationary autoregressive moving average models", *Biometrika*, 66, 265-270.

Lovell, M. C. (1963), "Seasonal Adjustment of Economic Time Series and Multiple Regression Analysis", *J.A.S.A.*, 58, 993-1010.

Mahmoud, E., Rice, G., McGee, V. E., and Beaumont, C. (1986), "Mainframe Multipurpose Forecasting Software : A Survey". *Journal of Forecasting*, Vol. 5, 127-137.

Mahmoud, E., Rice, G., McGee, V. E., and Beaumont, C. (1986), "Mainframe Specific Purpose Forecasting Software : A Survey", *Journal of Forecasting*, Vol. 5, 75-83.

Makridakis, S., and Wheelwright, S. C. (1977). *Interactive Forecasting*, Palo Alto, Scientific Press.

Makridakis, S., and Wheelwright, S. (1978), *Forecasting ; Methods and Applications*, New York, John Wiley and Sons.

Makridakis, S., and Wheelwright, S. (1983), *Forecasting Methods for Management,* 4th ed., New York, John Wiley and Sons.

Mills, T. C. (2000), *The Econometric Modelling of Financial Time Series,* 2nd ed.,Cambridge, Cambridge University Press.

Montgomery, D. C., and Johnson, L. A. (1976), *Forecasting and Time Series Analysis*, New York, McGraw-Hill.

Montgomery, D. C., and C. L. Jennings, M. Kulahci(2007)', I*ntroduction to Time Series Analysis and Forecasting*, Wiley-Interscience

Nazem, S. M. (1988), *Applied Time Series Analysis for Business and Economic Forecasting*, New York, Marcel Dekker.

〈부 록〉 통계분포표

〈표 1〉 표준정규분포표

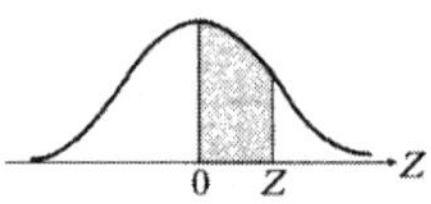

Z	0.00	0.01	0.02	0.03	0.04	0.05	0.06	0.07	0.08	0.09
0.0	0.0000	0.0040	0.0080	0.0120	0.0160	0.0199	0.0239	0.0279	0.0319	0.0359
0.1	0.0398	0.0438	0.0478	0.0517	0.0557	0.0596	0.0636	0.0675	0.0714	0.0753
0.2	0.0793	0.0832	0.0871	0.0910	0.0948	0.0987	0.1026	0.1064	0.1103	0.1141
0.3	0.1179	0.1217	0.1255	0.1293	0.1331	0.1368	0.1406	0.1443	0.1480	0.1517
0.4	0.1554	0.1591	0.1628	0.1664	0.1700	0.1736	0.1772	0.1808	0.1844	0.1879
0.5	0.1915	0.1950	0.1985	0.2019	0.2054	0.2088	0.2123	0.2157	0.2190	0.2224
0.6	0.2257	0.2291	0.2324	0.2357	0.2389	0.2422	0.2454	0.2486	0.2517	0.2549
0.7	0.2580	0.2611	0.2642	0.2673	0.2704	0.2734	0.2764	0.2794	0.2823	0.2852
0.8	0.2881	0.2910	0.2939	0.2967	0.2995	0.3023	0.3051	0.3078	0.3106	0.3133
0.9	0.3159	0.3186	0.3212	0.3238	0.3264	0.3289	0.3315	0.3340	0.3365	0.3389
1.0	0.3413	0.3438	0.3461	0.3485	0.3508	0.3531	0.3554	0.3577	0.3599	0.3621
1.1	0.3643	0.3665	0.3686	0.3708	0.3729	0.3749	0.3770	0.3790	0.3810	0.3830
1.2	0.3849	0.3869	0.3888	0.3907	0.3925	0.3944	0.3962	0.3980	0.3997	0.4015
1.3	0.4032	0.4049	0.4066	0.4082	0.4099	0.4115	0.4131	0.4147	0.4162	0.4177
1.4	0.4192	0.4207	0.4222	0.4236	0.4251	0.4265	0.4279	0.4292	0.4306	0.4319
1.5	0.4332	0.4345	0.4357	0.4370	0.4382	0.4394	0.4406	0.4418	0.4429	0.4441
1.6	0.4452	0.4463	0.4474	0.4484	0.4495	0.4505	0.4515	0.4525	0.4535	0.4545
1.7	0.4554	0.4564	0.4573	0.4582	0.4591	0.4599	0.4608	0.4616	0.4625	0.4633
1.8	0.4641	0.4649	0.4656	0.4664	0.4671	0.4678	0.4686	0.4693	0.4699	0.4706
1.9	0.4713	0.4719	0.4726	0.4732	0.4738	0.4744	0.4750	0.4756	0.4761	0.4767
2.0	0.4772	0.4778	0.4783	0.4788	0.4793	0.4798	0.4803	0.4808	0.4812	0.4817
2.1	0.4821	0.4826	0.4830	0.4834	0.4838	0.4842	0.4846	0.4850	0.4854	0.4857
2.2	0.4861	0.4864	0.4868	0.4871	0.4875	0.4878	0.4881	0.4884	0.4887	0.4890
2.3	0.4893	0.4896	0.4898	0.4901	0.4904	0.4906	0.4909	0.4911	0.4913	0.4916
2.4	0.4918	0.4920	0.4922	0.4925	0.4927	0.4929	0.4931	0.4932	0.4934	0.4936
2.5	0.4938	0.4940	0.4941	0.4943	0.4945	0.4946	0.4948	0.4949	0.4951	0.4952
2.6	0.4953	0.4955	0.4956	0.4957	0.4959	0.4960	0.4961	0.4962	0.4963	0.4974
2.7	0.4965	0.4966	0.4967	0.4968	0.4969	0.4970	0.4971	0.4972	0.4973	0.4974
2.8	0.4974	0.4975	0.4976	0.4977	0.4977	0.4978	0.4979	0.4979	0.4980	0.4981
2.9	0.4981	0.4982	0.4982	0.4983	0.4984	0.4984	0.4985	0.4985	0.4986	0.4986
3.0	0.4987	0.4987	0.4987	0.4988	0.4988	0.4989	0.4989	0.4989	0.4990	0.4990
3.1	0.4990	0.4991	0.4991	0.4991	0.4992	0.4992	0.4992	0.4992	0.4993	0.4993
3.2	0.4993	0.4993	0.4994	0.4994	0.4994	0.4994	0.4994	0.4995	0.4995	0.4995
3.3	0.4995	0.4995	0.4995	0.4996	0.4996	0.4996	0.4996	0.4996	0.4996	0.4997
3.4	0.4997	0.4997	0.4997	0.4997	0.4997	0.4997	0.4997	0.4997	0.4997	0.4998
3.5	0.4998									
4.0	0.49997									
4.5	0.499997									
5.0	0.4999997									

〈표 2〉 t-분포표의 임계값

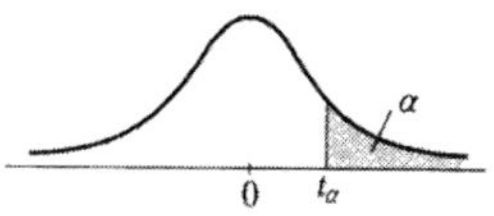

자유도	오른쪽 꼬리면적 α							
	.1	.05	.025	.01	.005	.0025	.001	.0005
1	3.078	6.314	12.706	31.821	63.657	127.32	318.31	636.62
2	1.886	2.920	4.303	6.965	9.925	14.089	22.327	31.598
3	1.638	2.353	3.182	4.541	5.841	7.453	10.214	12.924
4	1.533	2.132	2.776	3.747	4.604	5.598	7.173	8.610
5	1.476	2.015	2.571	3.365	4.032	4.773	5.893	6.869
6	1.440	1.943	2.447	3.143	3.707	4.317	5.208	5.959
7	1.415	1.895	2.365	2.998	3.499	4.029	4.785	5.408
8	1.397	1.860	2.306	2.896	3.355	3.833	4.501	5.041
9	1.383	1.833	2.262	2.821	3.250	3.690	4.297	4.781
10	1.372	1.812	2.228	2.764	3.169	3.581	4.144	4.587
11	1.363	1.796	2.201	2.718	3.106	3.497	4.025	4.437
12	1.356	1.782	2.179	2.681	3.055	3.428	3.930	4.318
13	1.350	1.771	2.160	2.650	3.012	3.372	3.852	4.221
14	1.345	1.761	2.145	2.624	2.977	3.326	3.787	4.140
15	1.341	1.753	2.131	2.602	2.947	3.286	3.733	4.073
16	1.337	1.746	2.120	2.583	2.921	3.252	3.686	4.015
17	1.333	1.740	2.110	2.567	2.898	3.222	3.646	3.965
18	1.330	1.734	2.101	2.552	2.878	3.197	3.610	3.922
19	1.328	1.729	2.093	2.539	2.861	3.174	3.579	3.883
20	1.325	1.725	2.086	2.528	2.845	3.153	3.552	3.850
21	1.323	1.721	2.080	2.518	2.831	3.135	3.527	3.819
22	1.321	1.717	2.074	2.508	2.819	3.119	3.505	3.792
23	1.319	1.714	2.069	2.500	2.807	3.104	3.485	3.767
24	1.318	1.711	2.064	2.492	2.797	3.091	3.467	3.745
25	1.316	1.708	2.060	2.485	2.787	3.078	3.450	3.725
26	1.315	1.706	2.056	2.479	2.779	3.067	3.435	3.707
27	1.314	1.703	2.052	2.473	2.771	3.057	3.421	3.690
28	1.313	1.701	2.048	2.467	2.763	3.047	3.408	3.674
29	1.311	1.699	2.045	2.462	2.756	3.038	3.396	3.659
30	1.310	1.697	2.042	2.457	2.750	3.030	3.385	3.646
40	1.303	1.684	2.021	2.423	2.704	2.971	3.307	3.551
60	1.296	1.671	2.000	2.390	2.660	2.915	3.232	3.460
120	1.289	1.658	1.980	2.358	2.617	2.860	3.160	3.373
∞	1.282	1.645	1.960	2.326	2.576	2.807	3.090	3.291

〈표 3〉 χ^2-분포표의 임계값

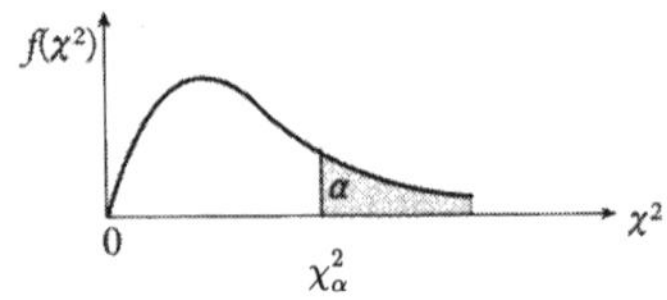

자유도	$\chi^2_{.995}$	$\chi^2_{.990}$	$\chi^2_{.975}$	$\chi^2_{.950}$	$\chi^2_{.900}$
1	0.0000393	0.0001571	0.0009821	0.0039321	0.0157908
2	0.0100251	0.0201007	0.0506356	0.102587	0.210720
3	0.0717212	0.114832	0.215795	0.351846	0.584375
4	0.206990	0.297110	0.484419	0.710721	1.063623
5	0.411740	0.554300	0.831211	1.145476	1.61031
6	0.675727	0.872085	1.237347	1.63539	2.20413
7	0.989265	1.239043	1.68987	2.16735	2.83311
8	1.344419	1.646482	2.17973	2.73264	3.48954
9	1.734926	2.087912	2.70039	3.32511	4.16816
10	2.15585	2.55821	3.24697	3.94030	4.86518
11	2.60321	3.05347	3.81575	4.57481	5.57779
12	3.07382	3.57056	4.40379	5.22603	6.30380
13	3.56503	4.10691	5.00874	5.89186	7.04150
14	4.07468	4.66043	5.62872	6.57063	7.78953
15	4.60094	5.22935	6.26214	7.26094	8.54675
16	5.14224	5.81221	6.90766	7.96164	9.31223
17	5.69724	6.40776	7.56418	8.67176	10.0852
18	6.26481	7.01491	8.23075	9.39046	10.8649
19	6.84398	7.63273	8.90655	10.1170	11.6509
20	7.43386	8.26040	9.59083	10.8508	12.4426
21	8.03366	8.89720	10.28293	11.5913	13.2396
22	8.64272	9.54249	10.9823	12.3380	14.0415
23	9.26042	10.19567	11.6885	13.0905	14.8479
24	9.88623	10.8564	12.4011	13.8484	15.6587
25	10.5197	11.5240	13.1197	14.6114	16.4734
26	11.1603	12.1981	13.8439	15.3791	17.2919
27	11.8076	12.8786	14.5733	16.1513	18.1138
28	12.4613	13.5648	15.3079	16.9279	18.9392
29	13.1211	14.2565	16.0471	17.7083	19.7677
30	13.7867	14.9535	16.7908	18.4926	20.5992
40	20.7065	22.1643	24.4331	26.5093	29.0505
50	27.9907	29.7067	32.3574	34.7642	37.6886
60	35.5346	37.4848	40.4817	43.1879	46.4589
70	43.2752	45.4418	48.7576	51.7393	55.3290
80	51.1720	53.5400	57.1532	60.3915	64.2778
90	59.1963	61.7541	65.6466	69.1260	73.2912
100	67.3276	70.0648	74.2219	77.9295	82.3581

자유도	$\chi^2_{.100}$	$\chi^2_{.050}$	$\chi^2_{.025}$	$\chi^2_{.010}$	$\chi^2_{.005}$
1	2.70554	3.84146	5.02389	6.63490	7.87944
2	4.60517	5.99147	7.37776	9.21034	10.5966
3	6.25139	7.81473	9.34840	11.3449	12.8381
4	7.77944	9.48773	11.1433	13.2767	14.8602
5	9.23635	11.0705	12.8325	15.0863	16.7496
6	10.6446	12.5916	14.4494	16.8119	18.5476
7	12.0170	14.0671	16.0128	18.4753	20.2777
8	13.3616	15.5073	17.5346	20.0902	21.9550
9	14.6837	16.9190	19.0228	21.6660	23.5893
10	15.9871	18.3070	20.4831	23.2093	25.1882
11	17.2750	19.6751	21.9200	24.7250	26.7569
12	18.5494	21.0261	23.3367	26.2170	28.2995
13	19.8119	22.3621	24.7356	27.6883	29.8194
14	21.0642	23.6848	26.1190	29.1413	31.3193
15	22.3072	24.9958	27.4884	30.5779	32.8013
16	23.5418	26.2962	28.8454	31.9999	34.2672
17	24.7690	27.5871	30.1910	33.4087	35.7185
18	25.9894	28.8693	31.5264	34.8053	37.1564
19	27.2036	30.1435	32.8523	36.1908	38.5822
20	28.4120	31.4104	34.1696	37.5662	39.9968
21	29.6151	32.6705	35.4789	38.9321	41.4010
22	30.8133	33.9244	36.7807	40.2894	42.7956
23	32.0069	35.1725	38.0757	41.6384	44.1813
24	33.1963	36.4151	39.3641	42.9798	45.5585
25	34.3816	37.6525	40.6465	44.3141	46.9278
26	35.5631	38.8852	41.9232	45.6417	48.2899
27	36.7412	40.1133	43.1944	46.9630	49.6449
28	37.9159	41.3372	44.4607	48.2782	50.9933
29	39.0875	42.5569	45.7222	49.5879	52.3356
30	40.2560	43.7729	46.9792	50.8922	53.6720
40	51.8050	55.7585	59.3417	63.6907	66.7659
50	63.1671	67.5048	71.4202	76.1539	79.4900
60	74.3970	79.0819	83.2976	88.3794	91.9517
70	85.5271	90.5312	95.0231	100.425	104.215
80	96.5782	101.879	106.629	112.329	116.321
90	107.565	113.145	118.136	124.116	128.229
100	118.498	124.342	129.561	135.807	140.169

〈표 4〉 F−분포표의 임계값

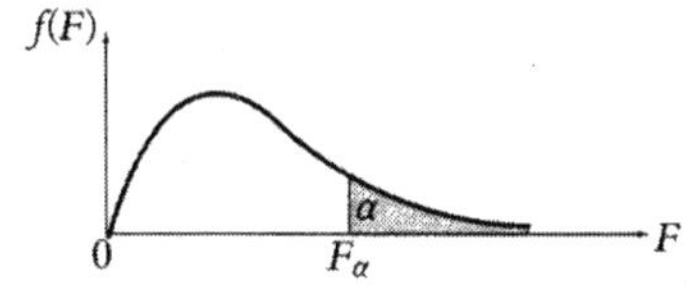

(a) α=.10

ν_1 / ν_2 (분모의 자유도)	분자의 자유도 1	2	3	4	5	6	7	8	9
1	39.86	49.50	53.59	55.83	57.24	58.20	58.91	59.44	59.86
2	8.53	9.00	9.16	9.24	9.29	9.33	9.35	9.37	9.38
3	5.54	5.46	5.39	5.34	5.31	5.28	5.27	5.25	5.24
4	4.54	4.32	4.19	4.11	4.05	4.01	3.98	3.95	3.94
5	4.06	3.78	3.62	3.52	3.45	3.40	3.37	3.34	3.32
6	3.78	3.46	3.29	3.18	3.11	3.05	3.01	2.98	2.96
7	3.59	3.26	3.07	2.96	2.88	2.83	2.78	2.75	2.72
8	3.46	3.11	2.92	2.81	2.73	2.67	2.62	2.59	2.56
9	3.36	3.01	2.81	2.69	2.61	2.55	2.51	2.47	2.44
10	3.29	2.92	2.73	2.61	2.52	2.46	2.41	2.38	2.35
11	3.23	2.86	2.66	2.54	2.45	2.39	2.34	2.30	2.27
12	3.18	2.81	2.61	2.48	2.39	2.33	2.28	2.24	2.21
13	3.14	2.76	2.56	2.43	2.35	2.28	2.23	2.20	2.16
14	3.10	2.73	2.52	2.39	2.31	2.24	2.19	2.15	2.12
15	3.07	2.70	2.49	2.36	2.27	2.21	2.16	2.12	2.09
16	3.05	2.67	2.46	2.33	2.24	2.18	2.13	2.09	2.06
17	3.03	2.64	2.44	2.31	2.22	2.15	2.10	2.06	2.03
18	3.01	2.62	2.42	2.29	2.20	2.13	2.08	2.04	2.00
19	2.99	2.61	2.40	2.27	2.18	2.11	2.06	2.02	1.98
20	2.97	2.59	2.38	2.25	2.16	2.09	2.04	2.00	1.96
21	2.96	2.57	2.36	2.23	2.14	2.08	2.02	1.98	1.95
22	2.95	2.56	2.35	2.22	2.13	2.06	2.01	1.97	1.93
23	2.94	2.55	2.34	2.21	2.11	2.05	1.99	1.95	1.92
24	2.93	2.54	2.33	2.19	2.10	2.04	1.98	1.94	1.91
25	2.92	2.53	2.32	2.18	2.09	2.02	1.97	1.93	1.89
26	2.91	2.52	2.31	2.17	2.08	2.01	1.96	1.92	1.88
27	2.90	2.51	2.30	2.17	2.07	2.00	1.95	1.91	1.87
28	2.89	2.50	2.29	2.16	2.06	2.00	1.94	1.90	1.87
29	2.89	2.50	2.28	2.15	2.06	1.99	1.93	1.89	1.86
30	2.88	2.49	2.28	2.14	2.05	1.98	1.93	1.88	1.85
40	2.84	2.44	2.23	2.09	2.00	1.93	1.87	1.83	1.79
60	2.79	2.39	2.18	2.04	1.95	1.87	1.82	1.77	1.74
120	2.75	2.35	2.13	1.99	1.90	1.82	1.77	1.72	1.68
∞	2.71	2.30	2.08	1.94	1.85	1.77	1.72	1.67	1.63

ν_2 \ ν_1	분자의 자유도									
	10	12	15	20	24	30	40	60	120	∞ ¶
1	60.19	60.71	61.22	61.74	62.00	62.26	62.53	62.79	63.06	63.33
2	9.39	9.41	9.42	9.44	9.45	9.46	9.47	9.47	9.48	9.49
3	5.23	5.22	5.20	5.18	5.18	5.17	5.16	5.15	5.14	5.13
4	3.92	3.90	3.87	3.84	3.83	3.82	3.80	3.79	3.78	3.76
5	3.30	3.27	3.24	3.21	3.19	3.17	3.16	3.14	3.12	3.10
6	2.94	2.90	2.87	2.84	2.82	2.80	2.78	2.76	2.74	2.72
7	2.70	2.67	2.63	2.59	2.58	2.56	2.54	2.51	2.49	2.47
8	2.54	2.50	2.46	2.42	2.40	2.38	2.36	2.34	2.32	2.29
9	2.42	2.38	2.34	2.30	2.28	2.25	2.23	2.21	2.18	2.16
10	2.32	2.28	2.24	2.20	2.18	2.16	2.13	2.11	2.08	2.06
11	2.25	2.21	2.17	2.12	2.10	2.08	2.05	2.03	2.00	1.97
12	2.19	2.15	2.10	2.06	2.04	2.01	1.99	1.96	1.93	1.90
13	2.14	2.10	2.05	2.01	1.98	1.96	1.93	1.90	1.88	1.85
분 14	2.10	2.05	2.01	1.96	1.94	1.91	1.89	1.86	1.83	1.80
모 15	2.06	2.02	1.97	1.92	1.90	1.87	1.85	1.82	1.79	1.76
의 16	2.03	1.99	1.94	1.89	1.87	1.84	1.81	1.78	1.75	1.72
17	2.00	1.96	1.91	1.86	1.84	1.81	1.78	1.75	1.72	1.69
자 18	1.98	1.93	1.89	1.84	1.81	1.78	1.75	1.72	1.69	1.66
19	1.96	1.91	1.86	1.81	1.79	1.76	1.73	1.70	1.67	1.63
유 20	1.94	1.89	1.84	1.79	1.77	1.74	1.71	1.68	1.64	1.61
도 21	1.92	1.87	1.83	1.78	1.75	1.72	1.69	1.66	1.62	1.59
22	1.90	1.86	1.81	1.76	1.73	1.70	1.67	1.64	1.60	1.57
23	1.89	1.84	1.80	1.74	1.72	1.69	1.66	1.62	1.59	1.55
24	1.88	1.83	1.78	1.73	1.70	1.67	1.64	1.61	1.57	1.53
25	1.87	1.82	1.77	1.72	1.69	1.66	1.63	1.59	1.56	1.52
26	1.86	1.81	1.76	1.71	1.68	1.65	1.61	1.58	1.54	1.50
27	1.85	1.80	1.75	1.70	1.67	1.64	1.60	1.57	1.53	1.49
28	1.84	1.79	1.74	1.69	1.66	1.63	1.59	1.56	1.52	1.48
29	1.83	1.78	1.73	1.68	1.65	1.62	1.58	1.55	1.51	1.47
30	1.82	1.77	1.72	1.67	1.64	1.61	1.57	1.54	1.50	1.46
40	1.76	1.71	1.66	1.61	1.57	1.54	1.51	1.47	1.42	1.38
60	1.71	1.66	1.60	1.54	1.51	1.48	1.44	1.40	1.35	1.29
120	1.65	1.60	1.55	1.48	1.45	1.41	1.37	1.32	1.26	1.19
∞ ¶	1.60	1.55	1.49	1.42	1.38	1.34	1.30	1.24	1.17	1.00

(b) α=.05

ν_2 (분모의 자유도) \ ν_1	분자의 자유도								
	1	2	3	4	5	6	7	8	9
1	161.4	199.5	215.7	224.6	230.2	234.0	236.8	238.9	240.5
2	18.51	19.00	19.16	19.25	19.30	19.33	19.35	19.37	19.38
3	10.13	9.55	9.28	9.12	9.01	8.94	8.89	8.85	8.81
4	7.71	6.94	6.59	6.39	6.26	6.16	6.09	6.04	6.00
5	6.61	5.79	5.41	5.19	5.05	4.95	4.88	4.82	4.77
6	5.99	5.14	4.76	4.53	4.39	4.28	4.21	4.15	4.10
7	5.59	4.74	4.35	4.12	3.97	3.87	3.79	3.73	3.68
8	5.32	4.46	4.07	3.84	3.69	3.58	3.50	3.44	3.39
9	5.12	4.26	3.86	3.63	3.48	3.37	3.29	3.23	3.18
10	4.96	4.10	3.71	3.48	3.33	3.22	3.14	3.07	3.02
11	4.84	3.98	3.59	3.36	3.20	3.09	3.01	2.95	2.90
12	4.75	3.89	3.49	3.26	3.11	3.00	2.91	2.85	2.80
13	4.67	3.81	3.41	3.18	3.03	2.92	2.83	2.77	2.71
14	4.60	3.74	3.34	3.11	2.96	2.85	2.76	2.70	2.65
15	4.54	3.68	3.29	3.06	2.90	2.79	2.71	2.64	2.59
16	4.49	3.63	3.24	3.01	2.85	2.74	2.66	2.59	2.54
17	4.45	3.59	3.20	2.96	2.81	2.70	2.61	2.55	2.49
18	4.41	3.55	3.16	2.93	2.77	2.66	2.56	2.51	2.46
19	4.38	3.52	3.13	2.90	2.74	2.63	2.54	2.48	2.42
20	4.35	3.49	3.10	2.87	2.71	2.60	2.51	2.45	2.39
21	4.32	3.47	3.07	2.84	2.68	2.57	2.49	2.42	2.37
22	4.30	3.44	3.05	2.82	2.66	2.55	2.46	2.40	2.34
23	4.28	3.42	3.03	2.80	2.64	2.53	2.44	2.37	2.32
24	4.26	3.40	3.01	2.78	2.62	2.51	2.42	2.36	2.30
25	4.24	3.39	2.99	2.76	2.60	2.49	2.40	2.34	2.28
26	4.23	3.37	2.98	2.74	2.59	2.47	2.39	2.32	2.27
27	4.21	3.35	2.96	2.73	2.57	2.46	2.37	2.31	2.25
28	4.20	3.34	2.95	2.71	2.56	2.45	2.36	2.29	2.24
29	4.18	3.33	2.93	2.70	2.55	2.43	2.35	2.28	2.22
30	4.17	3.32	2.92	2.69	2.53	2.42	2.33	2.27	2.21
40	4.08	3.23	2.84	2.61	2.45	2.34	2.25	2.18	2.12
60	4.00	3.15	2.76	2.53	2.37	2.25	2.17	2.10	2.04
120	3.92	3.07	2.68	2.45	2.29	2.17	2.09	2.02	1.96
∞	3.84	3.00	2.60	2.37	2.21	2.10	2.01	1.94	1.88

ν_2 \ ν_1	분자의 자유도 10	12	15	20	24	30	40	60	120	∞ ¶
1	241.9	243.9	245.9	248.0	249.1	250.1	251.1	252.2	253.3	254.3
2	19.40	19.41	19.43	19.45	19.45	19.46	19.47	19.48	19.49	19.50
3	8.79	8.74	8.70	8.66	8.64	8.62	8.59	8.57	8.55	8.53
4	5.96	5.91	5.86	5.80	5.77	5.75	5.72	5.69	5.66	5.63
5	4.74	4.68	4.62	4.56	4.53	4.50	4.46	4.43	4.40	4.36
6	4.06	4.00	3.94	3.87	3.84	3.81	3.77	3.74	3.70	3.67
7	3.64	3.57	3.51	3.44	3.41	3.38	3.34	3.30	3.27	3.23
8	3.35	3.28	3.22	3.15	3.12	3.08	3.04	3.01	2.97	2.93
9	3.14	3.07	3.01	2.94	2.90	2.86	2.83	2.79	2.75	2.71
10	2.98	2.91	2.85	2.77	2.74	2.70	2.66	2.62	2.58	2.54
11	2.85	2.79	2.72	2.65	2.61	2.57	2.53	2.49	2.45	2.40
12	2.75	2.69	2.62	2.54	2.51	2.47	2.43	2.38	2.34	2.30
13	2.67	2.60	2.53	2.46	2.42	2.38	2.34	2.30	2.25	2.21
분모의 자유도 14	2.60	2.53	2.46	2.39	2.35	2.31	2.27	2.22	2.18	2.13
15	2.54	2.48	2.40	2.33	2.29	2.25	2.20	2.16	2.11	2.07
16	2.49	2.42	2.35	2.28	2.24	2.19	2.15	2.11	2.06	2.01
17	2.45	2.38	2.31	2.23	2.19	2.15	2.10	2.06	2.01	1.96
18	2.41	2.34	2.27	2.19	2.15	2.11	2.06	2.02	1.97	1.92
19	2.38	2.31	2.23	2.16	2.11	2.07	2.03	1.98	1.93	1.88
20	2.35	2.28	2.20	2.12	2.08	2.04	1.99	1.95	1.90	1.84
21	2.32	2.25	2.18	2.10	2.05	2.01	1.96	1.92	1.87	1.81
22	2.30	2.23	2.15	2.07	2.03	1.98	1.94	1.89	1.84	1.78
23	2.27	2.20	2.13	2.05	2.01	1.96	1.91	1.86	1.81	1.76
24	2.25	2.18	2.11	2.03	1.98	1.94	1.89	1.84	1.79	1.73
25	2.24	2.16	2.09	2.01	1.96	1.92	1.87	1.82	1.77	1.71
26	2.22	2.15	2.07	1.99	1.95	1.90	1.85	1.80	1.75	1.69
27	2.20	2.13	2.06	1.97	1.93	1.88	1.84	1.79	1.73	1.67
28	2.19	2.12	2.04	1.96	1.91	1.87	1.82	1.77	1.71	1.65
29	2.18	2.10	2.03	1.94	1.90	1.85	1.81	1.75	1.70	1.64
30	2.16	2.09	2.01	1.93	1.89	1.84	1.79	1.74	1.68	1.62
40	2.08	2.00	1.92	1.84	1.79	1.74	1.69	1.64	1.58	1.51
60	1.99	1.92	1.84	1.75	1.70	1.65	1.59	1.53	1.47	1.39
120	1.91	1.83	1.75	1.66	1.61	1.55	1.50	1.43	1.35	1.25
∞	1.83	1.75	1.67	1.57	1.52	1.46	1.39	1.32	1.22	1.00

(d) α=.01

ν_2 \ ν_1 (분자의 자유도)	1	2	3	4	5	6	7	8	9
1	4,052	4,999.5	5,403	5,625	5,764	5,859	5,928	5,982	6,022
2	98.50	99.00	99.17	99.25	99.30	99.33	99.36	99.37	99.39
3	34.12	30.82	29.46	28.71	28.24	27.91	27.67	27.49	27.35
4	21.20	18.00	16.69	15.98	15.52	15.21	14.98	14.80	14.66
5	16.26	13.27	12.06	11.39	10.97	10.67	10.46	10.29	10.16
6	13.75	10.92	9.78	9.15	8.75	8.47	8.26	8.10	7.98
7	12.25	9.55	8.45	7.85	7.46	7.19	6.99	6.84	6.72
8	11.26	8.65	7.59	7.01	6.63	6.37	6.18	6.03	5.91
9	10.56	8.02	6.99	6.42	6.06	5.80	5.61	5.47	5.35
10	10.04	7.56	6.55	5.99	5.64	5.39	5.20	5.06	4.94
11	9.65	7.21	6.22	5.67	5.32	5.07	4.89	4.74	4.63
12	9.33	6.93	5.95	5.41	5.06	4.82	4.64	4.50	4.39
13	9.07	6.70	5.74	5.21	4.86	4.62	4.44	4.30	4.19
분모의 자유도 14	8.86	6.51	5.56	5.04	4.69	4.46	4.28	4.14	4.03
15	8.68	6.36	5.42	4.89	4.56	4.32	4.14	4.00	3.89
16	8.53	6.23	5.29	4.77	4.44	4.20	4.03	3.89	3.78
17	8.40	6.11	5.18	4.67	4.34	4.10	3.93	3.79	3.68
18	8.29	6.01	5.09	4.58	4.25	4.01	3.84	3.71	3.60
19	8.18	5.93	5.01	4.50	4.17	3.94	3.77	3.63	3.52
20	8.10	5.85	4.94	4.43	4.10	3.87	3.70	3.56	3.46
21	8.02	5.78	4.87	4.37	4.04	3.81	3.64	3.51	3.40
22	7.95	5.72	4.82	4.31	3.99	3.76	3.59	3.45	3.35
23	7.88	5.66	4.76	4.26	3.94	3.71	3.54	3.41	3.30
24	7.82	5.61	4.72	4.22	3.90	3.67	3.50	3.36	3.26
25	7.77	5.57	4.68	4.18	3.85	3.63	3.46	3.32	3.22
26	7.72	5.53	4.64	4.14	3.82	3.59	3.42	3.29	3.18
27	7.68	5.49	4.60	4.11	3.78	3.56	3.39	3.26	3.15
28	7.64	5.45	4.57	4.07	3.75	3.53	3.36	3.23	3.12
29	7.60	5.42	4.54	4.04	3.73	3.50	3.33	3.20	3.09
30	7.56	5.39	4.51	4.02	3.70	3.47	3.30	3.17	3.07
40	7.31	5.18	4.31	3.83	3.51	3.29	3.12	2.99	2.89
60	7.08	4.98	4.13	3.65	3.34	3.12	2.95	2.82	2.72
120	6.85	4.79	3.95	3.48	3.17	2.96	2.79	2.66	2.56
∞	6.63	4.61	3.78	3.32	3.02	2.80	2.64	2.51	2.41

ν_2 \ ν_1 (분모의 자유도)	분자의 자유도 10	12	15	20	24	30	40	60	120	∞¶
1	6,056	6,106	6,157	6,209	6,235	6,261	6,287	6,313	6,339	6,366
2	99.40	99.42	99.43	99.45	99.46	99.47	99.47	99.48	99.49	99.50
3	27.23	27.05	26.87	26.69	26.60	26.50	26.41	26.32	26.22	26.13
4	14.55	14.37	14.20	14.02	13.93	13.84	13.75	13.65	13.56	13.46
5	10.05	9.89	9.72	9.55	9.47	9.38	9.29	9.20	9.11	9.02
6	7.87	7.72	7.56	7.40	7.31	7.23	7.14	7.06	6.97	6.88
7	6.62	6.47	6.31	6.16	6.07	5.99	5.91	5.82	5.74	5.65
8	5.81	5.67	5.52	5.36	5.28	5.20	5.12	5.03	4.95	4.86
9	5.26	5.11	4.96	4.81	4.73	4.65	4.57	4.48	4.40	4.31
10	4.85	4.71	4.56	4.41	4.33	4.25	4.17	4.08	4.00	3.91
11	4.54	4.40	4.25	4.10	4.02	3.94	3.86	3.78	3.69	3.60
12	4.30	4.16	4.01	3.86	3.78	3.70	3.62	3.54	3.45	3.36
13	4.10	3.96	3.82	3.66	3.59	3.51	3.43	3.34	3.25	3.17
14	3.94	3.80	3.66	3.51	3.43	3.35	3.27	3.18	3.09	3.00
15	3.80	3.67	3.52	3.37	3.29	3.21	3.13	3.05	2.96	2.87
16	3.69	3.55	3.41	3.26	3.18	3.10	3.02	2.93	2.84	2.75
17	3.59	3.46	3.31	3.16	3.08	3.00	2.92	2.83	2.75	2.65
18	3.51	3.37	3.23	3.08	3.00	2.92	2.84	2.75	2.66	2.57
19	3.43	3.30	3.15	3.00	2.92	2.84	2.76	2.67	2.58	2.49
20	3.37	3.23	3.09	2.94	2.86	2.78	2.69	2.61	2.52	2.42
21	3.31	3.17	3.03	2.88	2.80	2.72	2.64	2.55	2.46	2.36
22	3.26	3.12	2.98	2.83	2.75	2.67	2.58	2.50	2.40	2.31
23	3.21	3.07	2.93	2.78	2.70	2.62	2.54	2.45	2.35	2.26
24	3.17	3.03	2.89	2.74	2.66	2.58	2.49	2.40	2.31	2.21
25	3.13	2.99	2.85	2.70	2.62	2.54	2.45	2.36	2.27	2.17
26	3.09	2.96	2.81	2.66	2.58	2.50	2.42	2.33	2.23	2.13
27	3.06	2.93	2.78	2.63	2.55	2.47	2.38	2.29	2.20	2.10
28	3.03	2.90	2.75	2.60	2.52	2.44	2.35	2.26	2.17	2.06
29	3.00	2.87	2.73	2.57	2.49	2.41	2.33	2.23	2.14	2.03
30	2.98	2.84	2.70	2.55	2.47	2.39	2.30	2.21	2.11	2.01
40	2.80	2.66	2.52	2.37	2.29	2.20	2.11	2.02	1.92	1.80
60	2.63	2.50	2.35	2.20	2.12	2.03	1.94	1.84	1.73	1.60
120	2.47	2.34	2.19	2.03	1.95	1.86	1.76	1.66	1.53	1.38
∞	2.32	2.18	2.04	1.88	1.79	1.70	1.59	1.47	1.32	1.00

〈표 5〉 더빈-와트슨검정의 상한(d_U)과 하한(d_L)

		p									
		1		2		3		4		5	
n	α	d_L	d_U	d_L	d_U	d_L	d_U	d_L	d_U	d_L	d_U
15	0.01	0.81	1.07	0.70	1.25	0.59	1.46	0.49	1.70	0.39	1.96
	0.025	0.95	1.23	0.83	1.40	0.71	1.61	0.59	1.84	0.48	2.09
	0.05	1.08	1.36	0.95	1.54	0.82	1.75	0.69	1.97	0.56	2.21
20	0.01	0.95	1.15	0.86	1.27	0.77	1.41	0.63	1.57	0.60	1.74
	0.025	1.08	1.28	0.99	1.41	0.89	1.55	0.79	1.70	0.70	1.87
	0.05	1.20	1.41	1.10	1.54	1.00	1.68	0.90	1.83	0.79	1.99
25	0.01	1.05	1.21	0.98	1.30	0.90	1.41	0.83	1.52	0.75	1.65
	0.025	1.13	1.34	1.10	1.43	1.02	1.54	0.94	1.65	0.86	1.77
	0.05	1.20	1.45	1.21	1.55	1.12	1.66	1.04	1.77	0.95	1.89
30	0.01	1.13	1.26	1.07	1.34	1.01	1.42	0.94	1.51	0.88	1.61
	0.25	1.25	1.38	1.18	1.46	1.12	1.54	1.05	1.63	0.98	1.73
	0.05	1.35	1.49	1.28	1.57	1.21	1.65	1.14	1.74	1.07	1.83
40	0.01	1.25	1.34	1.20	1.40	1.15	1.46	1.10	1.52	1.05	1.58
	0.025	1.35	1.45	1.30	1.51	1.25	1.57	1.20	1.63	1.15	1.69
	0.05	1.44	1.54	1.39	1.60	1.34	1.66	1.29	1.72	1.23	1.79
50	0.01	1.32	1.40	1.28	1.45	1.24	1.49	1.20	1.54	1.16	1.59
	0.025	1.42	1.50	1.38	1.54	1.34	1.59	1.30	1.64	1.26	1.69
	0.05	1.50	1.59	1.46	1.63	1.42	1.67	1.38	1.72	1.34	1.77
60	0.01	1.38	1.45	1.35	1.48	1.32	1.52	1.28	1.56	1.25	1.60
	0.025	1.47	1.54	1.44	1.57	1.40	1.61	1.37	1.65	1.33	1.69
	0.05	1.55	1.62	1.51	1.65	1.48	1.69	1.44	1.73	1.41	1.77
80	0.01	1.47	1.52	1.44	1.54	1.42	1.57	1.36	1.60	1.36	1.62
	0.025	1.54	1.59	1.52	1.62	1.49	1.65	1.47	1.67	1.44	1.70
	0.05	1.61	1.66	1.59	1.69	1.56	1.72	1.53	1.74	1.51	1.77
100	0.01	1.52	1.56	1.50	1.58	1.48	1.60	1.45	1.63	1.44	1.65
	0.025	1.59	1.63	1.57	1.65	1.55	1.67	1.53	1.70	1.51	1.72
	0.05	1.65	1.69	1.63	1.72	1.61	1.74	1.59	1.76	1.57	1.78

▸▸▸ 찾아보기

TIME SERIES ANALYSIS AND FORECASTING

저자소개

저자 ▌이 우 리

성균관대학교 경상대학 통계학과 졸업(경제학사)
성균관대학교 대학원 통계학과 졸업(경제학 석, 박사)

- 전, 국토개발연구원 연구원
- 전, 미국 Oklahoma State University 연구교수
- 전, 경기대학교 사회총괄학부 학장
- 전, 한국통계학회 논문집 편집위원장
- 전, 경기대학교 부총장
- 현, 경기대학교 경상대학 응용정보통계학과 교수

시계열분석과 예측

지 은 이 · 이 우 리
펴 낸 이 · 최 재 범
펴 낸 곳 · 도서출판 탐진
등록 1-996호(倫). 1990. 1. 12.
서울특별시 마포구 신수로 27-1
Tel. 715-1092 ~ 3 / FAX. 701-6391
E-mail. tamjin1990@hanmail.net / www.tamjin.co.kr

저자와의 협의하에 인지를 생략함

2013. 6. 30. 초 판 1쇄 발행
2016. 3. 2. 제2판 1쇄 발행
2019. 9. 10. 제2판 3쇄 발행

ISBN 978-89-5540-426-5 93310

정가 22,000원